学术研究成果推广丛书

基于5G的智能网联汽车关键技术专利分析

国家知识产权局专利局专利审查协作四川中心◎组织编写

李 明◎主编　　张 建◎副主编

知识产权出版社
全国百佳图书出版单位
—北京—

图书在版编目（CIP）数据

基于5G的智能网联汽车关键技术专利分析/李明主编；张建副主编. —北京：知识产权出版社，2024.9. —（学术研究成果推广丛书）. —ISBN 978-7-5130-8151-1

Ⅰ. U463.67

中国国家版本馆 CIP 数据核字第 2024WT1860 号

内容提要

本书从专利技术分析出发，对智能网联汽车关键技术领域的整体发展脉络进行梳理，在产业调研、技术分支划分、专利数据检索、处理及分析的基础上，对智能网联汽车关键技术进行定性和定量分析。重点以5G-V2X和决策规划两个热点技术作为切入点，对专利申请趋势、技术发展脉络、重要申请人、重点专利等专利信息进行深入研究，从技术分析、市场分析、产业分析、技术标准等角度解读国内外专利布局特点，对于了解智能网联汽车领域技术现状、把握技术发展方向、开展专利布局和预警有重要借鉴意义。

责任编辑：程足芬	责任校对：谷　洋
封面设计：邵建文　马倬麟	责任印制：刘译文

基于5G的智能网联汽车关键技术专利分析

国家知识产权局专利局专利审查协作四川中心　组织编写

李明　主编　张建　副主编

出版发行：知识产权出版社有限责任公司	网　址：http://www.ipph.cn
社　址：北京市海淀区气象路50号院	邮　编：100081
责编电话：010-82000860 转 8390	责编邮箱：chengzufen@qq.com
发行电话：010-82000860 转 8101/8102	发行传真：010-82000893/82005070/82000270
印　刷：北京建宏印刷有限公司	经　销：新华书店、各大网上书店及相关专业书店
开　本：720mm×1000mm　1/16	印　张：21
版　次：2024年9月第1版	印　次：2024年9月第1次印刷
字　数：360千字	定　价：118.00元
ISBN 978-7-5130-8151-1	

出版权专有　侵权必究

如有印装质量问题，本社负责调换。

丛书编委会

主　任：李　明
副主任：赵　亮　李　博　刘　超　刘冀鹏

本书编写组

主　编：李　明
副主编：张　建
撰写人：范冬梅　章　渝　严晨枫　杨皞屾
　　　　王　涛　马　洁　杨钰娟　李成浩
　　　　陈江兰　陈　艺　董　义　何健锋
　　　　梁　韬　李杨青
统稿人：范冬梅

序

党的十八大以来，以习近平同志为核心的党中央高度重视知识产权保护工作，进行了一系列重要部署。2021年9月，中共中央、国务院印发《知识产权强国建设纲要（2021—2035年）》指出，建设中国特色、世界水平的知识产权强国，对于提升国家核心竞争力，扩大高水平对外开放，实现更高质量、更有效率、更加公平、更可持续、更为安全的发展，满足人民日益增长的美好生活需要，具有重要意义。

国家知识产权局专利局专利审查协作四川中心（以下简称"四川中心"）是国家知识产权局在西部设立的唯一专利审查协作中心。自成立以来的11年间，四川中心坚持聚焦专利事业高质量发展面临的重点、难点问题以及重点产业关键核心技术领域，积极汇聚专业精英人才，大力推进高水平学术研究，持续积累了丰硕的研究成果。为拓展研究成果共享模式，推广研究成果的有效转化和应用，促进知识产权领域的学术交流与知识普及，四川中心精选近年来优质学术研究成果，组织编纂"学术研究成果推广丛书"。丛书主题涉及专利技术分析、法律政策研究、知识产权服务研究等，既涵盖当前知识产权研究热点，又紧密结合国家战略和产业发展的实际需求，具有重要的理论和实践价值。本丛书严格遵循学术规范和出版标准，遴选四川中心经验丰富的审查员和知识产权领域专家学者成立编写组，并组成由中心领导班子成员牵头的编委会，以确保内容的专业性、权威性和准确性。期望本丛书的出版能为政府组织、研究机构、创新主体等提供有价值的参考和指导，进一步促进知识产权的创造、保护、运用、管理和服务。

近年来，我国紧抓汽车电动化、智能化、网联化转型这一历史机遇，强化顶层设计，先后出台了《中国制造2025》《汽车产业中长期发展规划》《新能源汽车产业发展规划（2021—2035年）》等重要文件。国内企业积极加大投入，着力技术攻关、产品创新和市场拓展，在汽车电动化进程中取得了令世界瞩目的成绩。2023年，我国新能源汽车产销量分别达到958.7万辆和949.5万辆，占全球比重超过60%，连续9年位居全球第一。

当前，中国汽车工业正在经历百年未有之大变局。业界普遍认为，继电动化之后，智能化、网联化是未来竞争的焦点。智能网联汽车作为5G、人工智能、物联网、云计算和大数据等高精技术深度融合的终端应用产品，将会带动能源、交通、出行等领域发生巨大变革。世界各国都在积极布局智能网联汽车产业，我国已经进入技术快速演进、产业加速布局的关键阶段。然而，当前全球经济放缓、国际形势错综复杂，导致智能网联汽车产业发展面临诸多风险。一方面，国际贸易保护主义抬头，我国汽车产业可能面临技术封锁和关键零部件供应限制。这迫使国内汽车企业必须加快技术创新步伐，减少对外依赖，提升产品核心竞争力。另一方面，通信行业标准必要专利持有人意图将其在移动终端市场许可成功的经验复制于汽车行业，推翻汽车行业专利许可传统计费模式，将其利益最大化。而国内企业在智能网联汽车关键技术领域的专利布局起步较晚，也普遍缺乏应诉经验，存在较大知识产权风险。

鉴于此，四川中心汇聚精英力量，精心策划并编纂本书，旨在依托中心在人才、专业及数据资源方面的优势，运用专利信息情报的力量，为汽车产业的高质量发展注入动力。四川中心长期开展智能网联汽车产业相关专利信息分析研究项目，在该领域培养了一批经验丰富的优秀人才。编写组中多位成员具备十年以上智能网联汽车领域专利审查和社会服务经验，在产业专利导航、侵权风险分析及产业政策研究等方面积累了深厚的专业知识，对智能网联汽车产业的政策动向和技术发展趋势有着深入理解。

衷心希望编写组的努力能够在行业引起广泛共鸣，为创新主体了解技术发展现状、把握技术发展方向提供思路和启示，为知识产权服务从业人员开展相关分析工作提供有益的指导和借鉴，也希望通过行业共同努力，推动我国智能网联汽车快速发展，助力我国汽车产业转型升级和经济高质量发展。

丛书编委会
2024年9月

前　言

智能网联汽车高度融合了人工智能、大数据、5G、云计算等新兴产业技术，是典型的技术密集型产业，并且具有高附加值属性与规模应用效应，对于推动汽车产业转型升级和高质量发展具有重大意义。然而，国内整车企业在智能网联汽车领域专利布局起步较晚、关键技术专利布局不足，产品"出海"可能面临来自通信行业的诉讼风险，不利于参与国际市场竞争。

本书《基于5G的智能网联汽车关键技术专利分析》围绕我国智能网联汽车产业的重点与痛点展开探索，在广泛调研的基础上，选取5G-V2X、高精地图、仿真测试、目标识别、决策规划等五项关键技术，全面剖析近年来整车企业、互联网企业、通信企业之间的专利竞争格局变化，并分别从应用和标准两个角度深入研究分析5G-V2X专利申请态势，旨在为企业技术创新和风险预警提供参考。

本书从专利技术分析出发，对智能网联汽车关键技术领域的整体发展脉络进行梳理，在产业调研、技术分支划分、专利数据检索、处理及分析的基础上，对智能网联汽车关键技术进行定性和定量分析。首先，本书分析了国内外智能网联汽车技术的产业政策和现状，然后从智能网联汽车五个关键技术整体上分析了全球及我国整体发展趋势；其次，本书重点对5G-V2X和决策规划的全球和中国专利发展状况、各技术主题中涉及的重点专利或技术路线进行分析，并在5G-V2X领域中分析标准必要专利，对其技术演进路线进行分析；再次，本书选取LG、华为、谷歌、百度等重点申请人进行了产业和专利相结合的分析研究，获得重点申请人在相关技术分支的技术发展重要信息，给国内企业在该领域的专利申请、专利布局及发展路线选择提供借鉴；最后，综合上述分析结论，从政府和企业两个层面上分别给出发展我国智能网联汽车技术的相应建议。

本书各章节撰写分工如下：第一章、第二章、第六章由范冬梅撰写；第三章第一节至第三节由章渝撰写；第三章第四节由董义、何健锋、梁韬、马洁共同撰写；第四章第一节至第三节由陈江兰与陈艺共同撰写；第四章第四节、第五章第一节由王涛撰写；第五章第二节由李成浩与杨钰娟共同撰写；第五章第三节至第四节由严晨枫、杨皞屾、李杨青共同撰写。

本书虽凝聚了编者们的大量心血，但难免存在疏漏与偏差。鉴于当前行业正处于快速发展阶段，数据采集范围有限，且研究人员水平有限，本书中的数据、结论和建议仅供社会各界借鉴研究，不妥之处恳请各位专家和广大读者不吝批评指正。

编　者

2024 年 9 月

目 录

第一章 研究概述 ... 1
第一节 研究背景 ... 1
一、技术概述 ... 2
二、产业现状 ... 8
第二节 研究对象及方法 ... 22
一、研究对象确定及技术分解 ... 22
二、数据检索及处理 ... 24
三、研究内容 ... 25
四、研究方法 ... 25
五、相关术语说明 ... 26

第二章 自动驾驶关键技术整体分析 ... 27
第一节 全球专利申请分析 ... 27
一、全球专利申请发展趋势 ... 27
二、全球专利申请区域分布 ... 29
三、全球专利申请主要申请人 ... 31
四、全球专利申请技术构成 ... 35
五、全球技术发展趋势 ... 36
第二节 中国专利申请分析 ... 38
一、中国专利申请发展趋势 ... 38
二、中国专利申请地域分布 ... 40
三、中国专利申请主要申请人 ... 41
四、中国专利申请技术构成 ... 44
五、中国专利申请类型和法律状态 ... 44

第三章 5G-V2X 技术分析 …… 46

第一节 5G-V2X 技术概述 …… 46
一、技术简介 …… 46
二、产业现状 …… 47

第二节 5G-V2X 专利申请分析 …… 49
一、申请趋势分析 …… 49
二、技术来源地与目标地分析 …… 51
三、主要申请人分析 …… 52
四、中国专利申请类型和法律状态分析 …… 53
五、技术发展趋势 …… 54

第三节 5G-V2X 应用专利申请分析 …… 56
一、申请量趋势分析 …… 56
二、技术来源地与目标地分析 …… 59
三、技术分支技术构成 …… 60
四、主要申请人分析 …… 60
五、重点专利与技术分析 …… 62

第四节 标准必要专利分析 …… 74
一、标准必要专利 …… 74
二、标准必要专利申请分析 …… 78
三、5G-V2X 技术演进 …… 85

第四章 决策规划技术分析 …… 160

第一节 决策规划技术概述 …… 160
一、技术简介 …… 160
二、产业现状 …… 164

第二节 决策规划专利申请分析 …… 165
一、申请趋势分析 …… 165
二、技术来源地与目标地分析 …… 166
三、主要申请人分析 …… 168
四、中国专利申请类型和法律状态分析 …… 171
五、技术发展趋势 …… 172

第三节　决策规划各技术分支专利申请分析 …… 174
一、申请量趋势分析 …… 174
二、技术原创国和目标国分析 …… 175
三、技术分支技术构成 …… 181
四、主要申请人分析 …… 182

第四节　决策规划重点技术分析 …… 184
一、全局规划 …… 185
二、局部规划 …… 192

第五章　重点申请人分析 …… 201

第一节　LG集团 …… 201
一、企业简介 …… 201
二、LG集团专利技术分析 …… 202
三、LG集团专利申请标准必要专利分析 …… 204
四、LG集团重点专利分析 …… 212
五、小　结 …… 220

第二节　华　为 …… 221
一、企业简介 …… 221
二、华为专利技术分析 …… 224
三、5G-V2X技术分析 …… 226
四、重要发明人分析 …… 228
五、华为标准必要专利分析 …… 229
六、联合申请人 …… 234
七、重点专利与技术分析 …… 235
八、小　结 …… 249

第三节　谷　歌 …… 250
一、企业简介 …… 250
二、谷歌专利申请分析 …… 251
三、技术路线分析 …… 254
四、重点发明人分析 …… 269
五、小　结 …… 270

第四节 百　度 ………………………………………………… 270
一、企业简介 ……………………………………………… 270
二、百度专利申请分析 …………………………………… 272
三、技术路线分析 ………………………………………… 275
四、发明人分析 …………………………………………… 291
五、小　结 ………………………………………………… 293

第六章　结论和建议 …………………………………………… 295
第一节　主要结论 …………………………………………… 295
一、整体情况 ……………………………………………… 295
二、5G-V2X ……………………………………………… 297
三、决策规划 ……………………………………………… 298
四、重要申请人 …………………………………………… 299
第二节　建　议 ……………………………………………… 301
一、政府层面 ……………………………………………… 301
二、企业层面 ……………………………………………… 302

附录1　自动驾驶专利主要申请人名称约定表 ……………… 304

附录2　5G-V2X各协议的SEP数量 ……………………… 310

附录3　申请量排名前10的申请人在CT工作组的申请分布 …… 320

附录4　申请量排名前10的申请人在RAN工作组的申请分布 …… 321

附录5　申请量排名前10的申请人在SA工作组的申请分布 …… 323

第一章 研究概述

第一节 研究背景

汽车产业正在经历百年未有之大变局，以电动化、智能化、网联化和共享化引领的汽车行业变革是中国企业面临的历史性机遇。一方面，能源危机、环境污染、供需失衡和交通拥堵制约了汽车行业可持续发展，要求汽车行业必须提供全新解决方案。另一方面，智能网联汽车作为多领域融合产物，推动传统车企、互联网企业、科技公司及运营服务提供商加速跨界融合，相关产业协同发展成为趋势，有望重塑汽车产业链价值和生态结构。

当前全球经济陷入低迷，自动驾驶行业却逆势爆发，以Waymo、特斯拉（Tesla）、百度等为代表的企业持续加大研发投入，大规模开展自动驾驶测试验证和示范应用。随着政策法规密集落地、国产化进程加快、道路测试逐步开放和新兴技术快速发展，以辅助驾驶为代表的自动驾驶技术不断突破。2021年被业界称为自动驾驶商业化元年，L2级辅助驾驶逐步标配，L3级自动驾驶汽车在德国被允许上路，面向特定场景的Robotaxi、Robobus、无人配送车和自动驾驶卡车加速商业化落地。2022年，我国L2级乘用车渗透率接近35%，发展势头超出行业预期。随着行业热度高涨，近几年自动驾驶领域的专利申请量和申请人数量也急剧增长，积极打造专利壁垒成为汽车行业博弈的重要工具，专利诉讼愈发频繁。国内企业要拓展海外市场，必须加强核心技术研发和专利布局，掌握自主知识产权，才能在全球竞争中占据有利地位。

据世界知识产权组织统计，专利文献记载了全球90%以上的新技术信息，是获取最新技术研发成果的重要信息来源。本书聚焦自动驾驶领域关键技术的专利数据挖掘和分析，旨在协助从业人员了解自动驾驶领域关键技术发展现状和发展趋势，以便合理把握技术研发方向，优化专利布局，加强侵权风险预警。

一、技术概述

（一）自动驾驶等级

自动驾驶指车辆主要依靠人工智能、视觉计算、雷达和全球定位及车路协同等技术，使汽车具有环境感知、路径规划和自主控制的能力，能够让计算机自主操控车辆，在不受任何人为干预的情况下自动安全地驾驶。

2021年8月20日，由工业和信息化部提出、全国汽车标准化技术委员会归口的GB/T 40429—2021《汽车驾驶自动化分级》推荐性国家标准由国家市场监督管理总局、国家标准化管理委员会批准发布（国家标准公告2021年第11号文），于2022年3月1日起实施，标志着我国正式拥有自己的自动驾驶汽车分级标准，如表1-1-1所示。

表1-1-1 驾驶自动化等级与划分要素的关系（摘自GB/T 4029—2021）

分级	名称	持续的车辆横向和纵向运动控制	目标和事件探测与响应	动态驾驶任务后援	设计运行条件
0级	应急辅助	驾驶员	驾驶员及系统	驾驶员	有限制
1级	部分驾驶辅助	驾驶员和系统	驾驶员及系统	驾驶员	有限制
2级	组合驾驶辅助	系统	驾驶员及系统	驾驶员	有限制
3级	有条件自动驾驶	系统	系统	动态驾驶任务后援用户（执行接管后成为驾驶员）	有限制
4级	高度自动驾驶	系统	系统	系统	有限制
5级	完全自动驾驶	系统	系统	系统	无限制*

注：*排除商业和法规因素等限制。

该标准将自动驾驶分为6级，为0级~5级，对应于美国汽车工程师学会（SAE）分级的L0~L5级，其中辅助驾驶为L0~L2级，自动驾驶为L3~L5级。L0~L2级系统被命名为"驾驶员辅助系统"，即ADAS系统。ADAS系统主要提供安全警告、车道居中、自适应巡航控制等功能，需要驾驶员持续监控行车状态，并根据需要进行转向、制动或加速行为，且事故责任均由驾驶员承担。L3~L5级系统则被称为"自动驾驶系统"，根据系统开启的条件、是否需要驾驶员临时接管进行了等级划分,在系统开启后,车辆的操控工作将由自动驾驶系统完成。L3 级自动驾驶,在符合规定的条件时,自动驾驶系统开启,由自动驾驶系统独自操作车辆,驾驶决策责任方由驾驶员过渡到了汽车系统。但是在系统要求时,驾驶员需要随时接管车辆。L4~L5 级中,所有自动驾驶行为由自动驾驶系统自主完成,不需要驾驶员随时接管车辆,驾驶的责任完全由自动驾驶系统承担。L4 与 L5 的不同之处在于,L4 适用于有限的环境,而 L5 则适用于所有条件和地点。

从图 1-1-1 可以看出,中国版自动驾驶分级标准与美国 SAE 相似度较高,但在细节上有些不同。首先,SAE 标准的 L0 级自动驾驶为无驾驶自动化,而中国版标准的 L0 级自动驾驶并非无驾驶自动化,车辆具备应急辅助功能。其次,SAE 标准中的 L0~L2 级自动驾驶的 OEDR(目标和事件探测与响应)由人类驾驶员完成,而中国版标准规定"目标和事件探测与响应"由驾驶员及系统协作完成。此外,中国版标准划分了不同等级用户的角色和驾驶自动化系统的角色,明确了不同等级自动驾驶的驾驶员和车辆界限责任。《汽车驾驶自动化分级》国家标准的出台,有利于准确定位汽车产品驾驶自动化等级,明确车辆和驾驶员操作边界和责任划分,增进消费者对自动驾驶技术的理解。

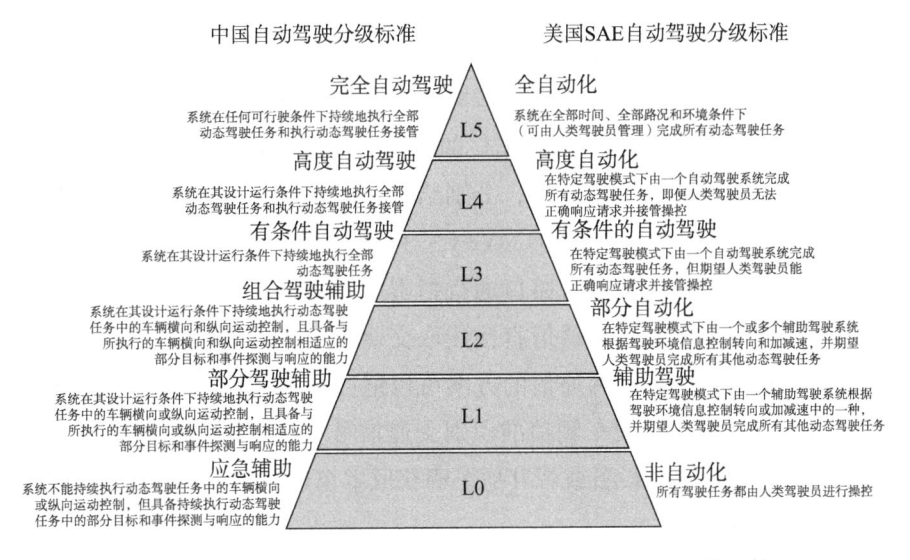

图 1-1-1　中国版自动驾驶分级标准与美国 SAE 标准的比较

（二）自动驾驶关键技术

自动驾驶的整个流程归纳起来有三个部分，一是通过毫米波雷达、激光雷达、摄像头、车载网联系统等对外界的环境进行感知识别；二是在融合多方面感知信息的基础上，通过智能算法学习外界场景信息，预测场景中交通参与者的轨迹并规划车辆运行轨迹，实现车辆拟人化控制融入交通流中；三是跟踪决策规划的轨迹目标，控制车辆的油门、刹车和转向等驾驶动作，调节车辆速度、位置和方向等状态，以保证汽车的安全性、操纵性和稳定性。由此，自动驾驶包括多项关键技术，本书对以下五项关键技术进行研究。

1. 5G – V2X

车用无线通信技术（Vehicle to Everything，V2X）是将车辆与一切事物相连接的新一代信息通信技术，其中 V 代表车辆，X 代表任何与车交互信息的对象，当前 X 主要包含车、人、交通路侧基础设施和网络。V2X 交互的信息模式包括：车与车之间（Vehicle to Vehicle，V2V）、车与路之间（Vehicle to Infrastructure，V2I）、车与人之间（Vehicle to Pedestrian，V2P）、车与网络之间（Vehicle to Network，V2N）的交互。

5G 因高带宽、低时延、大容量数据传输特性，被视为未来物联网、车联网等万物互联的基础。5G – V2X 是基于 5G 通信系统的 V2X，也称作 NR – V2X，V2X 将是 5G 网络的一部分，5G – V2X 有融合车联网直连通信系统（LTE – V2X）及专用短程通信技术（DSRC）的可能，实现车载单元（OBU）、基站、移动终端、云服务器的互联互通，分别给予它们特殊的功能和通信方式，用于面向自动驾驶的高级应用。5G – V2X 应用到自动驾驶领域，可以实现交通信号识别、超视距环境识别、路口通行指引等功能。对于车联网交通信号识别，自动驾驶车辆通过车路通信直接读取交通信号机的信号，相较于通过摄像头读取交通信号，车联网通信的方案可以适应复杂环境，并且传递更多的交通信息，使得自动驾驶车辆精准识别交通信号。对于超视距环境识别，自动驾驶车辆可以从路测设备或者其他车辆获取本车远方或者盲区的环境信息，大幅提高行车安全。

2. 高精度地图

高精度地图是指绝对精度和相对精度均在 1 米以内的高精度、高新鲜度、高丰富度的电子地图,英文称为 HD Map(High Definition Map,从数据精度和要素丰富度的角度定义)或 HAD Map(Highly Automated Driving Map,从自动驾驶功能的分级标准角度定义)。高精度地图相较于传统的导航电子地图,专注于自动驾驶场景,让自动驾驶车辆人性化地理解不断变化的现实环境,通过云端实时更新的多图层高精度地图数据,在自动驾驶车感知、定位、决策、规划等模块起到重要作用,对于L3及以上级别的自动驾驶汽车而言,高精度地图是必备选项。高精度地图所蕴含的信息丰富,含有道路类型、曲率、车道线位置等道路信息,以及路边基础设施、障碍物、交通标志等环境对象信息,同时包括交通流量、红绿灯状态等实时动态信息。

不同地图信息的应用场景和对实时性的要求不同,通过对信息进行分级处理,能有效提高对地图的管理、采集效率及广泛应用。高精度地图可以分为四个基本层级,由底层到上层分别为静态地图、准静态地图、准动态地图和动态地图。

静态地图包含道路网、车道网及道路设施的几何、属性信息。车道线、车道中心线以及曲率、坡度、航向等信息构成了道路和车道模型,帮助自动驾驶车辆进行精确的智能决策与控制执行,包括转向、驱动、刹车(制动)等。

准静态地图包含交通标志牌、路面标志等道路部件信息,可以用于自动驾驶车辆的辅助定位。同时,道路受到外界因素(如日常磨损、天气、外界碰撞、人为修改等)的影响会发生变化,如道路标线磨损及重漆、交通标志牌移位或变形等信息也体现在准静态高精度地图中,确保自动驾驶车辆的安全。

准动态地图包含道路拥堵、施工、交通管制、天气等信息,可以用于自动驾驶车辆的实时动态路径规划(全局路径规划和局部路径规划),提升自动驾驶的运行安全度与效率。

动态地图包含周边车辆、行人、交通事故等实时性较高的信息,可以用于自动驾驶车辆的局部路径规划与决策辅助,增加信息冗余,提升自动驾驶的安全度。

利用高精度地图技术,自动驾驶车辆可以精确计算出车辆当前的位置,与其他技术手段得出的高精度定位结果相互冗余,保证车辆时刻知晓自身位置。高精度地图提供精确道路面域以及周边设施等信息,并将人行道等对象标记为兴趣区参考，由于兴趣区内的物体会影响自动驾驶系统的驾驶行为，因此提前使自动驾驶车使用比较精确的模型来检测兴趣区内的物体，并计算每个物体的类别、速度、姿态等信息。车道级的路径规划和局部路径规划是高精度地图的重要应用，从起点到终点的全局路径规划结果同步到自动驾驶系统，和高精度地图进行匹配参考，实现车道级的路径规划，进而实现平顺、安全的局部路径规划。高精度地图中准确地记录了各个车道之间的关联关系，如可通行规则和交通规则，在车辆行人交错的复杂路口等自动驾驶场景下，可帮助车辆大幅提升对每一个路权竞争者的行为预测精度，从而得到更优的决策结果。

3. 仿真测试

自动驾驶仿真测试主要是以数学建模的方式将自动驾驶的应用场景进行数字化还原，建立尽可能接近真实世界的系统模型，无须实车直接通过软件进行仿真测试便可达到对自动驾驶系统及算法的测试验证目的。自动驾驶仿真测试主要包括三个部分：场景库、仿真平台和评价体系。其中场景库是基础，仿真平台是核心，评价体系是关键，三者紧密耦合，相互促进。

场景库是满足某种测试需求的由一系列自动驾驶测试场景构成的数据库。场景库能够完成从场景数据的管理到场景测试引擎的桥接，实现从场景的自动产生、管理、存储、检索、匹配，到最后注入测试工具。其包括四种典型测试场景：自然驾驶场景、危险工况场景、标准法规场景和参数重组场景。测试场景的数据主要包括真实数据、模拟数据和专家经验数据三大部分。真实数据即现实世界真实发生的，经过传感器采集或以其他形式被记录保存下来的真实场景数据。真实数据包括自然驾驶数据、交通事故数据、路侧单元监控数据、封闭场地测试数据以及开放道路测试数据等。模拟数据主要包括驾驶模拟器数据和仿真数据。前者是利用驾驶模拟器进行测试得到的场景要素信息，后者是自动驾驶系统或车辆在虚拟仿真平台上进行测试得到的场景要素信息。专家经验数据是基于专家的仿真测试经验总结归纳出来的场景要素信息，其中标准法规就是专家经验数据的典型代表。

仿真平台一般包括仿真框架、物理引擎和图形引擎。其中，仿真框架是软件平台的核心，支持传感器仿真、车辆动力学仿真、通信仿真、交通场景仿真等。仿真平台支持摄像头、激光雷达、毫米波雷达以及全球定位系统（GPS）/惯性传感器（IMU）等传感器仿真。车辆动力学仿真基于多体动力学搭建的模型，将包括转向、悬架、制动、I/O硬件接口等在内的多个真实部件进行参数化建模，进而实现车辆模型运动过程中的姿态和运动学仿真模拟。交通场景仿真包括静态场景还原和动态场景仿真两部分。静态场景还原主要通过高精度地图和三维建模技术来实现；动态场景仿真既可通过把真实路采数据经过算法抽取后，再结合已有高精度地图进行创建，也可通过对随机生成的交通流基于统计学的比例，经过人工设置相关参数后自动生成复杂的交通场景。通信仿真支持创建真实或虚拟传感器插件，使用户能够创建特殊的V2X传感器。其既可以用来测试V2X系统，又可生成用于训练的合成数据。

仿真测试包括两个重要评价维度：真实性和有效性。真实性评价主要是针对场景库真实合理性的评价，分为场景信息真实度、场景分布真实度两方面。有效性评价是对比自动驾驶系统在仿真测试与实车测试中的性能差异。仿真测试具体评价内容包括仿真测试自身评价以及自动驾驶车辆驾驶性能、驾驶协调性、标准匹配性、学习进化性等方面。

4. 目标识别

目标识别是自动驾驶技术中非常重要的一个环节。基于计算机视觉技术的目标识别主要目的是识别出图像中有什么物体，并报告这个物体在图像表示的场景中的位置和方向。对一个给定的图片进行目标识别，首先要判断目标有没有，如果没有目标，则检测和识别结束；如果有目标，就要进一步判断有几个目标，目标分别所在的位置，然后对目标进行分割，判断哪些像素点属于该目标。

通过视觉或非视觉的方法感知行车环境是自动驾驶目标识别的主要手段，其中视觉包括摄像头，非视觉包括激光雷达、毫米波雷达、超声波雷达、红外线等，用来开展周边的车道线检测、红绿灯识别、交通标识牌识别、行人检测、车辆检测、障碍物识别等。自动驾驶环境感知通常采用"弱感知+超强智能"和"强感知+强智能"两大技术路线。其中"弱感知+超强智能"技术是指主要依赖摄像头与深度学习技术实现环境感知，而不依赖激光雷达。如果超强智能暂时难以达到，为实现无人驾驶，那就需要增强感知能力，这就是所谓的"强感知+强智能"技术路线。

5. 决策规划

自动驾驶汽车在进行决策规划时，会从环境感知模块中获取道路拓扑结构信息、实时交通信息、障碍物信息和主车自身的状态信息等内容，融合以上这些信息，根据驾驶需求进行任务决策，在能避开可能存在的障碍物前提下，通过一系列特定的约束条件，规划出两点间多条可选安全路径，并在这些路径中选取一条最优的路径作为车辆行驶轨迹。按照划分的层面不同，可以分为全局规划和局部规划两种。全局规划是由获取到的地图信息，规划出一条在特定条件之下的无碰撞最优路径。局部规划则是根据全局的规划，在一些局部环境信息的基础之上，能够避免碰撞一些未知的障碍物，最终达到目标点的过程。

决策规划层是自主驾驶系统智能性的直接体现，对车辆的行驶安全性起到了决定性的作用。常见的决策规划体系结构包括分层递阶式、反应式及二者混合式。分层递阶式体系结构是一个串联系统结构，各模块之间次序分明，上一个模块的输出即为下一个模块的输入，为"感知—规划—行动"结构，当给定目标和约束条件后，决策规划就根据即时建立的局部环境模型和已有的全局环境模型决定出下一步的行动，进而依次完成整个任务。反应式体系结构采用并联结构，每个控制层可以直接基于传感器的输入进行决策，因而产生的动作是传感器数据直接作用的结果，突出"感知—动作"特点。混合式体系结构是分层递阶式体系和反应式体系结合的体系结构，在全局规划层次上，生成面向目标定义的分层递阶式行为；在局部规划层次上，生成面向目标搜索的反应式体系的行为分解。

二、产业现状

（一）产业政策

1. 国外相关政策

为加快商业化进程，各国都为自动驾驶汽车发展做了顶层设计，积极打造适应自动驾驶发展的政策法规和监管环境，以抢占科技创新和汽车产业变革的发展先机。各国自动驾驶相关重要政策如表 1-1-2 所示。中国、美国、日本和英国等国都将 2025 年作为自动驾驶汽车商业落地的关键节点。美国为确保其自动驾驶技术领导者地位，积极在联邦及各州层面出台自动驾驶相关法规政策，至 2021 年已有 38 个州及华盛顿特区实施自动驾驶相关立法或行政命令。英国政府在2015年就建立了互联和自动驾驶汽车中心（CCAV），并于2018年在全球首个推出自动驾驶汽车保险立法。德国于2017年6月颁布了全球首部自动驾驶相关法律《道路交通法修订案》，明确了L3级自动驾驶的合法地位，并推出了世界第一部针对自动驾驶的伦理准则《自动化和网联化车辆交通道德准则》；2021年12月，德国联邦汽车运输管理局允许L3级自动驾驶汽车上路，德国由此成为全球首个允许无人驾驶车辆参与日常交通并应用在全国范围的国家。宝马、奔驰承诺对启用L3级自动驾驶系统时发生的事故负责。法国于2018年推出自动驾驶汽车国家战略，计划到2022年在道路上使用L4级自动驾驶汽车和开发用于物流和自动货运的自动驾驶系统；2021年7月，法国宣布修改《公路法》和《运输法》，允许未来使用由自动驾驶系统控制的车辆，只要这些车辆获得形式认证。日本于2017年5月发布了《官民ITS行动/路线计划》，提出2025年在高速公路实现相当于L4级别的自动驾驶。韩国于2019年10月发布《2030年未来汽车行业发展战略》，计划到2024年为主要公路上的L4级车辆建立世界上第一个法律和法规框架、运输系统和基础设施。

表1-1-2　各国自动驾驶相关重要政策

国家	发布时间	相关政策及主要内容
美国	2016年9月	《联邦自动驾驶汽车政策：加速下一代道路安全革命》：为自动驾驶安全部署提供政策监管框架，为有效利用技术变革提供指导
	2017年7月	《自动驾驶法案》：首次在联邦层面对自动驾驶汽车的监管立法，提出了自动驾驶汽车的安全标准、网络要求和豁免条款；为美国顺利开展自动驾驶汽车的创新、研发、测试以及安全部署提供了重要支持
	2017年9月	《自动驾驶系统：安全愿景2.0》：确定了12项安全性能自评标准，为自动驾驶行业提供非监管性指导；该政策被行业视为自动驾驶汽车研发的规则手册
	2019年10月	《准备迎接未来的交通：自动驾驶汽车3.0》：指出美国交通部将努力消除阻碍自动驾驶汽车发展的政策法规，支持将自动驾驶车辆纳入整个运输系统
	2020年1月	《自动驾驶4.0》：提出整合38个联邦部门、独立机构、委员会和总统行政办公室在自动驾驶领域的工作，为州政府和地方政府、创新者以及所有利益相关者提供美国政府有关自动驾驶汽车工作的指导，以确保美国在自动驾驶技术领域的领先地位

续表

国家	发布时间	相关政策及主要内容
美国	2020年3月	《智能交通系统战略规划2020—2025》：提出了六大规划领域即新兴和使能技术、网络安全、数据访问和交换、自动驾驶、完整出行、加速智能交通系统部署，意图打造一套系统化、完整的出行服务体系；强调自动驾驶、车联网已从研究阶段进入加速部署和应用阶段
美国	2021年1月	《自动驾驶汽车综合计划》：定义了实现自动驾驶系统愿景的三个目标，包括促进协作和透明度、使监管环境现代化以及推进自动驾驶安全地集成于地面运输系统。该计划优先考虑自动驾驶系统的安全性问题，同时对自动驾驶系统的应用场景进行定义
英国	2018年7月	《自动与电动汽车法案》：获得批准正式成为法律，确立了自动驾驶汽车发生事故的保险和责任规则
英国	2022年8月	《互联和自动出行2025：在英国释放自动驾驶汽车的效益》：提出2025年在英国实现自动驾驶汽车的商业落地，并阐明了实现这一目标所采取的立法和监管举措
德国	2015年9月	《自动网联驾驶战略》：确定了德国发展自动驾驶的六大重点行动领域：基础设施、法律、创新、互联性、网络安全和数据保护以及社会对话
德国	2017年6月	《道路交通法修订案》：全球首个关于自动驾驶的相关法律，给予L3级自动驾驶系统在有驾驶员监管的情况下承担驾驶任务的权利，明确了L3级自动驾驶的合法地位
德国	2017年6月	《自动化和网联化车辆交通道德准则》：规定自动驾驶汽车的系统必须要不惜一切代价地把人的生命放在首位，是世界第一部针对自动驾驶的伦理准则
德国	2021年5月	《自动驾驶法》：国家层面促进和规范自动驾驶技术现实应用的核心法律文件。自2022年开始，德国将允许自动驾驶汽车（L4级）在公共道路上的指定区域内行驶
法国	2018年5月	《无人驾驶汽车的发展——公共行动的战略方向》：制定了未来自动驾驶目标，到2020年在道路上使用L3级自动驾驶汽车，到2022年在道路上使用L4级自动驾驶汽车和开发用于物流和自动货运的自动驾驶系统
法国	2019年12月	《出行指导法》：建立了立法框架，允许高度自动化的车辆在实验性场景之外行驶
日本	2017年5月	《官民ITS行动/路线计划》：提出自动驾驶推进时间表，2020年左右实现L2、L3级别的自动驾驶以及在特定区域内L4级别的自动驾驶出行服务；到2025年在高速公路实现相当于L4级别的自动驾驶

续表

国家	发布时间	相关政策及主要内容
日本	2018年2月	《未来投资战略2018（草案）》：提出L3级别的自动驾驶车辆于2020年实现量产销售，到2030年达到国内新车销量占比30%的目标；该战略还提出在特定空间更"宽松"的制度环境，使得自动驾驶等相关的实证实验可以自由进行
	2019年5月	《道路运输车辆法（修订案）》和《道路交通法（修订案）》：允许L3级自动驾驶车辆上路；规定自动驾驶过程中驾驶员有随时接管驾驶的义务；因系统错误操作等明显故障导致事故发生时，制造商将有可能承担过失；汽车保险业务至少涵盖由L3级自动驾驶汽车引起的事故
	2021年5月	《实现自动驾驶的相关报告和方案5.0版》：提出到2025年实现高速公路上L4级货车列队运输服务，在混合其他元素的空间中部署L4级车辆
韩国	2019年10月	《2030年未来汽车行业发展战略》：提出在2021年商业部署L3级自动驾驶车辆；到2024年为主要公路上的L4级车辆建立世界上第一个法律和法规框架，运输系统和基础设施；到2027年第一批L4级车辆将在主要道路上投入商业运营
	2020年5月	《自动驾驶汽车法案》：允许指定自动驾驶汽车试点区，在试点区内可以使用自动驾驶汽车提供有偿乘客搭载和送货服务
	2020年12月	《自动驾驶汽车和利益相关者的道德准则》《网络安全指南》《L4级自动驾驶汽车制造/安全指南》：对自动驾驶汽车的安全操作/设计/制造的必要要求提供建议

2. 我国国家政策

为了促进自动驾驶行业发展，我国也加速推进支撑政策，涉及顶层设计、标准制定、管理规范和技术路线等多方面，如图1-1-2和表1-1-3所示。2015年5月，国务院印发《中国制造2025》，提出到2025年，掌握自动驾驶总体技术及各项关键技术，建立较完善的智能网联汽车自主研发体系、生产配套体系及产业群，基本完成汽车产业转型升级。2017年4月发布《汽车产业中长期发展规划》，提出以新能源汽车和智能网联汽车为突破口，引领产业转型升级，打造本土国际领军企业，到2025年，自动驾驶汽车渗透率达到80%，其中L2级和L3级的渗透率达到25%。2018年4月出台《智能网联汽车道路测试管理规范（试行）》，首次对测试主体、测试驾驶人、测试车辆等提出要求，对智能网联汽车开展实际道路测试的规范化起到了重要作用。2020年2月发布《智能汽车创新发展战略》，提出智能汽车发展战略愿景，并指出我国路网规模、5G通信、北斗卫星导航定位系统水平国际领先，基础设施保障有力，要结合5G商用部署，推动5G与车联网协同建设，到2025年实现新一代车用无线通信网络（5G－V2X）在部分城市、高速公路逐步开展应用。2020年，中国汽车工程学会年会和2020世界智能网联汽车大会先后发布《节能与新能源汽车技术路线图2.0》和《智能网联汽车技术路线图2.0》，设立了自动驾驶汽车关键技术架构和总体目标。2021年3月，公安部发布《道路交通安全法（修订建议稿）》，首次从法律角度对具有自动驾驶功能的汽车进行道路测试、通行以及违法和事故责任分担规定等方面作出了大胆尝试。

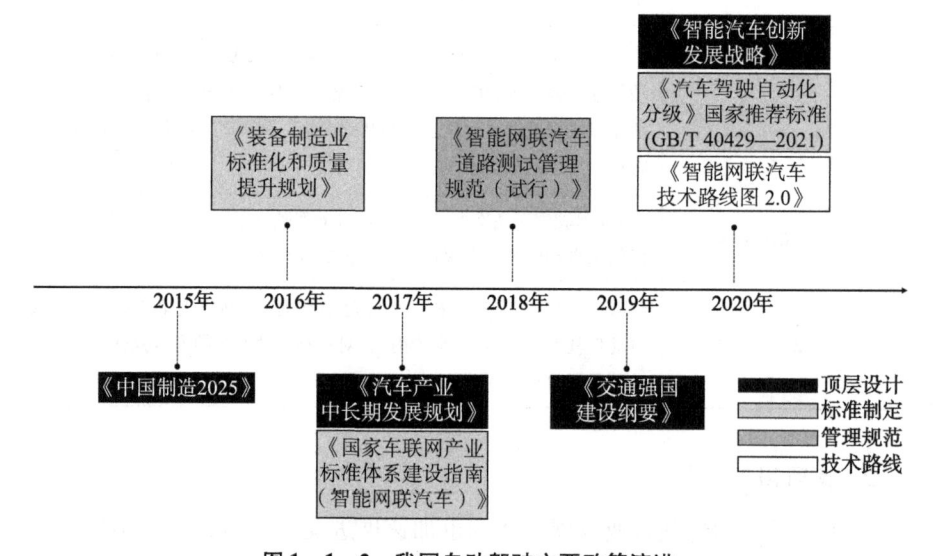

图1-1-2 我国自动驾驶主要政策演进

表1-1-3 我国自动驾驶相关重要政策

发布时间	相关政策及主要内容
2015年5月	《中国制造2025》：对于智能网联汽车提出了明确的发展目标，即到2022年，掌握智能辅助驾驶总体技术及各项关键技术，初步建立智能网联汽车自主研发体系及生产配套体系；到2025年，掌握自动驾驶总体技术及各项关键技术，建立较完善的智能网联汽车自主研发体系、生产配套体系及产业群，基本完成汽车产业转型升级

续表

发布时间	相关政策及主要内容
2017年4月	《汽车产业中长期发展规划》：提出要加大智能网联汽车关键技术攻关；到2020年，汽车驾驶辅助（L1级别）、部分自动驾驶（L2级别）、有条件自动驾驶（L3级别）系统的新车渗透率超过50%，到2025年，自动驾驶汽车渗透率达到80%，其中L2级和L3级的渗透率达到25%
2017年12月	《国家车联网产业标准体系建设指南（智能网联汽车）》：到2020年，初步建立能够支撑驾驶辅助及低级别自动驾驶的智能网联汽车标准体系；到2025年，系统形成能够支撑高级别自动驾驶的智能网联汽车标准体系
2018年4月	《智能网联汽车道路测试管理规范（试行）》：首次对测试主体、测试驾驶人、测试车辆、测试申请及审核、测试管理、交通违法和事故处理等提出要求，要求各地主管部门根据当地实际情况制定实施细则，具体组织开展智能网联汽车道路测试工作
2018年12月	《车联网（智能网联汽车）产业发展行动计划》：2020年后，技术创新、标准体系、基础设施、应用服务和安全保障体系将全面建成，高级别自动驾驶功能的智能网联汽车和5G-V2X逐步实现规模化商业应用，"人—车—路—云"实现高度协同
2019年9月	《交通强国建设纲要》：加强智能网联汽车（智能汽车、自动驾驶、车路协同）研发，形成自主可控完整的产业链
2020年2月	《智能汽车创新发展战略》：到2025年，中国标准智能汽车的技术创新、产业生态、基础设施、法规标准、产品监管和网络安全体系基本形成，实现有条件自动驾驶的智能汽车达到规模化生产，实现高度自动驾驶的智能汽车在特定环境下市场化应用。智能交通系统和智慧城市相关设施建设取得积极进展，车用无线通信网络（LTE-V2X等）实现区域覆盖，新一代车用无线通信网络（5G-V2X）在部分城市、高速公路逐步开展应用，高精度时空基准服务网络实现全覆盖。2035—2050年，中国标准智能汽车体系全面建成、更加完善
2020年10月	《节能与新能源汽车技术路线图2.0》：2025年，HA级智能网联汽车开始进入市场；2030年，实现HA级智能网联汽车在高速公路广泛应用，在部分城市道路规模化应用；2035年，HA、FA级智能网联车辆具备与其他交通参与者间的网联协同决策与控制能力，各类网联式高度自动驾驶车辆广泛运行于中国广大地区
2020年11月	《智能网联汽车技术路线图2.0》：到2025年，PA（部分自动驾驶）、CA（有条件自动驾驶）级智能网联汽车市场份额超过50%，HA（高度自动驾驶）级智能网联汽车实现限定区域和特定场景商业化应用；到2030年，PA、CA级智能网联汽车市场份额超过70%，HA级智能网联汽车市场份额达到20%，并在高速公路广泛应用，在部分城市道路规模化应用；到2035年，中国方案智能网联汽车技术和产业体系全面建成、产业生态健全完善，整车智能化水平显著提升，HA级智能网联汽车大规模应用

续表

发布时间	相关政策及主要内容
2021年3月	《道路交通安全法（修订建议稿）》：新增自动驾驶相关法规。第一百五十五条规定，发生道路交通安全违法行为或者交通事故的，应当依法确定驾驶人、自动驾驶系统开发单位的责任，并依照有关法律、法规确定损害赔偿责任，构成犯罪的，依法追究刑事责任
2021年3月	《国家车联网产业标准体系建设指南（智能交通相关）》：针对智能交通通用规范核心技术及关键应用，构建包括智能交通基础标准、服务标准、技术标准、产品标准等在内的标准体系，指导车联网产业智能交通领域的相关标准制修订，充分发挥标准在车联网产业关键技术、核心产品和功能应用的引领作用，与建设指南其他部分共同形成统一、协调的国家车联网产业标准体系架构
2021年7月	《智能网联汽车道路测试与示范应用管理规范（试行）》：允许在充分开展道路测试的基础上，安全可靠地开展载人载物示范应用，允许开展高速公路道路测试与示范应用；进一步拓展测试车辆的覆盖范围，满足更多场景应用，强调测试主体对车辆及远程监控平台的网络安全保障能力；推动实现测试项目和标准规范的统一，减少通用项目的重复检测；将相关安全性要求调整为企业安全性自我声明，增强测试主体对安全责任的自我保障能力
2021年7月	《5G应用"扬帆"行动计划（2021—2023年）》：5G+车联网。强化汽车、通信、交通等行业的协同，加强政府、行业组织和企业间联系，共同建立完备的5G与车联网测试评估体系，保障应用的端到端互联互通；加快提升C-V2X通信模块的车载渗透率和路侧部署；加快探索商业模式和应用场景，支持创建国家级车联网先导区，推动车联网基础设施与5G网络协同规划建设，选择重点城市典型区域、合适路段以及高速公路重点路段等，加快5G+车联网部署，推广C-V2X技术在园区、机场、港区、矿山等区域的创新应用
2021年12月	《"十四五"国家信息化规划》：开展车联网应用创新示范；遴选打造国家级车联网先导区，加快智能网联汽车道路基础设施建设、5G-V2X车联网示范网络建设，提升车载智能设备、路侧通信设备、道路基础设施和智能管控设施的"人、车、路、云、网"协同能力，实现L3级以上高级自动驾驶应用

3. 我国地方政策

在中央谋划全局的同时，地方政府也因地制宜扶持自动驾驶产业发展。北京、上海、深圳等城市走在了先行示范的前沿。

2021年4月，北京市发布《北京市智能网联汽车政策先行区总体实施方案》，同意依托高级别自动驾驶示范区设立北京市智能网联汽车政策先行区，为企业在京发展营造良好的"自动驾驶营商环境"。2022年4月，北京市发布《北京市智能网联汽车政策先行区乘用车无人化道路测试与示范应用管理实施细则》，在国内率先开放乘用车无人化运营试点，试点开放副驾驶有安全员的无人化载人。

2020年12月，上海临港新片区管委会发布《智能网联汽车产业专项规划（2020—2025）》，提出力争到2025年基本形成智能网联汽车相关多维度、多领域产业链体系，推进产业技术水平和产业规模居全国领先地位，基本建成产业创新生态、政策法规制度和支撑保障体系，力争实现建设国家级车联网先导区、智慧交通示范区和国内领先现代产业集聚区的三大目标。2022年7月，上海市发布《上海市加快智能网联汽车创新发展实施方案》，提出上海要举全市之力打造智能网联汽车发展的制高点，强化创新引领，培育龙头企业，支持各类智能网联汽车企业创新发展，形成百花齐放的竞争态势，并努力培育在产业链、创新链上有发言权、话语权的本土龙头企业，到2025年初步建成国内领先的智能网联汽车创新发展体系。

2020年5月，深圳市发布《深圳市关于支持智能网联汽车发展的若干措施》，支持V2X通信技术、机器视觉、毫米波雷达、激光雷达、高精度地图、高精度定位、算法设计、处理芯片、操作系统等关键技术攻关。2021年5月，深圳市发布《深圳经济特区智能网联汽车管理条例（草案）》，这是国内首部关于智能网联汽车管理的法规，有助于推进自动驾驶相关的全国性立法工作。

（二）发展历程

自动驾驶产业发展历程如图1-1-3所示。2013年之前，属于自动驾驶萌芽发展时期。20世纪70年代，发达国家率先进行无人驾驶汽车的研究，卡内基梅隆大学于1989年推出了第一代无人驾驶汽车。2009年，谷歌成立自动驾驶部门，也就是Waymo的前身，成为全球自动驾驶行业的先行者。2013年，百度成立自动驾驶研发团队，开始自动驾驶领域的拓荒。同年，奔驰、博世等公司在德国获批自动驾驶道路测试资格。

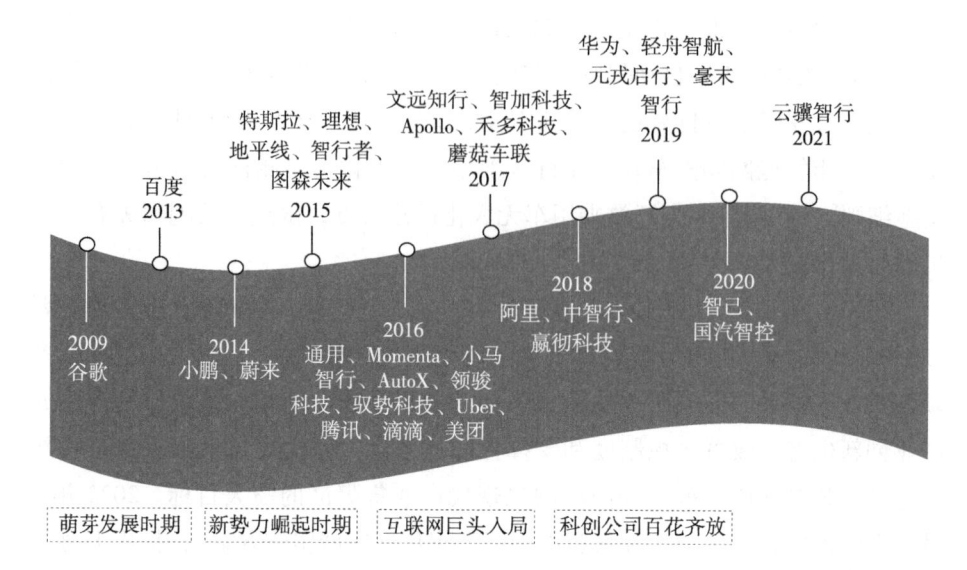

时间轴节点：
- 2009 谷歌
- 百度 2013
- 2014 小鹏、蔚来
- 特斯拉、理想、地平线、智行者、图森未来 2015
- 2016 通用、Momenta、小马智行、AutoX、领骏科技、驭势科技、Uber、腾讯、滴滴、美团
- 文远知行、Apollo、智加科技、禾多科技、蘑菇车联 2017
- 2018 阿里、中智行、赢彻科技
- 华为、轻舟智航、元戎启行、毫末智行 2019
- 2020 智己、国汽智控
- 云骥智行 2021

阶段：萌芽发展时期 | 新势力崛起时期 | 互联网巨头入局 | 科创公司百花齐放

图1-1-3 自动驾驶产业发展历程

2014—2015年，为造车新势力崛起时期。《中国制造2025》将自动驾驶作为汽车产业转型升级重要方向，自动驾驶市场开始走热，智行者、图森未来、地平线等公司成立。以蔚来、小鹏、理想为代表的造车新势力借助资本力量和高调宣传强势崛起，给传统车企带来巨大冲击。美国加州于2014年制定了自动驾驶测试申请的相关规定，成为自动驾驶测试和商业化领头羊。特斯拉于2015年推出了第一代自动驾驶系统Autopilot，可以实现车道保持、自适应巡航、自动泊车等功能。

2016—2017年，腾讯、美团、滴滴等互联网巨头纷纷入局，行业发展提速。小马智行和文远知行在美国硅谷成立并建立研发中心，安途（AutoX）在创立60天内完成首次无人驾驶开放道路测试，初速度（Momenta）、驭势科技完成A轮融资，优步（Uber）无人驾驶汽车开始上路试验，通用和英特尔分别完成对Cruise和Mobileye的收购，百度获得美国加州路测牌照并推出全球首个自动驾驶开放平台阿波罗（Apollo），蘑菇车联成立并提供自动驾驶全栈技术与运营服务。

2018年，国内自动驾驶投融资事件和披露金额达到新的高峰。此后，伴随着政策大力支持和资金大量投入，互联网巨头、通信巨头、传统车企、科创公司和运营服务提供商加速跨界融合，自动驾驶赛道迎来百花齐放、百家争鸣的繁荣时刻，热度持续高涨。智加科技、赢彻科技、轻舟智航、元戎启行、毫末智行等自动驾驶独角兽公司成立。随着新一轮汽车产业革命进入以智能化为核心的下半场，传统车企凭借多年积累的技术和经验开始发力，在积极开展核心技术自研的同时加大推进对外合作与投资。上汽集团和阿里巴巴于 2020 年联合成立智己汽车，长安汽车于 2021 年创立搭载华为全栈智能汽车解决方案的阿维塔品牌，吉利汽车和百度于 2021 年创立集度汽车，Momenta、AutoX 和小马智行获得多家车企的战略投资。

2022 年 5 月，搭载奔驰 L3 级 Drive Pilot 自动驾驶系统的车辆在德国上路，该系统分别在德国和美国被允许在有限制的条件下合法使用，成为全球首个获官方认可的自动驾驶系统。但是，后续并未有其他车企跟进，反而更多自动驾驶公司陷入商业化落地困难的集体焦虑，资本信心跌落。伴随着 Argo AI 倒闭，小马智行、图森未来、Aurora 等公司宣布裁员，以及自动驾驶股集体雪崩，行业热度大幅降温。众多自动驾驶公司纷纷降级转向"L2 + 辅助驾驶"以追求利润和现金流，或者选择"L2 + L4"即"技术 + 商业化"两条腿走路的稳固型发展模式。

（三）当前态势

1. 中美领跑"双强"格局凸显

从近几年路测数据以及全球投融资情况来看，自动驾驶呈现中美领跑的"双强"格局。平均接管里程（MPI）被认为是衡量自动驾驶技术是否成熟、稳定的重要指标。如图 1 - 1 - 4 所示，2021 年和 2022 年加州路测 MPI 数据显示，中国的安途（AutoX）、滴滴（Didi）、文远（WeRide）、元戎（DeepRoute）、小马智行（Pony）、百度（Apollo）等公司，以及福特和大众投资的自动驾驶公司 Argo AI、谷歌的 Waymo 和通用的 Cruise 自动驾驶水平居于第一梯队。中国的优势在于互联网技术发达、产业链健全、人才储备多且政策支持力度大。从 2019—2021 年全球自动驾驶融资情况来看，中美连续三年获得超过 90% 的融资。2021 年美国获得全球自动驾驶融资占比为 50.9%，中国占比为 42.2%，大量资金的投入加速了中美自动驾驶产业发展。

2021年加州DMV自动驾驶接管里程（MPI）

公司	接管里程
AutoX	50108
Cruise	41719
Didi	40744
Argo AI	36733
WeRide	19322
DeepRoute	15436
Pony	14553
Waymo	7965
Zoox	7387
Nuro	2570
Apollo	1467
Aurora	1405
QCraft	1264

2022年加州DMV自动驾驶接管里程（MPI）

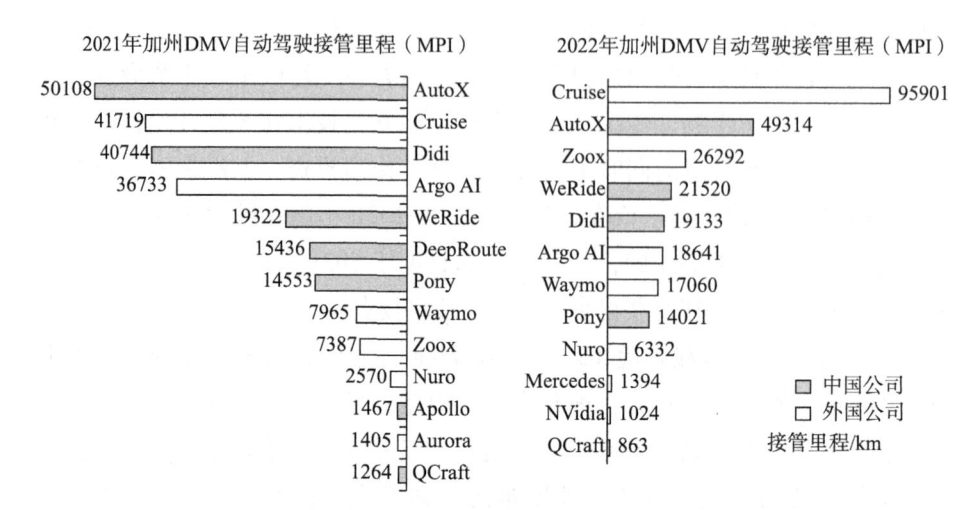

公司	接管里程
Cruise	95901
AutoX	49314
Zoox	26292
WeRide	21520
Didi	19133
Argo AI	18641
Waymo	17060
Pony	14021
Nuro	6332
Mercedes	1394
NVidia	1024
QCraft	863

□ 中国公司　□ 外国公司　接管里程/km

图1-1-4　2021年、2022年加州车辆管理局（DMV）自动驾驶接管里程（MPI）❶

2. "车—路—云"一体化协同解决方案

2020年，《智能汽车创新发展战略》提出开展特定区域智能汽车测试运行及示范应用，验证"人—车—路—云"系统协同性，以及重点制定"人—车—路—云"系统协同的车用无线通信技术标准和设备接口规范，提出了人—车—路—云协同发展的概念。单车智能和车路云协同作为自动驾驶的两种不同技术路线，其主要区别如表1-1-4所示。单车智能硬件成本高，难以解决视觉死角、延时决策等问题，难以支持高级别自动驾驶落地。车路云协同则可通过多重冗余保障提升安全性，通过全局调度提升交通效率，通过减少单车搭载设备而降低单车成本。

表1-1-4　单车智能和车路云协同技术路线区别❷

维度类别	单车智能	车路云协同
环境感知	以自车感知为主，交互信息为辅	以车路云协同感知为主，自车感知为辅
决策信息	以自车感知融合的信息为主	以车路云实时交互信息为主
车辆定位	GPS/BDS，隧道等遮挡条件下需辅助其他定位方式	GPS/BDS路基设备"差分"定位

---

❶ 参考网址：https://www.sohu.com/a/522350081_118021，https：//www.pingwest.com/w/277872.
❷ 张毅，姚丹亚，李力，等. 智能车路协同系统关键技术与应用［J］. 交通运输系统工程与信息，2021（5）：40-51.

续表

维度类别	单车智能	车路云协同
高精度地图	车载	可动态自动分发、重构
轨迹规划	自车计算估计预测	全域、在途、动态自动生成
行驶控制	自主控制	可与周边交通主体协同控制
盲区/应急处理	能力有限	可有效实现盲区和应急预警

2021年，清华大学智能产业研究院联合百度Apollo发布《面向自动驾驶的车路协同关键技术与展望》，指出车路协同自动驾驶是规模商业化落地的必然趋势。百度于2021年5月，联合清华大学智能产业研究院正式提出了Apollo Air计划。其中，依靠纯路侧感知实现车路协同自动驾驶是Apollo Air的最大技术创新，在不使用车载传感器，仅依靠路侧轻量感知的前提下，实现连续覆盖感知，并利用V2X、5G等无线通信技术就可以实现车—路—云协同的L4级自动驾驶❶。华为也于同年发布了《智能汽车解决方案2030》，指出在封闭区域中，依托于"车—路—云"协同解决方案，可以打通垂直行业多车协同的端到端自动驾驶商用场景。通过全息环境感知、全局资源调度、动态业务地图、多车协同驾驶、车道级路径规划、信号协同控制、业务仿真测试等服务能力，进一步消除业务流程断点，实现自动驾驶的多车智能协同，提升场景化作业和运输效率，从而真正实现降本提效❷。

亿欧智库分析认为，未来5~10年"车路云一体化"将在自动驾驶商业化落地方面发挥重要作用，预期呈现出四大效果，分别包括：以单车智能+网联赋能"中国方案"克服长尾问题的问题解决效果，以公共服务分担路端成本、车路协同降低单车改造成本的单车降本效果，以公共刚需哺育健康商业模式的快速变现效果，以及通过智慧交通网络产生经济溢出效应的数字基建效果。同时提供"单车智能+网联技术"全栈式解决方案则需要更高的技术壁垒与企业资源，目前代表企业有百度、蘑菇车联和华为❸。

---

❶ 清华大学智能产业研究院，百度Apollo. 面向自动驾驶的车路协同关键技术与展望［Z］. 2021.
❷ 华为. 智能汽车解决方案2030［Z］. 2021.
❸ 亿欧智库. 2021—2022中国自动驾驶行业深度分析与展望报告［Z］. 2022.

2023年1月，中国智能网联汽车产业创新联盟发布了《车路云一体化系统白皮书》，对车路云一体化系统作出了明确定义，其具体构架如图1-1-5所示。车路云一体化系统（Vehicle-Road-Cloud Integrated System，VRCIS）是通过新一代信息与通信技术将人、车、路、云的物理空间、信息空间融合为一体，基于系统协同感知、决策与控制，实现智能网联汽车交通系统安全、节能、舒适及高效运行的信息物理系统（Cyber-Physical Systems，CPS）。车路云一体化系统将人、车、路、云等要素的交通相关信息通过云控基础平台进行融合，全方位支撑智能网联汽车产业应用需求，体现出分层解耦、跨域共用的智能网联汽车中国方案技术特征。

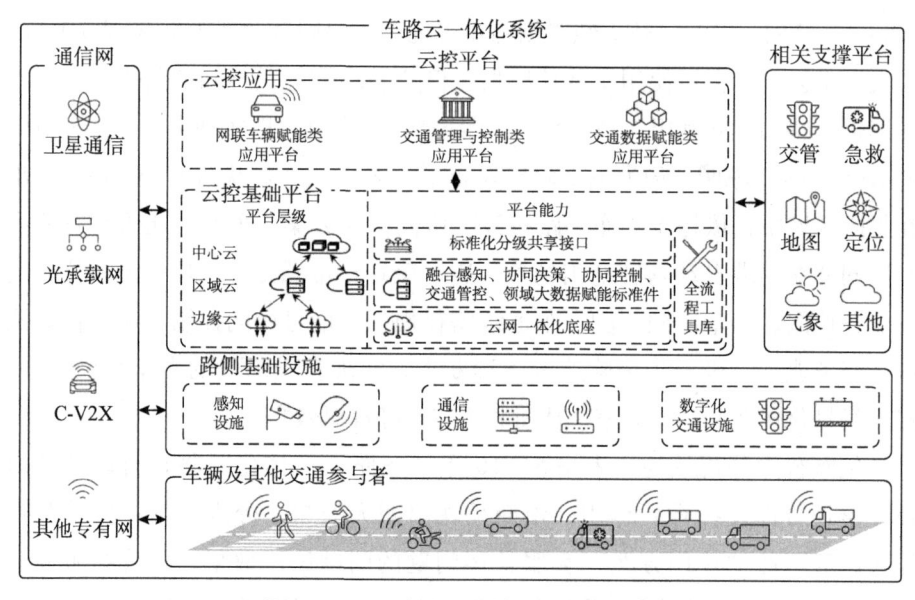

图1-1-5 车路云一体化系统构架❶

2023年5月，中国工程院李克强院士在第十届国际智能网联汽车技术年会（CICV 2023）发言表示，目前中国、美国、欧洲和日本都在快速布局网联化协同发展，尽管高级别自动驾驶落地还面临一系列问题和挑战，但车路云一体化"中国方案"是解决问题的可信途径，能够推动产业发展。

---

❶ 中国智能网联汽车产业创新联盟. 车路云一体化系统白皮书［Z］. 2023.

3. 跨界合作助力产业快速发展

图 1-1-6 展示了自动驾驶领域部分企业投资/合作关系。其中，阿里巴巴投资了自动驾驶公司元戎启行和 AutoX、激光雷达公司速腾聚创、造车新势力小鹏汽车和智己汽车、车载智能系统运营商斑马智行，收购了地图厂商高德地图，并与上汽集团深化车联网领域合作，构造了庞大的阿里交通出行商业版图；百度 Apollo 与吉利、现代、沃尔沃、比亚迪、福特、长安等 30 余家车企合作，已推出一百多款量产车型；华为与北汽和长安合作，并在极狐阿尔法 S HI 版、阿维塔 11 上搭载其自动驾驶全栈解决方案；吉利汽车与互联网巨头百度和腾讯、电商巨头京东、自动驾驶公司 Waymo 等企业广泛开展跨界合作；大众和福特共同投资自动驾驶公司 Argo AI，用来与谷歌 Waymo 和通用 Cruise 开展竞争；元戎启行获得阿里巴巴投资的同时，与整车企业东风汽车合作研发 Robo-Taxi，并与生产激光雷达的一径科技和速腾聚创达成战略合作，旨在打造更低成本、车规级的 L4 级自动驾驶解决方案；Momenta、小马智行、AutoX 等独角兽公司受到传统车企、零部件企业、互联网等企业的广泛关注，成为资本市场的宠儿。自动驾驶汽车作为多产业融合产物，研发投入大、技术难度高，因而近几年跨界合作抱团发展渐成常态。

图 1-1-6　自动驾驶领域部分企业投资/合作关系

整车企业在汽车生产制造、质量控制及安全可靠性等方面有着先天优势。互联网企业凭借雄厚的资金支持、算法和软件技术优势和巨大的品牌影响力，成为行业发展的重要驱动力量。近几年崭露头角的自动驾驶初创企业也颇受资本青睐，使行业迎来百花齐放的竞争格局。车企与科技公司加速融合，优势互补，自动驾驶迎来良好发展机遇。2022年，L2级乘用车渗透率已经接近35%，已经超出了此前的预期。

4. 产业痛点

安全问题和成本问题是自动驾驶行业面临的两大主要痛点。自动驾驶汽车的安全标准涉及技术、伦理、网络和数据安全等诸多方面，标准的出台是一个复杂而漫长的过程。技术层面，目前软件算法可以解决自动驾驶中90%左右的常规路况问题，但剩余约10%难以预测的突发性长尾问题，可能给自动驾驶安全性带来巨大挑战。此外，自动驾驶属于技术密集和资本密集产业，技术研发和道路测试成本较高，支撑车路云协同技术的基础设施改造也需要大量资金投入。目前的自动驾驶车辆通常需要配备摄像头、激光雷达、毫米波雷达等多种传感器，使得单车成本过高，不利于市场推广。尽管辅助驾驶已经大规模应用，但高级别自动驾驶因投入重、周期长、落地难等原因，短期内商业化前景并不明朗。

第二节　研究对象及方法

一、研究对象确定及技术分解

本书主要采用了统计分析法和对比分析法等定量分析和定性分析相结合的研究方法，对宏观角度的专利布局和态势以及微观角度的国内外重点专利均进行了较为详细的分析。

在前期准备阶段，利用国家知识产权局内的各种数据库和互联网对自动驾驶领域的相关信息进行了检索，初步了解产业概况。基于技术及产业探究，本书针对自动驾驶领域开展专利调研，通过对专利信息深入挖掘，分别从技术分析、市场分析、申请态势分析等多个角度解读国内外产业布局的特点，明确产业发展方向。对乐金（LG）、谷歌、华为、百度等业内重点公司的研发重点、技术脉络、市场布局等内容进行深入研究，寻找我国相关企业进行技术研发的突破点。

通过前期调研、技术研究和专利数据检索等多方面的反复论证与修改，综合考虑专利检索的可行性、行业的分类习惯以及学科上的分类方法，最后确定对自动驾驶进行技术分解，并对每个技术领域的技术主题进行了进一步的细分，最终确定本书的项目分解表，如表 1-2-1 所示。

表 1-2-1　自动驾驶汽车关键技术分解

自动驾驶汽车关键技术	5G-V2X	应用	安全	碰撞预警
				转弯辅助
				盲区预警
				紧急制动预警
				异常车辆提醒
				道路危险状况提示
				限速预警
				闯红灯预警
			效率	前方拥堵提醒
				紧急车辆提醒
			信息服务	近场支付
				自动泊车
		标准	RAN	R1
				R2
				R3
				R4
				R5
			SA	S1
				S2
				S3
				S4
				S5
				S6
			CT	C1
				C3
				C4
				C6

续表

自动驾驶汽车关键技术	决策规划	全局路径规划	位置与偏好
			交通状况
			算法优化
			能耗优化
		局部路径规划	行为预测
			车道
			路口
			泊车
	高精度地图	数据采集	
		地图生成	
		地图更新	
	仿真测试	仿真环境构建	
		测试	
	目标识别	车道线检测	
		交通标识检测	
		障碍物检测	

二、数据检索及处理

自动驾驶汽车关键技术专利的检索采用分总式原则。采用分类号和关键词结合的原则，优先确定最低级技术分支的检索式，并去除常见噪声的影响，经过去重后得到自动驾驶汽车关键技术整体检索结果。其中，梳理了各个最低级技术分支的精确 IPC、扩展 IPC、精确关键词和扩展关键词，统一各个技术分支采用的核心关键词表达方式；对常见噪声进行统一去噪，对各分支进一步单独去噪；最终通过重点申请人、时间段等角度进行查全率和查准率的验证。同时，部分重点企业检索数据采用检索和人工标引结合的方式进一步精确检索结果。

数据采集阶段包括制定检索策略的完善、进行专利检索，同专家讨论。其中，专利检索经过多次不同角度反复校验，在专利数据尽可能查全查准的基础上，再进行数据清洗和数据标引，来确保检索数据的完整性和准确性。

数据加工部分包括去噪和标引阶段。其中，去噪包括统一去噪和单独去噪。统一去噪是指在全部检索式中统一去除常见的噪声，主要包括不同技术领域对检索结果产生的噪声。单独去噪是指对各个三级技术分支进行去噪，主要包括相近和相似技术产生的噪声。去噪阶段与查全和查准阶段结合。查全和查准通过重点申请人、时间段等角度进行验证，并与去噪阶段形成反馈和互补。其中，部分申请人的数据还经过人工标引，以求更精确的结果。

经过检索得到的自动驾驶关键技术专利申请数量（截至2022年3月31日）如下：

全球数量：47592项；

中国数量：30397件。

三、研究内容

本书研究报告主要包括以下内容：

第一章：研究概述；

第二章：自动驾驶关键技术整体分析；

第三章：5G-V2X技术分析；

第四章：决策规划技术分析；

第五章：重点申请人分析；

第六章：结论和建议。

四、研究方法

对专利进行分析以前，先对检索到的文献以人工方式进行浏览、筛选和标引，再根据不同层次进行处理和分析，最后以数据和图表的形式展现分析结果。

按照技术分解及研究方向，重点对2个主题进行分析，即5G-V2X和决策规划，每个主题从产业现状、全球/中国专利分析、技术分支技术分析、重要申请人分析等角度入手，反映技术发展趋势、专利区域分布、重点技术、重点申请人等信息。

除了上述通用的研究方法，每个主题又依据该领域内的技术发展特点，进行特有的分析，例如在5G-V2X领域，通过对3GPP中的5G协议进行分析，筛选标准必要专利，并对其技术演进路线进行了分析，对该领域两个重要申请人进行了专利分析，为国内在该领域的专利申请及专利布局提供借鉴；

再如，决策规划中对两个技术分支的路线进行比较和分析，对该领域两个重要申请人进行了专利分析，国内企业可以基于该分析结合企业自身的技术特点及发展需求进行合理的路线选择和专利布局。

五、相关术语说明

此处对本书上下文中出现的以下术语或现象，一并给出解释。

项：同一项发明可能在多个国家或地区提出专利申请，DWPI 数据库将这些相关的多件申请作为一条记录收录。在进行专利申请数量统计时，对于数据库中以一族（这里的"族"指的是同族专利中的"族"）数据的形式出现的一系列专利文献，计算为"1 项"。一般情况下，专利申请的项数对应于技术的数目。

件：在进行专利申请数量统计时，例如为了分析申请人在不同国家、地区或组织所提出的专利申请的分布情况，将同族专利申请分开进行统计，所得到的结果对应于申请的件数。1 项专利申请可能对应于 1 件或多件专利申请。

同族专利：同一项发明创造在多个国家申请专利而产生的一组内容相同或基本相同的专利文献出版物，称为一个专利族或同族专利。从技术角度来看，属于同一专利族的多件专利申请可视为同一项技术。在本书中，针对专利技术及其原创国分析时对同族专利进行了合并统计，针对专利在国家或地区的公开情况进行分析时各件专利进行了单独统计。

技术原创国：优先权或最早申请国家。

技术目标国：专利公开所在国家。

全球申请：申请人在全球范围内的各专利局的专利申请。

在中国申请：申请人在中国国家知识产权局专利局的专利申请。

中国本土申请：中国申请人在全球范围内的各专利局的专利申请。

国内申请：中国申请人在中国国家知识产权局专利局的专利申请。

国外来华申请：外国申请人在中国国家知识产权局专利局的专利申请。

日期规定：依照最早优先权日确定每年的专利数量，无优先权日的以申请日为准。

专利引证：专利引证是指专利首页上的引证信息或专利审查员审查过程中产生的检索报告，如美国专利首页的专利引证信息，欧洲专利局、英国专利局和 PCT 专利的检索报告。

第二章 自动驾驶关键技术整体分析

本章所涉及的自动驾驶关键技术专利数据，是以国家知识产权局内的各种数据库和互联网所检索到的相关专利为基础，同时考虑到本次研究的自动驾驶关键技术涉及的5G－V2X技术为通信领域技术，与ETSI标准化数据库高度相关，因此针对5G－V2X部分的专利检索是以ETSI中涉及的5G－V2X标准协议号为基础进行的。将决策规划、高精度地图、目标识别及仿真测试部分的检索结果与5G－V2X技术分支的检索结果去重合并即为自动驾驶关键技术整体的专利申请数据，本章将以此为研究对象对自动驾驶关键技术全球整体申请状况进行分析和讨论。

第一节 全球专利申请分析

全球范围内涉及自动驾驶关键技术领域的专利申请共计47592项，其中，5G－V2X技术专利申请共计13910项，决策规划技术专利申请共计11752项，高精度地图技术专利申请共计10534项，目标识别技术专利申请共计12811项，仿真测试技术专利申请共计1486项。

一、全球专利申请发展趋势

如图2－1－1所示，在全球范围内关于自动驾驶关键技术领域的已经公开的专利申请总体呈现增长趋势，大致可分为两个阶段：

(1) 起步—缓慢增长阶段（2000—2013年）

在该阶段自动驾驶关键技术主要处于试验探索阶段，在该阶段虽然有自动驾驶关键技术的相关概念及部分汽车辅助功能的逐步落地实现，但是由于自动驾驶实现所必需的传感器技术及人工智能相关技术的发展还并不成熟，即自动驾驶汽车并不具备落地实现所需的基础技术条件。从2010年起，随着

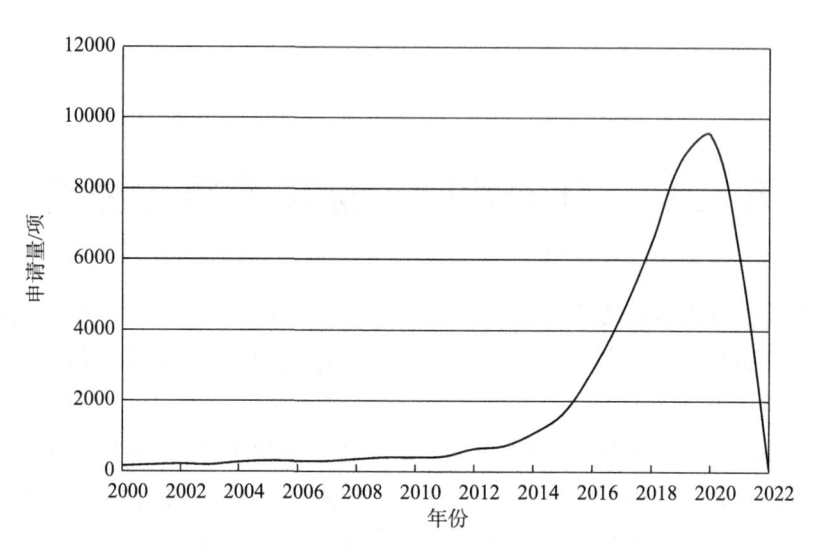

图 2-1-1　自动驾驶关键技术全球专利申请发展趋势

人工智能及传感器技术的飞速发展，自动驾驶关键技术也随之快速发展起来，但是早期还是主要以传统车企巨头带头进行研究，该阶段的申请人也主要来自日本、美国等传统汽车工业强国，专利年申请量基本保持在 1000 项以内。

（2）高速发展期（2014—2021 年）

自动驾驶关键技术专利年申请量从 1000 项激增至 9500 项左右。随着通信技术及传感器技术的发展及"车路云协同"理念的兴起，越来越多的非传统汽车行业的创新主体参与到自动驾驶汽车行业的市场竞争，行业整体呈现出百花齐放的市场格局，专利申请量也急剧增长。以特斯拉为代表的造车新势力、以百度为代表的互联网企业、以华为为代表的通信巨头以及后知后觉的传统车企争相角逐自动驾驶领域，都期待在自动驾驶汽车落地后能够在该领域占据优势地位，行业掀起一股自动驾驶研发热潮。

综上可见，在自动驾驶汽车产业兴起后的近 10 年里，自动驾驶关键技术申请量飞速增长。随着各国政府、互联网企业、通信企业和新兴创新主体加大投入，自动驾驶关键技术在当前以及未来一段时间将持续处于高速发展阶段。

由图 2-1-2 可知，5G-V2X、决策规划、高精度地图、目标识别及仿真测试各个技术分支专利申请量均是在近 10 年飞速增长。其中，决策规划、高精度地图、目标识别技术为自动驾驶关键技术中最基础的技术，起步相对较早，从 2010 年开始稳步增长；5G-V2X 与仿真测试则是近几年随着通信行业及大数据相关技术发展兴起并应用于自动驾驶汽车领域的，因此，这两个技术分支起步较晚，在2015年左右才开始增加，但是在其后也呈现出较快增势，特别是5G-V2X虽然起步较晚，但是增速最快。为了实现汽车的高级别自动驾驶，通信延时迟滞一直是一个亟待解决的技术问题，在以前的3G、4G技术下，汽车很难及时获取到实现自动驾驶所需的各种环境信息，难以实现安全的智能驾驶。而随着5G技术的出现，为高级别汽车自动驾驶的落地实现提供了基础技术支撑。通信及汽车巨头也都注意到了5G-V2X技术在自动驾驶汽车领域的前景，开始在该领域布局规划，期待在未来的自动驾驶汽车领域占得一席之地。

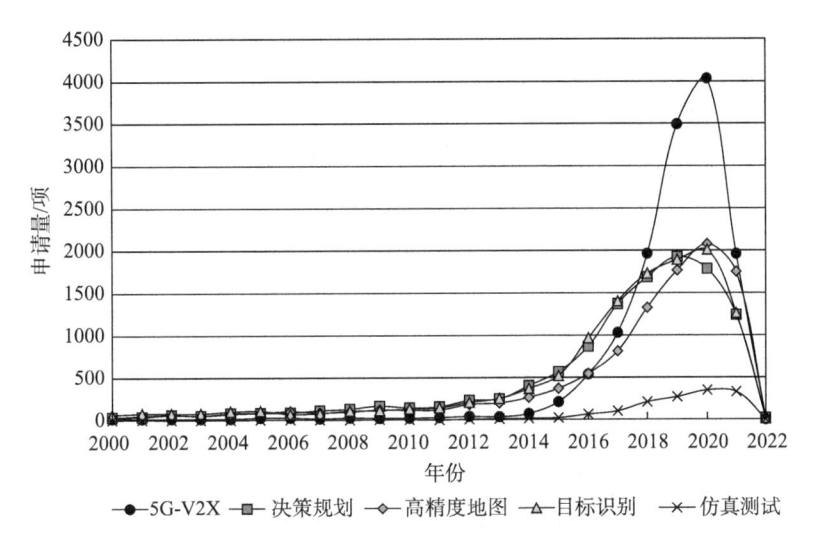

图2-1-2　2000—2022年各技术分支的申请趋势

二、全球专利申请区域分布

图2-1-3显示了自动驾驶关键技术主要技术原创国和目标国专利申请量。从技术原创国角度来看，关于自动驾驶关键技术专利原创申请量排名的国家或地区依次是中国、美国、日本、欧洲、韩国，原创于中国的专利申请数量最多，达到21120项。中国专利申请量从近几年开始大幅增长，逐步成为在自动驾驶关键技术领域中申请量最多的国家，一方面是近年来中国大力鼓励创新，各市场主体也认识到了知识产权的保护和技术创新的重要性，另一方面是在中国涌现出大量的造车新势力，华为、百度、腾讯等互联网/通信

巨头都进入自动驾驶汽车领域并在该领域进行了专利布局。从技术目标国角度来看，关于自动驾驶关键技术专利申请目标公开量排名的国家或地区依次是中国、美国、欧洲、日本、韩国。中国、美国和欧洲是最重要的专利申请目标公开国（欧洲为地区，以下表述为公开国、目标国等）。中国在数量上显出的绝对优势主要是因为中国作为原创国的申请量较大。除去各国原创申请量时，中国、美国和欧洲作为技术目标国的专利申请数量相当。

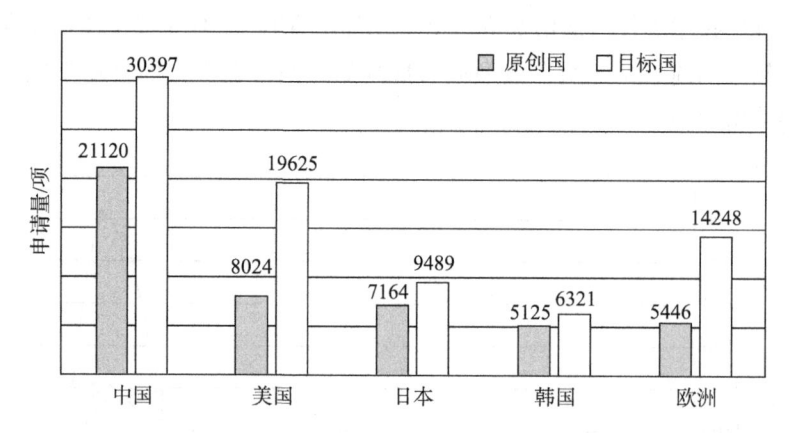

图 2-1-3　自动驾驶关键技术主要技术原创国和目标国专利申请量

图 2-1-4 显示了自动驾驶关键技术全球流向，该图是基于对自动驾驶关键技术的来源地和申请地进行的矩阵分析，横坐标是专利技术原创国，纵

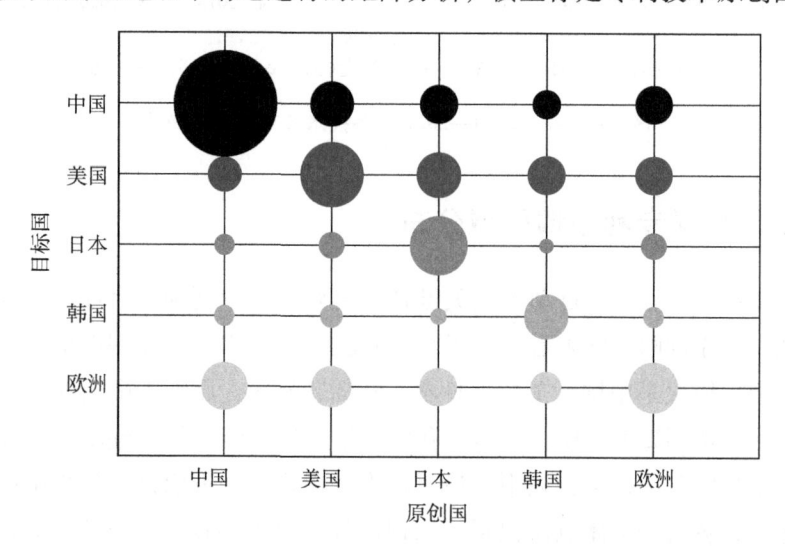

图 2-1-4　自动驾驶关键技术全球流向图

坐标是专利技术目标国。从该图所示的目标市场流向来看，各国申请人都非常重视在中国、美国和欧洲市场上的布局。而美国、欧洲、日本和韩国在自动驾驶关键技术领域中进行全球布局的专利申请量较多，中国专利申请在全球进行布局的数量相对较少，大部分的专利申请都只是在国内进行布局，这也是与中国本土汽车产业相较于美国、日本、欧洲这类起步早、技术成熟的国家/地区的汽车产业处于劣势的现状相符合的。

三、全球专利申请主要申请人

图 2-1-5 所示为全球范围内自动驾驶关键技术相关专利申请主要申请人的排名情况。排名 TOP20 的企业依次是：LG、高通、丰田、百度、华为、本田、现代、爱立信、博世、日产、三星、小米、福特、电装、日本信话、腾讯、大众、HERE、通用和三菱。其中，通信企业为 6 家、互联网企业为 4 家、整车企业为 8 家、汽车零部件企业为 2 家。尽管互联网/通信企业和整车/零部件企业各占一半，但整体而言，互联网/通信企业明显更具优势，前五名有 4 家互联网/通信企业，仅丰田 1 家车企。其中，LG 是韩国知名通信企业，近年来更是参与制定、推广 5G-V2X 相关标准的主要厂商，其专利申请量达到了 2077 项，排名第一。其次是高通和丰田，高通是美国老牌通信企业，丰田是日本著名的整车生产企业，两家企业都具有较为深厚的技术底蕴，都非常重视自动驾驶关键技术领域的专利布局。值得注意的是，中国的百度排名第四、华为排名第五，申请量分别达到 1215 项和 1043 项。百度近年积极地推进自动驾驶汽车的研发，利用其在地图领域与大数据领域的技术优势，

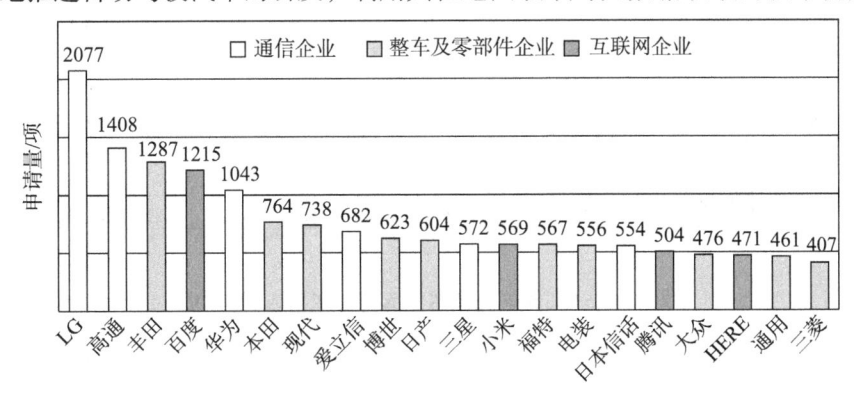

图 2-1-5　全球 TOP20 申请人排名

在国内也领导推动了中国自动驾驶企业技术的标准制定相关的工作。而华为作为中国的龙头通信厂商，在推动中国制定5G-V2X技术标准方面起到不可忽视的作用，华为在ETSI标准专利库中5G领域的专利数量位居第一。相信在未来自动驾驶汽车时代到来时，会出现更多中国本土企业的身影。

图2-1-6为各关键技术分支重要申请人TOP20。其中，在5G-V2X领域中，通信企业申请人优势明显且申请量较大，在5G-V2X全球重要申请人TOP20中占13位，且在5G-V2X全球重要申请人TOP10中占9位，其中排名前三位的分别是LG、高通、华为。在5G-V2X全球重要申请人TOP20中汽车企业处于劣势，仅占3位，分别是丰田、现代和通用，这主要是因为5G-V2X领域涉及大量通信领域的专业技术，专业性强，存在较大的技术壁垒，传统车企之前主要涉及的汽车通信是CAN总线、蓝牙等局域网通信领域，对于4G、5G等领域的技术研究及技术储备存在不足。但是随着自动驾驶汽车及车辆智能化控制的发展，很多车企也逐步开始重视在该领域的专利布局及产品研究，现在市面上很多车辆都具备远程控制功能，通过网络实现对车辆的车门、空调等进行远程智能控制。该领域专利诉讼较多，车企在产品上市前需要特别关注该技术分支的侵权风险并及时开展专利布局以对抗风险。

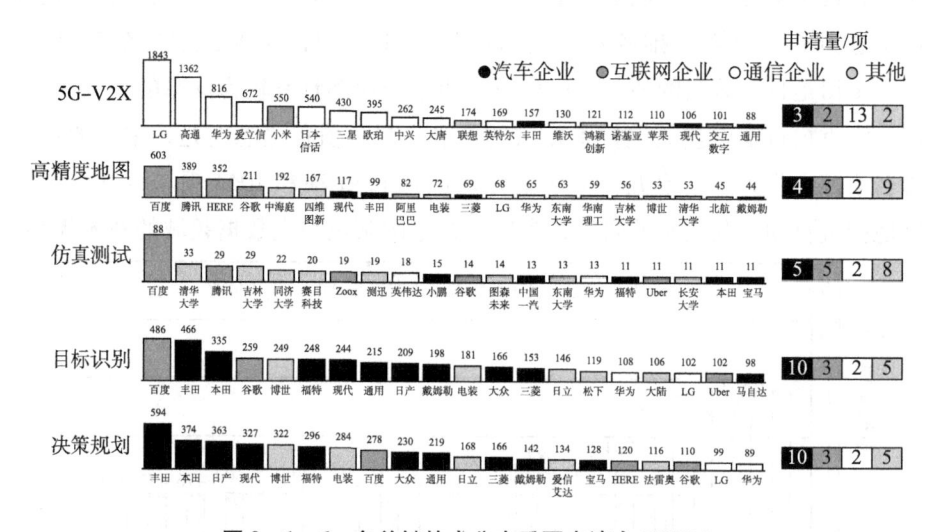

图2-1-6 各关键技术分支重要申请人TOP20

在高精度地图领域中，互联网企业表现突出，在高精度地图全球重要申请人TOP5中占4位，分别是百度、腾讯、HERE、谷歌，这4家企业都有专门的导航软件，拥有强大的数据积累基础。在高精度地图领域中，传统车企同样处于弱势地位，在高精度地图全球重要申请人TOP20中仅占4位，分别是现代、丰田、三菱、戴姆勒。这主要是因为在很多国家和地区，地图导航领域属于政府管控行业，大多被具有地图测绘资质的企业垄断，后发企业也很难在成本和精度上与百度、谷歌等行业巨头抗衡。整车企业本身也缺乏相关技术积累，通常选择与地图供应商合作挖掘导航数据价值。此外，在高精度地图全球重要申请人TOP20中有4所高校，分别是东南大学、华南理工大学、吉林大学、清华大学，可见国内高校对于该技术领域的研究非常重视。

仿真测试领域的申请量相对较少，在该领域全球申请量最大的百度，也仅有88项申请。主要是因为仿真测试技术的起步较晚，是近年新兴的技术领域。排名TOP10的重要申请人分别是百度（88项）、清华大学（33项）、腾讯（29项）、吉林大学（29项）、同济大学（22项）、赛目科技（20项）、Zoox（19项）、测迅（19项）、英伟达（18项）、小鹏（15项），其中主要以高校和新兴的造车势力为主。仿真测试全球主要申请人集中在中国和美国，中国互联网企业和高校表现强势。

在目标识别领域中，全球重要申请人TOP10分别是百度（486项）、丰田（466项）、本田（335项）、谷歌（259项）、博世（249项）、福特（248项）、现代（244项）、通用（215项）、日产（209项）、戴姆勒（198项），其中传统车企占7位，可见在目标识别关键技术领域，传统车企还是占据优势地位。主要原因是，目标识别技术涉及单车搭载传感器，传统汽车企业有较长的辅助驾驶相关传感器布置研发经验，因此在该技术领域的布局较多。而百度和谷歌作为互联网企业在该领域的布局也不容小觑，分别位于第一位和第四位。百度和谷歌在自动驾驶行业起步较早，且在高级别自动驾驶汽车的道路试验方面有丰富的经验，对于传感器搭载及高级别自动驾驶车辆的目标识别技术有较多的实践数据积累。

在决策规划领域中，全球重要申请人TOP20中，传统车企有10家，且在全球重要申请人TOP5中，传统车企占4位，分别是丰田、本田、日产、现代，可见在决策规划关键技术领域，传统车企依然占据优势地位。原因在于该技术领域涉及车辆常见工况的数据积累及车辆自身的控制相关技术，而传统汽车企业对于这部分的数据积累及技术掌握都具有绝对优势。不过，在重要申请人中百度依然排名靠前，排名第八位，除了其本身在互联网和高精度地图技术方面具备较强优势外，与其注重自动驾驶技术研发和路测数据积累也密不可分。自动驾驶算法模型由数据驱动，需要积累海量数据进行训练和优化，而百度在全国测试车辆最多，里程最长。

综上可见，通信企业在 5G-V2X 领域占据绝对优势，而传统车企在目标识别和决策规划领域仍然保持强势地位，百度、腾讯、HERE、谷歌等地图供应商在高精度地图领域具有先天优势，而仿真测试领域目前专利申请量较少，国内互联网企业和高校表现相对突出。其中，百度在高精度地图、仿真测试、目标识别、决策规划等关键技术领域都进行了全面布局，且在高精度地图、仿真测试、目标识别领域申请量均排名全球第一。此外，清华大学、吉林大学、东南大学等国内高校在高精度地图和仿真测试领域均有专利申请，可以重点关注产学合作。

图 2-1-7 所示为全球 TOP 10 申请人在自动驾驶关键技术 5 个技术分支的布局。其中 LG、高通、华为和爱立信非常重视在 5G-V2X 技术领域的布局，LG 在该领域的申请量达到 1842 项，高通的申请量为 1359 项，华为的申请量为 816 项，爱立信的申请量为 672 项。而丰田、本田、现代、博世及日产这类传统的汽车行业的整车企业和零部件企业则非常注重在决策规划和目标识别领域的专利布局。值得注意的是，丰田和现代也很重视在 5G-V2X 领域的专利布局，在该领域的申请量也达到了 100 项以上。而百度在高精度地图的申请量最多，达到 571 项，这也和百度在地图领域的领先地位相关，同时百度也

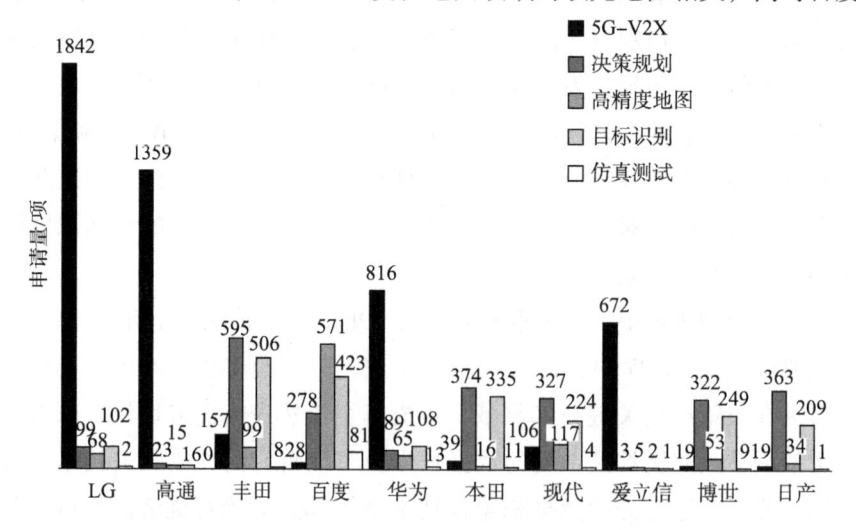

图 2-1-7　全球 TOP10 申请人各技术分支申请量

非常重视在决策规划和目标识别领域的专利布局。仿真测试的申请量较低，一方面是因为仿真测试是近年才新兴起来的，发展历史较短；另一方面是仿真测试需要大量的环境数据积累，需要在积累数据的基础上才能输出技术成果。目前各重要申请人在该领域的申请量都偏低，但是百度在该技术分支的申请量也达到了81项，这与百度自身获取地图相关的环境数据的优势相对应。

图2-1-8所示为全球TOP 10申请人在自动驾驶关键技术领域近年的申请趋势。其中，近五年增长趋势最快的是乐金（LG），2020年的申请量达到了836项；其次是高通，高通从2016年开始申请量迅速增加，2020年的申请量达到485项；再次是华为和百度，华为和百度也是从2016年开始申请量迅速增加，在2020年的申请量达到250件以上。而丰田、本田、现代、博世及日产这类传统的汽车行业的整车企业和零部件企业的申请量整体增势相对于通信行业平缓，但也在近五年呈现出较大的增势。在2016年以前，汽车相关的专利及造车主体都集中在传统的整车厂家和零部件厂商，但是随着自动驾驶汽车时代的到来，大量的通信和互联网行业巨头都积极地在自动驾驶关键技术领域进行专利布局并投入大量资金进行研发，在未来的自动驾驶汽车市场中传统汽车厂商究竟能否保持原有的上游地位是一个未知数。

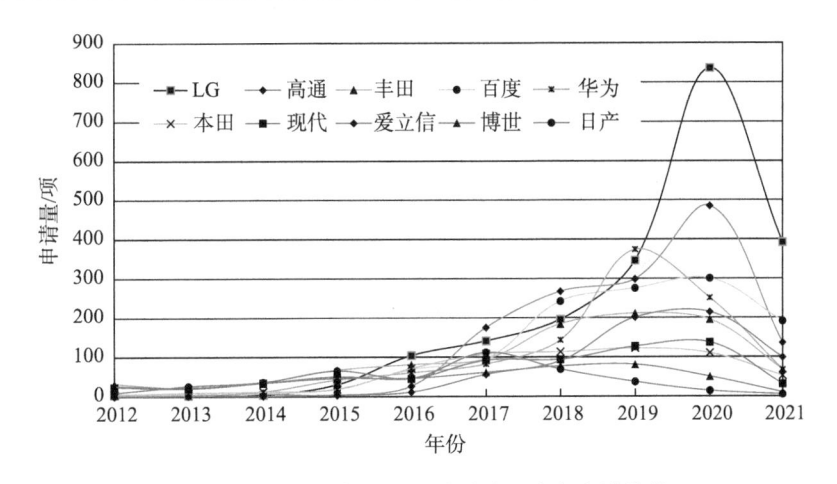

图2-1-8 全球TOP10申请人近十年申请趋势

四、全球专利申请技术构成

图2-1-9所示为在自动驾驶领域全球各技术分支申请量。从图2-1-9

可以看出，自动驾驶关键技术中的 5 个技术分支在自动驾驶关键技术中的占比情况，5G‐V2X 和目标识别的申请量占比稍多。5G‐V2X 占据一定优势，一方面由于近年来随着 5G 技术的发展，作为新兴起来的技术发展方向备受关注；另一方面由于在专利申请方面，通信企业的专利布局及专利相关的诉讼权利保护意识相对较强，随着通信企业开始进行 5G‐V2X 相关技术的研发与布局，相关的申请量也呈现爆发式的增长。仿真测试由于起步较晚，目前相关技术还处于研究试验阶段，申请量相对较少。

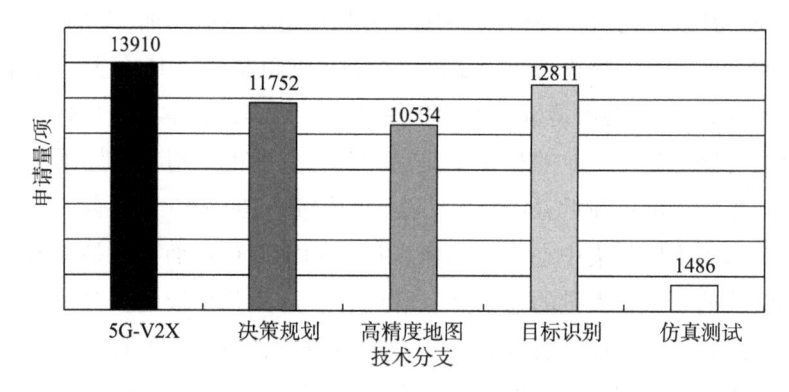

图 2‐1‐9　全球各技术分支申请量

五、全球技术发展趋势

从表 2‐1‐1 可以看出，全球自动驾驶关键技术在近五年的申请量激增，总量增长比例达到 305%，其中 5G‐V2X 达到 1174%，仿真测试技术达到 823%，由此表明，5G‐V2X 是近几年的申请热点方向。

表 2‐1‐1　全球申请量前后五年对比（单位：项）

维度类别	2012—2016 年	2017—2021 年	增长比例
总申请量	7082	28650	305%
5G‐V2X	980	12483	1174%
决策规划	2322	8007	245%
高精度地图	1566	7730	394%
目标识别	2318	8294	258%
仿真测试	137	1264	823%

从图 2-1-10 可以看出，近五年全球 TOP20 申请人的排名发生了很大变化。在 2012—2016 年期间的全球申请人 TOP20 中，整车企业占 10 家，互联网/通信类企业占 7 家，汽车零部件企业占 3 家，且 TOP5 的申请人中整车企业与零部件企业占 4 家；而在 2017—2021 年全球申请人 TOP20 中，整车企业占 6 家，互联网/通信类企业占 12 家，汽车零部件企业占 2 家，且前 5 位的申请人中互联网/通信类企业占 4 家。同时，在 TOP 20 申请人中也出现了很多新面孔，其中爱立信、小米、日本信话、三星、欧珀都是新的 TOP 20 企业，且都是互联网/通信企业。在 2017—2021 年的全球 TOP20 申请人中，中国企业为 5 家，均为互联网/通信类企业，且其中百度、华为、小米都排名 TOP10。可以看出，在自动驾驶关键技术领域的重要申请人变化很大，尤其是现阶段，自动驾驶关键技术处于高速发展的市场下，在未来还有很多的可能性，可以预期在未来几年还会出现更多重要申请人新面孔，而中国也期待在互联网/通信巨头的带领下进军未来的自动驾驶汽车时代。

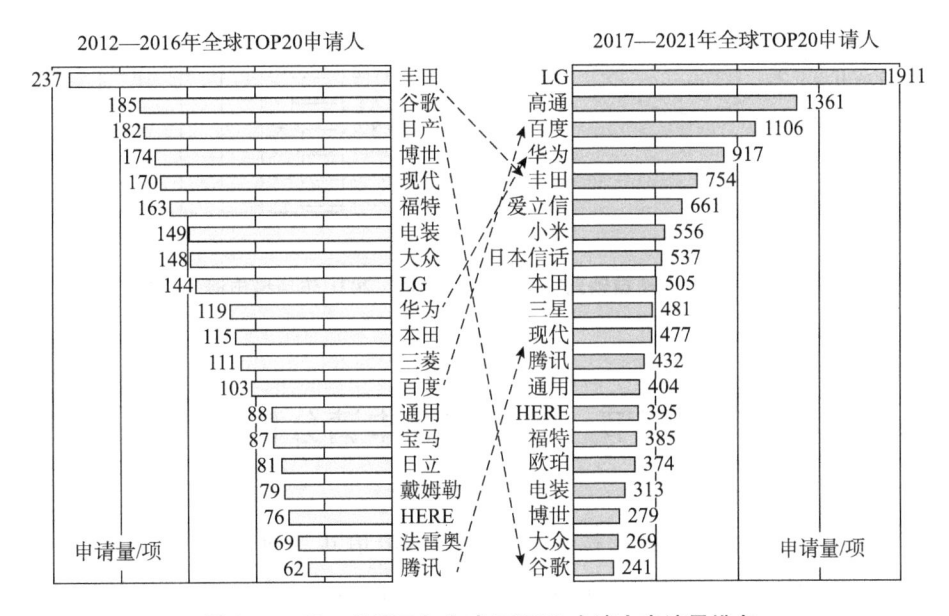

2012—2016年全球TOP20申请人		2017—2021年全球TOP20申请人	
丰田	237	LG	1911
谷歌	185	高通	1361
日产	182	百度	1106
博世	174	华为	917
现代	170	丰田	754
福特	163	爱立信	661
电装	149	小米	556
大众	148	日本信话	537
LG	144	本田	505
华为	119	三星	481
本田	115	现代	477
三菱	111	腾讯	432
百度	103	通用	404
通用	88	HERE	395
宝马	87	福特	385
日立	81	欧珀	374
戴姆勒	79	电装	313
HERE	76	博世	279
法雷奥	69	大众	269
腾讯	62	谷歌	241

图 2-1-10　前后五年全球 TOP20 申请人申请量排名

图 2-1-11 所示为 2019—2021 年之间全球新增申请人 TOP20 统计结果，新增重要申请人统计主要关注公司及单位申请人。这三年自动驾驶关键技术领域新增申请人达到 5212 个，占申请人总数的 38%。值得注意的是鸿颖创新，其申请数量为 116 件，排名第一，为排名第二的广州小鹏自动驾驶科技

有限公司的两倍。在申请量排名靠前的申请人中有大量的申请人都是各个整车企业及互联网/通信企业为了推进自动驾驶汽车技术研究而专门成立的研发公司，如其中的广州小鹏自动驾驶科技有限公司由广州小鹏汽车创立，而阿波罗智联由百度创立。同时，在新一轮汽车产业革命中，自动驾驶技术研发是汽车领域的研发热点方向，大量的资金投入使得产业链大批初创企业应运而生。

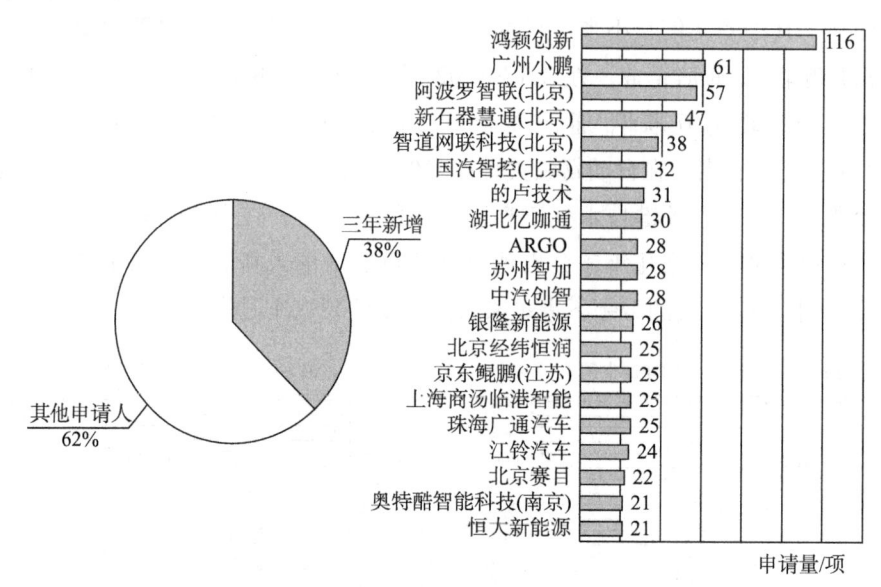

图 2-1-11 全球自动驾驶关键技术 2019-2021 年新增申请人分析

第二节 中国专利申请分析

中国涉及自动驾驶关键技术领域的专利申请共计 30397 件，其中 5G-V2X 技术的专利申请共计 9348 件，决策规划技术的专利申请共计 6751 件，高精度地图技术的专利申请共计 7896 件，目标识别技术的专利申请共计 7144 件，仿真测试技术的专利申请共计 1124 件。

一、中国专利申请发展趋势

如图 2-2-1 所示，中国关于自动驾驶关键技术领域的专利申请总体呈

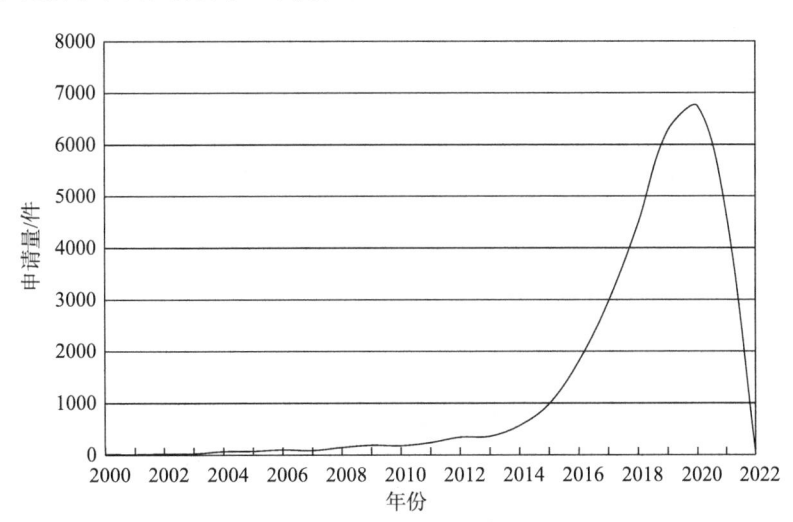

现增长趋势，大致可分为三个阶段：

图 2-2-1　中国专利申请发展趋势

（1）起步阶段（2000—2010年）

中国自动驾驶关键技术申请趋势缓慢，在该阶段的自动驾驶关键技术申请量少，年申请总量在200件以下。国内自动驾驶汽车研究处于起步阶段，大部分技术都还处于研发试验阶段，成果相对较少，这也与2010年以前国内本土企业在汽车行业处于劣势，汽车行业的主要关键技术也都还由国外的汽车巨头掌握的行业状况相符。

（2）稳步增长阶段（2011—2015年之间）

中国自动驾驶关键技术申请量稳步增长，从2011年的237件增长至2015年的980件。国内申请量的稳步增长，一方面是随着经济全球化，在该阶段国内汽车行业飞速发展，汽车销量增加迅速，很多本土的汽车逐步获得消费者的信赖，而汽车市场也备受各经济主体的瞩目，国内外的汽车相关企业都开始注意在中国汽车市场的产业及专利布局；另一方面，在该阶段自动驾驶汽车所需的通信技术及传感器技术飞速发展，为自动驾驶汽车技术的发展提供了条件。

（3）高速发展期（2016—2021年）

在此期间国内自动驾驶关键技术申请从1808件激增至6747件。随着通信技术及传感器技术等基础技术的发展成熟，自动驾驶关键技术的相关申请快速增加；国内的通信及互联网巨头百度、华为、腾讯等也开始进行自动驾驶汽车技术的研发并进行专利布局。

综上可见，在自动驾驶汽车产业兴起后的近10年里，国内自动驾驶关键技术申请趋势整体上和全球的申请趋势相似，国内申请趋势的起步时间虽然比全球的起步时间较晚，前期申请量较少，但是在近五年飞速增长，随着更多的国内互联网企业、新兴创新主体加入自动驾驶汽车行业，期待在未来中国企业可以实现在自动驾驶汽车领域的弯道超车，在汽车技术领域中掌握更多的自主权。

由图2-2-2可知，国内在5G-V2X、决策规划、高精度地图、目标识别及仿真测试这5个技术分支申请量均是在近10年开始飞速增长，整体趋势和全球的申请趋势相近。国内申请在各个技术分支都有布局，其中决策规划、高精度地图、目标识别技术起步相对较早，从2010年就开始稳步增长；5G-V2X是从2015年左右开始起步，但是在其后也呈现出较快增势，从2015年的16件增长到2020年的1031件；仿真测试起步最晚，而且呈缓慢增长趋势。在中国申请中，申请量最多的是高精度地图技术分支，这也和国内这几年导航技术的飞速发展相关，特别是与以百度为首的手机导航技术发展相关。

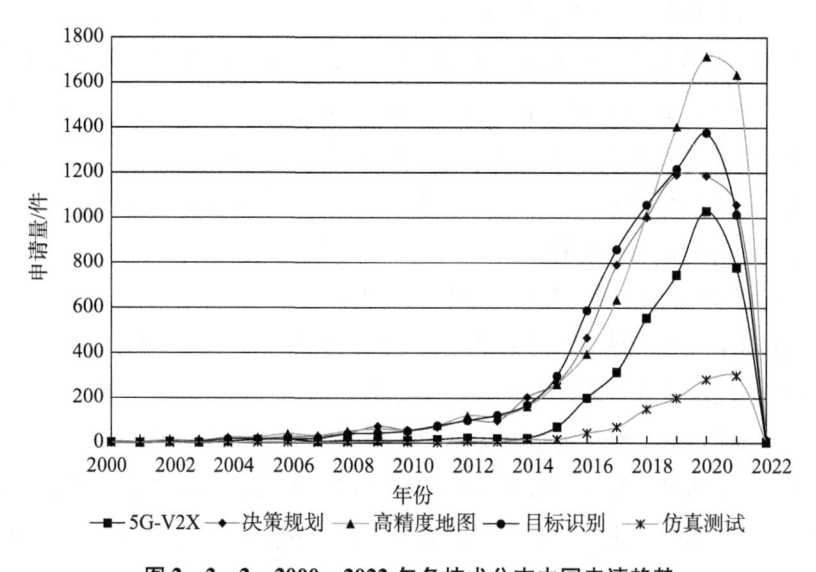

图2-2-2　2000—2022年各技术分支中国申请趋势

二、中国专利申请地域分布

如图2-2-3所示，从自动驾驶关键技术领域中国申请中，国内与国外来华申请的比重份额情况可以看出，国内申请所占份额为国外来华申请的 2 倍以上，国内申请人目前在该领域的专利布局相对具有优势。但是在该领域申请量整体数据庞大的情况下，国外来华申请仍然占据 30% 以上的比例，也可以看出国外申请人也非常注重该技术领域在中国的布局。

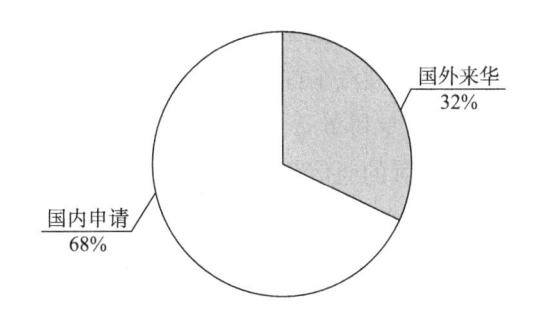

图 2-2-3 中国专利申请国外来华占比

从图 2-2-4 来看，专利申请量与国内各省份的经济实力及自动驾驶汽车产业分布相关性极高。申请量排名前五的省市分别是北京、广东、江苏、上海和浙江，与国内重要申请人华为、百度、腾讯等企业的主营机构区域分布相一致。可以看出，在国内经济相对发达的地区汽车产业布局及企业的知识产权保护意识更强。

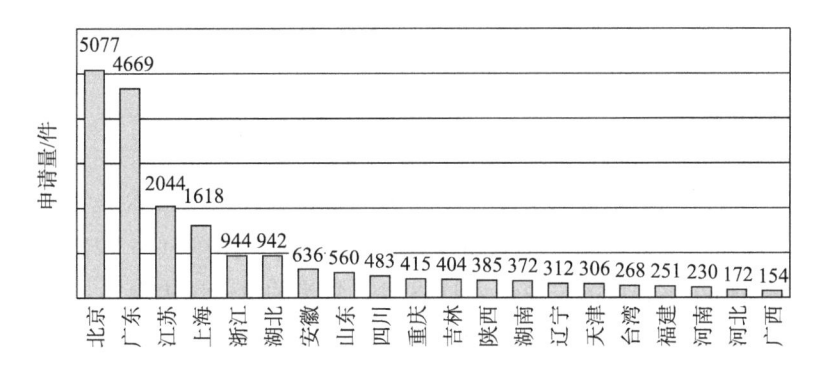

图 2-2-4 中国专利申请的省市分布

三、中国专利申请主要申请人

图 2-2-5 所示为中国自动驾驶关键技术相关专利申请主要申请人的排名情况。排名 TOP20 的企业依次是：百度、高通、华为、LG、小米、丰田、

腾讯、日本信话、福特、本田、通用、现代、欧珀、三星、博世、爱立信、日产、大唐电信、大众、中兴。其中通信企业9家、整车企业7家、汽车零部件企业1家、互联网企业3家。其中，百度是国内研发自动驾驶关键技术的领军企业。从2015年开始，百度大规模投入无人车技术研发，2015年12月在北京进行了高速公路和城市道路的全自动驾驶测试；2021年百度研发制造的35辆"阿波罗"自动驾驶汽车首次获得了商业运营许可。而百度在自动驾驶关键技术领域也进行了专利布局，在各个关键技术分支上都申请了大量的专利。高通和LG作为老牌的通信行业巨头，也都非常重视通信技术在自动驾驶汽车上的应用及在中国的专利布局，在该领域进行了大量的专利布局。从整体上看，国内的TOP20申请人与全球TOP20申请人中存在大量重叠，这主要是因为中国是全球重要经济体，同时也拥有当前全球最大的汽车市场，全球汽车领域的重要申请人在对专利进行全球布局时都非常重视在中国的布局。

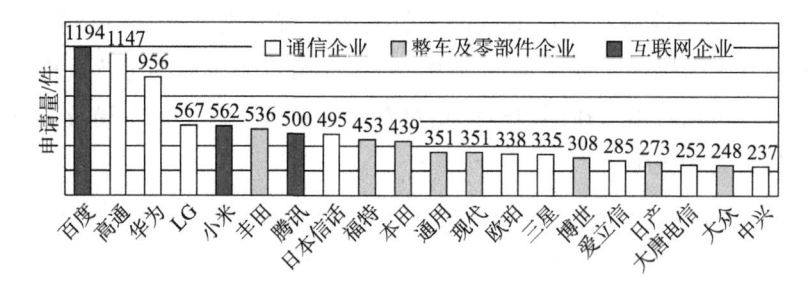

图2-2-5 中国TOP20申请人排名

图2-2-6所示为中国TOP10申请人在自动驾驶关键技术5个技术分支的布局。高通、华为、LG、小米和日本信话都非常重视在5G-V2X技术领域的布局，高通在该领域的申请量为1118件，华为的申请量达到743件，LG的申请量为508件，小米的申请量为544件，日本信话的申请量为494件。丰田、福特及本田这类传统的汽车行业的整车企业则非常注重在决策规划和目标识别领域的专利布局。百度和腾讯在高精度地图的申请量则较多，分别达到568件和386件，这也和百度与腾讯在地图领域的领先地位相关。同时，百度也非常重视在决策规划和目标识别领域的专利布局。仿真测试整体申请量较少，百度在该技术分支的申请量在TOP10申请人中最多，为80件。

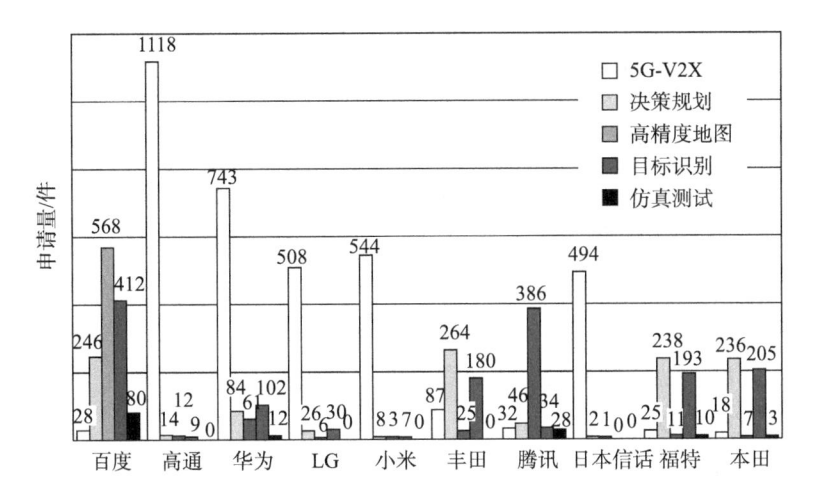

图 2-2-6 中国 TOP10 申请人各技术分支申请量

图 2-2-7 所示为中国 TOP 10 申请人在自动驾驶关键技术 5 个技术分支近年的申请趋势。其中近五年增长趋势最快的是高通和华为，最多的一年申请量都达到了 350 件以上；其次是百度，百度从 2015 年进军自动驾驶汽车领域后申请量迅速增长，在 2018 年申请量达到 200 件以上；再次是小米、LG、日本信话，从 2016 年开始申请量迅速增加，都呈现出激增，在峰值时的申请量都达到单年 250 件以上；而丰田、福特、本田这类传统汽车行业的整车企业的申请量整体增势相对于通信行业较为平缓。

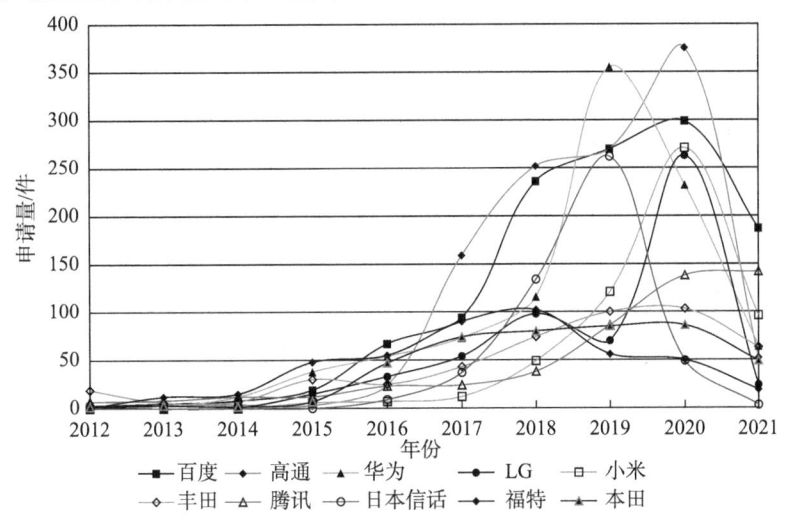

图 2-2-7 中国 TOP10 申请人 2012—2021 年申请趋势

四、中国专利申请技术构成

从图 2-2-8 可以看出，自动驾驶关键技术中的 5 个技术分支在自动驾驶关键技术中的占比情况。5G-V2X、决策规划、高精度地图和目标识别 4 个技术分支的占比相近，其中 5G-V2X 和高精度地图的申请量稍多。5G-V2X 占据一定优势，主要是因为以华为为首的国内通信企业在该领域进行了布局。中国国内的导航技术发展迅速，在全球处于领先地位，与导航技术密切相关的高精度地图技术的申请量占比也相对较高。仿真测试由于起步较晚，目前申请量相对较少。

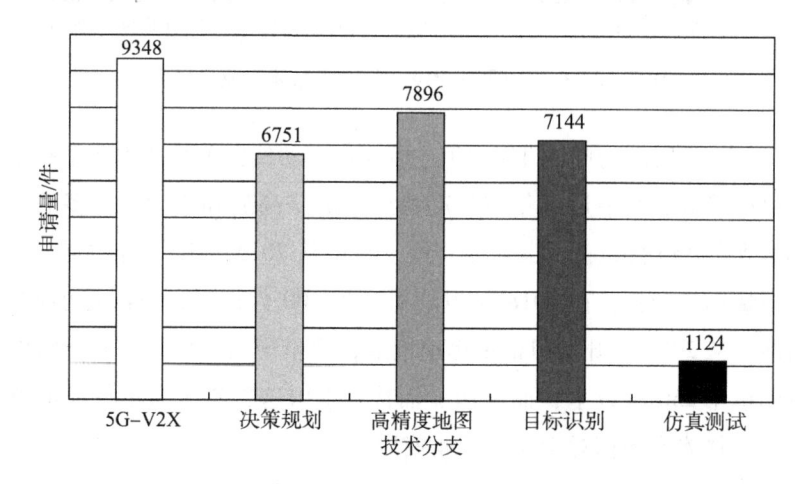

图 2-2-8　中国专利申请技术构成

五、中国专利申请类型和法律状态

从图 2-2-9 可以看出，自动驾驶关键技术相关申请中 PCT 发明与普通发明的占比较高，普通发明占比 72%，PCT 发明占比 26%。由于自动驾驶关键技术领域的技术门槛较高，申请人以企业为主且在汽车领域及通信领域的重要申请人都非常重视专利的全球布局，PCT 发明的申请量占比相对也就较高。实用新型的专利占比为 2%，占比较少，这主要是因为自动驾驶关键技术中涉及方法类的发明较多，单纯的结构类的专利申请较少。

图 2-2-10 是中国自动驾驶汽车技术的专利申请的法律状态情况。在目前已公开的申请中，49% 的申请处于实质审查状态，授权的申请占比 36%，

驳回的申请占比6%，撤回的申请占比5%，未缴年费的申请占比4%。可以看出，由于大部分的申请都是近年提出的，因此很多申请还在实质审查阶段，同时也可以看出授权的专利在已经审查的专利中的占比是较高的，表明已审专利申请的质量较高。

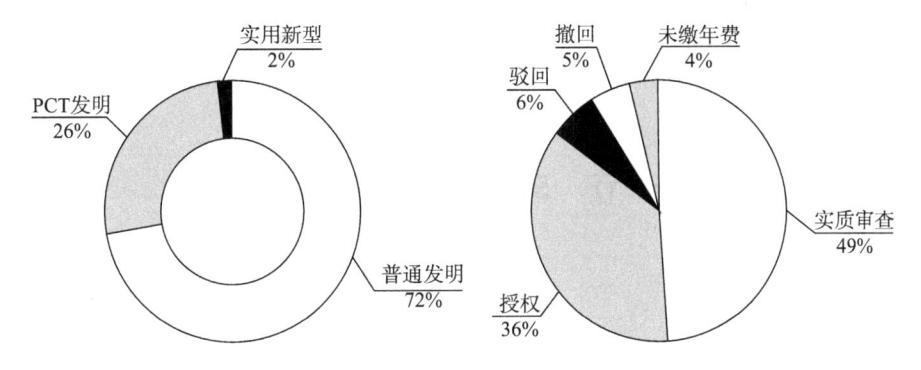

图2-2-9 中国专利申请类型

图2-2-10 中国专利申请法律状态

第三章　5G-V2X 技术分析

第一节　5G-V2X 技术概述

一、技术简介

第五代移动通信技术（5G）被称为新型无线空口技术（New Radio，NR），以满足国际电信联盟（ITU）对 IMT-2020 设定的性能要求。在完成了 5G 需求的初步调研后，3GPP 于 2017 年 3 月批准成立了 NR 规范制定的工作组，其研究的内容加入 3GPP Release 15 中发布。NR 可实现的功能包括超精简传输、低时延支持、大规模多进多出（MIMO）以及高低频范围内灵活的频谱使用方式，包括高频和低频之间的交互使用以及动态时分复用（TDD）等。2019 年是 5G-NR 蜂窝移动通信系统在中国商用的元年。5G-NR 旨在实现万物互联和改变社会，它不仅提升了面向普通移动消费者（to Customer，2C）的数字化消费能力和移动业务丰富度，更深度赋能了众多的垂直行业，促进它们生产关系的重构升级和生产力提升，5G 是全人类至今最强大的 DICT 基础设施平台。

车联网（Vehicle-to-Everything，V2X）技术实现车辆与周边环境和网络的全方位通信，包括车与车（Vehicle-to-Vehicle，V2V）、车与路（Vehicle-to-Infrastructure，V2I）、车与人（Vehicle-to-Pedestrian，V2P）、车与网络（Vehicle-to-Network，V2N）等，为汽车驾驶和交通管理应用提供环境感知、信息交互与协同控制功能。车联网应用从道路安全类、交通效率类、信息服务类等基本应用向智慧交通、自动驾驶等增强应用演进，具有多样化的通信性能需求。在基本应用中，道路安全类对通信性能要求最高，以高频度、低时延、高可靠为主要需求。

目前，车联网通信技术标准主要有两大类：DSRC（Dedicated Short Range Communication，即 IEEE 802.11p）标准、蜂窝车联网（Cellular Vehicle - to - Everything，C - V2X）标准。无论是单一的蜂窝通信，还是基于 IEEE 802.11p 的通信制式，各具优缺点，但均无法满足车联网通信需求。蜂窝车联网（C - V2X）技术在此背景下应运而生。随着蜂窝移动通信系统从 4G 到 5G 的演进，C - V2X 又包括 LTE - V2X 和 NR - V2X（即 5G - V2X）。NR - V2X 研究基于 5G - NR 的直连通信接口（PC5）和蜂窝网络通信接口（Uu）增强，主要用于支持车辆编队行驶、远程驾驶、传感器扩展等高级 V2X 业务需求。C - V2X 作为智慧交通和智能驾驶的重要使能技术，与移动边缘计算（Mobile Edge Computing，MEC）等其他 5G 关键技术一起，能够以更低的成本为智慧交通和智能驾驶提供更广泛、更精确的信息感知，以及更强大的网联智能。

二、产业现状

5G - V2X 包括基于 5G - NR 的 PC5 接口和 Uu 接口增强，主要用于支持车辆编队行驶、远程驾驶、传感器扩展等高级 V2X 业务需求。3GPP 于 2019 年 3 月完成了 Rel - 16 NR - V2X 的研究课题，于 2020 年 6 月完成了 Rel - 16 NR - V2X 标准化项目，后续仍将在 Rel - 17 研究弱势道路参与者的应用场景，研究直通链路中终端节电机制、节省功耗的资源选择机制，并开展终端之间资源协调机制的研究以提高直通链路的可靠性和降低传输的时延。图 3 - 1 - 1 为 C - V2X 标准演进时间❶。

国内标准方面，中国通信标准化协会（China Communications Standards Association，CCSA）围绕互联互通和基础支撑，体系化布局并完成了 C - V2X 总体架构、空中接口、网络层与消息层、多接入边缘计算、安全等相关的标准化工作。在 C - V2X 融合应用标准方面，在国家制造强国建设领导小组车联网产业发展专委会指导下，工信部、公安部、交通运输部、国家标准化管理委员会联合组织制定并发布《国家车联网产业标准体系建设指南》及各分册，促进 C - V2X 技术标准在汽车、交通、公安等跨行业领域的应用推广。相应地，汽车、通信、智能运输系统、道路交通管理等相关各领域的标准化技术委员会正在加快开展重要标准制定工作。

---

❶ 参考网址：https://baijiahao.baidu.com/s?id=1723744164075851087&wfr=spider&for=pc.

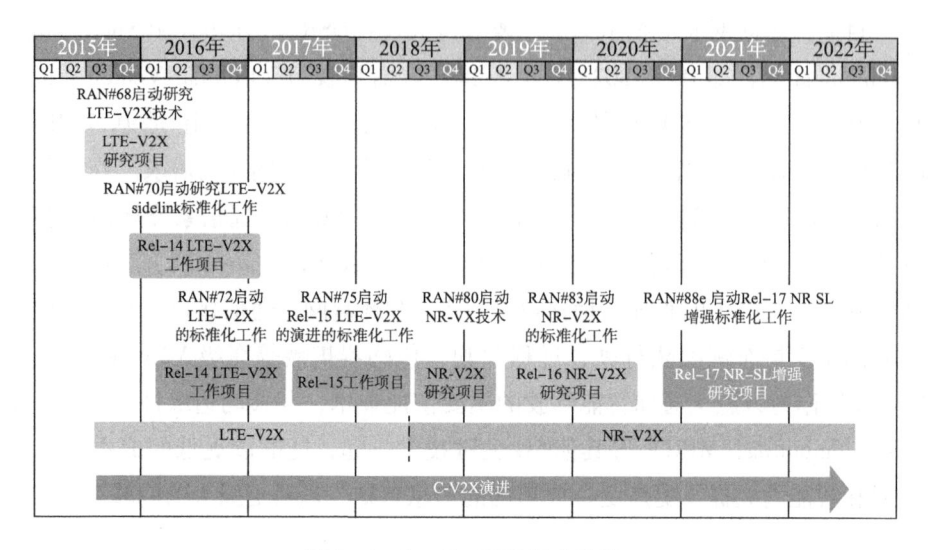

图 3-1-1　C-V2X 标准演进

目前，我国已将车联网产业上升到国家战略高度，产业政策持续利好，城市车联网建设呈现由点到面的趋势，逐步覆盖全国 50 余个城市。2020 年 2 月，国家发展和改革委员会、工信部、科技部等 11 个部委联合印发《智能汽车创新发展战略》，提出到 2025 年智能交通系统和智慧城市相关设施建设取得积极进展，车用无线通信网络（LTE-V2X 等）实现区域覆盖，新一代车用无线通信网络（5G-V2X）在部分城市、高速公路逐步开展应用。2020 年 3 月，工信部发布的《关于推动 5G 加快发展的通知》提出促进"5G+车联网"协同发展。2020 年 8 月，交通运输部发布《关于推动交通运输领域新型基础设施的指导意见》，提出打造融合高效的智慧交通基础设施，完善行业创新基础设施，重点提到了助力 5G 等信息基础设施建设。2020 年 10 月，国务院办公厅发布《新能源汽车产业发展规划（2021—2035 年)》，明确将推动新能源汽车与能源、交通、信息通信全面深度融合，以及协调推动智能路网设施建设，包括建设支持车路协同的无线通信网络及推进智能化道路基础设施建设。2021 年 3 月 11 日，十三届全国人大四次会议表决通过了《关于国民经济和社会发展第十四个五年规划和 2035 年远景目标纲要的决议》，规划中明确指出，要统筹推进传统基础设施和新型基础设施建设，积极稳妥发展车联网。2021 年 4 月，国家制造强国建设领导小组车联网产业发展专委会第四次全体会议在北京召开，强调要加快车联网部署应用。2021 年 9 月 8 日，工信部启动了车联网身份认证和安全信任试点项目，包括新能源和智能网联汽车车联网身份认证、安全信任体系建设等 61 个试点项目，有逾 300 家单位参与到试点项目建设中，涵盖了汽车、通信、密码、互联网等跨领域企业以及地方车联网建设运营主体等。2021 年 11 月，工信部发布了《"十四五"信息行业发展规划》，在规划中有 24 处提到车联网，并明确推动 C – V2X 与 5G 网络、智慧交通、智慧城市等统筹建设，加快在主要城市道路的规模化部署，探索在部分高速公路路段试点应用，协同汽车、交通等行业，加速车联网终端用户渗透。

我国车联网产业化进程逐步加快，围绕 C – V2X 形成包括通信芯片、通信模组、终端设备、整车制造、运营服务、测试认证、高精度定位及地图服务等较为完整的产业链生态。为推进 C – V2X 产业尽快落地，国务院、工业和信息化部、交通运输部、发改委等国家有关单位积极与地方政府合作，在全国各地先后支持建设 16 个智能网联汽车测试示范区；工信部积极推动国家级车联网先导区建设，已经批复支持无锡、天津、长沙、重庆建立国家级先导区（还有多处仍在积极申报中），为后续大规模产业化及商业化奠定了基础。

5G – V2X 应用可以分近期和中远期两大阶段。近期 5G – V2X 解决方案是采用人—车—路—网—云全新网络架构，采用支持独立组网（SA）的 5G Uu + PC5 的双连接路侧设备和车载设备，在 5G 基站侧的 5G 边缘云平台部署 V2X Server，充分发挥 5G 的 Uu 接口的大带宽和低时延网络特点，将路侧数据和车端数据通过用户面功能（UPF）分流回传到多接入边缘计算（MEC）的 V2X Server 进行高性能的融合运算、决策，并将结果反馈给路侧设备和车载设备，随后利用 PC5 接口将消息广播给周围的车联网终端，实现 V2X 通信；中远期将结合人工智能、大数据等新技术，融合雷达、视觉感知等技术，通过车联网实现从单车智能到网联智能，最终实现完全自动驾驶。

第二节　5G – V2X 专利申请分析

一、申请趋势分析

图 3 – 2 – 1 体现了 5G – V2X 的专利申请态势，从 2000 年 1 月 1 日起至

2022年3月31日，在全球范围内已公开的与5G-V2X相关的专利申请共计13669项，专利申请总体呈现增长趋势，大致可分为两个阶段。

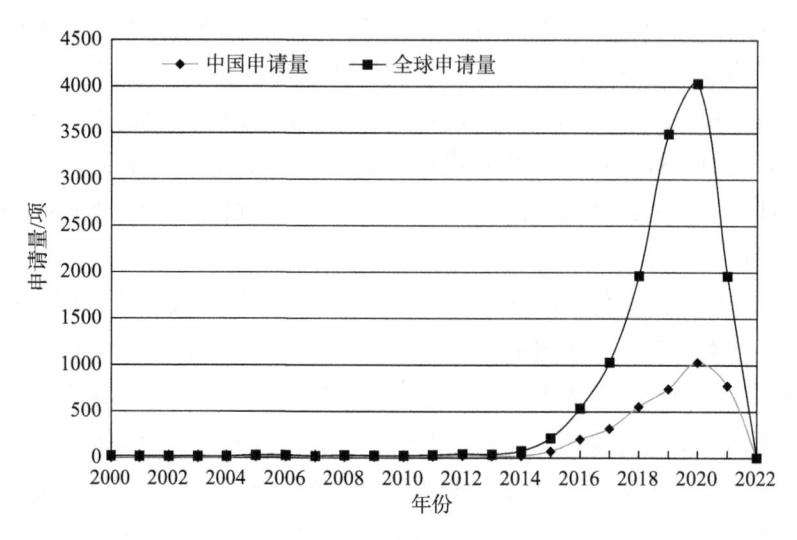

图3-2-1　5G-V2X的专利申请态势

（1）缓慢增长期（2011—2014年）

该阶段总的申请量为188项，自动驾驶研究还处于起步阶段，各大车企在ADAS高级辅助驾驶上投入较大，V2X技术研发及应用多侧重于ADAS应用，同时美国、日本、欧洲纷纷制定了专用于车的DSRC标准，DSRC V2X应用较多。此阶段处于4G技术成熟及推广运用阶段，5G技术研发属于起步以及预研阶段，申请量较小，且申请人多为通信企业，其中2014年全球总申请量仅有75项。

（2）高速发展期（2015—2022年）

该阶段年申请量从2015年的213项，上升到2020年的4036项，总申请量高达13234项，时间只经历了五年时间。此时自动驾驶技术获得了飞速发展，大量通信企业、互联网企业不断进入自动驾驶领域，对传统汽车行业产生了巨大的冲击。随着5G技术在该阶段的不断成熟以及相继投入应用，为应对自动驾驶对低延时、大带宽等通信需求，各大车企、通信企业、互联网企业纷纷加入5G-V2X相关应用的研究中，使得这一时期的专利申请迅速增长，尤其是通信企业本身所具备的5G技术储备，使得相关企业在5G-V2X领域有着先天优势，如高通、华为，申请量大大超过了传统车企。

二、技术来源地与目标地分析

图3-2-2所示为全球5G-V2X技术分支主要技术原创国和技术目标国专利申请量。中国申请人全球申请量为5864项，在中国的公开量为9348件，均位居第一，这得益于中国领先的5G技术以及全球最大的汽车市场，以华为为代表的国内通信企业以及一系列经过多年发展的本土及合资车企的技术实力不容小觑。美国申请人全球申请量为2646项，排名第三，在美国的公开量为7242件，排名第二，美国老牌通信企业技术实力雄厚，同时也是传统的汽车强国，在5G-V2X领域有着先天优势。韩国申请人全球申请量为2729项，排名第二，在韩国的公开量为2666件，排名第四，韩国在通信领域实力雄厚，LG、三星都是实力雄厚的跨国通信企业，同时其国内以现代、起亚为代表的汽车产业也相当成熟，相应的申请量/公开量也较大。

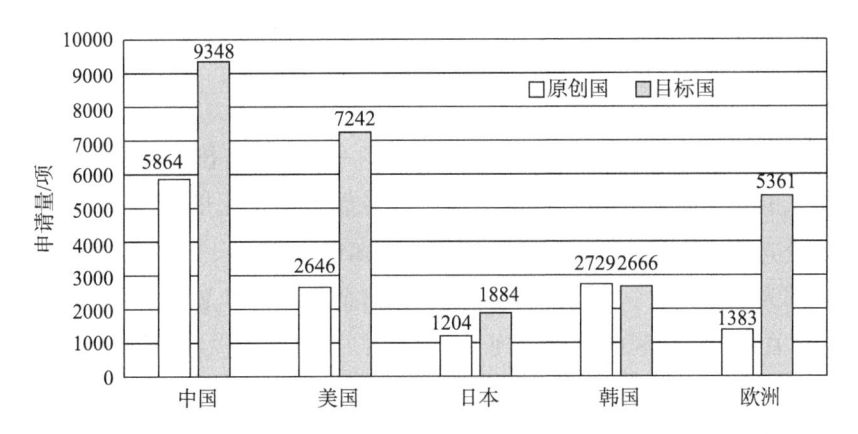

图3-2-2 全球5G-V2X技术分支主要技术原创国和技术目标国专利申请量

图3-2-3所示为5G-V2X技术全球流向图，技术原创国/地区和技术目标国/地区的对比分析，中国和美国是最强势的专利申请技术原创国/地区和技术目标国/地区。这和中美两国在5G领域的领先地位以及份额占比较大的汽车市场息息相关。中美5G头部企业较多，如高通、华为，且是全球最大的汽车市场，汽车研发较为发达，头部车企及相应的上下游产业公司较多，相应地也是在自动驾驶发展浪潮下5G-V2X相关技术竞争最为激烈的区域，同时也是技术发展迭代最快的区域。

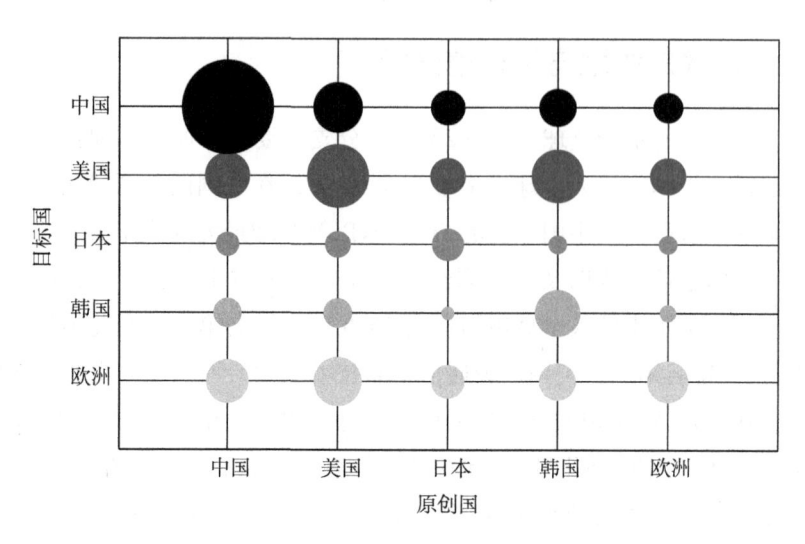

图 3-2-3 5G-V2X 技术全球流向图

三、主要申请人分析

图 3-2-4 所示为全球及中国范围内 5G-V2X 通信技术相关专利申请主要申请人的排名情况。在全球范围内，排名前十的企业依次是：LG、高通、华为、爱立信、小米、日本信话、三星、欧珀（OPPO）、中兴公司、大唐电信，全部为通信企业。LG 作为韩国知名通信企业，近年来积极参与制定、推广 5G 相关标准，专利申请量达到了 1843 项，排名第一。美国老牌通信企业高通在移动通信领域深耕多年，技术底蕴深厚，专利申请量排名第二。中国的华为排名第三，专利申请量达到了 816 项。华为作为中国的龙头通信厂商，在推动全球制定 5G 技术标准方面起到不可忽视的作用。值得关注的是排名前 10 的申请人中有 5 个都是中国企业，随着中国重视智能互联汽车方向的发展，相应的车用通信标准得到了很高的重视，通信企业不断加大投入，得到了长足的发展。

在中国范围内，排名前十的企业依次是：高通、华为、小米、LG、日本信话、欧珀、爱立信、三星、大唐电信、中兴，全部为通信企业，且都是全球范围内排名前十的企业。高通历来重视、深耕中国市场，其在中国的申请量已经达到 1119 件，排名第一。排名第二、第三的都是中国本土企业华为、小米，其中小米作为新兴科技企业在 5G-V2X 方面发展迅速，且目前已成立

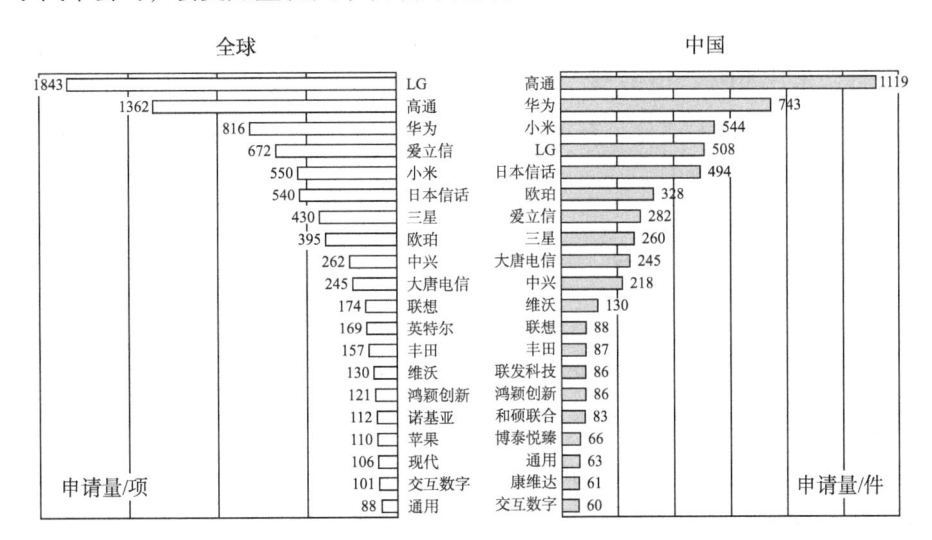

了汽车公司，会更加重视汽车领域的研发。

全球

申请人	申请量/项
LG	1843
高通	1362
华为	816
爱立信	672
小米	550
日本信话	540
三星	430
欧珀	395
中兴	262
大唐电信	245
联想	174
英特尔	169
丰田	157
维沃	130
鸿颖创新	121
诺基亚	112
苹果	110
现代	106
交互数字	101
通用	88

中国

申请人	申请量/件
高通	1119
华为	743
小米	544
LG	508
日本信话	494
欧珀	328
爱立信	282
三星	260
大唐电信	245
中兴	218
维沃	130
联想	88
丰田	87
联发科技	86
鸿颖创新	86
和硕联合	83
博泰悦臻	66
通用	63
康维达	61
交互数字	60

图 3 - 2 - 4　5G - V2X 的主要申请人

四、中国专利申请类型和法律状态分析

图 3 - 2 - 5 所示为中国专利申请类型和法律状态比例图。在专利申请类型图中，PCT 发明占比 62%，普通发明占比 33%，剩余为实用新型专利。发明专利申请占比高达 95%，这是由 5G - V2X 领域技术含量高、系统复杂度高所决定的。在全球化浪潮及自动驾驶竞争白热化的今天，大部分企业不仅关

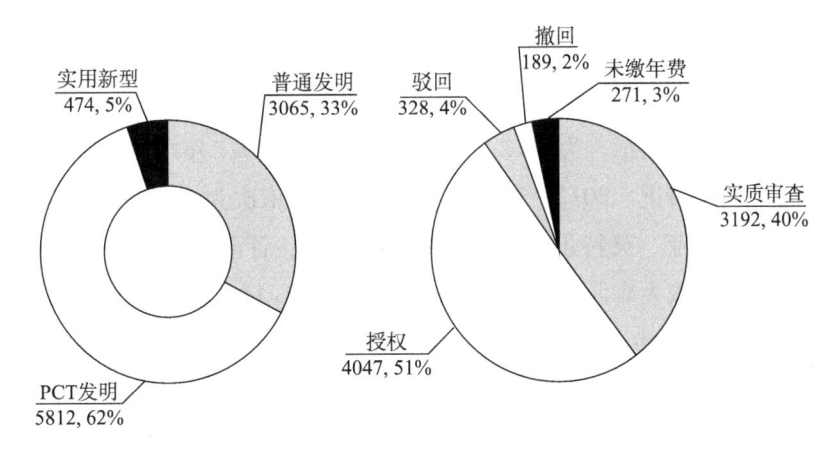

图 3 - 2 - 5　5G - V2X 技术分支中国专利申请类型和法律状态

注在本土的专利权,更关注在全球主要市场的专利布局,PCT 专利申请量占比高达 62%。在专利法律状态图中,授权专利 4047 件,占比 51%;实质审查 3192 件,占比 40%。由于 5G – V2X 技术近五年来飞速发展,大部分专利都是近五年提出的,大部分公开的专利还处于审查阶段,这就导致处于实质审查状态的专利数量较多。

五、技术发展趋势

如图 3 – 2 – 6 所示,2012—2016 年 5G – V2X 通信技术相关专利申请量较少,此时 5G 技术大多处于研发、标准制定阶段,V2X 相关专利申请量相对较少。2017—2021 年,随着 5G 标准的制定,以及 5G 技术的不断推广引用,相应地在 V2X 方面得到了广泛的应用,尤其是该阶段与自动驾驶飞速发展阶段相重合,自动驾驶需要 5G – V2X 通信所能带来的低延时、高带宽等优点,5G – V2X 随着自动驾驶的飞速发展也得到了充分的发展,专利申请量得到了快速提升。

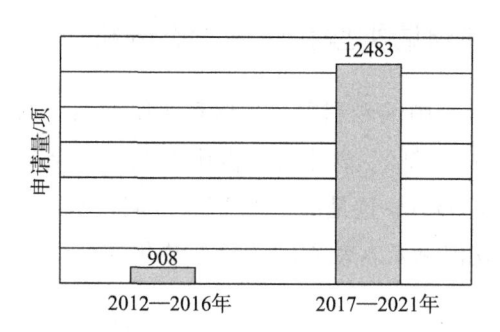

图 3 – 2 – 6 5G – V2X 前后五年全球申请量对比

如图 3 – 2 – 7 所示,为 2012—2016 年与 2017—2021 年之间前后五年主要申请人排名变化情况。2012—2016 年排名前 10 的依次为:华为、LG、中兴、大唐电信、诺基亚、英特尔、欧珀、高通、三星、青海汉拉信息科技。此阶段中国企业排名较为靠前,这得益于中国企业的 5G 技术较早规划布局,尤其是华为,但由于 2016 年之前 5G 还处于起步阶段,相应的 5G 特定应用的 V2X 相关申请量较少。2017—2021 年排名前 10 的依次为:LG、高通、华为、爱立信、小米、日本信话、三星、欧珀、中兴、大唐电信。此阶段 5G 标准发布并逐步推广应用,属于 5G 技术快速发展、运用阶段,作为老牌通信企业的

LG、高通等厚积薄发，申请量跃居前2，全球申请量大幅度上升。此阶段5G-V2X相关专利申请都集中在世界通信领域头部企业中，尤其是LG、高通、华为、爱立信。

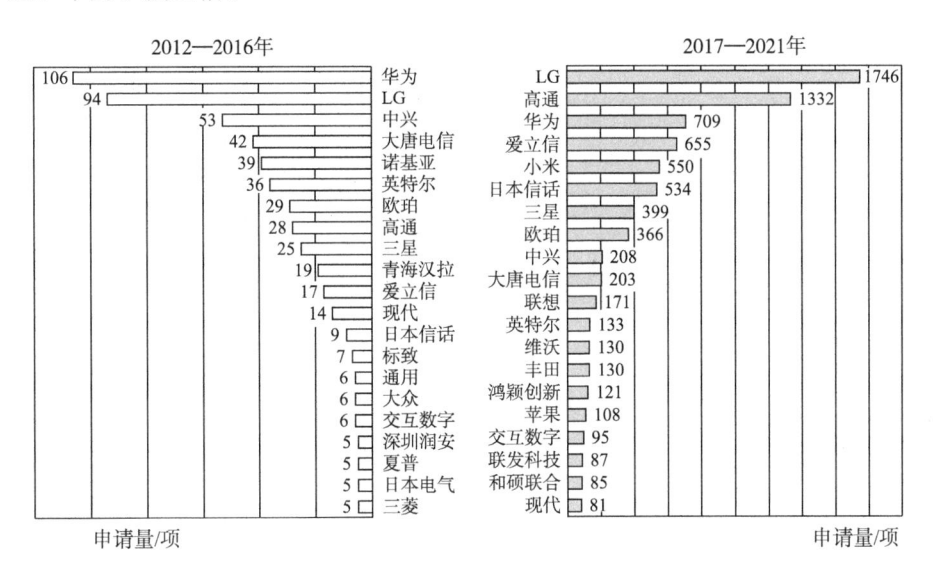

2012—2016年		2017—2021年	
华为	106	LG	1746
LG	94	高通	1332
中兴	53	华为	709
大唐电信	42	爱立信	655
诺基亚	39	小米	550
英特尔	36	日本信话	534
欧珀	29	三星	399
高通	28	欧珀	366
三星	25	中兴	208
青海汉拉	19	大唐电信	203
爱立信	17	联想	171
现代	14	英特尔	133
日本信话	9	维沃	130
标致	7	丰田	130
通用	6	鸿颖创新	121
大众	6	苹果	108
交互数字	6	交互数字	95
深圳润安	5	联发科技	87
夏普	5	和硕联合	85
日本电气	5	现代	81
三菱	5		

申请量/项   申请量/项

图3-2-7 5G-V2X前后五年申请人对比

图3-2-8所示为2019—2021年新增申请人统计。新增重要申请人统计主要关注公司及单位申请人，这三年5G-V2X领域新增申请人达到2099个之多，占总申请人数量的35%。值得注意的是鸿颖创新，其申请数量为116项，排名第一，远远超过排名第二的东风汽车，主要在于该公司为通信公司，有一定的技术积累。需要关注的是，众多大公司纷纷成立了分子公司专注于自动驾驶研发，比如通用汽车旗下的GM CRUISE，小鹏旗下的小鹏自动驾驶科技，该种模式的优点在于分子新公司反应更加灵活，能快速应对白热化的研发竞争。然后可以看到很多国内自主品牌车企，比如东风汽车、上汽集团，这与近年来国内车企为应对来自初创公司、国外车企巨头的竞争压力加大自动驾驶研发投入力度息息相关。同时，在这个阶段在中国乃至全球都涌现了许多初创自动驾驶企业，其中有较多公司专注于自动驾驶车联网V2X的研发。总之，此时5G-V2X领域竞争处于白热化阶段，呈现百花齐放的局面。

2019—2021年新增主要申请人申请量

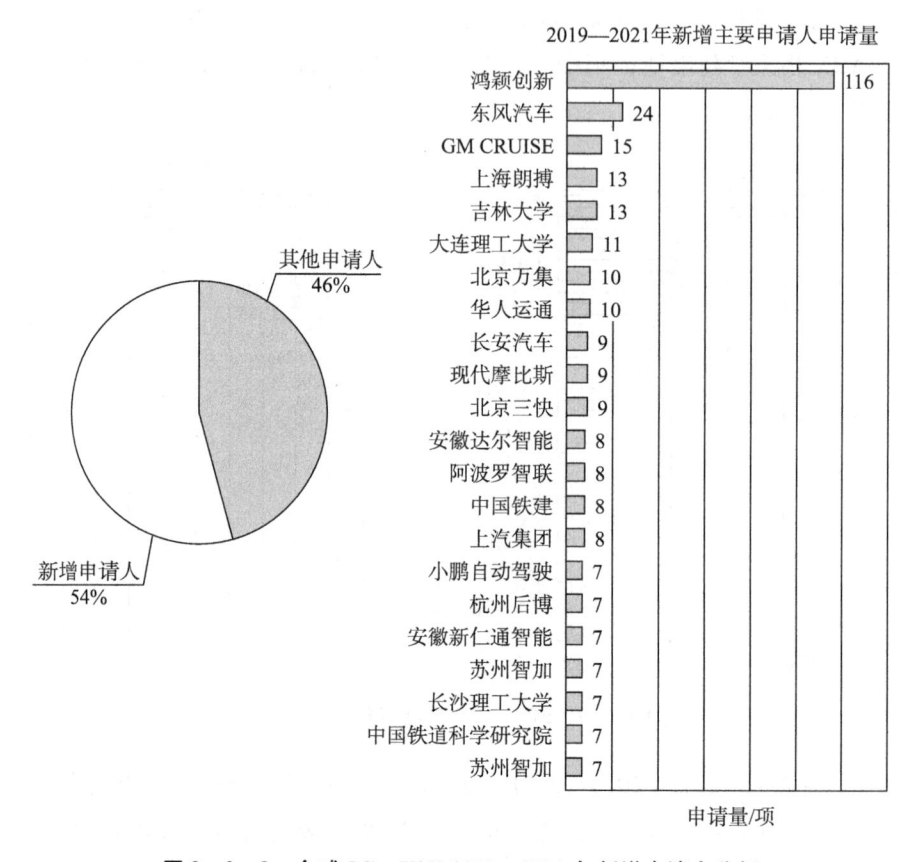

申请人	申请量/项
鸿颖创新	116
东风汽车	24
GM CRUISE	15
上海朗搏	13
吉林大学	13
大连理工大学	11
北京万集	10
华人运通	10
长安汽车	9
现代摩比斯	9
北京三快	9
安徽达尔智能	8
阿波罗智联	8
中国铁建	8
上汽集团	8
小鹏自动驾驶	7
杭州后博	7
安徽新仁通智能	7
苏州智加	7
长沙理工大学	7
中国铁道科学研究院	7
苏州智加	7

其他申请人 46%
新增申请人 54%

图 3－2－8　全球 5G－V2X 2019—2021 年新增申请人分析

第三节　5G－V2X 应用专利申请分析

一、申请量趋势分析

图 3－3－1 为 5G－V2X 的应用申请趋势。

（1）萌芽期（2000—2014 年）

在 2014 年以前，5G－V2X 相关专利申请量较少，主要原因在于 5G 通信技术并不成熟，基本处于研究和测试阶段，相关应用有限。同时，整个消费市场对于自动驾驶的需求较少，相应的专利申请量也少。

(2) 发展期（2015—2017年）

随着5G通信技术不断成熟完善，技术标准逐渐统一，关于5G-V2X的相关申请量也在逐渐增加。在此期间，虽然每年的申请量在逐渐增长，但是增长幅度并不大。

(3) 快速增长期（2018—2021年）

在2018年以后，5G-V2X相关专利申请量呈现爆发式增长，在2020年达到顶峰，每年增长量近300项。随着5G相关技术的成熟和自动驾驶研发的持续火热，5G-V2X技术也进入了蓬勃发展阶段。

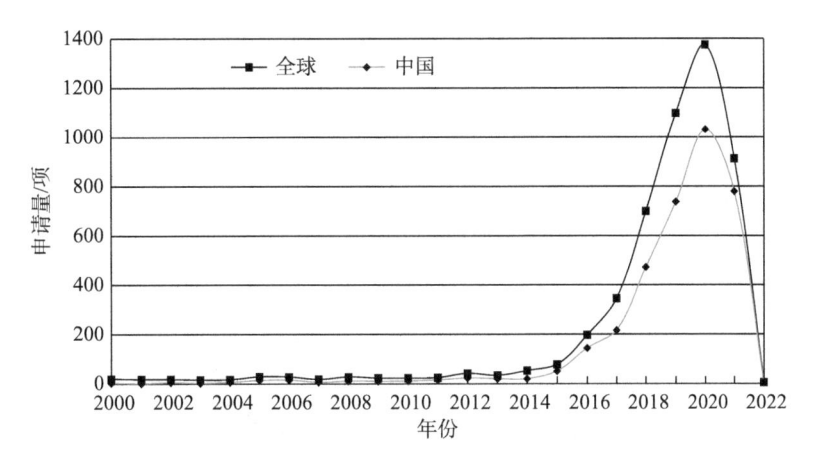

图3-3-1　5G-V2X的应用申请趋势

自动驾驶作为汽车行业的下一个增长点，无论是传统的车企、通信技术公司，还是新兴的互联网公司均投入大量资金和人力布局5G-V2X专利。值得注意的是，中国的专利申请趋势与全球申请趋势基本一致，说明国内对于5G-V2X相关技术比较重视，赶上了自动驾驶汽车这一波热潮。

图3-3-2为5G-V2X应用各二级技术分支申请趋势图。从该图中可以看出，各技术分支的专利申请趋势与5G-V2X总体申请趋势基本一致，近年来，特别是2018年之后呈现爆发式增长。其中，安全技术分支属于重点关注领域，申请量显著高于其余两个技术分支。并且，中国的专利申请趋势与全球申请趋势也基本一致，说明国内对于5G-V2X相关技术分支的重视程度与全球一致。

安全

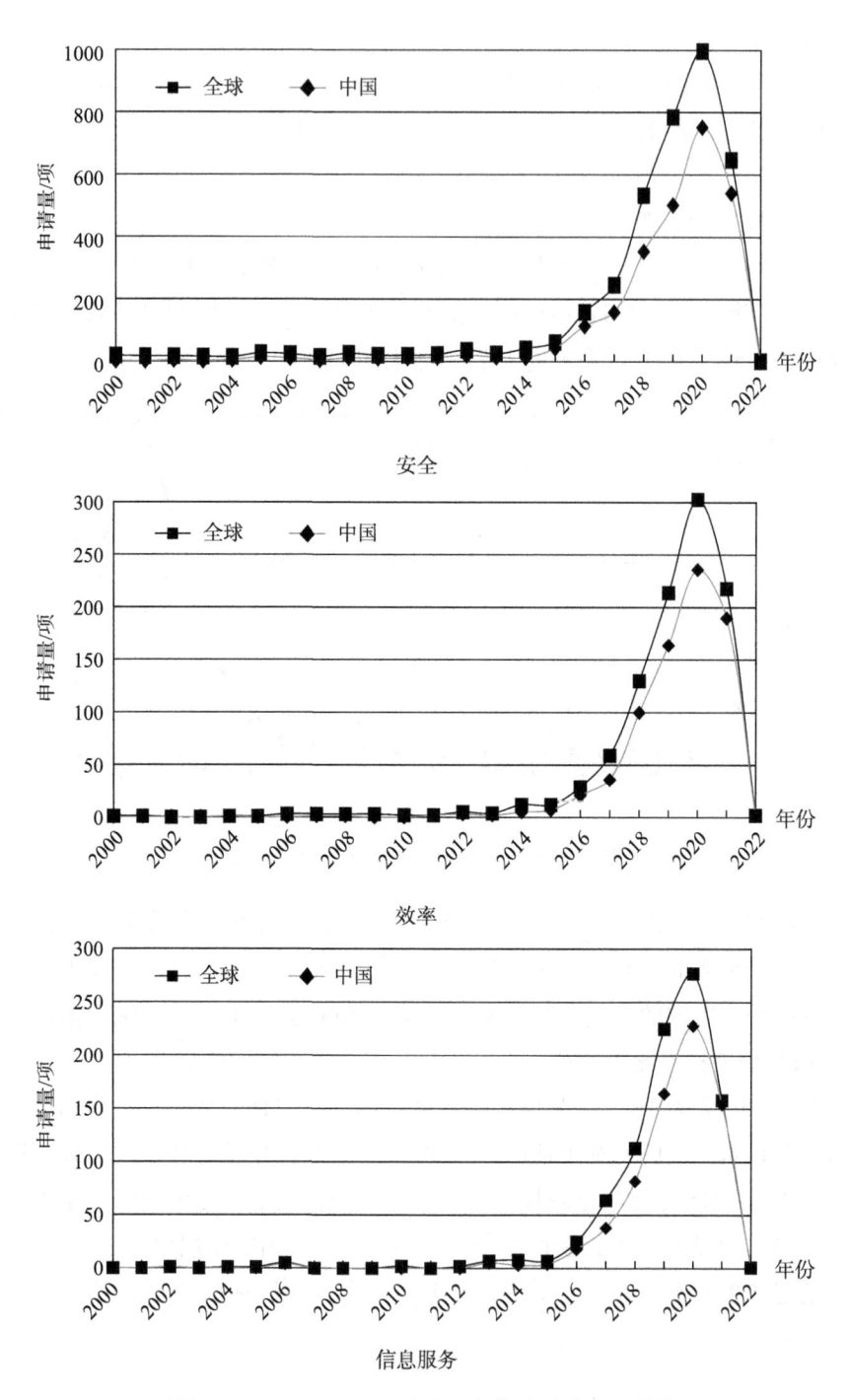

效率

信息服务

图 3-3-2　5G-V2X 应用二级技术分支申请趋势

二、技术来源地与目标地分析

图 3-3-3 为 5G-V2X 应用技术全球流向图，横坐标为技术原创国/地区，纵坐标为技术目标国/地区。其中，技术目标国/地区中的欧洲代表欧专局的成员国的专利申请量；技术原创国/地区中的欧洲也仅包含欧专局成员国作为技术原创国/地区的全部专利申请量。从图中可以看出，中国、美国、欧洲的公开专利数量相对较多，是 5G-V2X 主要的竞争市场。而在各个技术原创国或地区中，日本是专利输出率最高的国家，其专利输出率（某国输出专利申请量/该国原始申请专利申请总量）达到了 66.7%；排在第二位的是韩国，其专利输出率为 58.4%，说明日本、韩国的企业相对于中国、美国、欧洲的企业更注重海外市场。

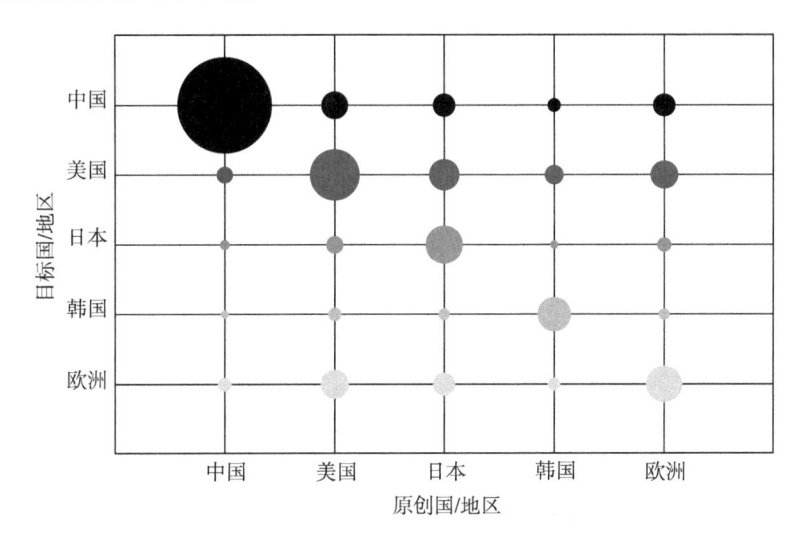

图 3-3-3　5G-V2X 应用技术全球流向图

值得注意的是，中国作为原始申请专利申请量最多的国家，其专利输出率仅为 3%。一方面，近年来中国自动驾驶行业迅猛发展，是目前全球自动驾驶领域最主要的市场，竞争尤其激烈，众多企业相对注重国内市场布局；另一方面，国内企业向外专利申请意识相对淡薄，积极性不高。

美国是其他国家或地区中在世界范围内向外申请的专利输入量最多的国家。美国作为技术原创国输出专利数量相对较多的国家和地区是中国和欧洲，同时中国和欧洲输入专利数量最多的国家也是美国。可见，美国和中欧之间

三、技术分支技术构成

图 3-3-4 所示为全球 5G-V2X 专利申请技术分布情况。从图中可以看出，关于车辆行驶安全分支的专利申请量最多，占总申请量的 71.8%，其中又以碰撞预警申请最多，占车辆行驶安全分支总申请量的 24.8%。这是由于保证车辆行驶安全是基本要求，是自动驾驶车辆重点考量因素，因此申请量也相对较多。

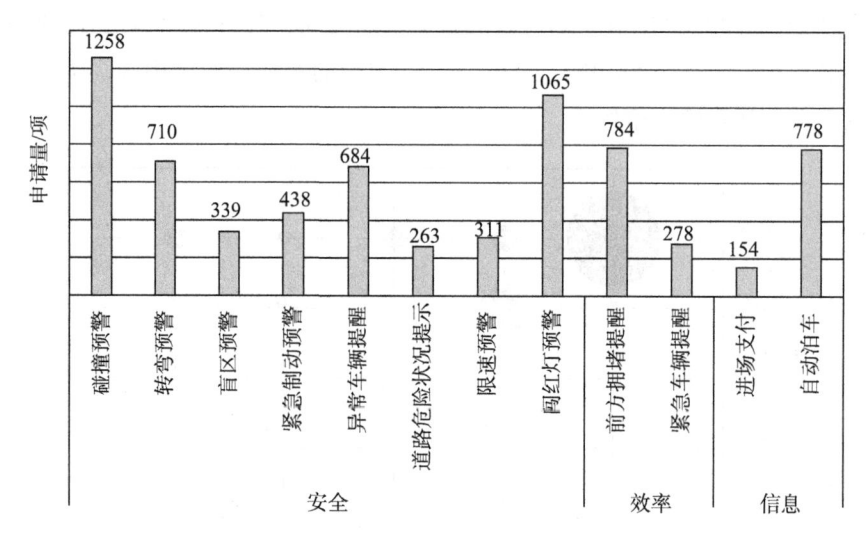

类别	申请量/项
碰撞预警	1258
转弯预警	710
盲区预警	339
紧急制动预警	438
异常车辆提醒	684
道路危险状况提示	263
限速预警	311
闯红灯预警	1065
前方拥堵提醒	784
紧急车辆提醒	278
进场支付	154
自动泊车	778

安全 / 效率 / 信息

图 3-3-4　全球 5G-V2X 专利申请技术分布情况

四、主要申请人分析

图 3-3-5 所示为 5G-V2X 应用全球主要申请人排名，从图中可以看出，排名前 10 的申请人依次是丰田、华为、通用汽车、现代汽车、大众集团、博泰悦臻、乐金集团、标致公司、奇瑞汽车和英特尔。前 10 位申请人中有 6 家为传统车企，3 家为通信相关企业，1 家为零部件企业。

作为全球最大的汽车制造商，丰田汽车不仅在新能源汽车领域保持领先优势，在车联网汽车、自动驾驶等方面也保持着持续性的投入，拥有 5G-V2X 应用的相关专利申请量达 157 项，排名第一。作为传统车企而言，丰田汽车在 V2X 领域存在先发优势，在其最新的 TNGA 架构（丰田全球新体系架构）生产的新一代凯美瑞、卡罗拉等车型上借助现代信息和通信技术，导入了 TOYOTA Connect（丰田智行互联）系统（即车载通信系统，简称车联网），实现车内、车与车、车与路、车与人、车与服务平台的全方位网络连接。

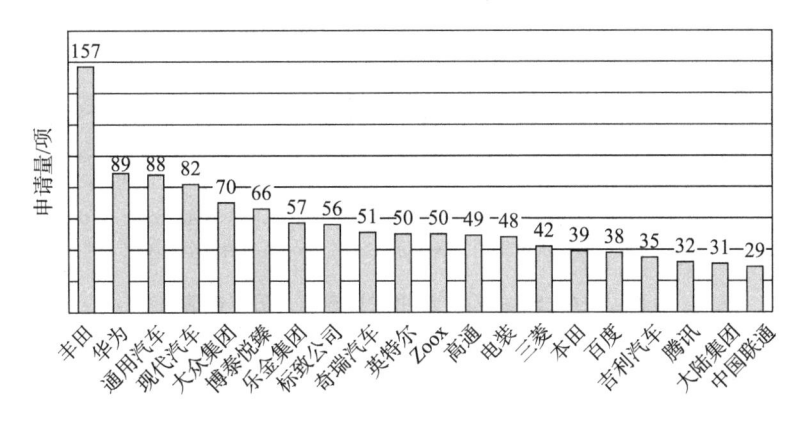

图 3-3-5　5G-V2X 应用全球主要申请人排名

华为是全球领先的 ICT（信息与通信）基础设施和智能终端提供商，拥有 89 项关于 5G-V2X 应用的专利申请，排名第二。华为前瞻性地布局车辆自动驾驶领域，自 2013 年宣布入局车联网以来，在车辆领域产品已拓展至智能驾驶、智能座舱、智能车云、智能电动四大板块，定位软硬件系统集成商，并与多家车企展开深度合作。

博泰悦臻是中国规模最大的车联网企业，拥有 66 项关于 5G-V2X 应用的专利申请，排名第六。博泰悦臻最早专注于汽车电子研发、产品设计，并于 2009 年创造了世界上基于 Android OS 的第一个 3G 车联网。随着企业的不断发展，业务逐渐拓展至国内国际互联网汽车生态、手机互联、IoT 与穿戴式设备等，成为综合车联网服务提供商。博泰悦臻还对车联网前瞻性技术保持着持续的投入，拥有全部知识产权的 V2X 技术或许将成为突破无人驾驶瓶颈的关键，已与北京理工大学智能车辆研究所展开合作，搭载由其提供相关技术的无人驾驶汽车已经进入内测阶段。

图 3-3-6 是排名前十的主要申请人在 2012—2021 年的申请态势。从图中可以看出，申请主要集中在 2016—2021 年，在此之前的专利申请量较少，这主要与 5G 通信技术不断完善、商业应用日趋成熟等因素有关。

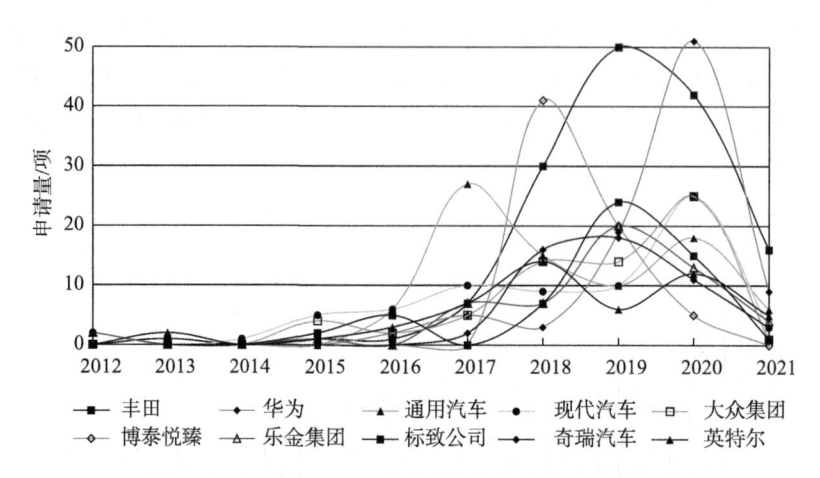

图 3-3-6　5G-V2X 应用主要申请人历年申请态势

丰田从 2012 年开始就已经有涉及 5G-V2X 应用的相关专利申请，此后每年均保持一定的专利申请量；2019 年是该公司申请量的巅峰时期，达到了 50 项，是前一年的 1.67 倍。而排名第二位的华为同样较早地布局 5G-V2X 应用领域，从 2012 年之后均有相关专利申请，2020 年达到申请的巅峰时期，具有 51 项相关专利申请。值得注意的是，通用汽车布局 5G-V2X 应用领域时间更为靠前，在 2016 就具备 6 项专利申请，2017 年达到 27 项，远超其他申请人。而博泰悦臻在 2017 年之前没有相关专利申请，申请集中在 2018—2020 年，分别为 41 项、20 项、5 项，是 5G-V2X 应用领域新进的后起之秀。

五、重点专利与技术分析

5G-V2X 应用重点专利多侧重于通信网络方案、数据共享方案、场景应用方案三个方面，因此本分析根据上述三个方向对重点专利进行了筛选。在发展阶段上，2012 年之前属于前瞻期，大多数申请是以 4G-V2X 为基础的；2012—2016 年为技术发展期，5G 技术得到了快速发展，出现了较多重要申请；2017—2020 年属于自动驾驶浪潮及 5G 成熟后应用推广的首个阶段，出现了大量相关申请，因此本分析将分为如上所述的三个时间跨度。

(一) 5G-V2X 通信网络

1. 2012 年之前

此阶段还处于 4G 开发及应用推广阶段，因此并无关于 5G-V2X 的通信网络相关的申请。

2. 2012—2016 年

该阶段 4G 技术已经被成熟应用，4G-V2X 技术得到了一定的发展。此时 5G 研发处于起步阶段，相应地在 4G-V2X 基础上，有一些涉及 5G-V2X 的申请。

英特尔在 2016 年公告号为 US10708908B2 的申请中，公开了一种用于无线传输的资源分配调整的系统、方法和设备，其主要是在邻近服务（Prose）业务量生成周期中增加多个正交时域传输机会，可以减少 LTE 通信中的拥堵和冲突，可以调整资源配置，包括提供新的物理层数字技术，减少传输时间间隔，提供较小的旁路控制信息周期，配置逻辑旁路控制周期和数据传输的多路复用。该方案能够优化 V2X 通信资源分配，减少信息拥堵/冲突，满足智能交通系统应用的性能规范。图 3-3-7 所示为该申请的通信系统相关附图。

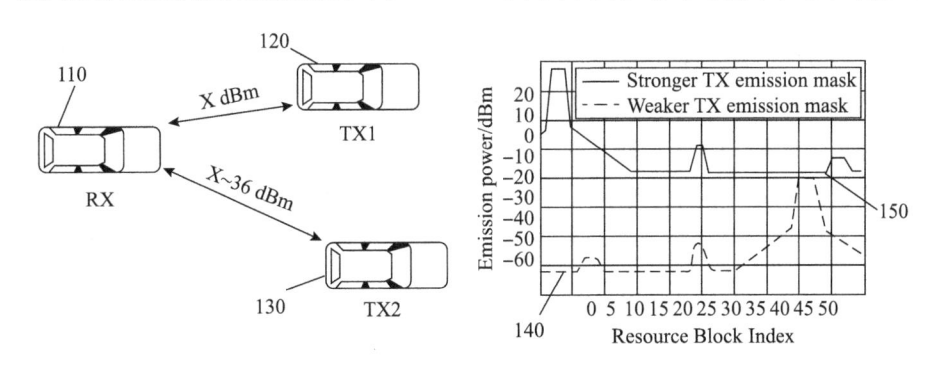

图 3-3-7　US10708908B2 中通信系统

苹果在 2016 年公告号为 CN107925906B 的申请中，公开了一种用于车辆 V2X 的通信拥塞控制，其主要是经由上行链路和下行链路无线电接口与无线通信网络的无线接入网进行通信，并且经由侧链路无线电接口与车辆终端和/或路侧单元中的一个或多个直接进行通信，确定与装置和/或周围环境有关的一个或多个指示符，并且控制收发机电路，以基于所确定的一个或多个指示符来控制通过侧链路无线电接口的通信，以控制 V2X 频谱资源上的拥塞。图 3-3-8 所示为该申请中无线通信网络相关附图。

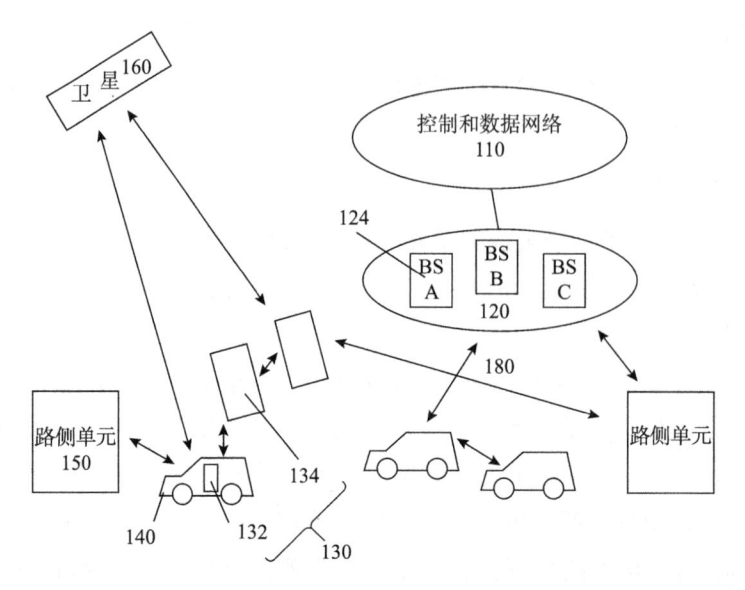

图 3-3-8　CN107925906B 中无线通信网络的示意图

3. 2017—2020 年

此阶段 5G 技术发展成熟并被大规模推广运用，相应地在该阶段自动驾驶浪潮下 5G-V2X 相关研究也取得了长足的发展，尤其是在通信网络方面针对车辆通信的实际需求，出现了大量申请。

高通在 2017 年公告号为 US10490074B2 的申请中，公开了一种用于无线通信系统中多普勒频移补偿的频率偏置，其涉及频率偏置以补偿由 V2V 通信系统中的多普勒频移引起的频率变化，主要是基于所确定的所述设备的速度来确定频率偏置调整，确保高速状态下可靠通信。图 3-3-9 所示为该申请中 V2V 通信系统相关附图。

大众在 2018 年公告号为 EP3525374B1 的申请中，公开了一种用于在无线通信系统的至少两个参与者之间进行数据通信的方法，相应的控制单元和装备有控制单元的车辆以及计算机程序，其主要是基于将用于数据通信的数据分为不同类别，这些类别确定了数据对传输差错的敏感性，分别确定良好传输、粗糙传输条件下传输，提高通信效率及可靠性。图 3-3-10 所示为该申请中 V2V 通信系统示意图。

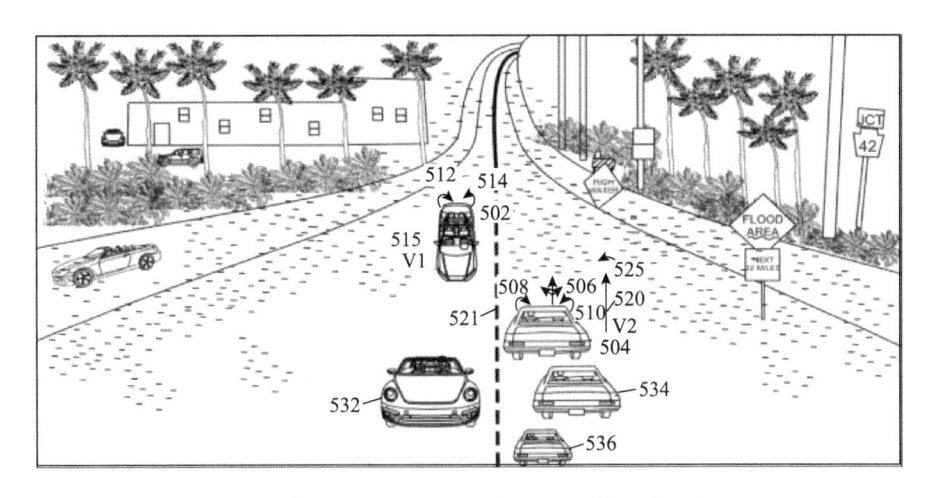

图 3 – 3 – 9　US10490074B2 中 V2V 通信系统示意图

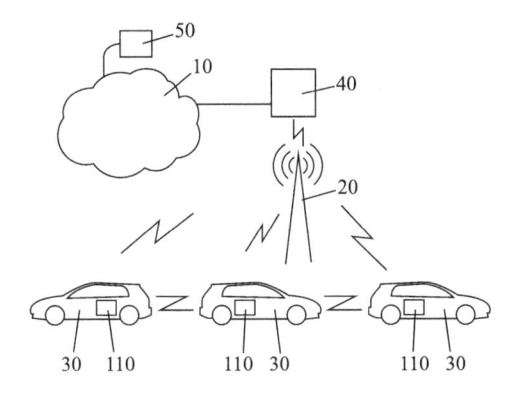

图 3 – 3 – 10　EP3525374B1 中 V2V 通信系统示意图

英特尔在 2018 年公告号为 US10420051B2 的申请中，公开了一种用于分散 V2V 网络的上下文感知同步方法，主要是从多个传感器接收上下文信息，根据上下文信息确定第一车辆何时接近可能失去与通信网络的联系的死区，以及响应于确定所述第一车辆正在接近可能失去与通信网络的联系的死区，激活同步帧广播模块以经由所述通信接口广播同步帧，确保通信死区可以可靠通信。图 3 – 3 – 11 为该申请中隧道中车辆与周围车辆通信示意图。

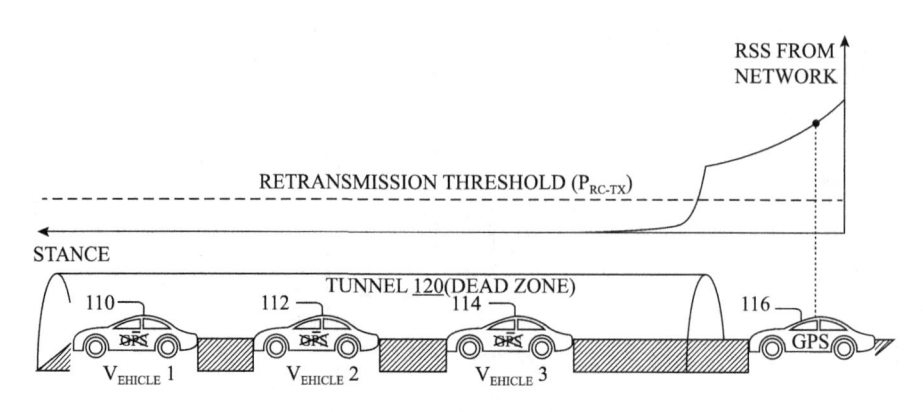

图 3 - 3 - 11　US10420051B2 中隧道中车辆与周围车辆通信示意图

丰田在 2020 年公告号为 US11240707B2 的申请中,公开了一种自适应车辆标识符生成方法,主要包括确定 V2X 网络的一组信道负载,分析该组信道负载,以通过广播包括标准车辆标识符的 V2X 消息来确定是否满足阈值,满足该阈值表示信道拥塞,激活数字切换决定,该数字切换决定将所连接的车辆从广播标准车辆标识符切换到广播压缩车辆标识符,将描述所连接的车辆特征数据输入压缩模块,压缩模块分析车辆特征数据并输出描述压缩车辆标识符的压缩车辆标识符数据,使得独立于标准车辆标识符来确定压缩车辆标识符,确保车车通信时的隐私性。

(二) 5G - V2X 数据共享

1. 2012 年之前

该阶段存在一些基础性的 V2X 数据共享申请,后续的 5G - V2X 中的数据共享方案多是以这些申请为基础,或者是在这些基础申请上演变而来的,这些申请的作用不容忽视。

丰田在 2008 年公告号为 US9002631B2 的申请中,公开了一种具有盲区预测、道路检测和车间通信邻近环境估计的装置,其主要是当由安装在由主车辆接收的另一车辆中的邻近监视传感器的可检测区域、安装在主车辆中的邻近监视传感器的可检测区域和不可行驶区域包围的盲闭合区域形成时,ECU 通过连续管理车辆进入/存在到/离开盲闭合区域来估计不能由邻近监视传感器直接检测的盲闭合区域中的车辆数量。该申请为较早的汽车传感器数据共享方案,具有重要意义。图 3 - 3 - 12 示出了该申请中车辆周围环境估计装置示意图。

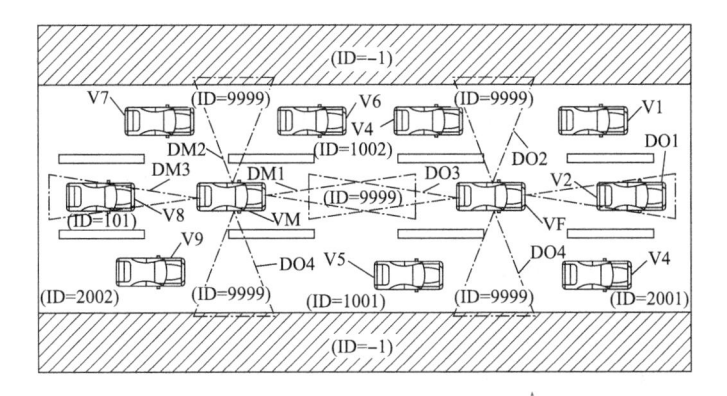

图 3 - 3 - 12　US9002631B2 中车辆周围环境估计装置示意图

大陆-特韦斯贸易合伙股份公司及两合公司在 2011 年公告号为 US9099001B2 的申请中，公开了一种减少车辆安全控制装置反应延迟时间的方法及系统，其主要是通过 V2V 通信，当存在碰撞风险的周围情况而提前介入车辆的控制，如前方车辆紧急制动。该方案将数据共享及防撞控制进行了结合，至今产生了较多此类数据共享-安全控制的技术方案。图 3 - 3 - 13 示出了该申请中应用的道路场景相关附图。

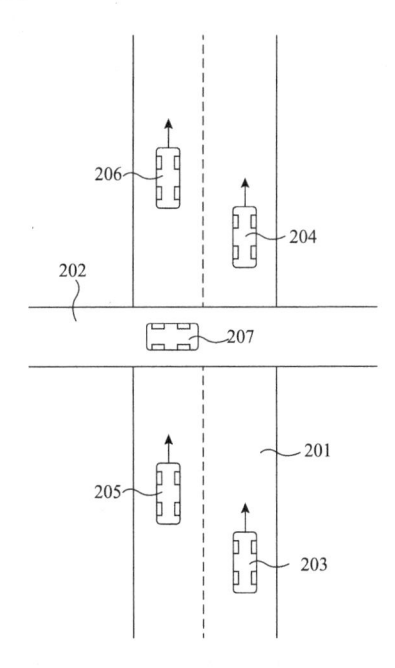

图 3 - 3 - 13　US9099001B2 中应用的道路场景

Auto connect 在 2012 年公告号为 US9176924B2 的申请中，公开了一种车辆数据采集方法及系统，其主要是使用来自多个车辆的车辆性能信息和位置信息来更新道路地图，其中车辆性能信息和位置信息通过由每个其他车辆中的无线收发器定义的自组织网络（AD-HOC 网络）从其他车辆收集。该方案将数据共享用于地图更新，以此为基础产生了较多自动驾驶所需要的高精度地图更新以及交通环境识别的技术方案。

2. 2012—2016 年

此阶段的数据共享相关申请，多是在 4G-V2X 的基础上的进一步发展的，伴随 5G 的研发，出现了部分关于 5G-V2X 数据共享的申请。

阿尔卡特-朗讯在 2014 年公告号为 US9980107B2 的申请中，公开了由一个或多个处理器执行的车辆消息收发方法，通过 V2V、V2I 的数据共享，发送车对车消息使得接收该消息的其他车辆能够快速接收该消息并快速响应交通事件，而车辆到基础设施消息可用于验证车辆到车辆消息的有效性，并向接收车辆提供消息真实的附加保证。

爱立信在 2016 年公告号为 US11069237B2 的申请中，公开了一种识别车辆和相关系统的方法，其主要通过对比不同类型的 V2X 共享数据来判断是否存在不支持 V2X 的车辆，从而可与支持非 V2X 车辆长期存在的现实场景下的交通状态识别，提高自动驾驶功能的有效性、安全性与通行效率。图 3-3-14 示出了该申请中交叉路口协调简图。

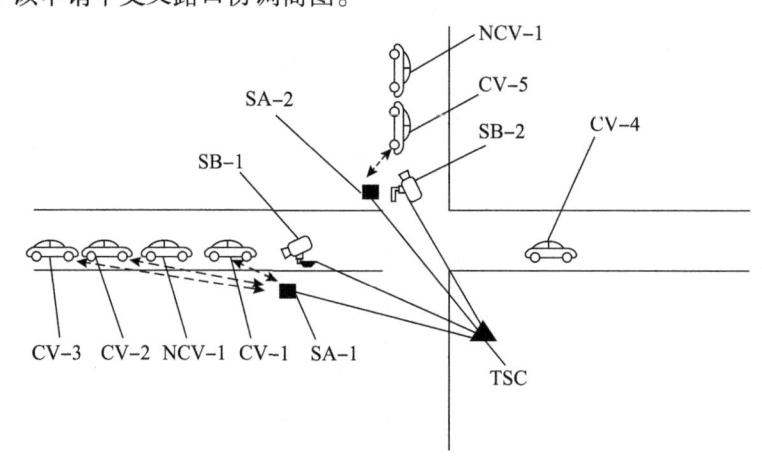

图 3-3-14　US11069237B2 中交叉路口协调简图

3. 2017—2020 年

此阶段在自动驾驶浪潮下，5G - V2X 技术得到了长足的发展，出现了大量关于 5G - V2X 数据共享的申请。

LG 在 2017 年公告号为 KR102043152B1 的申请中，公开了一种安装在车辆上的车辆控制装置和用于控制车辆的方法，其主要是在组队行驶中，相关方向车辆传感器数据共享，确保组队行使的安全性。组队自动驾驶为常规的自动驾驶应用场景，其对车车通信数据共享要求较高，因此该申请具有一定的代表性。图 3 - 3 - 15 示出了该申请中队列行驶中的车辆的感测范围的概念图。

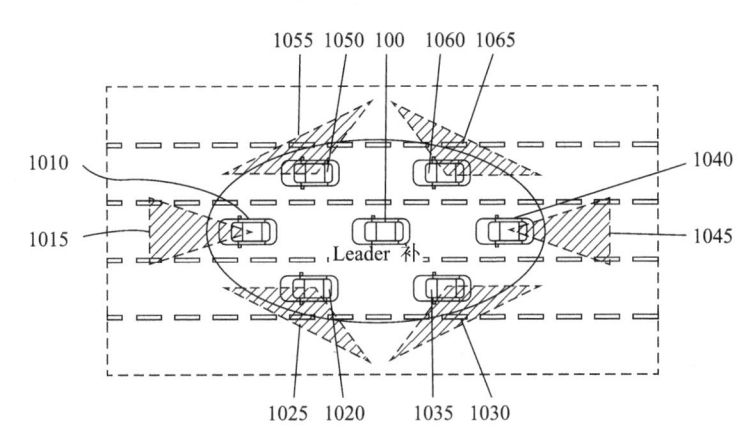

图 3 - 3 - 15　KR102043152B1 中队列行驶中的车辆的感测范围的概念图

华为在 2017 年公告号为 CN107749193B 的申请中，公开了一种驾驶风险分析及风险数据发送方法及装置，其主要是根据车辆行为进行风险分析，将分析结果与受影响的人、车进行通信及安全预警，减少了数据发送的时延，降低设备之间互相通告车辆状态数据的带宽要求，以及降低对空口资源调度频次要求，提高了通信性能。图 3 - 3 - 16 示出了该申请中路口中主车的风险分析示意图。

法雷奥在 2018 年公告号为 US10607416B2 的申请中，公开了一种车辆混合现实的条件可用性，其主要是车车通信传感器数据共享，合并由先导车辆上的摄像机捕获的图像和由后面车辆上的摄像机捕获的图像而产生合并图像。以此进行环境数据的精确获取。该方案弥补了单车传感器视距不足的问题，充分发挥了 5G - V2X 的超视距信息获取。图 3 - 3 - 17 示出了该申请中领头车辆和跟随车辆的透视混合现实的硬件组件相关附图。

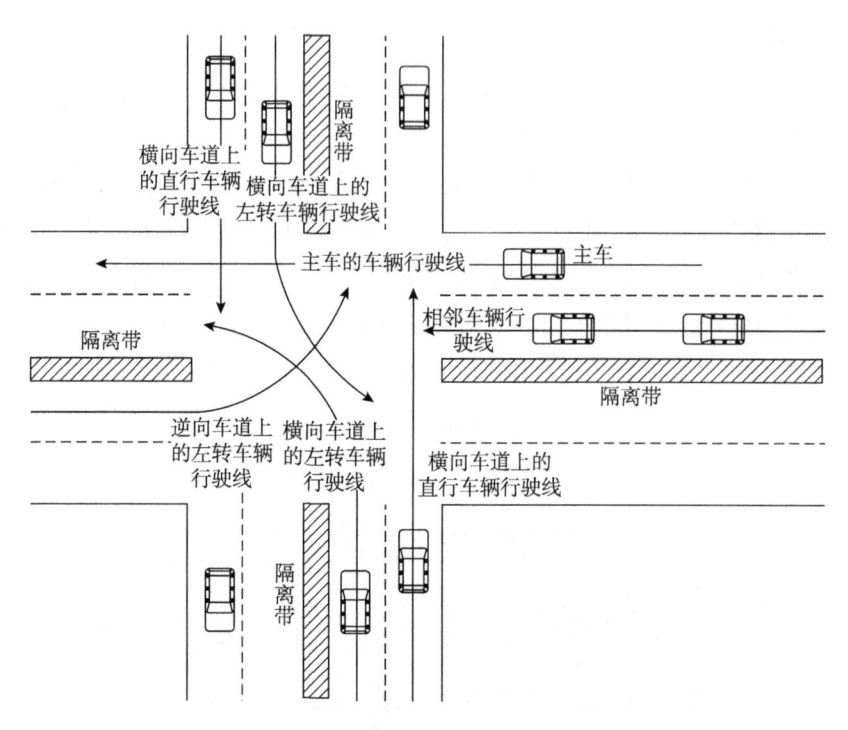

图 3-3-16　CN107749193B 中路口中主车的风险分析示意图

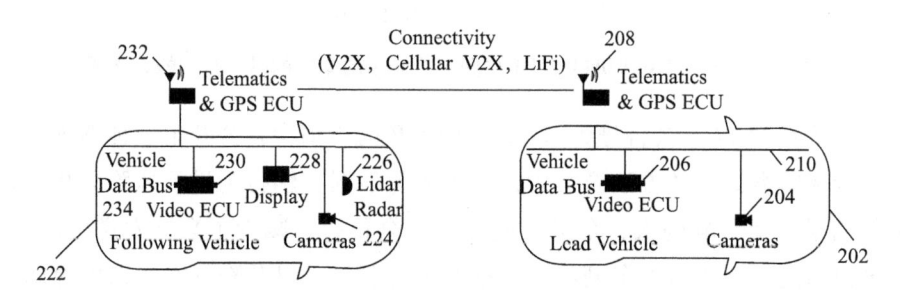

图 3-3-17　US10607416B2 中领头车辆和跟随车辆的透视混合现实的硬件组件

高通在 2019 年公告号为 US10878698B2 的申请中，公开了一种交互式车辆通信，其主要是通过车车通信，进行驾驶意图相关信息的传递，以此根据驾驶意图控制驾驶行为，确保行驶安全。该方案将驾驶意图进行了数据共享。图 3-3-18 示出了该申请中交互式通信示意图。

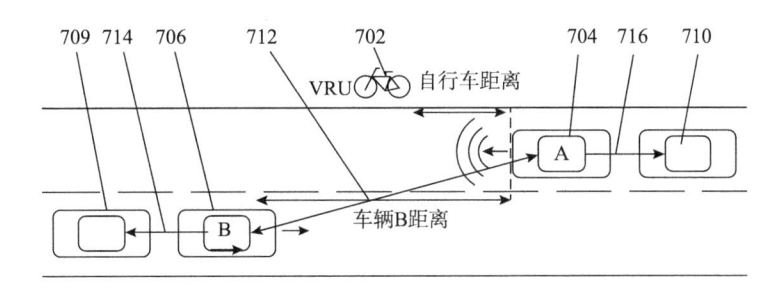

图 3-3-18　US10878698B2 中交互式通信示意图

(三) 5G-V2X 场景应用

1. 2012 年之前

该阶段的 V2X 申请多是 4G-V2X 相关的技术方案，但是某些申请是 5G-V2X 较为基础的场景应用，其具有较重要的参考意义。

其中，美国车辆服务早在 2000 年公告号为 US6405132B1 的申请中，就公开了一种事故避免系统，其主要是主车辆在路面上的位置由 GPS、DGPS 和精确的地图数据库信号确定，并与其他车辆通信，主车辆从其他车辆接收位置信息，并根据其他车辆相对于道路和主车辆的位置，判断接收位置信息的其他车辆是否对主车辆构成碰撞威胁，如果是，将生成一个警告或车辆控制信号响应来控制主车辆的运动，以防止与其他车辆发生碰撞。该申请为较早的 V2X 防碰撞预警控制方案，后续阶段有大量申请都进一步发展了该技术方案。图 3-3-19 示出了该申请中存在前侧碰撞和后端碰撞的可能性示意图。

2. 2012—2016 年

此阶段的场景应用相关申请，多是在 4G-V2X 的基础上的进一步发展，伴随着 5G 的研发，出现了部分关于 5G-V2X 场景应用的申请。

英特尔在 2013 年公告号为 US9610949B2 的申请中，公开了一种适合个人驾驶偏好的计算机辅助或车辆自动驾驶系统，接收识别车辆的驾驶员/乘客的标识符；使用标识符请求或检索驾驶员/乘客的个人驾驶偏好，并将驾驶员/乘客的个人驾驶首选项应用于车辆的 CA/AD 策略，从而为驾驶员/乘客自定义车辆的 CA/AD 策略。将成员偏好作为自动驾驶重要参考因素，可提高成员乘坐满意度、舒适度等，该申请具有较大的意义。

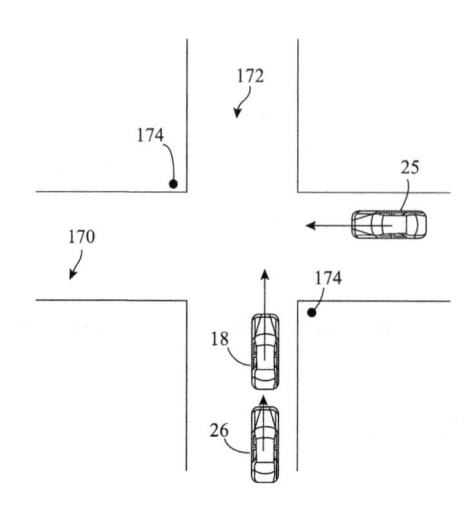

图 3-3-19　US6405132B1 中存在前侧碰撞和后端碰撞的可能性示意图

诺基亚在 2016 年公告号为 US10403131B2 的申请中，公开了一种实现协作多输入多输出操作的方法和装置，其主要是在红绿灯/灯杆处设置网络节点，实现多输入多输出（MIMO），用于交通信号的获取，提高红绿灯交通通行效率。本申请中交通设施兼具路测设备（RSU）功能，后续大量十字路口红绿灯场景控制申请都是在此基础上发展而来的。图 3-3-20 示出了该申请中交通信号灯的天线提供虚拟 MIMO 示意图。

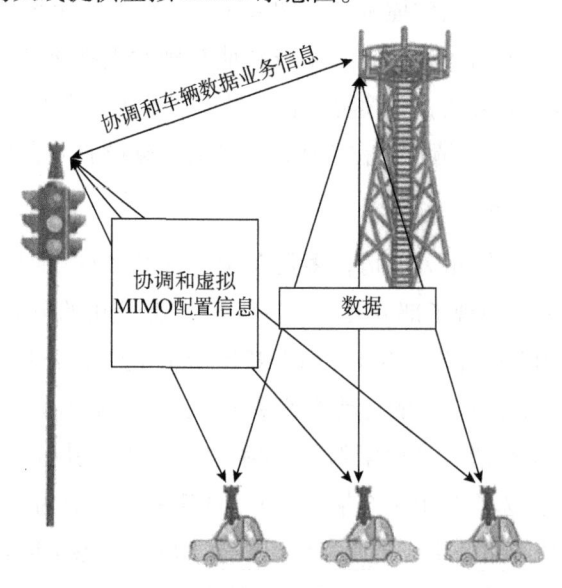

图 3-3-20　US10403131B2 中交通信号灯的天线提供虚拟 MIMO 示意图

3. 2017—2020 年

在自动驾驶浪潮下，此阶段的 5G-V2X 技术得到了长足的发展，各大车企、科技企业都加大了对实际应用的研究，出现了大量关于 5G-V2X 场景应用的申请。

LG 在 2017 年公告号为 US11197135B2 的申请中，公开了一种用于 V2X 通信的装置和方法，其主要是将生成的与空气污染相关的 V2X 消息，传递给车辆，以此进行车辆动力系统控制，优化车辆排放，减少污染。该方案将环境保护同自动驾驶相结合，是较为重要的场景应用。图 3-3-21 示出了该申请中空气污染信息管理系统相关附图。

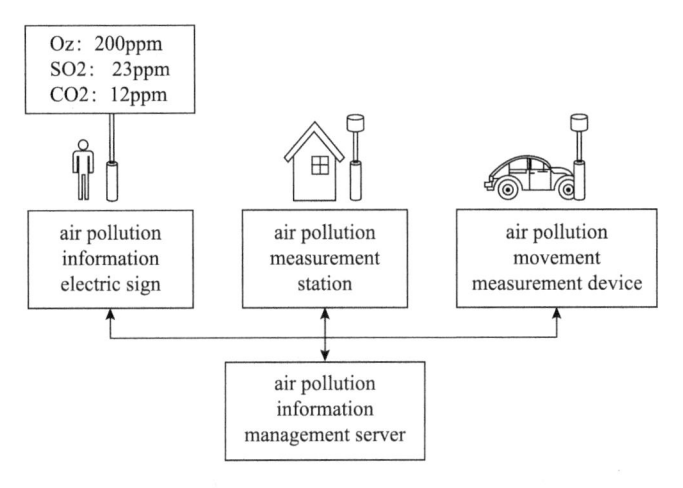

图 3-3-21　US11197135B2 中空气污染信息管理系统

北京图森智途科技在 2018 年公告号为 CN111319629B 的申请中，公开了一种自动驾驶车队的组队方法、装置及系统，其主要是接收到经过分析后的申请同意组队消息后，控制待组队车辆的车载装置与待加入队列的各车辆的车载装置进行 V2V 通信连接，完成加入队列，以实现不依赖于路侧单元，且能够进行安全认证的自动驾驶车队的组队。组队行驶场景为自动驾驶中最重要的场景之一，该方案涵盖了组队行驶的组队过程，具有较为重要的意义。

华为在 2019 年公告号为 CN112689588B 的申请中，公开了一种自动驾驶车辆的控制方法及装置，其主要是根据车辆的位置和弯道信息，控制车辆在该弯道以外的位置停车，因此能够避免车辆在弯道中停车造成追尾碰撞等事故的风险。图 3-3-22 示出了该申请中自动驾驶车辆在入弯后的场景示意图。

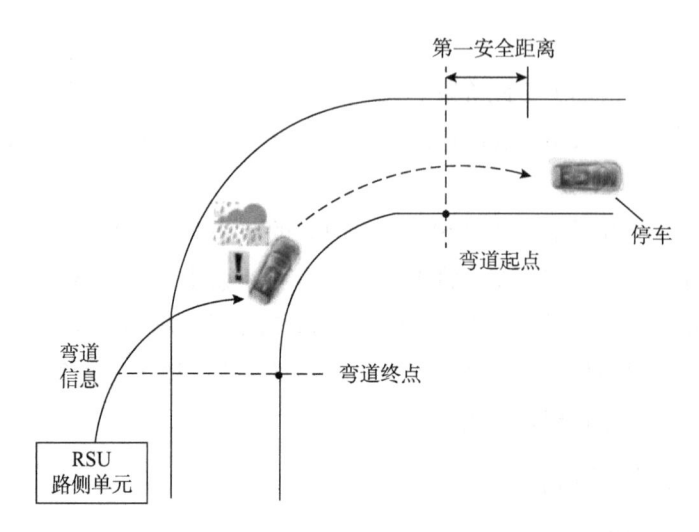

图 3-3-22　CN112689588B 中自动驾驶车辆在入弯后的场景示意图

高通在 2020 年公告号为 US11290858B2 的申请中，公开了一种人群来源的驾驶员反馈，其主要是行人，骑车人或驾驶员之类的人类用户可以向他们观察到其行为的车辆提供反馈消息，反馈消息应用于车辆，以此采取响应动作。该申请利用外界主动观察并反馈的信息进行车辆安全控制，该场景更加体现了 V2P、V2V 中的信息的交互性，具有重要的参考意义。

第四节　标准必要专利分析

一、标准必要专利

标准必要专利（Standards-Essential Patents，SEP），目前尚无统一明确的定义。通常，如果技术标准的实施必须以侵害专利权为前提，则即使存在其他可以被纳入标准的技术，该专利对相关技术标准而言，就是必要的专利。而标准通常是指标准化组织为在一定范围内获得最佳秩序，制定的共同使用的和重复使用的一种规范性文件。

目前，国际上知名的运作标准必要专利许可的平台为 Avanci，其是一家独立的专利许可解决方案提供商，成立于 2016 年，总部位于美国得克萨斯州达拉斯市，包括创始成员爱立信、高通、KPN（荷兰皇家电信集团）、中兴通讯和 Interdigital（交互数字）等 IT 巨头。其对外宣称"提供一个公平、合理、固定的透明化费率，允许制造商一次性获得无线通信产品生产开发所需的技术许可"，推出面向汽车行业的标准必要专利（SEP）的专利池许可费收费和运营模式；现已推出 Avanci 车辆平台 4G 项目，提供专利权人 2G、3G、4G 标准必要专利的许可；并请求美国司法部对 Avanci 车辆平台 5G 项目进行审核。Avanci 的汽车专利池的专利许可人数量已经达到 52 家，专利被许可人达到 47 家，物联网产品获得专利许可达到 1 亿美元，在 3 大汽车专利池中许可人最多，所拥有的 SEP 据称占整个 SEP 数量的 50%。Avanci 公布的 2G~4G 通信标准必要专利的许可费主要分成以下三档：仅限紧急电话为每辆车 3 美元、3G（包括 2G 和紧急电话）为每辆车 9 美元、4G（包括 2G/3G 和紧急电话）为每辆车 20 美元。由于专利运营平台 Avanci 在德国、美国攻营拔寨，连续拿下戴姆勒、福特等头部车企，汽车行业从上游零部件供应商到下游整车制造商均感到寒意阵阵。

2022 年 9 月 13 日，中国汽车工程学会知识产权分会、IMT-2020（5G）推进组和汽车标准必要专利工作组，组织行业专家进行起草、研究与论证，联合发布《汽车行业标准必要专利许可指引（2022 版）》（以下简称《指引》），包括核心原则、合理许可费的计算原则，以及解释权与声明等五个部分，明确汽车产品遵循的技术标准中所涉及的标准必要专利。相较于美、日、英等国家近期频繁出台关于标准必要专利许可的相关政策制度以及指引指南，在《指引》出台之前我国在相关领域尚未颁布专门的规范性指引性文件。鉴于此，此次《指引》的制定旨在规范面向汽车产品的知识产权许可行为，引导不同产业主体间能够在充分协商的基础上，在实现知识产权保护、推动市场公平竞争和维护公共利益之间达到平衡，反对以专利诉讼、专利禁令等作为手段来索求不合理的谈判条件和利益诉求。这一指引的发布将加快推动汽车与通信等产业的跨界融合发展，保护市场公平竞争。

而在无线通信领域，具有较强影响力的标准化组织包括国际电信联盟（International Telecommunication Union，ITU）、第三代合作伙伴计划（3rd Generation Partnership Project，3GPP）、欧洲电信标准化协会（European Telecommunications Standards Institute，ETSI）。

1. 3GPP

3GPP 成立于 1998 年 12 月，成立的目标是实现由 2G 网络到 3G 网络的平滑过渡，保证未来技术的后向兼容性，支持轻松建网及系统间的漫游和兼容性。3GPP 最初的工作范围是为第三代移动通信系统制定全球适用的技术规范和技术报告，随后 3GPP 的工作范围得到了改进，增加了对 UTRA 长期演进系统的研究和标准制定。3GPP 的会员包括 3 类：组织伙伴、市场代表伙伴和个体会员。3GPP 的组织伙伴包括欧洲的 ETSI、日本的 ARIB、日本的 TTC、韩国的 TTA、美国的 ATIS、印度的 TSDSI 和中国的 CCSA 七个标准化组织，中国无线通信标准研究组（CWTS）于 1999 年 6 月加入 3GPP，成为负责第三代伙伴项目的组织伙伴❶。

3GPP 制定的标准规范以 Release 作为版本进行管理，平均一到两年就会完成一个版本的制定，从建立之初的 Release 99 开始，目前已经发展到 Release 17。作为目前全球最大最重要的国际通信标准组织，3GPP 在 5G 技术标准的制定及 5G 商业化的推进过程中发挥了重要作用，Release 15（以下简称 R15）是 5G 标准的第 1 个版本，于 2018 年 9 月冻结，是目前全球运营商 5G 建网广泛采用的基础版本，定义了非独立组网（NSA）和独立组网（SA）2 个阶段，支持增强移动宽带（eMBB）和部分超高可靠低时延通信（URLLC）功能特性，满足市场最紧急的应用需求。2020 年 7 月，3GPP 针对 5G 标准的第 2 个增强版本 Release16（以下简称 R16）正式发布，R16 标准完善了 R15 标准的基础能力，支撑了国际电信联盟（ITU）明确的 5G 三大应用场景的 eMBB、URLLC、海量机器类通信（mMTC）全业务场景，并特别针对垂直行业的需求进行了大量的能力拓展。2022 年 3 月下旬，全球 5G 标准的第三个版本——3GPP Release17 完成第三阶段的功能性冻结（即完成系统设计）。Release 17 的完成不仅标志着 5G 技术演进第一阶段的圆满结束，而且证明了移动生态系统具有强大韧性，且致力于推动 5G 向前发展。

2. ETSI

ETSI 是由欧共体委员会于 1988 年批准建立的一个非营利性的电信标准化组织。ETSI 的标准化领域主要是电信业，并涉及与其他组织合作的信息及广

---

❶ 参考网址：https://baike.baidu.com/item/3gpp?fromModule=lemma_search-box.

播技术领域。由于其制定的许多电信标准在全球范围内实施，因此 ETSI 通常也被认为是一个世界性的标准化国际组织。

ETSI 的标准制定工作是开放式的。标准的立题是由 ETSI 的成员通过技术委员会提出的，经技术大会批准后列入 ETSI 的工作计划，由各技术委员会承担标准的研究工作。技术委员会提出的标准草案，经秘书处汇总发往成员国的标准化组织征询意见，返回意见后，再修改汇总，在成员国单位进行投票。赞成票超过 70% 以上的可以成为正式 ETSI 标准。

根据 ETSI 的《知识产权政策》（IPR 政策），ETSI 中的成员需及时通知 ETSI 有关其拥有的必要 IPR，公众可通过 ETSI IPR 在线数据库（图 3-4-1）获取相关必要的 IPR，可见，ETSI 的知识产权政策也为研究标准必要专利打下了坚实的基础。

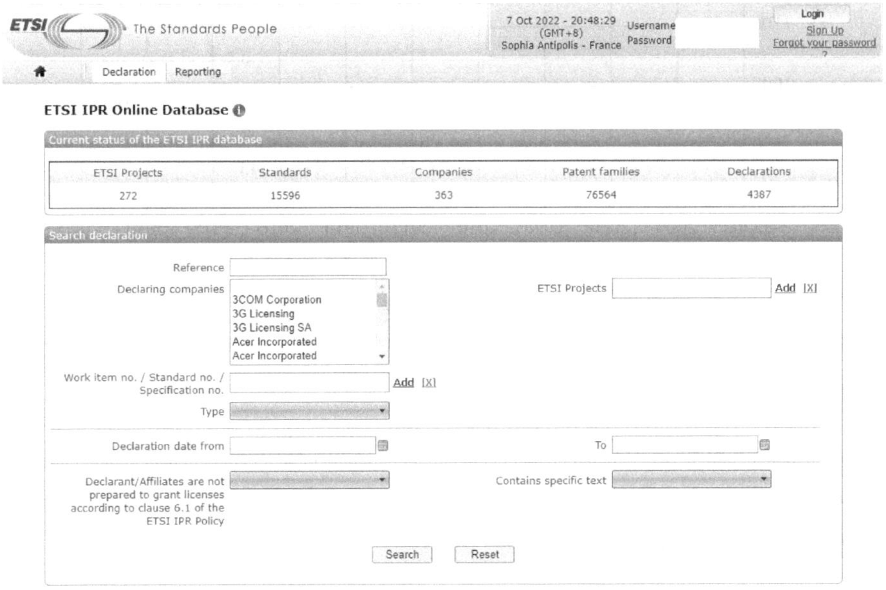

图 3-4-1　ETSI IPR 在线数据库

因此，本文中的标准必要专利是指向 ETSI 提出声明且与 3GPP 制定的 5G 技术标准有关的专利申请。

二、标准必要专利申请分析

(一) 申请趋势分析

经检索，5G-V2X 标准必要专利共有 8579 项专利申请（合并同族），图 3-4-2 所示为标准必要专利申请趋势，从图中来看，发展经历了两个阶段。

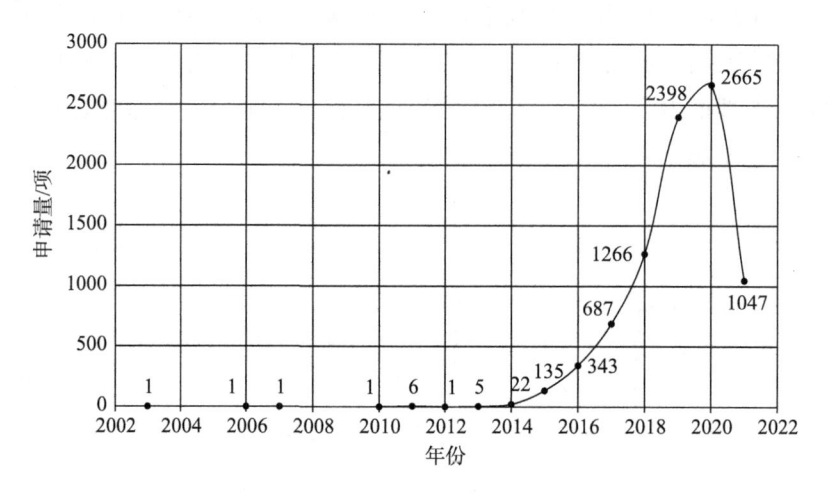

图 3-4-2 标准必要专利申请趋势

1. 萌芽期（2014 年之前）

在 2014 年以前，5G-V2X 标准必要专利申请较少，这是由于 5G 技术的发展还处于研究及预研的阶段，5G 相关的标准协议还未形成，导致申请人申报的标准必要专利相对较少。

2. 高速发展期（2014—2020 年）

从 2014 年开始，标准必要专利进入快速发展时期，在 2020 年达到最高值，为 2665 项专利申请。自美国交通部 2015 年发布《智能交通系统（Intelligent Transport，ITS）战略规划（2015—2019 年）》以来，车联网技术围绕智能化和信息共享化两大主题蓬勃发展。2014—2015 年，各大互联网公司纷纷加入车联网体系中，争先恐后推出各自的车联网产品，从 2016 年开始，车联网产业进入高速发展的新阶段，"车—路—人—云"协调感知的"生态车联网"体系受到广泛关注,国内外竞相展开对车联网技术的研究。为了支撑实现辅助驾驶的车联网需求,3GPP组织已于2015年开始了基于LTE的V2X的标准化工作。为了支撑实现自动驾驶的车联网需求,3GPP组织于2016年开始了5G-V2X的标准化工作。在这两个阶段的标准化工作中,逐步开始产生大量相关的标准必要专利。

(二) 申请区域布局

图3-4-3所示为标准必要专利申请区域布局,标准必要专利申请主要的国家和地区是中国、韩国、美国,其占比分别为33%、27%和21%,中国是申请最多的国家,欧洲和日本的标准必要专利申请相对较少,这是由于中国的5G技术发展较快,以华为为代表的国内通信企业及一系列经过多年发展的互联网公司快速发展,同时中国作为全球最大的汽车市场,V2X的应用场景很多。韩国的申请量位居第二,其拥有老牌通信企业LG和三星,在5G-V2X领域也实力雄厚。

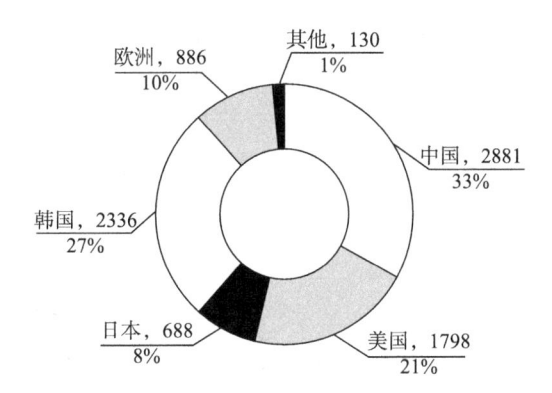

图3-4-3 标准必要专利申请区域布局(单位:项)

(三) 主要申请人分析

图3-4-4所示为标准必要专利主要申请人。5G-V2X标准必要专利主要申请人排名前10依次是LG、高通、华为、爱立信、小米、日本信话、三星、OPPO、中兴和大唐电信,排名前10的申请人申请量之和占总申请量的80%,总计6863项,申请比较集中;排名前3的申请人申请量和占比分别为1785项(21%)、1317项(15%)和727项(8%),合计拥有44%的5G-

V2X 标准必要专利。在排名前 10 的申请人中，中国申请人占 5 位，韩国申请人占 2 位，美国、日本、欧洲分别占一位。

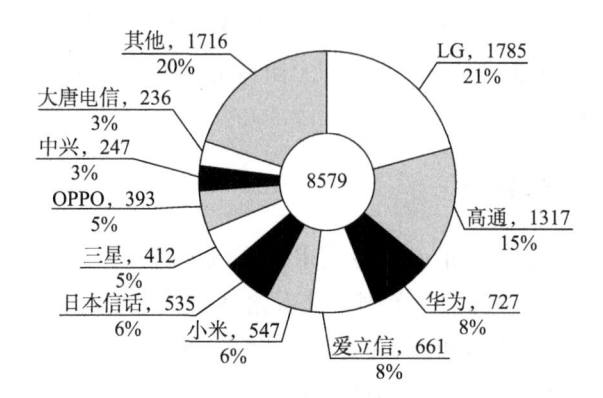

图 3-4-4 标准必要专利主要申请人（单位：项）

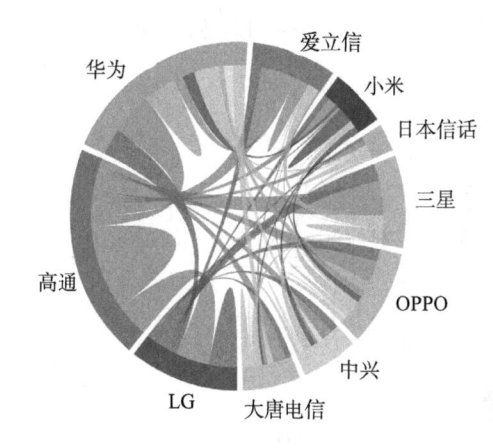

图 3-4-5 主要申请人之间的引用关系

为了促进技术的发展，各申请人之间会相互引用各自的专利来加快 5G-V2X 的标准快速落地。如图 3-4-5 所示，高通、LG、华为引用的数量排名靠前，这三家在 5G 领域专利的持有量、声明专利中的占比、重要技术领域、终端/基站侧的分布等多个方面中也均处于领先地位，其中被高通引用 1706 项，被 LG 引用 923 项，被华为引用 551 项。对于具体的引用关系，三家企业分布如下：高通自引用 510 项，被华为引用 250 项，被三星引用 208 项，被 LG 引用 206 项，被爱立信引用 177 项，被 OPPO 引用 125 项，被中兴引用 79 项，被大唐电信引用 66 项，被小米引用 51 项，被日本信话引用 34 项；LG 自引用 175 项，被高通引用 200 项，被华为引用 163 项，被三星引用 100 项，被 OPPO 引用 76 项，被爱立信引用 64 项，被大唐电信引用 51 项，被小米引用 38 项，被中兴引用 37 项，被日本信话引用 19 项；华为自引用 200 项，被高通引用 70 项，被 OPPO 引用 59 项，被爱立信引用 40 项，被 LG 引用 38 项，被三星引用 38 项，被中兴引用 36 项，被大唐电信引用 31 项，被小米引用 21

项，被日本信话引用18项。

（四）技术规范组分布

3GPP 的组织结构中，项目协调组（PCG）是最高管理机构，代表 OP（组织伙伴）负责全面协调工作，技术方面的工作由技术规范组（TSG）完成。3GPP 会把端到端的标准制定任务分解到 3 个技术规范组（TSG）：无线接入网（TSG RAN）、业务与系统方面（TSG SA）和核心网与终端（TSG CT），各个技术规范组再把任务进一步分解成更小的模块，每个模块对应一个工作组来处理。整体的结构如图 3-4-6 所示。无线通信端到端系统的终端、无线接入网、核心网和业务这四个子系统的标准，就这样被分解成各个小块来制定，最终再把它们合并成多组完整的技术方案。

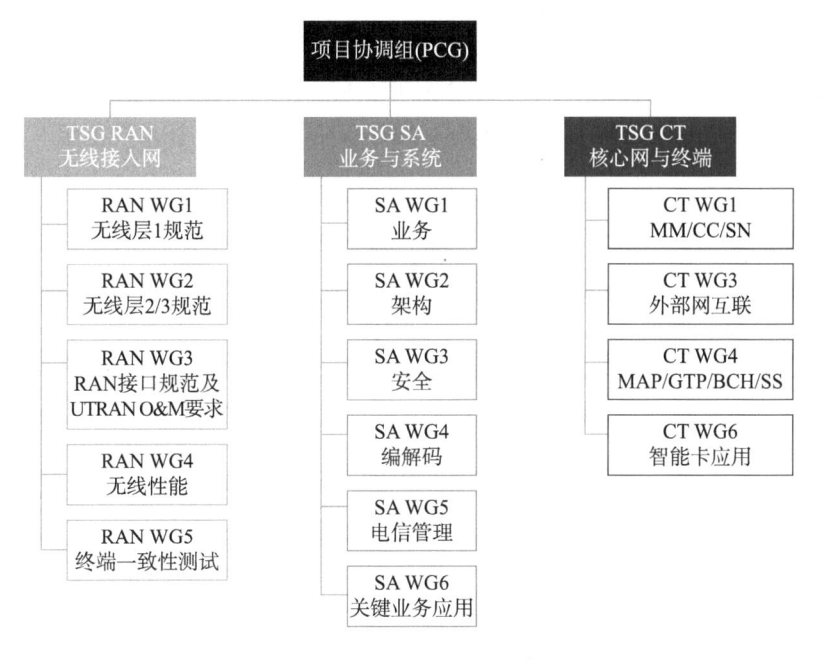

图 3-4-6　3GPP 组织结构图

TSG RAN 负责演进的 GERAN、UTRAN、E-UTRAN、NR 及其以外的系统的 GERAN、UTRAN 和 E-UTRAN、NR，包括它们的内部结构和功能，其下包括 RAN WG1（无线层 1 规范）、RAN WG2（无线层 2/3 规范）、RAN WG3（RAN 接口规范及 UTRAN O&M 要求）、RAN WG4（无线性能）及 RAN

WG5（终端一致性测试）5 个工作组。TSG SA 负责基于 3GPP 规范的系统的总体架构和服务能力，并负责跨 TSG 的协调，负责 3GPP 业务与系统方面的技术规范制定，其下包括 SA WG1（业务）、SA WG2（架构）、SA WG3（安全）、SA WG4（编解码）、SA WG5（电信管理）及 SA WG6（关键业务应用）6 个工作组。TSG CT 负责指定终端接口（逻辑和物理）、终端能力（例如执行环境）和 3GPP 系统的核心网络部分，负责 3GPP 核心网及终端方面的技术规范制定，其下包括 CT WG1（MM/CC/SN）、CT WG3（外部网互联）、CT WG4（MAP/GTP/BCH/SS）及 CT WG6（智能卡应用）4 个工作组。具体的 5G－V2X 各协议的 SEP 数量参见附录 2。

图 3－4－7 所示为 5G－V2X 标准必要专利在 3GPP 三个技术规范组（TSG）的分布情况。TSG RAN 组负责定义网络的功能、需求和接口，标准必要专利数据共有 8027 项，占比 90%，可见其重要性；TSG CT 组的标准必要专利共有 232 项，占比 3%；TSG SA 组的标准必要专利共有 605 项，占比 7%。可以看出，标准必要专利基本上都分布在 TSG RAN 技术规范组。

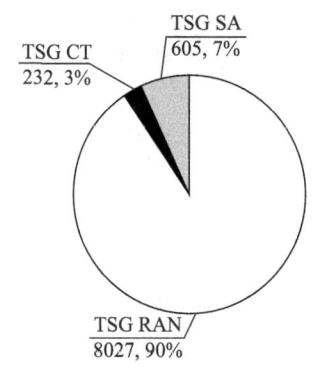

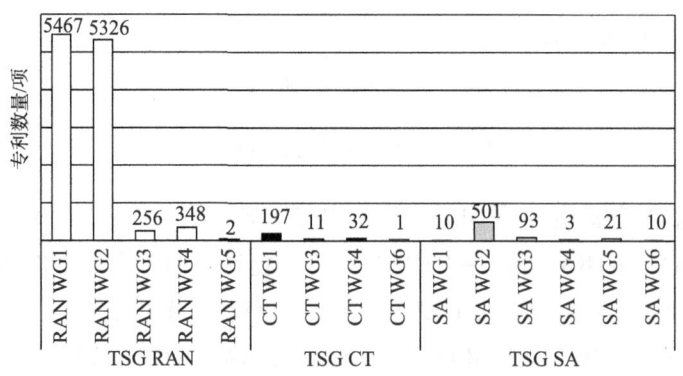

图 3－4－7　专利在各技术规范组的分布

从各个技术规范组下面的工作组来看，RAN WG1 和 RAN WG2 标准必要专利数量遥遥领先，占据前两位，数量分别为5467项和5326项，数量超过100项的组依次是 SA WG2、RAN WG4、RAN WG3、CT WG1，标准必要专利数量分别为501项、348项、256项、197项，其他工作组的标准必要专利数量较少。

对于 TSG RAN 技术规范组，标准必要专利数量最少的为 RAN WG5 工作组，只有2项；对于 TSG CT 技术规范组，除去标准必要专利数量最多的 CT WG1 工作组外，其他工作组依次为 CT WG4、CT WG3、CT WG6，分别为32项、11项、1项；对于 TSG SA 技术规范组，除去标准必要专利数量最多的 SA WG2 工作组外，其他工作组依次为 SA WG3、SA WG5、SA WG1、SA WG6、SA WG4，分别为93项、21项、10项、10项、3项。

从5G移动通信发展趋势和关键技术的角度来看，5G大部分关键技术集中在新空口技术——NR，NR可实现的功能包括超精简传输、低时延支持、大规模天线技术以及高低频范围内灵活的频谱使用方式等，这些功能都能很好地支持V2X需要的高可靠性和低时延要求，而NR主要与无线接入网相关，TSG RAN 技术规范组主要涉及无线接入网侧的标准制定，因此，3GPP工作组研究了NR上多种相关新技术对V2X的支持情况并标准化相关协议，这就解释了标准必要专利基本上都分布在 TSG RAN 技术规范组的原因。而NR新技术大部分也都集中在无线层1（物理层）、无线层2［媒体访问控制层（MAC）、无线链路控制层（RLC）、分组数据汇聚协议层（PDCP）和服务数据自适应协议层（SDAP）］、无线层3［无线资源控制层（RRC）］上，因此，TSG RAN WG1 和 WG2 都包括大量V2X相关标准必要专利，相应地，物理层相关的主要协议 TS 38.211、TS 38.212、TS 38.213 和 TS 38.214，MAC层相关协议 TS 38.321，RLC层相关协议 TS 38.322，PDCP层相关协议 TS 38.323，RRC层相关协议 TS 38.331，以及NR和NG接入网总体协议 TS 38.300 的标准必要专利数量都非常多。同时，5G在核心网侧再次向分离式架构演进，其中网络切片和移动边缘计算都属于5G关键技术，其主要涉及5G核心网架构，因此，TSG SA WG2 的相关标准必要专利也相对较多，相应地，用于5G系统架构描述的协议 TS 23.501，用于5G系统流程的协议 TS 23.502，以及专用于描述5G系统架构增强以支持V2X服务的协议 TS 23.287 申请量都较大。

图 3-4-8 所示为标准必要专利申请量排名前 10 的公司在三个技术规范组的分布。在 RAN 技术规范组中，排名前 10 的公司申请量的排序与它们在整个标准必要专利中申请量排序是一致的，但在 SA 和 CT 技术规范组中就有所差别。在 SA 组中，排名前 10 的依次是华为、三星、高通、爱立信、OPPO、中兴、LG、日本信话、大唐电信和小米；在 CT 组中，排名前 10 的依次是 LG、华为、高通、三星、OPPO、中兴、小米、爱立信、日本信话和大唐电信。在三个技术规范组中，LG 在最重要的技术规范组 TSG RAN 的标准必要专利申请量远高于其他公司，在 TSG CT 组也名列前茅，但在 TSG SA 组申请量较少，排名第七。对于华为来说，在 TSG SA 组的标准必要专利申请量领先其他公司，在 TSG RAN 组中排名第三，在 TSG CT 组中排名第二。

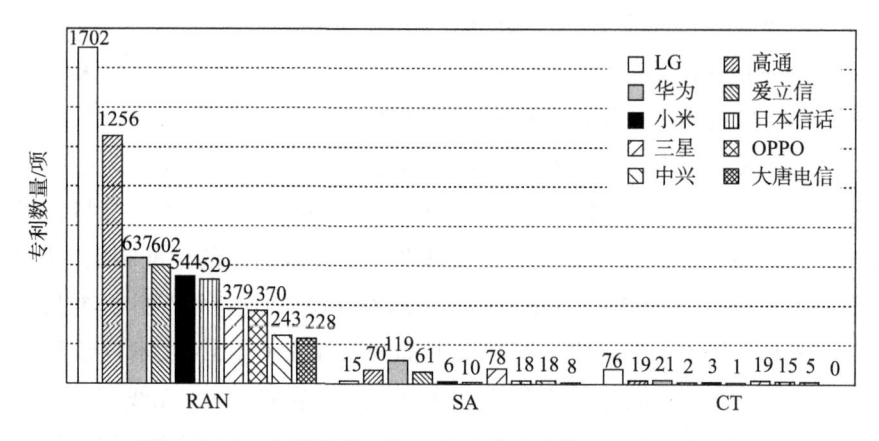

图 3-4-8 申请量排名前 10 的申请人在技术规范组的分布

申请量排名前 10 的公司在三个技术规范组下的工作组的分布见表 3-4-1。LG 在 SA WG1、RAN WG1、RAN WG2、RAN WG5 和 CT WG1 工作组中均拥有最多的标准必要专利，华为在 SA WG1、SA WG2、SA WG5、RAN WG3、RAN WG4、CT WG3 和 CT WG4 工作组中均拥有最多的标准必要专利，爱立信只在 SA WG3 工作组中拥有最多的标准必要专利，三星在 SA WG4、SA WG6 和 RAN WG5 工作组中拥有最多的标准必要专利。从涉及最多标准必要专利的工作组数量来看，华为占据最多，有 7 个，LG 有 5 个，三星有 3 个，爱立信有 1 个。虽然各个公司根据其主要产品分布的不同而在不同工作组的标准必要专利申请情况有所不同，但可以从表 3-4-1 中的数据看出，在标准必要专利数量较多的几个工作组中他们的申请量都相对较多。

表 3-4-1　申请量排名前 10 的申请人在工作组的分布

企业	SA WG1	SA WG2	SA WG3	SA WG4	SA WG5	SA WG6	RAN WG1	RAN WG2	RAN WG3	RAN WG4	RAN WG5	CT WG1	CT WG3	CT WG4	CT WG6
LG	1	14	0	0	0	0	1251	1430	44	29	1	71	0	7	0
高通	0	59	10	1	0	2	926	451	19	30	0	17	0	2	1
华为	1	107	9	0	13	3	561	607	53	104	0	8	4	10	0
爱立信	0	19	42	0	0	0	273	265	16	61	0	2	0	0	0
小米	0	6	0	0	0	0	334	344	17	7	0	3	0	0	0
日本信话	0	10	0	0	0	0	364	239	12	23	0	1	0	0	0
三星	0	71	6	1	4	4	254	349	4	1	1	18	1	1	0
OPPO	0	18	0	0	0	0	203	231	4	5	0	15	0	0	0
中兴	0	17	1	0	0	0	185	204	37	1	0	2	3	0	0
大唐电信	0	8	0	0	0	0	143	172	6	17	0	0	0	0	0

企业在申报标准必要专利时都同时申报了该标准必要专利涉及的标准协议。对排名前 10 的申请人在相关工作组标准协议的申请量分布（参见附录 3 ~ 附录 5）进行分析，各个申请人的申请策略各不相同。对 CT 技术规范组的 27 个标准协议的申请量进行分析，LG 占据 12 个标准协议，高通占据 4 个标准协议，华为占据 6 个标准协议，三星占据 5 个标准协议，OPPO 占据 2 个标准协议，中兴占据 1 个标准协议；对 RAN 技术规范组的 42 个标准协议的申请量进行分析，LG 占据 14 个标准协议，高通占据 7 个标准协议，华为占据 10 个标准协议，爱立信占据 1 个标准协议，小米占据 2 个标准协议，三星占据 4 个标准协议，OPPO 占据 1 个标准协议，中兴占据 6 个标准协议；对 SA 技术规范组的 34 个标准协议的申请量进行分析，LG 占据 1 个标准协议，高通占据 4 个标准协议，华为占据 23 个标准协议，爱立信占据 4 个标准协议，三星占据 4 个标准协议，中兴占据 1 个标准协议。

三、5G-V2X 技术演进

图 3-4-9 所示为 5G-V2X 标准必要专利技术演进图。

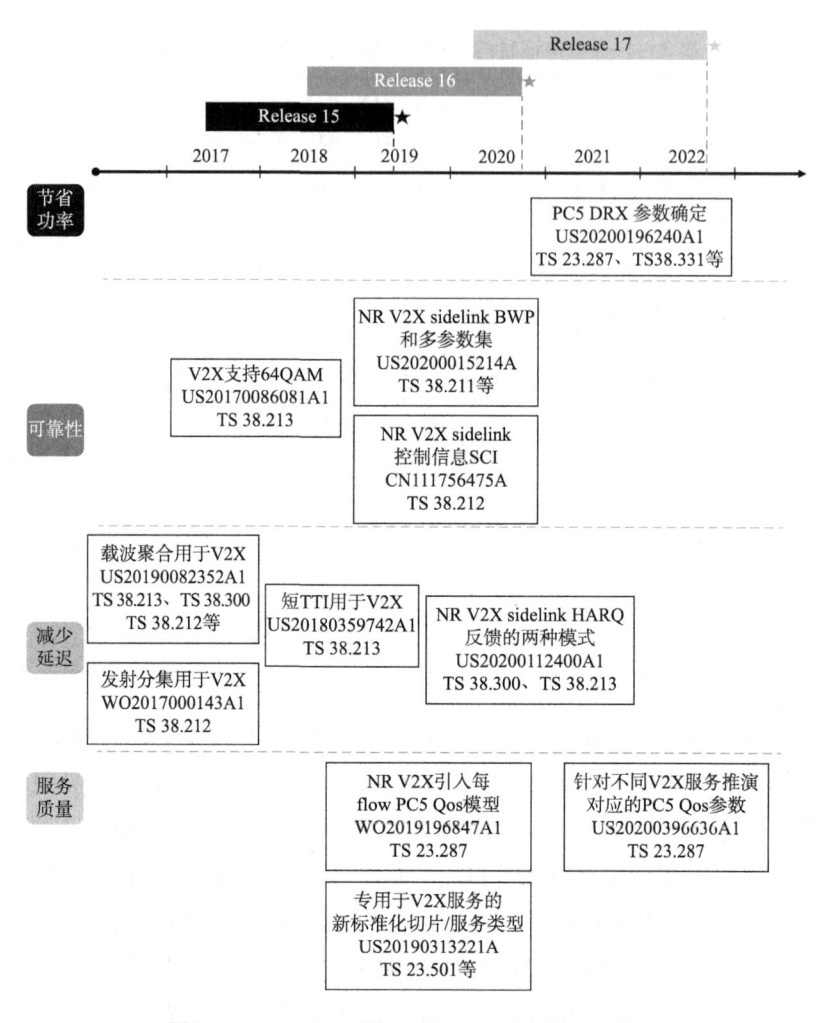

图 3-4-9　5G-V2X 标准必要专利技术演进图

下面分别对 V2X 在 Release 15、Release 16 和 Release 17 协议版本中的技术进行分析。

（一）V2X 在 Release15 中的主要技术

1. Release15 V2X 中主要工作项目介绍

3GPP Release15 的工作项目及其工作总结在 TR21.915❶ 中描述，其中针

---

❶ 3GPP TR21.915 v1.1.0 Release 15 Description, Summary of Rel-15 Work Items. Mar. 2019.

对V2X的主要工作项目包括"Enhancement of 3GPP support for V2X scenarios"和"Enhancements on LTE – based V2X Services"。

(1) 工作项目"Enhancement of 3GPP support for V2X scenarios"介绍

工作项目"Enhancement of 3GPP support for V2X scenarios"的工作开始于2017年3月，工作总结在SP – 180467❶（3GPP TSG SA Meeting #80）中，其中描述了支持V2X服务的Release14工作的目标主要是为诸如协同感知消息（CAM）、分布式环境通知消息（DENM）、基本安全消息（BSM）等基本道路安全服务提供数据传输服务，Release15 V2X还进一步指定了服务需求以增强对V2X场景的3GPP支持。本工作涵盖了以下四个领域的要求，并在协议TS 22.186中进行了规定：

1) 车辆编队。车辆编队使得车辆能够动态地形成一起行驶的组。队列中的所有车辆从前导车辆接收周期性数据，以便进行队列操作。该信息允许车辆之间的距离变得非常小，即，转换为时间的间隙距离可以非常低（亚秒）。编队应用可以允许跟随的车辆自主驾驶。

2) 高级驾驶。高级驾驶实现半自动或全自动驾驶。假设车辆间距离更长，每个车辆和/或路侧单元（RSU）与附近的车辆共享从其本地传感器获得的数据，从而允许车辆协调其轨迹或操纵。此外，每个车辆与附近的车辆共享其驾驶意图。该组的益处是更安全的行驶、避免碰撞和更高的交通效率。

3) 扩展传感器。扩展传感器使得能够在车辆、RSU、行人设备和V2X应用服务器之间交换通过本地传感器收集的原始或经处理的数据或实况视频数据。车辆可以增强对其环境的感知，超出其自身的传感器可以检测到的感知，并且有对本地情况更全面的视图。

4) 远程驾驶。远程驾驶使得远程驾驶员或V2X应用能够为不能自己驾驶的乘客或位于危险环境中的远程车辆操作远程车辆。对于变化有限且路线可预测的情况，诸如公共交通，可以使用基于云计算的驾驶。此外，可以针对该组考虑对基于云的后端服务平台的访问相关内容可以在协议TS 22.186中获取。

(2) 工作项目"Enhancements on LTE – based V2X Services"介绍

工作项目"Enhancements on LTE – based V2X Services"的工作开始于

---

❶ 3GPP SP – 180467. LG Electronics (eV2X Rapporteur). Summary for Rel – 15 eV2X item. Jun. 2018.

2017年5月，工作总结在 RP - 180858❶（3GPP TSG RAN Meeting #80）中，其中描述了在 Release15 中，工作项"基于 LTE 的 V2X 阶段 2"得到批准。该工作项增强了基于蜂窝的 V2X 服务（V2V、V2I/N 和 V2P），以便以与 Release14 V2X 全面、互补的方式支持 TR 22.886 中标识的高级 V2X 服务。该工作项指定 3GPP V2X 阶段 2 以与 Release14 V2X 完全向后兼容的方式支持 SA1 TR 22.886 中标识的高级 V2X 服务。V2X 在 Release14 基础上提供了以下主要改进技术：

1）模式 4 的载波聚合（CA）的支持。在 Release14 中，模式 3 已经支持 CA。在 Release15 中，规定了模式 4 的 CA。基于感测的 Release14 的资源分配过程被扩展以支持多载波传输，同时依赖于相同的核心原理，导出了用于功率共享并且包括优先级的规则，推导了多载波同步过程。它包括用于确定同步资源的优先级规则，在 CA 的情况下引入侧链路分组复制以提高传输可靠性。

2）支持 64 QAM（正交幅度调制）。引入新的传输块大小和传输块大小缩放以支持 64 QAM。此外，传输使用速率匹配而不是最后一个符号被打孔的 Release14 过程。

3）减少分组到达层 1 与被选择用于传输的资源之间的最大时间，该值减少到 10ms。Release14 V2X 为 20ms。

4）模式 3 和模式 4 用户设备（UE）之间的无线电资源池共享。引入模式 3 UEs 的信道状态信息（SCI）内容的改变以在共享资源池时提高性能，支持模式 3 UEs 的感测和报告。

5）发射分集。在研究之后，得出结论，发射分集是有价值的特征。所使用的发射分集技术是小延迟循环延迟分集。

6）短传输间隔时间（TTI）。这在 Release15 中进行了研究但未标准化。

7）在 TS 36.101 中引入了新载波聚合（CA）场景、64 QAM 和发射分集的射频（RF）要求。

8）无线资源管理技术（RRM）要求。引入了由于 V2X CC 添加/释放和 V2X CA 的 V2X 同步参考源选择/重选要求而引起的延迟/中断要求。

2. Release15 V2X 的主要改进技术

（1）载波聚合

为了满足通信的高速率需求，需要提供非常大的传输带宽，但大带宽

---

❶ 3GPP RP - 180858. Huawei, HiSilicon. WI summary for V2X phase 2 based on LTE. Jun. 2018.

的连续频谱稀缺，LTE—A 于是提出了载波聚合技术，通过多个连续或者非连续的分类载波聚合获取更大的传输带宽，从而获取更高的峰值速率和吞吐量。载波聚合是将 2 个或更多个载波单元聚合在一起以支持更大的传输带宽。为了高效地利用零碎的频谱，载波聚合支持不同载波单元之间的聚合。

5G 的频段分为两类：FR1 和 FR2，也就是俗称的 6GHz 以下的频段，以及毫米波高频。FR1 包含了众多从 2G、3G 和 4G 传承下来的频段，FR2 是全新定义的毫米波频段。3GPP 为 FR1 和 FR2 都定义了带内连续的多种的聚合等级，对应于不同的聚合带宽和连续载波数。

1）相关协议和变更请求（CR）。协议 TS 36.101[1] 中描述了可以用于 V2X 的成分载波，具体内容如图 3－4－10 所示，该描述于 2018 年 5 月由华为提出的 CR：R4－1807207[2] 被通过后加入，图 3－4－11 所示为 CR R4－1807207 的首页，其中描述了该变更的理由、变更内容的概述、影响的章节等信息。协议 TS 38.300、TS 38.331[3] 具体规定了载波聚合的参数配置和载波聚合过程中信息和数据的传输方式等，具体内容如图 3－4－12 所示。

5.6G　Channel bandwidth for V2X Communication

5.6G.1　Channel bandwidths per operating band for V2X Communication

E-UTRA V2X Communication channel bandwidths and operating band is shown in Table 5.6G.1-1. The same (symmetrical) channel bandwidth is specified for both the TX and RX path.

Table 5.6G.1-1: V2X Communciation channel bandwidth

E-UTRA V2X band / V2X channel bandwidth						
E-UTRA V2X Operating Band	1.4 MHz	3 MHz	5 MHz	10 MHz	15 MHz	20 MHz
47				Yes		Yes

For V2X inter-band con-current operation, the V2X Communication channel bandwidths for each operating band is specified in Table 5.6G.1-2.

图 3－4－10　TS 36.101 中对 V2X 可用载波的限定

❶ 3GPP TS36.101 v15.7.0 Evolved Universal Terrestrial Radio Access（E－UTRA），User Equipment（UE）radio transmission and reception. Jun. 2019.

❷ 3GPP R4－1807207. Huawei，HiSilicon. CR on introduction of new eV2X scenarios in TS 36.101. May. 2018.

❸ 3GPP TS 38.331 v15.7.0 NR，Radio Resource Control（RRC）protocol specification. Sep. 2019.

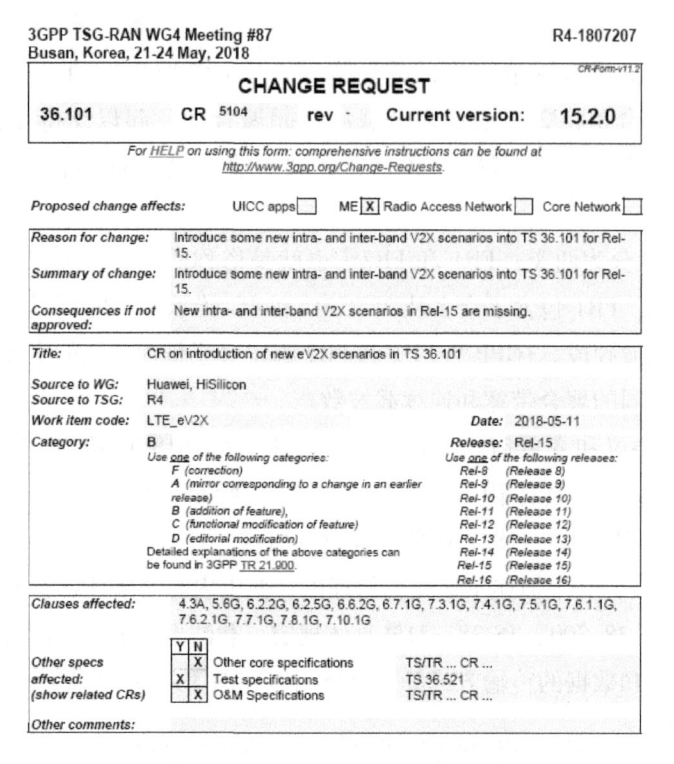

图 3 – 4 – 11　CR R4 – 1807207 首页

图 3 – 4 – 12　TS 38.331 中专用于 NR 侧链路通信的特定配置信息结构

2）相关标准必要专利。标准必要专利 US20190082352A1 由华为申请，其最早优先权日为 2016 年 5 月 13 日，该申请最早的公开日期是 2017 年 11 月 16 日。该申请扩展同族个数为 2，家族被引证次数为 9 次，转让 1 次。

图 3-4-13 所示为标准必要专利 US20190082352A1 的相关使用场景，该申请主要描述了基站从用户设备（UE）接收载波聚合能力信息，载波聚合能力信息可以指示以下链路中的至少两个的载波聚合能力：基站到终端链路（Uu 链路）、设备到设备链路（D2D 链路）或 V2X 链路。

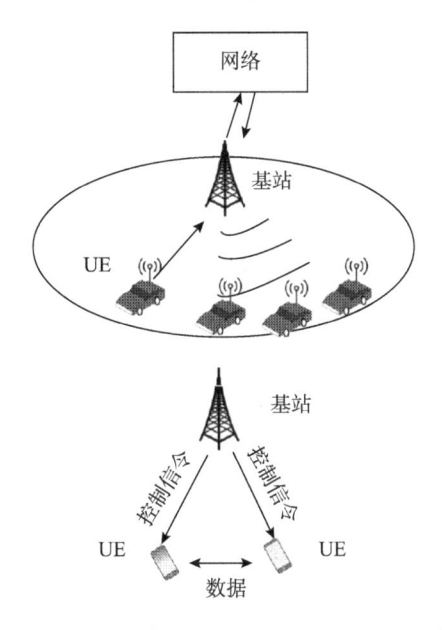

图 3-4-13　标准必要专利 US20190082352A1 同族中场景附图

具体地，载波聚合能力信息可以具体地包括可用于 UE 的频带或频带组合，并且还可以包括第四信息。第四信息可以指示通过使用可用于 UE 的频带或频带组合中的所有可用的频带集合，在至少两个链路上发送或接收载波的能力，或者通过使用每个可用频带或频带集合中的不同的非连续载波，来在至少两个链路上接收或发送载波的能力。UE 可向基站报告 UE 同时支持 Uu 链路、D2D 链路或 V2X 链路的能力。载波聚合能力信息可以包括 UE 在广播/多播载波上的能力，以及在除了由基站使用的所有载波之外的载波上接收服务的能力。载波聚合能力信息还可以包括在对应于 Uu 链路的载波、对应于 D2D 链路的载波和对应于 V2X 链路的载波中的任何两个载波之间允许的最小载波间隔。

基站从 UE 接收载波信息，其中载波信息指示请求使用的载波，载波信息包括第一信息，第一信息用于指示与 UE 请求使用的载波中的至少一些载波相对应的服务的类型，并且 UE 请求使用的载波包括除了基站使用的所有载波之外的载波。基站可以指示 UE 在未被基站使用的载波上接收服务，服务可以包括 V2X 服务。基站基于载波聚合能力信息和载波信息向 UE 发送指示信息，其中指示信息用于指示允许 UE 使用 UE 请求使用的载波中的一个或多个。在确定载波是对应于 V2X 服务的载波之后，当向 UE 分配载波时，基站可以优先考虑对应于 V2X 服务的载波。例如，当频带中的载波 f1 对应于 V2X 服务，并且载波 f2 对应于另一服务时，基站可以为 UE 配置对应于 V2X 服务的载波 f1，但不配置对应于另一服务的载波 f2，以确保 V2X 服务的通信质量。基站可以获得基站本身支持的载波的服务类型，并且基站还可以从另一基站接收信息，其中该信息用于指示与另一基站支持的载波相对应的服务类型（例如，V2X 服务）。基站可以基于基站本身支持的载波的服务类型和另一基站支持的载波的服务类型来确定与 UE 请求使用的载波相对应的服务类型，以便基于载波的服务类型和载波聚合能力信息将载波分配给 UE。

该专利授权的独立权利要求主要包括如下两组权利要求：

1. 一种通信方法，其特征在于，包括：

基站从用户设备 UE 接收载波聚合能力信息；

所述基站从所述 UE 接收载波信息，所述载波信息指示所述 UE 请求使用的载波，所述载波信息包括第一信息，所述第一信息用于指示所述 UE 请求使用的载波中的至少部分载波对应的业务的类型，所述 UE 请求使用的载波包含所述基站使用的所有载波之外的载波；

所述基站根据所述载波聚合能力信息和所述载波信息，向所述 UE 发送指示信息，所述指示信息用于指示允许所述 UE 使用所述 UE 请求使用的载波中的一个或者多个载波。

2. 一种通信方法，其特征在于，包括：

基站从用户设备 UE 接收载波聚合能力信息；

所述基站从所述 UE 接收载波信息，所述载波信息指示所述 UE 请求使用的载波，所述载波信息包括第一信息，所述第一信息用于指示所述 UE 请求使用的载波中的至少部分载波对应的业务的类型；

所述基站根据所述载波聚合能力信息和所述载波信息，向所述 UE 发送指示信息，所述指示信息用于指示允许所述 UE 使用所述 UE 请求使用的载波中的一个或者多个载波。

所述通信方法还包括：所述基站向所述 UE 发送切换命令，所述切换命令用于指示所述 UE 从所述基站切换至目标基站，所述切换命令中包括第五信息，所述第五信息用于指示所述 UE 在所述目标基站可使用的载波，所述 UE 在所述目标基站可使用的载波包含所述目标基站使用的载波之外的载波。

其他 V2X 相关标准必要专利中部分与载波聚合技术相关的专利信息见表 3-4-2。

表 3-4-2 与载波聚合相关的其他部分标准必要专利信息

标　题	专　利	申请人	法律状态	标准号	扩展同族个数
载波切换中断处理及载波切换能力指示	US20170332370A1	高通	授权	TS 38.213；TS 38.300；TS 38.214；TS 36.213；TS 36.331；TS 38.211；TS 38.331；TS 38.212；TS 38.306	23
多分量载波上测深参考信号的功率控制与触发	US20180132210A1	高通	授权	TS 38.213	21
不同子帧结构下的载波聚合	US20180062707A1	高通	授权	TS 38.306	13
资源配置的方法、终端设备和网络设备	CN110622593B	OPPO	授权	TS 38.331	16
资源分配的方法、终端设备和网络设备	CN110622452B	OPPO	授权	TS 38.213；TS 38.321	15
集成 LTE 和新无线电	US20180083743A1	高通	授权	TS 38.213	12
传输能力有限的终端发送 V2X 信号的方法及使用该方法的终端	US20180332564A1	LG	授权	TS 36.321；TS 36.213；TS 36.331；TS 38.321	36
在新无线电中用于载波聚合的混合自动重复请求确认（HARQ-ACK）反馈的技术和设备	US20190158250A1	高通	授权	TS 38.213	15

续表

标题	专利	申请人	法律状态	标准号	扩展同族个数
用于载波聚合激活的反馈定时和上行链路控制信息资源管理	US20190082425A1	高通	授权	TS 38.213	12
用于 V2X 载波聚合的同步	US20190159150A1	高通	授权	TS 38.213；TS 36.213；TS 36.331	14
在新无线电设备中使用下行链路分配索引的技术和设备	US20190159206A1	高通	授权	TS 38.213	12
分组复制的配置，激活和停用	US20190253915A1	高通	授权	TS 38.300；TS 38.473	11
控制格式指示符值的可靠指示	US20190313381A1	高通	授权	TS 38.213；TS 36.213；TS 36.331	15
同时上行链路传输	US20190313457A1	联发科技	授权	TS 38.213	39
一种传输数据的方法和终端设备	CN112291746A	OPPO	授权	TS 38.213；TS 38.321	20
旁链路资源映射方法、传输方法、网络设备及终端设备	CN111526494A	VIVO	授权	TS 38.213；TS 38.214	14
控制辅小区的方法和装置	US20200288533A1	OPPO	授权	TS 38.212	12

（2）64QAM

调制与编码策略简称 MCS，主要实现射频速率的配置，有非常多的物理速率供选择，在基带的信号处理流程中，一般先进行信道编码，再进行调制。信道编码的目的是改善信号传输质量，降低误码率等。调制的意义是信号源控制载波的某些特征以方便在信道传输，其包含了符号映射和载波调制的过程。LTE 的调制方法包括正交相移键控（QPSK）、16QAM 和 64QAM。64QAM 是其中的一种高阶调制方式。

1）相关协议和 CR。协议 TS 36.101[1] 中描述了可以用于 V2X 的 MCS 包

---

[1] 3GPP TS 36.101 v15.7.0 Evolved Universal Terrestrial Radio Access (E-UTRA), User Equipment (UE) radio transmission and reception. Jun. 2019.

括 64QAM，具体内容如图 3－4－14 所示。该描述由 2018 年 5 月华为提出的 CR R4－1807206❶被通过后加入，该 CR 首页内容如图 3－4－15 所示。协议 TS 38.211❷描述了具体的 64QAM 方法，具体内容如图 3－4－16 所示。

Table 6.2.3G.1-1: Maximum Power Reduction (MPR) for power class 3 V2X Communication (Contiguous PSCCH and PSSCH transmission)

Modulation	Channel bandwidth / Transmission bandwidth (N_{RB})						MPR (dB)
	1.4 MHz	3.0 MHz	5 MHz	10 MHz	15 MHz	20 MHz	
QPSK							≤ 1.5
16 QAM							≤ 2
64QAM							≤ 3

图 3－4－14　TS 36.101 中用于 V2X 的 MCS 新增 64QAM

3GPP TSG-RAN WG4 Meeting #87 **R4-1807206**
Busan, Korea, 21-24 May, 2018

CR-Form-v11.2

CHANGE REQUEST

36.101	**CR** 5103	**rev** -	**Current version:** **15.2.0**

For HELP on using this form: comprehensive instructions can be found at http://www.3gpp.org/Change-Requests.

Proposed change affects: UICC apps☐ ME☒ Radio Access Network☐ Core Network☐

Title:	CR on introduction of sidelink 64QAM in TS 36.101		
Source to WG:	Huawei, HiSilicon		
Source to TSG:	R4		
Work item code:	LTE_eV2X	***Date:***	2018-05-11
Category:	B	***Release:***	Rel-15
	Use one of the following categories: **F** *(correction)* **A** *(mirror corresponding to a change in an earlier release)* **B** *(addition of feature),* **C** *(functional modification of feature)* **D** *(editorial modification)* Detailed explanations of the above categories can be found in 3GPP TR 21.900.		*Use one of the following releases:* *Rel-8 (Release 8)* *Rel-9 (Release 9)* *Rel-10 (Release 10)* *Rel-11 (Release 11)* *Rel-12 (Release 12)* *Rel-13 (Release 13)* *Rel-14 (Release 14)* *Rel-15 (Release 15)* *Rel-16 (Release 16)*

Reason for change:	This CR introduces sidelink 64QAM core requirements into TS 36.101.
Summary of change:	Introduction of UE Core requirements for sidelink 64QAM into TS 36.101.
Consequences if not approved:	UE Core requirements for sidelink 64QAM are missing.

Clauses affected:	6.2.3G, 6.2.4G, 7.4.1G			
	Y	N		
Other specs affected: (show related CRs)		X	Other core specifications	TS/TR ... CR ...
	X		Test specifications	TS 36.521
		X	O&M Specifications	TS/TR ... CR ...
Other comments:				

图 3－4－15　CR R4－1807206 首页

❶ 3GPP R4－1807206. Huawei，HiSilicon. CR on introduction of sidelink 64QAM in TS 36.101. May. 2018.

❷ 3GPP TS 38.211 v15.7.0 NR，Physical channels and modulation. Sep. 2019.

5.1.5 64QAM

In case of 64QAM modulation, hextuplets of bits, $b(6i), b(6i+1), b(6i+2), b(6i+3), b(6i+4), b(6i+5)$, are mapped to complex-valued modulation symbols $d(i)$ according to

$$d(i) = \frac{1}{\sqrt{42}}\left\{(1-2b(6i))\left[4-(1-2b(6i+2))\left[2-(1-2b(6i+4))\right]\right] + j(1-2b(6i+1))\left[4-(1-2b(6i+3))\left[2-(1-2b(6i+5))\right]\right]\right\}$$

图 3 - 4 - 16　TS 38.211 描述的具体 64QAM 方法

2）相关标准必要专利。标准必要专利 US20170086081A1 由韩国电研申请，其最早优先权日为 2015 年 9 月 23 日，该申请最早的公开日期是 2017 年 3 月 23 日。该申请扩展同族个数为 2，家族被引证次数为 9 次，转让 1 次。

图 3 - 4 - 17 所示为标准必要专利 US20170086081A1 中相关使用场景图，该申请中描述了在车辆（或 OBU、UE）的密度（或数据的大小）等于或大于预定义阈值的情况下，OBU 可以使用高效率 MCS［例如，高阶调制方式（例如，16QAM、64QAM 等）和高编码率（例如，1/2、2/3、4/5 等）］。在车辆（或 OBU、UE）的密度（或数据的大小）小于预定义阈值的情况下，OBU 可以使用低效率 MCS［例如，低阶调制方式（例如，BPSK、QPSK 等）和低编码率（例如，1/12、1/6、1/3 等）］。用于确定车辆密度（或数据大小）的预定义阈值可以通过基站的信令发送到 OBU，或者可以预先存储在 OBU 中。用于确定 MCS（例如，高效率 MCS、低效率 MCS）的准则［例如，车辆的密度（或数据的大小）与 MCS 之间的映射关系］可以由基站通过信令发送到 OBU，

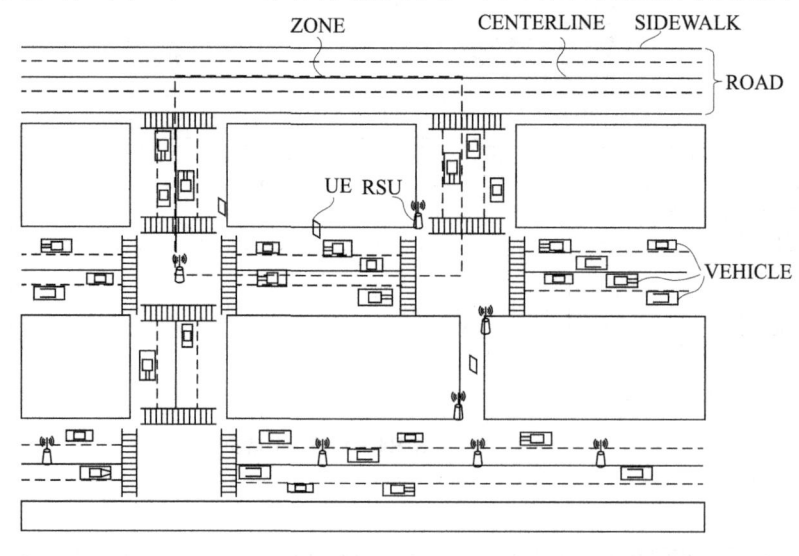

图 3 - 4 - 17　标准必要专利 US20170086081A1 中场景附图

或者可以预先存储在 OBU 中。

该专利授权的独立权利要求主要包括如下两组权利要求：

1. 一种通信系统中的用户设备（UE）的操作方法，所述操作方法包括：从基站接收信令消息，所述信令消息指示速度阈值，当所述 UE 的速度高于所述速度阈值时使用的第一调制和编码方案（MCS）范围，以及当所述 UE 的速度低于所述速度阈值时使用的第二 MCS 范围；确定基于所述 UE 的速度确定的所述第一 MCS 范围或所述第二 MCS 范围内的 MCS 值；以及使用所确定的 MCS 值来执行传输过程。

2. 一种通信系统中的用户设备（UE）的操作方法，所述操作方法包括：从基站接收指示速度阈值和当所述 UE 的速度高于所述速度阈值时使用的第一调制和编码方案（MCS）范围的信令消息；确定所述第一 MCS 范围内的 MCS 值；使用所确定的 MCS 值来执行传输过程，其中，所述信令消息还指示当所述 UE 的速度低于所述速度阈值时使用的第二 MCS 范围，并且所述 MCS 值是在所述第一 MCS 范围或所述第二 MCS 范围内确定的。

其他 V2X 相关标准必要专利中部分与 64QAM 技术相关的专利信息见表 3-4-3。

表 3-4-3　与 64QAM 相关的其他标准必要专利信息

标　题	专　利	申请人	法律状态	标准号	扩展同族个数
控制信令处理方法、装置及设备	CN107005592A	华为	授权	TS 38.214；TS 36.331；TS 38.321；TS 36.300；TS 38.331；TS 36.211；TS 38.213；TS 36.321；TS 36.304；TS 38.300；TS 36.213；TS 38.211；TS 38.212；TS 36.212；TS 38.101	10
支持车载通信中的高速	US20170273128A1	高通	授权	TS 36.331；TS 38.331	18
使用共享和专用射频频谱在多个载波上进行功率分配	US20180049206A1	高通	授权	TS 38.213	16
在无线通信系统中发送或接收信号的方法和设备	KR1020190027925A	LG	授权	TS 38.214	9

续表

标题	专利	申请人	法律状态	标准号	扩展同族个数
接收与相位噪声估计有关的参考信号的控制信息的方法及其用户设备	US20180359071A1	LG	授权	TS 38.214；TS 38.211	99
传输方式确定方法及装置，存储介质和电子装置	CN110166976A	中兴	授权	TS 38.213；TS 38.214；TS 38.211；TS 38.331；TS 38.321	12
V2X无线通信系统中的信号传输方法用于通信终端使用所述方法和装置	KR1020180135867A	LG	授权	TS 38.212；TS 36.212	12
用于在机器类型通信设备中引入64 QAM的信道状态信息反馈性能的技术和设备	US20180323940A1	高通	授权	TS 38.214；TS 36.331；TS 36.212	20
在无线通信系统中执行V2X通信的方法及其装置	US20190090107A1	LG	授权	TS 36.321；TS 36.331；TS 38.321；TS 24.386；TS 23.285	18
用于新无线电设备的数据调制和编码的方法和装置	US20190215095A1	Kt Corporation	授权	TS 38.214	9
用于高可靠性的调制和编码方案以及信道质量指示符	US20190260451A1	高通	授权	TS 38.214	14
控制信令处理方法、装置及设备	CN107005592A	华为	授权	TS 38.214；TS 36.331；TS 38.321；TS 36.300；TS 38.331；TS 36.211；TS 38.213；TS 36.321；TS 36.304；TS 38.300；TS 36.213；TS 38.211；TS 38.212；TS 36.212；TS 38.101	10

(3) 发射分集

由于无线传播环境的恶劣，在蜂窝移动通信中，基站的发射信号往往经过多次反射、折射和散射才能到达接收端，这样很容易造成信号的多径衰落。在衰落环境中，多天线分集技术可以有效地改善无线通信系统的性能。

1）相关协议和 CR。协议 TS 36.101[1]中描述了发射分集相关技术可以用于 V2X，具体内容如图 3－4－18 所示，该描述由 2018 年 5 月华为提出的 CR R4－1808162[2]被通过后加入，该 CR 首页内容如图 3－4－19 所示。协议 TS 38.212[3]中具体描述了发射分集相关流程。

For V2X UE supporting Transmit Diversity, if the UE transmits on two connectors at the same time, the maximum output power for any transmission bandwidth within the channel bandwidth is specified in Table 6.2.2G-3. The maximum output power is measured as the sum of the maximum output power at each UE antenna connector. The period of measurement shall be at least one sub frame (1ms).

Table 6.2.2G-3: V2X UE Power Class for Transmit Diversity scheme

E-UTRA band	Class 1 (dBm)	Tolerance (dB)	Class 2 (dBm)	Tolerance (dB)	Class 3 (dBm)	Tolerance (dB)	Class 4 (dBm)	Tolerance (dB)
47			26	+2/-3	23	+2/-3		

图 3－4－18 TS 36.101 中 V2X 发射分集相关描述

3GPP TSG-RAN WG4 Meeting #87 R4-1808162
Busan, Korea, May 21-25, 2018

CR-Form-v11.2

CHANGE REQUEST

36.101 CR 5102 rev 1 Current version: 15.2.0

For HELP on using this form: comprehensive instructions can be found at http://www.3gpp.org/Change-Requests.

Proposed change affects: UICC apps[ ] ME[X] Radio Access Network[ ] Core Network[ ]

Title: CR on introduction of Tx Diversity scenario for eV2X in TS 36.101

Source to WG: Huawei
Source to TSG: R4

Work item code: LTE_eV2X *Date:* 2018-5-14

Category: B *Release:* Rel-15

Use one of the following categories:
F (correction)
A (mirror corresponding to a change in an earlier release)
B (addition of feature),
C (functional modification of feature)
D (editorial modification)
Detailed explanations of the above categories can be found in 3GPP TR 21.900.

Use one of the following releases:
Rel-8 (Release 8)
Rel-9 (Release 9)
Rel-10 (Release 10)
Rel-11 (Release 11)
Rel-12 (Release 12)
Rel-13 (Release 13)
Rel-14 (Release 14)
Rel-15 (Release 15)
Rel-16 (Release 16)

Reason for change: This CR introduces eV2X Tx diversity requirements into TS 36.101.

Summary of change: Introduction of UE Tx diversity requirements for eV2X into TS 36.101, which includes both transmitter and receiver requirements.

Consequences if not approved: UE Tx diversity requirements are missing for eV2X.

Clauses affected: 6.2.2G, 6.2.5G, 6.3.2G, 6.3.3G, 6.3.4G, 6.3.5G, 6.5.1G, 6.5.2G, 6.6.1G, 6.6.2G, 6.6.3G, 6.7.1G, 6.8G

	Y	N		
Other specs affected: (show related CRs)		X	Other core specifications	TS/TR ... CR ...
	X		Test specifications	TS 36.521
		X	O&M Specifications	TS/TR ... CR ...

Other comments:

图 3－4－19 CR R4－1808162 首页

[1] 3GPP TS 36.101 v15.7.0 Evolved Universal Terrestrial Radio Access（E－UTRA），User Equipment（UE）radio transmission and reception. Jun. 2019.

[2] 3GPP R4－1808162. Huawei. CR on introduction of Tx Diversity scenario for eV2X in TS 36.101. May. 2018.

[3] 3GPP TS 38.212 v15.7.0 NR，Physical layer procedures for data. Sep. 2019.

2）相关标准必要专利。标准必要专利 WO2017000143A1 由华为公司申请，其最早优先权日为 2015 年 6 月 30 日，该申请最早的公开日期是 2017 年 1 月 5 日。该申请扩展同族个数为 11，家族被引证次数为 3 次，转让 1 次。

标准必要专利 WO2017000143A1 公开了一种上行链路数据传输方法和装置。这可以在获得发射分集增益的同时减少传输延迟。需要可靠传输但对延迟不敏感的服务相对容易处理。然而，高度可靠的低延迟传输服务（例如 V2V 服务）不仅需要低传输延迟而且需要高可靠性。如果传输不可靠，则引起重传。第一终端设备可以从网络设备或第二终端设备获得第二上行链路数据。可选地，第一终端设备可在确定与第二终端设备执行发射分集传输时获得第二终端设备的第二上行链路数据，或者第一终端设备可在获得第二终端设备的第二上行链路数据时确定与第二终端设备执行发射分集传输。图 3-4-20 所示为标准必要专利 WO2017000143A1 中三个竞争传输单元分布示意图。

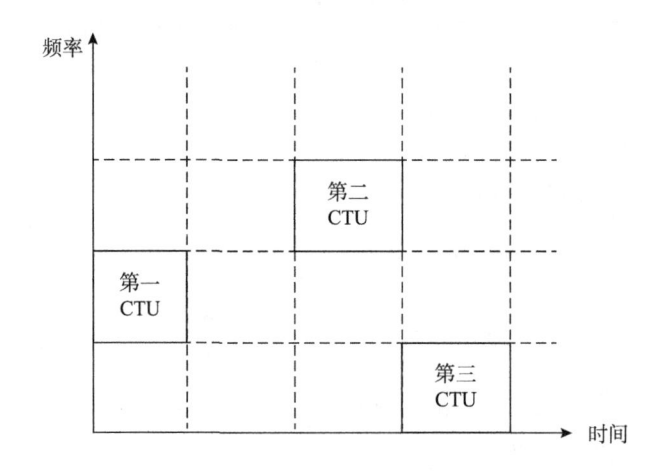

图 3-4-20　标准必要专利 WO2017000143A1 同族中三个竞争传输单元分布示意图

该专利授权的独立权利要求 1 如下所示：

一种传输上行数据的方法，其特征在于，包括：

第一终端设备获取第二终端设备的第二上行数据；

所述第一终端设备对所述第一终端设备的第一上行数据和所述第二上行数据进行联合编码处理，得到联合编码数据；

为所述第一上行数据添加循环冗余校验 CRC 码，其中，所述 CRC 码采用所述第二终端设备的标识进行加扰；

所述第一终端设备采用第一传输资源向网络设备发送添加了所述 CRC 码

的所述第一上行数据，并且采用不同于所述第一传输资源的第二传输资源向所述网络设备发送所述联合编码数据。

其他 V2X 相关标准必要专利中部分与发射分集技术相关的专利信息见表 3-4-4。

表 3-4-4　与发射分集技术相关的其他标准必要专利信息

标　题	专　利	申请人	法律状态	标准号	扩展同族个数
用于设备装置通信的同步方法及装置	RU2638030C1	爱立信	授权	TS 38.211；TS 38.331	58
用于使用稀疏码多址的下行链路开环多用户协调多点传输的系统和方法	US20160087694A1	华为	授权	TS 38.212	18
无线电下载控制信道	US20170332359A1	康维达无线	授权	TS 38.213；TS 38.214；TS 38.211；TS 38.331；TS 38.321；TS 38.212	162
用于使用唤醒信号进行控制信道监视的技术和装置	CN110383901A	高通	授权	TS 38.213	22
用于无线通信的同步信号块设计	US20180302182A1	高通	授权	TS 38.211	17
周期和非周期控制信息的调度与传输方案	US20180302895A1	高通	授权	TS 38.213	24
新型无线（NR）网络中的灵活调度	US20180310333A1	高通	授权	TS 38.213	19
使用多个分集域增强控制和数据信道可靠性的系统和方法	US20200106559A1	华为	授权	TS 38.213；TS 38.214；TS 38.211；TS 38.331；TS 38.212；New Radio（NR）	11

（4）短 TTI

基站可以使用长度减小的传输时间间隔（TTI）来向一个或多个 UEs 进行

发送。这样的 TTI 可以被称为缩短的 TTI（sTTI）。LTE 的一个调度周期 TTI 设为一个子帧的长度 1ms，这是传统 TTI 长度，而短 TTI（sTTI）功能可以显著减少延迟。

1）相关协议。协议 TS 36.213❶ 中引入短 TTI 描述，协议 TS 38.213 继续沿用。

2）相关标准必要专利。标准必要专利 US20180359742A1 由高通公司申请，其最早优先权日为 2017 年 6 月 10 日，该申请最早的公开日期是 2018 年 12 月 13 日。该申请扩展同族个数为 10，家族被引证次数为 4 次，转让 1 次。

标准必要专利 US20180359742A1 描述了用于低延时通信的缩短的传输时间间隔（sTTI）的示例配置。3GPP 无线通信标准（例如，RAN 1 规范）已经提出了具有较短持续时间的 TTIs［例如，用于低延时通信的缩短的 TTIs（sTTI）］，并且接收 sTTI 的用户可以是低延时用户。sTTI 可跨系统带宽被划分成数个资源块，并且这些资源块中的每一者可由基站分配给 UE。基站可在资源块的第一部分（例如，控制区域）中传送控制信息或控制消息以提供资源分配。低延时用户可以尝试解码资源块中的控制信息，以确定在相同 sTTI 内分配的数据区域。

sTTI 可以包括多个资源块，其中的每个资源块可以被指派给低延时用户。在一些情形中，下行链路准予（其可被包括在资源块的开始处的控制区域中的控制消息中）可被用于指示该资源块的数据区域向特定用户的分配。可以将与其他资源块的数量相对应的比特的数量（例如，sTTI 的资源块的总数量减去1）添加到下行链路准许，以指示下行链路准许是否也可以是 sTTI 中的后续资源块。因此，控制信道开销可以通过减少下行链路准许的总数，同时微小地改变每个下行链路准许的总大小来减少。在一些情况下，sTTI 可以扩展在两个符号周期，或与传统 TTI 相关联的单个时隙宽度，或另一个时间段上。经修改的 sTTI 设计可以为 UE 接收机提供灵活性，以处理支持超可靠低延迟通信（URLLC）的两个符号 sTTI 以及支持（URLLC）要求的一个符号 sTTI 配置。图 3-4-21 所示为该申请中一种短 TTI 配置下资源分配示意图。

---

❶ 3GPP TS 38.213 v15.7.0 NR, Physical layer procedures for control. Sep. 2019.

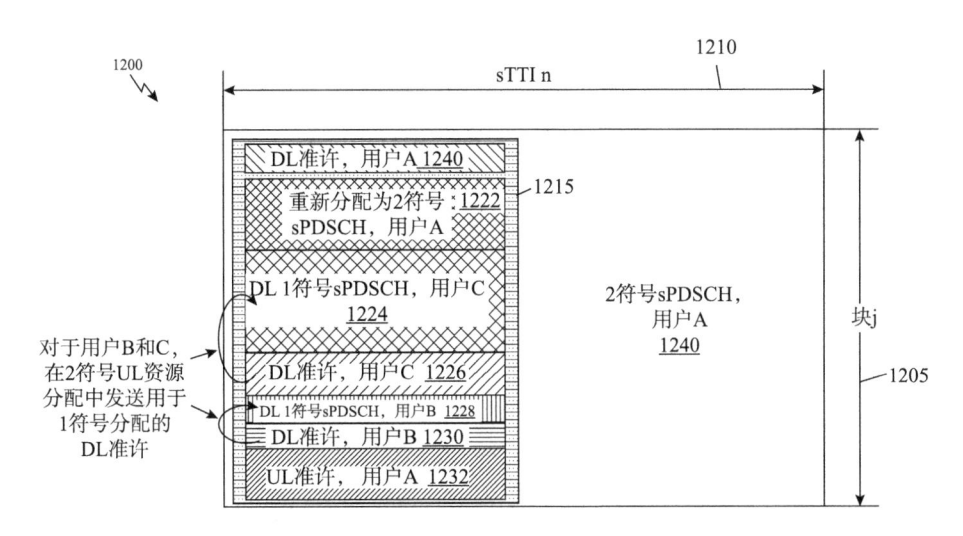

图 3-4-21　标准必要专利 US20180359742A1 同族中资源分配附图

该专利授权的独立权利要求 1 主要包括如下内容：

一种用于由用户设备 UE 进行无线通信的方法，包括：

在针对所述 UE 配置的第一持续时间的第一传输时间间隔 TTI 中接收至少一个传输，所述第一 TTI 被指派在第二持续时间的第二 TTI 内，其中，所述第一 TTI 被配置用于超可靠低时延通信 URLLC，以及至少部分地使用配置，该配置用于利用所述第二 TTI 进行通信，其中，接收所述至少一个传输包括：在所述第一 TTI 内，接收针对所述 UE 的下行链路准许消息或上行链路准许消息中的至少一者，所述下行链路准许消息在控制区域内对用于由所述 UE 接收下行链路数据的资源进行标识，并且所述上行链路准许消息对用于由所述 UE 发送上行链路数据的资源进行标识，并且其中，所述下行链路准许消息或所述上行链路准许消息中的所述至少一者是在所述第一 TTI 的所述控制区域的部分中接收的，所述部分被配置用于针对所述第二 TTI 的上行链路准许消息；以及处理所接收的至少一个传输。

其他 V2X 相关标准必要专利中部分与短 TTI 技术相关的专利信息见表 3-4-5。

表3-4-5　与短TTI技术相关的其他标准必要专利信息

标　题	专　利	申请人	法律状态	标准号	扩展同族个数
一种在无线通信系统中执行混合自动重传请求的方法和装置	US20170055248A1	三星	授权	TS 38.213；TS 38.300；TS 38.331；TS 38.321；TS 138.321；TS 138.331	28
用户终端，无线基站以及无线通信方法	EP3346787A1	日本信话	授权	TS 38.213；TS 138.212；TS 38.331；TS 38.212；TS 138.213；TS 138.331	10
使用多个TTI结构进行通信的方法和装置	US20180359751A1	LG	授权	TS 38.214	7
用户终端无线通信方法	JPWO2018012457A1	日本信话	授权	TS 38.214；TS 138.214	9
用户终端和无线通信方法	KR1020190028396A	日本信话	授权	TS 38.214；TS 138.214	10
用户终端以及无线通信方法	CN109479207A	日本信话	授权	TS 38.214；TS 138.214	13
用于处理传统传输时间间隔（TTI）通信和缩短的TTI通信之间的冲突的技术和设备	US20180227955A1	高通	授权	TS 38.214；TS 36.213	17
数据传输的方法、终端设备和网络设备	CN110651514A	OPPO	授权	TS 38.212	15
同步方法和装置	CN109412764A	华为	授权	TS 36.213；TS 36.331；TS 38.211；TS 38.321；TS 38.331；TS 38.212	8
用户终端和无线通信方法	EP3503634A1	日本信话	授权	TS 38.213；TS 138.213	10
一种上行信道的传输方法及终端设备	EP3624507B1	OPPO	授权	TS 38.213；TS 38.214；TS 38.331	6
短持续时间的上行链路控制信息（UCI）	US20190052417A1	高通	授权	TS 38.213	18
无线通信方法，用户设备和网络设备	EP3761743A1	OPPO	授权	TS 38.331；TS 38.321；TS 38.306	16

续表

标 题	专 利	申请人	法律状态	标准号	扩展同族个数
用于多无线电接入技术（RAT）载波聚合的时分复用（TDM）协调	US20190305915A1	高通	授权	TS 38.211；TS 38.321	6
控制格式指示符值的可靠指示	US20190313381A1	高通	授权	TS 38.213；TS 36.213；TS 36.331	15
用于重叠资源块（RB）集的速率匹配行为	US20190349977A1	高通	授权	TS 38.214；TS 36.211	6
用于缩短传输时间间隔的功率控制	US20200053656A1	高通	授权	TS 38.213；TS 38.214；TS 36.213	10

（二）V2X 在 Release16 中的主要技术

1. Release16 V2X 中的主要工作项目介绍

3GPP Release16 的工作项目及其工作总结在 TR 21.916❶ 中描述，其中针对 V2X 的主要工作项目包括 "Improvement of V2X service Handling"、"Architecture enhancements for 3GPP support of advanced V2X services"、"Application layer support for V2X services" 和 "5G – V2X with NR sidelink"。

（1）工作项目 "Improvement of V2X service Handling" 介绍

工作项目 "Improvement of V2X service Handling" 的工作开始于 2018 年 12 月，工作总结在 SP – 200126❷（3GPP TSG SA Meeting #87 – E）中，该工作项目引入了与车辆服务质量支持相关的要求，这使得能够及时地向 V2X 应用通知服务质量（QoS）的预期或估计变化。例如，当预期通信分组错误增加或减少时，诸如编队应用的 V2X 应用可以增加或减少车辆间距离。该工作项目主要得出结论：a. 需要对外部 V2X 应用服务器提供标准化接口；b. 使用该标准化接口，V2X 应用服务器可以请求特定的 QoS 要求，以及可选地，相关的

---

❶ 3GPP TR 21.916 v16.1.0 Release 16 Description, Summary of Rel – 16 Work Items. Mar. 2019.
❷ 3GPP SP – 200126. LG Electronics Inc.. Work Item Summary for V2XIMP. Mar. 2020.

替代 QoS 要求；c. 当所请求的 QoS 要求和/或替代 QoS 要求可以满足或不能满足时，也可以通知它；d. 通过接口递送的信息可以是过去的统计数据或未来的预测。利用上述信息，V2X 应用可以根据由 3GPP 系统提供的 QoS 来适配其行为。相关内容可以在协议 TS 22.186 中找到。

（2）工作项目 "Architecture enhancements for 3GPP support of advanced V2X services" 介绍

工作项目 "Architecture enhancements for 3GPP support of advanced V2X services" 的工作开始于 2018 年 12 月，工作总结在 SP – 200058[1]（3GPP TSG SA Meeting #87 – E，2020 年 3 月）中，该工作项目基于 V2X 场景需求，在 TS 23.287 中规定了对 5G 系统的架构增强，以便促进用于 V2X 服务的车辆通信。在架构参考模型中定义了以下参考点：

——PC5 参考点：NR PC5 RAT，LTE PC5 RAT；

——Uu 参考点：NR，E – UTRA。

该工作项目还指定了 EPS V2X 和 5GS V2X 之间的互通的阶段 2。

该工作项目指定了用于 PC5 和 Uu 参考点上的 V2X 通信的各种参数，以及这些参数的多种获取方法。除了策略控制功能（PCF）发起的策略供应过程，当 UE 确定 V2X 策略/参数无效（例如，策略/参数过时、丢失或无效）时，UE 可以向 PCF 执行 UE 触发的策略供应过程。

该工作项目规定对于 PC5 参考点上的 V2X 通信，存在两种类型的 PC5 参考点：如 TS 23.285 中定义的基于 LTE 的 PC5 参考点，以及如 TS 23.287 中定义的基于 NR 的 PC5 参考点。取决于 UE 支持的服务，UE 可以使用任一类型的 PC5 或两者来进行 V2X 通信。PC5 参考点上的 V2X 通信支持漫游和公共陆地移动网（PLMN）间操作。当 UE 由 NR 或 E – UTRA 服务时或者当 UE 不由 NR 或 E – UTRA 服务时，支持 PC5 参考点上的 V2X 通信。基于 NR 的 PC5 参考点上的 V2X 通信支持广播模式、组播模式和单播模式。对于单播模式，确定了层 2 链路建立、链路标识符更新、层 2 链路释放、层 2 链路修改和第 2 层链路维护过程。针对基于 NR 的 PC5 参考点上的 V2X 通信引入每流 PC5 QoS 模型。

该工作项目在 TS 23.285 中规定了演进的分组系统（EPS）支持 NR PC5

---

[1] 3GPP SP – 200058. LG Electronics. Work Item Summary for Rel – 16 eV2XARC. Mar. 2020.

参考点上的 V2X 通信的架构增强。

该工作项目规定对于通过 Uu 参考点的 V2X 通信，仅支持单播。经由单播的 V2X 消息传送的延迟减少可以通过使用各种机制来实现，包括经由 TS 23.501 中定义的边缘计算。

该工作项目指定对 V2X 应用服务器的关于 QoS 可持续性分析的通知，使得 V2X 应用服务器可以请求关于所指示的地理区域和时间间隔的 QoS 可持续性分析的通知，以便在潜在 QoS 改变的情况下预先调整应用行为。为了支持可以以不同配置（例如，不同比特率或延迟要求）操作的 V2X 应用，充当应用功能的 V2X 应用服务器除了所请求的服务水平要求之外还可以向 5G 系统提供替代服务要求。这使得 5G 系统能够作用于替代服务要求并将它们应用于扩展 5G 接入网（NG-RAN）通知（即，从 SMF 向 NG-RAN 提供替代 QoS 简档），如 TS 23.501 和 TS 23.503 中所述。

为了便于部署专用网络切片以供汽车工业使用并便于漫游支持，该工作项目在 TS 23.501 中定义了专用于 V2X 服务的新标准化切片/服务类型（SST）值。

该工作项目在 TS 33.536 中规定了 3GPP 支持高级 V2X 服务的安全方面。

该工作项目在 TS 24.587 和 TS 24.588 中规定了 CT 工作组所做的第 3 阶段规范工作，TS 24.587 和 TS 24.588 是 V2X 的新规范，以及 CP-192078 中列出的关于 3GPP 支持高级 V2X 服务的架构增强的 CT 方面的许多规范。

（3）工作项目"Application layer support for V2X services"介绍

工作项目"Application layer support for V2X services"的工作开始于 2018 年 9 月，工作总结在 SP-200938❶（3GPP TSG SA Meeting #90e）中，V2X 应用层可以主要分为 V2X 应用特定层和 V2X 应用支持层，V2X 应用特定层由 V2X 特定应用（例如，编队、车辆安全）组成，V2X 应用支持层由 V2X 使能器服务（例如，V2X 服务发现、消息传递、服务连续性）和公共使能器服务（例如，组管理、配置管理、位置管理）组成。

图 3-4-22 所示为 V2X 应用层的高级说明。

---

❶ 3GPP SP-200938. Huawei. Release 16 WI summary for V2XAPP. Dem. 2020.

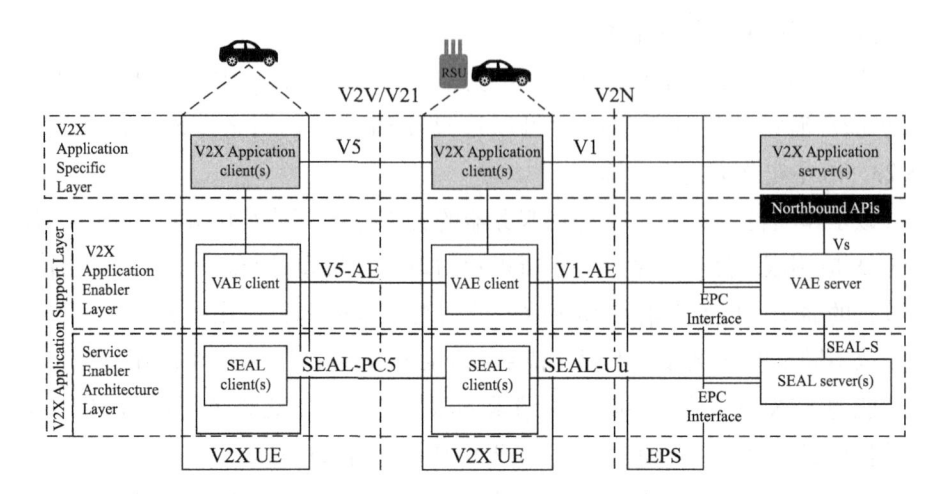

图 3-4-22 V2X 业务的应用层支持

该工作项目在 Release16 中规定了以下特征以支持 V2X 应用特定层：

1) 在 TS 23.286 中指定了以下 VAE 能力，在 TS 24.486 中指定了 VAE 客户端（V2X UE）和 VAE 服务器之间通过 HTTP 协议的相关详细过程，并且在 TS 29.486 中指定了由 VAE 服务器向 V2X 应用特定服务器提供的 RESTful APIs：

• V2X 服务发现，以使 V2X UE 能够发现由 V2X 应用服务器经由 VAE 服务器提供的 V2X 服务，V2X UE 在 VAE 服务器处注册以用于从 V2X 应用特定服务器接收 V2X 服务，以及用于源自 V2X 应用特定层（上行链路和/或下行链路）的 V2X 消息的 V2X 消息分发/递送（包括组通信）。

• 按照由 V2X 应用特定层提供的地理信息的 V2X UE 的应用级位置跟踪。

• 通过动态地接收本地服务信息并发现适当的 VAE 服务器以根据与 V2X UE 移动性相对应的地理区域来服务 V2X UE 的 V2X 服务连续性。

• 用于诸如编队的场景的动态组管理，其中组由 V2X 应用特定服务器启用，并且对 V2X UE 的相关 V2V 配置/供应由 VAE 服务器启用。

• V2X UE 订阅和网络状况信息的通知，以支持 V2X UE 级应用适配。

• 通过将应用要求转换为网络要求来将 V2X 应用特定层要求传送到 4G 核心网（EPC）。

• 支持使用如 TS 26.348 中规定的 xMB APIs 从 V2X 应用特定服务器到 V2X UEs 的文件分发。

2）在 TS 23.434 中规定的以下密封能力由 V2X 应用层使用，并且在条款 9.4 中提供了关于以下服务的更多细节：组管理服务、配置管理服务、位置管理服务和网络资源管理服务。

（4）工作项目"5G V2X with NR sidelink"介绍

工作项目"5G V2X with NR sidelink"的工作开始于 2019 年 5 月，工作总结在 RP-200855[1]（3GPP TSG SA Meeting #88e）中，通过该工作项目指定了用于基于 5G NR 的侧链路通信的 3GPP RAN 技术，以定义用于提供由 3GPP SA1 标识的高级 V2X 服务的手段。该工作项目对应于 3GPP V2X 阶段 3，其是 LTE V2X 在版本 14（阶段 1）和版本 15（阶段 2）中的演进。

以下提供 NR 侧链路的关键功能的概述：

1）物理层结构。侧链路带宽部分（BWP）被定义为支持在诸如智能运输系统（ITS）专用频带和频率范围 1（FR1）和 FR2 的授权频带的各种频谱带上操作的灵活参数集。对于侧链路同步，全球导航卫星系统（GNSS）、5G 基站（gNB）/4G 基站（eNB）和 NR 侧链路 UE 可以用作 UE 的同步参考源。

NR-V2X 侧链路使用以下物理信道和信号：

——物理侧链路广播信道（PSBCH）及其解调参考信号（DMRS）；

——物理侧链路控制信道（PSCCH）及其 DMRS；

——物理侧链路共享信道（PSSCH）及其 DMRS；

——物理侧链路反馈信道（PSFCH）；

——侧链路主同步信号和辅同步信号（S-PSS 和 S-SSS）；

——FR2 中的相位跟踪参考信号（PT-RS）；

——信道状态信息参考信号（CSI-RS）。

NR-V2X 中的侧链路控制信息（SCI）分两个阶段发送。第一阶段 SCI 在 PSCCH 上携带，并且包含用于实现感测操作的信息以及关于 PSSCH 的资源分配的信息。PSSCH 发送第二阶段 SCI 和侧链路共享信道（SL-SCH）传输信道。第二阶段 SCI 携带识别和解码相关联的 SL-SCH 所需的信息，以及对混合自动重传请求（HARQ）过程的控制，以及对信道状态信息（CSI）反馈的触发等。SL-SCH 携带用于通过 SL 传输的数据的传输块（TB）。

PSCCH 和 PSSCH 在时隙内在时间和频率上被复用，以获得短延迟和高

---

[1] 3GPP RP-200855. LG Electronics. Summary for WI "5G V2X with NR sidelink". Jun. 2020.

可靠性。在对应的 DMRS 符号中，DMRS 与 PSCCH 或 PSSCH 进行频率复用。用于单播和组播的侧链路 HARQ 反馈的 PSFCH 在时隙结束时发送，该时隙之前是附加保护符号和自动增益控制（AGC）符号。图 3-4-23 所示为两个多路复用示例。

(a) 2符号PSCCH、2符号PSSCH-DMRS和无PSFCH的示例时隙格式

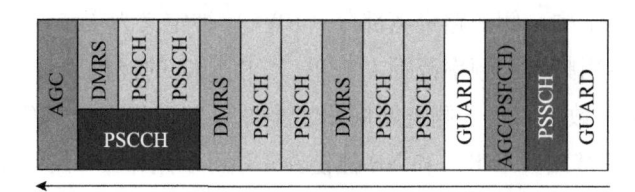

(b) 3符号PSCCH、3符号PSSCH-DMRS和PSFCH的示例时隙格式

图 3-4-23

2）资源分配。存在两种资源分配模式：模式 1 和模式 2。用于 gNB 的资源分配的模式 1 和用于 UE 自主资源选择的模式 2 分别非常类似于 LTE 侧链路中的模式 3 和模式 4。对于模式 1，gNB 通过下行链路控制信息（DCI）向 UE 调度动态授权资源，或者分别通过无线电资源控制（RRC）信令和 DCI 向 UE 调度所配置的授权资源类型 1 和类型 2。在模式 2 中，UE 确定传输资源的感测操作包括：a. 在感测窗口内进行感测；b. 排除由其他 UE 预留的资源；c. 选择窗口内的最终资源。在模式 2 中，在预留资源中进行发送之前，感测 UE 重新评估资源集合以检查其预期传输是否仍然合适，考虑到资源预留之后的可能的非周期性传输。如果保留的资源此时不是用于选择的集合的一部分，则从更新的资源选择窗口中选择新的资源。除重新评估之外，还引入了抢占，使得 UE 即使在其观察到与来自另一 UE 的较高优先级传输的资源冲突时宣告资源预留之后也选择新资源。

3）用于单播和组播的侧链路 HARQ 反馈、侧链路 CSI 和 PC5-RRC。NR 侧链路支持用于侧链路单播和组播服务的侧链路混合自动重传请求确认（HARQ-

ACK），以提高可靠性。定义了两个侧链路 HARQ 反馈操作，具有肯定确认（ACK）和否定确认（NACK）的 HARQ - ACK 以及仅具有 NACK 的 HARQ - ACK。当使用 ACK/NACK 操作时，侧链路 HARQ - ACK 过程类似于用于非码块组反馈的 Uu 的过程，即基于整个传输块的成功或失败发送的 HARQ - ACK。仅 NACK 操作被定义用于组播，以允许更大数量的接收终端（RX UE）通过仅在 RX UE 接收到 SCI 但未能解码传输块时发送反馈来共享单个 PSFCH 资源。仅 NACK 反馈的传输可以限于给定半径内的 UE，并且超出其的任何 UE 不提供任何 HARQ - ACK。服务的该最小范围要求与来自服务层的相关联的 QoS 参数一起提供。对于模式 1，向 gNB 报告侧链路 HARQ - ACK 信息以指示是否需要附加重传资源。

在侧链路单播传输中，发送终端（TX UE）可以配置来自 RX UE 的非周期性侧链路 CSI 报告，以获得其可以用于侧链路链路自适应和秩自适应的信息。在用于此目的的 PSSCH 传输中，经由 MAC 层信令报告 CQI 和 RI。此外，采用无线电链路监测来管理侧链路连接。

为了支持 UE 之间的 AS 层配置和 UE 能力信息的交换，为单播侧链路通信定义 PC5 - RRC。RRC 控制平面的 AS 协议栈如图 3 - 4 - 24 所示。

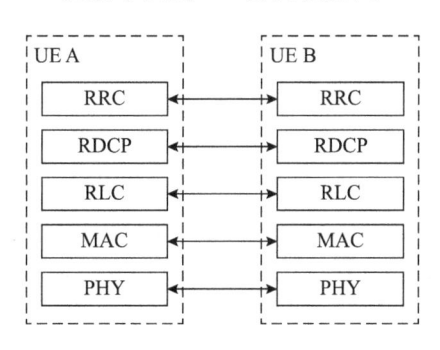

图 3 - 4 - 24　RRC 的 PC5 控制平面（PC5 - c）协议栈

4）LTE - V2X 和 NR - V2X 侧链路之间的跨 RAT 和设备内共存。根据 NR - V2X 和 LTE - V2X 部署，设想可以支持可选的 UE 设计，其中设备具有能够相互通信的 LTE - V2X RAT 和 NR - V2X RAT。5G - V2X 定义了两个跨 RAT 操作。LTE Uu 可以通过经由 LTE RRC 信令提供所配置的授权类型 1 配置来控制 NR 资源分配模式 1，并且通过 LTE Uu RRC 提供与资源池、感测等相关的半静态配置来控制资源分配模式 2。以及 NR Uu RRC 提供必要的半静态配置的资源分配模式4，在该半静态配置内，LTE-V2X RAT 自主地选择用于侧链路传输的资源。

设想将存在支持 LTE-V2X 和 NR-V2X 两者并且将在两个系统中同时操作的设备。如果两个 RATs 在频率上间隔很宽，例如在不同的频带中，则不需要考虑特定的问题，因为假设将为每个频带提供单独的射频（RF）链。然而，如果部署了足够接近的频率间隔，则期望使得能够在现实中使用单个 RF 链。在这种情况下，两个 RATs 上的同时传输被 UEs 的单个功率预算阻止，并且一个 RATs 不能被接收/发送，而另一个 RATs 正在进行相反的操作。在这种情况下，当两个 RATs 同时发生时，可以丢弃其中一个 RATs，但是在两个 RATs 上的 V2X 服务的优先级已知的一些情况下，自动选择较高优先级的 RATs。

2. Release16 V2X 中的主要改进技术

（1）每 flow PC5 QoS 模型

针对基于 NR 的 PC5 参考点上的 V2X 通信引入每 flow PC5 QoS 模型。从 NR 开始，QoS flow 成为 PDU 会话的一部分，无线电接入网络（RAN）负责根据需要对 QoS flow 到 DRB 的映射进行管理。在非接入层（NAS）处，QoS flow 是 PDU 会话中最精细的 QoS 区分粒度。RAN 和 5GC 通过将分组映射至适当的 QoS flow 和 DRB 来确保服务质量。

V2X 消息通过 PC5 接口在终端之间发送。LTE PC5 中，应用层为每种类型的 V2X 消息设置 ProSe 每分组优先级（PPPP），并将 PPPP 传送到通信网络层［非接入层（NAS）或接入层（AS）］。具体地，在终端侧配置 V2X 消息和 PPPP 之间的映射关系，并且终端和基站执行协商，使得基站为终端生成 PPPP 和 PC5 接口资源之间的映射关系。当获得与 V2X 消息对应的 PC5 接口资源以发送 V2X 消息时，终端向基站发送与 V2X 消息对应的 PPPP。然后，基站基于 PPPP 与 PC5 接口资源之间的映射关系确定用于 V2X 消息的 PC5 接口资源，并将 PC5 接口资源发送到终端，使得终端基于 PC5 接口资源发送 V2X 消息。PPPP 的设置反映 V2X 消息的服务质量（QoS）要求。

随着 V2X 技术的发展，新类型的 V2X 消息不断出现。对于不同的上层应用，由车辆生成的 V2X 消息的类型通常对应于不同的 QoS 要求。终端通过获得与 V2X 消息对应的 QoS 要求来控制对应的 PC5 接口资源。因为现有机制是应用层向较低层发送 QoS 信息的机制，所以应用层可以在没有授权的情况下增加 QoS 级别。换句话说，属于 V2X 消息并且由终端获得的 QoS 信息易于以未授权的方式被修改，造成所获得的 QoS 信息是不可靠的。因此，从网络侧获得用于基于 PC5 接口的通信的 QoS 信息可以提高所获得的 QoS 信息的可靠性，并防止 QoS 信息在未经授权的情况下被修改。

1）相关协议。协议 TS 23.287❶ 用于描述为支持 V2X 服务的 5G 系统架构增强，从 V16.0.0 版本开始就加入了关于描述了 PC5 参考点上 V2X 通信的 QoS 控制，指出对于基于 NR 的单播、组播和广播 PC5 通信，应采用用于 PC5 QoS 管理的每 flow QoS 模型。图 3-4-25 所示为 NR PC5 的每 flow QoS 模型映射示例，图 3-4-26 所示为基于 PC5 QoS 规则处理 PC5 QoS 流过程。

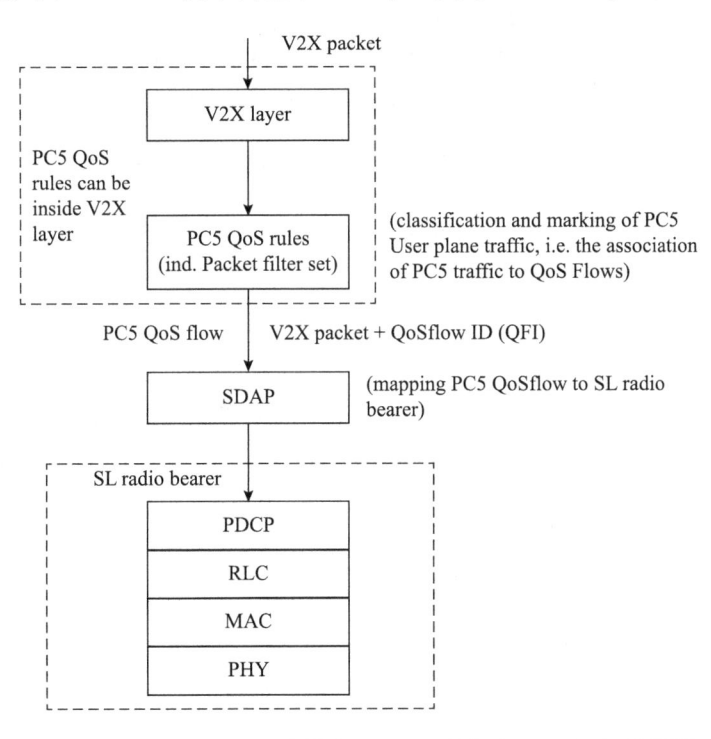

图 3-4-25　TS 23.287 中用于 NR PC5 的每 flow PC5 QoS 模型

---

❶　3GPP TS 23.287 V16.0.0 Architecture enhancements for 5G System（5GS）to support Vehicle – to – Everything（V2X）services. Sep. 2019.

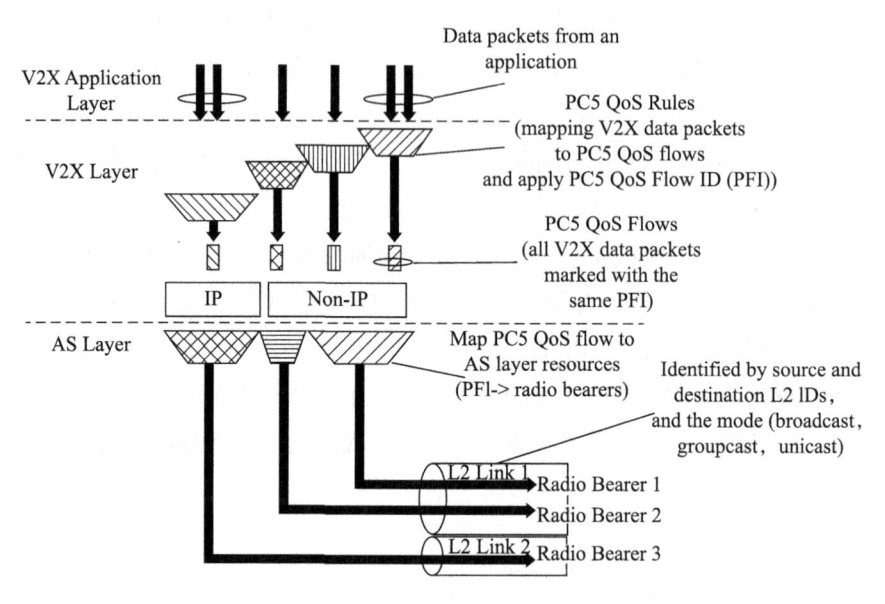

图 3-4-26　TS 23.287 中基于 PC5 QoS 规则处理 PC5 QoS 流

2）相关标准必要专利。标准必要专利 WO2019196847A1，由华为公司申请，最早优先权日为 2018 年 4 月 9 日，最早公开日为 2019 年 10 月 17 日。该申请扩展同族个数为 13，家族被引证次数为 8 次。

该申请中基站可以从核心网络元件接收用于基于 PC5 接口的通信的 QoS 规则和/或 QoS 简档，然后可以通过使用无线电资源控制（RRC）信令与终端协商，以将 PC5 接口上的 QoS 流（例如，PDU 会话的 QoS flow 或 PDU 会话）绑定到对应的 PC5 接口资源。其中 QoS 规则可以包括 QoS 流标识符（QFI）。

在一个示例中，通过使用 QoS 规则中的服务数据流（SDF）模板将终端的 V2X 消息分类到 PDU 会话的对应 QoS 流中。终端可以向基站发送调度请求，其中调度请求包括 QoS 规则的标识符，并且 QoS 规则的标识符可以包括 QoS 规则标识符、5GQoS 标识符（5QI）或协议数据单元（PDU）会话的 QoS 流的标识符（例如，QoS 流 ID，或 PDU 会话 ID 和 QoS 流 ID）。基站从终端接收调度请求，并且可以基于 QoS 规则的标识符来确定用于终端的调度资源信息，例如，基于 QoS 规则的标识符和 QoS 简档来确定用于终端的对应 QoS 要求信息（例如，在 QoS 规则的标识符和 QoS 简档信息之间预先配置映射关系，使得基站可以基于 QoS 简档信息来确定 QoS 要求）。此外，基站基于 QoS 要求信息向终端分配调度资源，并向终端发送关于调度资源的信息，即调度资源信息。终端可以从基站接收调度的资源信息，并在与调度的资源信息对应的资源上发送 V2X 消息。

对于另一示例，终端和基站通过使用基于 QoS 规则和 QoS 简档的无线电资源控制（RRC）信令来建立 PDU 会话的 QoS 流与逻辑信道组标识（LCGID）之间的映射关系（其中终端和基站都具有映射关系）。此外，终端可以向基站发送调度请求，其中调度请求包括 LCGID。此外，基站基于 LCGID 向终端分配相应的 PC5 接口资源，即调度资源，并向终端发送关于调度资源的信息。终端可以从基站接收调度的资源信息，并在与调度的资源信息对应的资源上发送 V2X 消息。图 3-4-27 所示为该申请中 PC5 QoS 下发相关的通信流程图。

通过上述从网络侧获得用于基于 PC5 接口的通信的 QoS 信息可以提高所获得的 QoS 信息的可靠性，并防止 QoS 信息在未经授权的情况下被修改。

该标准必要专利授权的独立权利要求 1 主要包括如下内容：

一种通信方法，其特征在于，包括：

移动性管理网元接收来自终端的注册请求消息，所述注册请求消息携带所述终端的 V2X 功能标志；

所述移动性管理网元根据所述注册请求消息，向参数配置网元发送第二请求消息，所述第二请求消息用于请求用于所述终端的 PC5 口通信的信息；

所述移动性管理网元接收来自所述参数配置网元的用于所述 PC5 口通信的服务质量 QoS 规则和/或 QoS 配置文件；

所述移动性管理网元根据所述注册请求消息，向所述终端发送用于所述终端的 PC5 口通信的 QoS 规则。

其他 V2X 相关标准必要专利中部分与每 flow PC5 QoS 模型技术相关的专利信息见表 3-4-6。

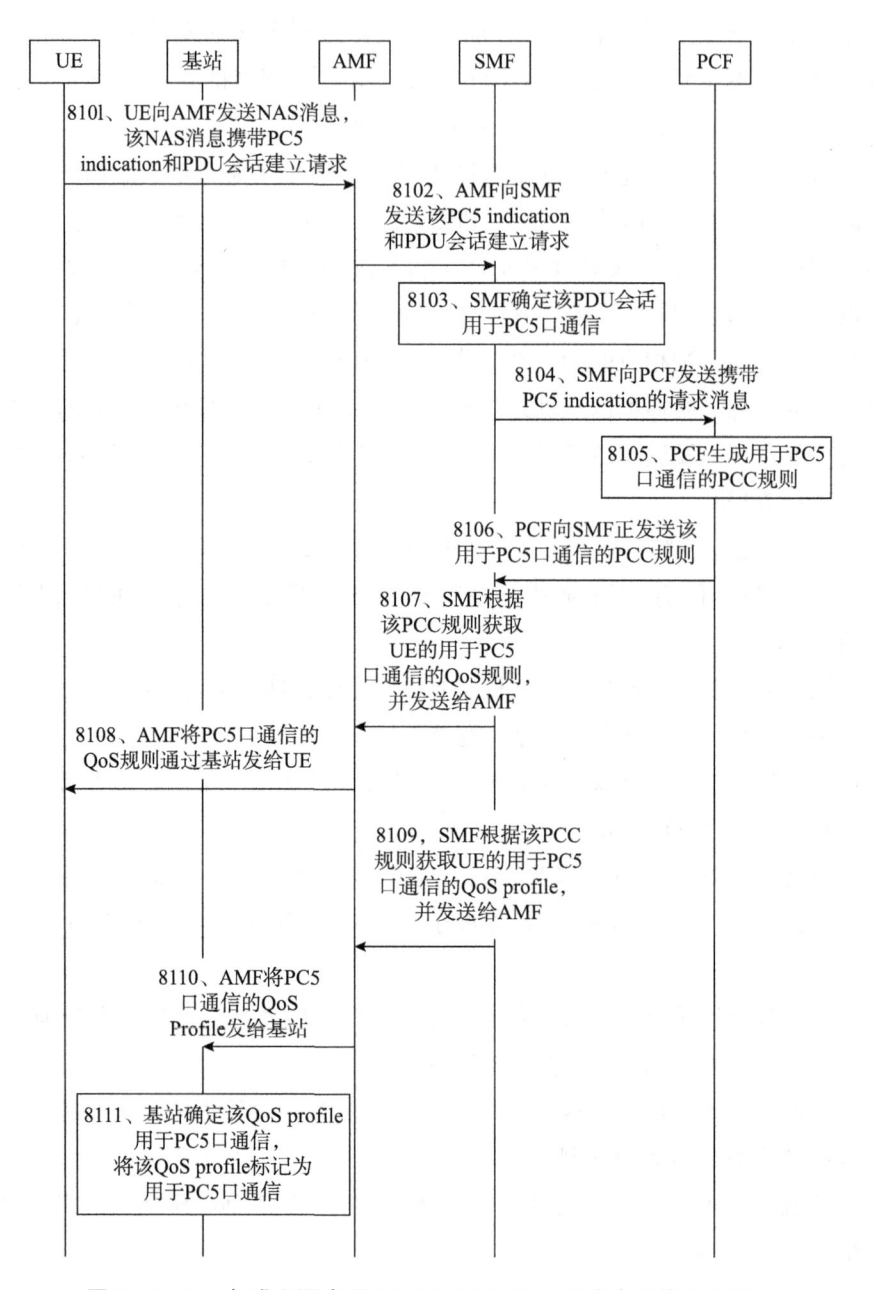

图 3-4-27　标准必要专利 WO2019196847A1 同族中通信流程附图

表 3-4-6　每 flow PC5 QoS 模型相关的标准必要专利信息

标　题	专　利	申请人	法律状态	标准号	扩展同族个数
用于车辆到任意事物（V2X）通信的增强型邻近服务（ProSe）协议	CN107710795A	英特尔	授权	TS 38.300；TS 38.331；TS 38.323；TS 38.321；TS 38.322	48
无线通信的分层体系结构	US20170079059A1	英特尔	授权	TS 38.300；TS 38.211；TS 38.321；TS 38.331；TS 38.201；TS 38.212	259
一种无线通信系统中执行 V2X 通信的终端确定发射功率的方法及应用该方法的终端	US20180124707A1	LG	授权	TS 38.212	30
用于在无线通信系统中发送和接收数据的方法和支持该方法的设备	KR102060806B1	LG	授权	TS 38.300；TS 38.321；TS 38.323；TS 38.331；TS 38.322；TS 37.324	26
用于无线系统中功率控制的系统和方法	US20180242264A1	IDAC	授权	TS 38.213	53
与传统无线接入技术互通，实现与下一代核心网络的连接	US20170289882A1	高通	授权	TS 23.502；TS 23.501；TS 36.331；TS 23.401	29
用于调度不同类型的多个上行链路授权的方法和装置	US20180098349A1	高通	授权	TS 38.300	27
无线系统中的媒体访问协议数据单元组件	KR1020190017742A	IDAC	授权	TS 38.213	12
一种数据通信网中指定附着过程和移动性寻呼支持的方法及装置	US10123365B2	三星	授权	TS 23.501；TS 23.401	23
用于 5G 新无线电的无线电接口协议体系结构方面，服务质量（QoS）和逻辑信道优先级划分	US20200267753A1	康维达无线	授权	TS 38.300；TS 38.331；TS 38.321；TS 37.324	38

续表

标题	专利	申请人	法律状态	标准号	扩展同族个数
用于在无线通信系统中确定数字的方法和装置	US20180192255A1	和硕联合	授权	TS 38.331	17
为非因特网协议数据会话启用新的无线蜂窝服务质量	US20180324060A1	高通	授权	TS 24.501	7
移动通信网络的无线接入网的实体之间的可靠数据分组传输	KR1020190127914A	弗劳恩霍夫	授权	TS 36.321；TS 38.300；TS 23.501；TS 38.470；TS 38.323；TS 38.321；TS 38.331；TS 23.288；TS 38.425；TS 23.401	37
通信方法及装置	CN110366132A	华为	授权	TS 23.287	10
参数集获取方法及装置	CN109196888A	小米	授权	TS 38.331	8
无线通信中的报头格式	US20190097936A1	高通	授权	TS 38.323	17
在用户设备（UE）处的策略供应	US20190116520A1	高通	授权	TS 23.502	20
利用服务数据适配协议层促进服务质量流重映射	US20190320362A1	高通	授权	TS 38.300	17
用于改进无线通信系统中的一对一侧链通信的方法和装置	US20200146082A1	和硕联合	授权	TS 23.287	7
用于在无线通信系统中支持一对一侧链通信的方法和装置	US20200205209A1	和硕联合	授权	TS 23.287	10
用于在无线通信系统中建立旁路逻辑信道的方法和装置	EP3709760A1	和硕联合	授权	TS 38.331	9
在无线通信系统中报告用于SLRB配置的UE能力信息的方法和装置	EP3737198A1	和硕联合	授权	TS 38.331	6

(2) 新标准化切片/服务类型

Release16 定义了专用于 V2X 服务的新标准化切片/服务类型 (SST) 值。标准化 SST 值提供了一种建立用于切片的全局互操作性的方式，使得 PLMNs 可以更有效地支持最常用的切片/服务类型的漫游用例。已有的标准化的 SST 值包括 eMBB、URLLC 和 MIoT。在 TR 23.786 的研究结论中，对于关键问题#7 (EV2X 服务的网络切片问题)，提议为了便于部署专用网络切片以供例如汽车工业使用并便于漫游支持，可以重新使用 5GS 的网络切片功能，其中指定专用于 V2X 服务的新标准化 SST 值。

1) 相关协议和 CR。协议 TS 23.501❶ 用于描述 5G 系统的系统结构，其中定义了专用于 V2X 服务的新标准化切片/服务类型 (SST) 值，即 "4"，具体内容如图 3-4-28 所示，该定义由 2019 年 4 月的英特尔等公司共同提出的 CR S2-1904438❷ 被通过后加入，该 CR 首页内容如图 3-4-29 所示。

5.15.2.2 Standardised SST values

Standardized SST values provide a way for establishing global interoperability for slicing so that PLMNs can support the roaming use case more efficiently for the most commonly used Slice/Service Types.

The SSTs which are standardised are in the following Table 5.15.2.2-1.

Table 5.15.2.2-1: Standardised SST values

Slice/Service type	SST value	Characteristics
eMBB	1	Slice suitable for the handling of 5G enhanced Mobile Broadband.
URLLC	2	Slice suitable for the handling of ultra-reliable low latency communications.
MIoT	3	Slice suitable for the handling of massive IoT.
V2X	4	Slice suitable for the handling of V2X services.

NOTE: The support of all standardised SST values is not required in a PLMN. Services indicated in this table for each SST value can also be supported by means of other SSTs.

图 3-4-28 TS 23.501 中新增专用于 V2X 服务的 SST 值 "4"

2) 相关标准必要专利。标准必要专利 US20190313221A1 由三星电子公司申请，最早优先权日为 2018 年 4 月 5 日，最早公开日为 2019 年 10 月 10 日。该申请扩展同族个数为 12，家族被引证次数为 25 次，转让 1 次。

---

❶ 3GPP TS 23.501 v16.12.0 System architecture for the 5G System (5GS), Stage2. Mar. 2022.
❷ 3GPP S2-1904438. Intel, LG Electronics, NTT DOCOMO, CMCC, Samsung. Introduce a new standardized SST value dedicated for V2X services. Apr. 2019.

3GPP TSG-SA WG2 Meeting #132　　　　　　　　　　　S2-1904438
8 – 12, April, 2019, Xi'an, China
(Revision of S2-1903499)

CHANGE REQUEST

| 23.501 | CR | 1162 | rev | 1 | Current version: | 16.0.2 |

*For **HELP** on using this form: comprehensive instructions can be found at http://www.3gpp.org/Change-Requests.*

Proposed change affects:　UICC apps ☐　ME [X]　Radio Access Network ☐　Core Network [X]

Title:	Introduce a new standardized SST value dedicated for V2X services
Source to WG:	Intel, LG Electronics, NTT DOCOMO, CMCC, Samsung
Source to TSG:	SA2
Work item code:	eV2XARC	Date:	2019-04-08
Category:	B	Release:	Rel-16

Use *one* of the following categories:
　F (correction)
　A (mirror corresponding to a change in an earlier release)
　B (addition of feature),
　C (functional modification of feature)
　D (editorial modification)
Detailed explanations of the above categories can be found in 3GPP TR 21.900.

Use *one* of the following releases:
　Rel-8　(Release 8)
　Rel-9　(Release 9)
　Rel-10　(Release 10)
　Rel-11　(Release 11)
　Rel-12　(Release 12)
　Rel-13　(Release 13)
　Rel-14　(Release 14)
　Rel-15　(Release 15)
　Rel-16　(Release 16)

Reason for change:	In the conclusion of TR 23.786, it says: For Key Issue #7 (Network Slicing for eV2X Services), - To facilitate deployment of dedicated network slice for use of, for example, automotive industry and to facilitate roaming support, it is concluded to reuse the Network Slicing functionality for 5GS (see TS 23.501 [7], TS 23.502 [9]) with specifying a new standardized SST value dedicated for V2X services. - Existing values (both standardized and non-standardized SST) defined in TS 23.501 [7] can also be used for any V2X services e.g. eMBB, URLLC, etc.
Summary of change:	Introduce a new standardized SST value dedicated for V2X services.
Consequences if not approved:	No SST value dedicated for V2X services.
Clauses affected:	5.15.2.2

	Y	N		
Other specs affected: (show related CRs)		X	Other core specifications	TS/TR ... CR ...
		X	Test specifications	TS/TR ... CR ...
		X	O&M Specifications	TS/TR ... CR ...

| Other comments: | |

图 3 – 4 – 29　CR S2 – 1904438 首页

标准必要专利 US20190313221A1 中定义了基于 5G 的 V2X 系统架构，还定义了用于提供 V2X 服务的 V2X 网络切片结构，另外，本申请还定义了一种用于在 5G－V2X 系统中向终端提供用于 V2X 服务的配置信息的方法。其中用于提供 V2X 服务的切片/服务类型（SST）可以是 V2X、V2N、V2I、V2V、V2P 等。V2X SST 值可以表示包括 V2N、V2I、V2V 和 V2P 服务的车辆通信服务。由除 3GPP 之外的标准化机构（例如，DSRC、WAVE 和 ITS）定义的车辆通信服务也可以通过 SST 值来识别。当使用 V2X 服务的终端［例如，车辆终端、行人终端或路侧单元（RSU）］访问 3GPP 网络时，它可以发送包含期望的 V2X 切片 ID（即，指示期望的 V2X 切片的 S－NSSAI）的注册请求消息。图 3－4－30 所示为该申请中 5G－V2X 系统架构相关附图。

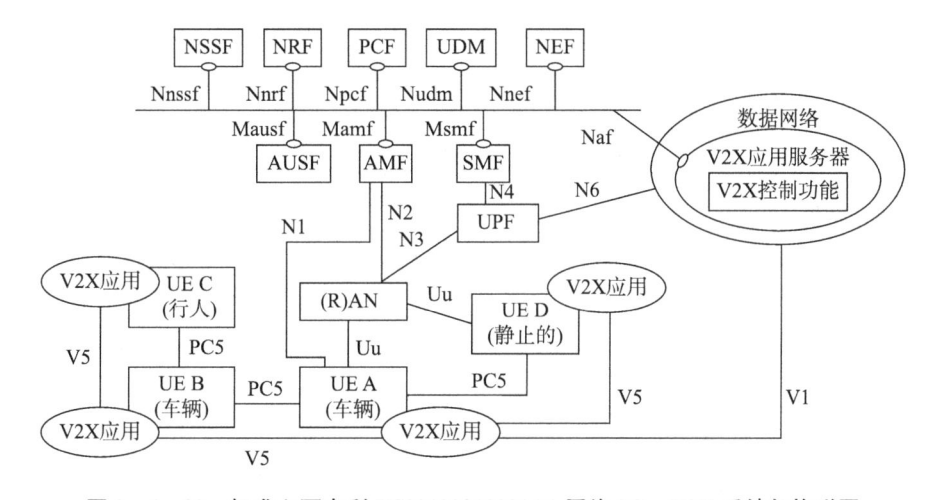

图 3－4－30　标准必要专利 US20190313221A1 同族 5G－V2X 系统架构附图

根据本公开的实施例，通过定义 V2X 网络切片，除了移动网络运营商之外的第三方服务提供商可以提供 V2X 网络切片。这里，第三方服务提供商的示例可以包括车辆制造商或终端制造商。此外，第三方服务提供商可以从移动网络运营商处租用 V2X 网络切片以利用 V2X 网络切片。也就是说，移动网络运营商可以安装、操作和管理 V2X 网络切片，并且第三方服务提供商可以从移动网络运营商处租用 V2X 网络切片以供使用。V2X 服务提供商（SP）可以提供 5G 特定服务。

该标准必要专利授权的独立权利要求主要包括如下两组权利要求：

① 一种由无线通信系统中的终端执行的方法，所述方法包括：从接入和

移动性管理功能（AMF）接收用户设备（UE）配置更新消息，所述 UE 配置更新消息包括基于由策略控制功能（PCF）触发的 UE 策略更新而从所述 PCF 接收的映射信息，所述映射信息用于在至少一个车联网（V2X）服务类型和至少一个无线电接入技术（RAT）类型之间进行映射；基于所述映射信息，选择与要发送的 V2X 消息相对应的至少一个 RAT 类型；使用所选择的至少一种 RAT 类型发送所述 V2X 消息，其中选择所述至少一种 RAT 类型由所述终端的 V2X 层执行。

② 一种由无线通信系统中的终端执行的方法，所述方法包括：在由策略控制功能（PCF）触发用户设备（UE）策略更新的情况下，从接入和移动性管理功能（AMF）接收至少一个车联网（V2X）服务类型与至少一个无线电接入技术（RAT）类型之间的映射信息；基于所述映射信息，选择与要发送的 V2X 消息相对应的至少一个 RAT 类型；使用所选择的至少一个 RAT 类型来发送所述 V2X 消息。

其他 V2X 相关标准必要专利中部分与新标准化切换/服务类型技术相关的专利信息见表 3-4-7。

表 3-4-7 与新标准化切片/服务类型相关的其他部分标准必要专利信息

标题	专利	申请人	法律状态	标准号	扩展同族个数
用于多业务的信令和控制信道结构	US20170230954A1	华为	授权	TS 38.212	18
无线通信的分层体系结构	US20170079059A1	苹果	授权	TS 38.300；TS 38.211；TS 38.321；TS 38.331；TS 38.201；TS 38.212	33
用于无线通信网络的网络体系结构、方法和设备	US20170331577A1	爱立信	授权	TS 38.213；TS 38.214；TS 38.211；TS 38.331；TS 38.321；TS 38.212	68
用于提供和分配频谱资源系统和方法	US20160353422A1	华为	授权	TS 23.502；TS 23.501；TS 23.503	42
允许会话进入虚拟网络服务	US10123205B2	华为	授权	TS 38.213；TS 38.300；TS 38.214；TS 38.211；TS 38.331；TS 38.321；TS 38.212；TS 38.322；TS 38.101	13

续表

标　题	专　利	申请人	法律状态	标准号	扩展同族个数
网络切片选择	KR1020180019061A	苹果	授权	TS 23.502；TS 38.300；TS 123.502；TS 23.501；TS 123.501；TS 138.300	18
用于网络管理和用于网络切片的编排的系统和方法	US20170142591A1	华为	授权	TS 23.502；TS 23.501；TS 23.503	16
用户设备状态配置的系统和方法	US20170245140A1	华为	授权	TS 38.213；TS 38.300；TS 37.340；TS 38.214；TS 38.413；TS 38.323；TS 38.321；TS 38.211；TS 38.212；TS 38.331；TS 38.215；TS 38.473；TS 38.423	62
使用签章初始存取方法	TW201735695A	IDAC	授权	TS 38.213；TS 38.300；TS 38.211；TS 38.331	12
无线电下载控制信道	US20170332359A1	康维达无线	授权	TS 38.213；TS 38.214；TS 38.211；TS 38.331；TS 38.321；TS 38.212	162
连接到虚拟化移动核心网络	US20170332421A1	康维达无线	授权	TS 23.502；TS 23.501；TS 123.501；TS 24.501；3GPP 5G NR；TS 29.509；TS 33.501；TS 29.503；TS 29.518；TS 29.531	17
下一代网络中的随机接入过程	US20170367120A1	康维达无线	授权	TS 38.213；TS 38.211；TS 38.321	20
一种数据通信网中指定附着过程和移动性寻呼支持的方法及装置	US10123365B2	三星	授权	TS 23.501；TS 23.401	19
在无线通信系统中为基于网络片的 NR 执行小区特定过程或移动性过程的方法和设备	US20190158360A1	LG	授权	TS 38.423	28

续表

标题	专利	申请人	法律状态	标准号	扩展同族个数
使RRC过程适应于实现网络分片的5G网络的通信系统和方法	MX2019008089A	日本电气	授权	TS 38.300；TS 138.300；TS 38.413	16
网络访问隐私	US20180270666A1	高通	授权	TS 23.501；TS 24.501；TS 33.501	12
具有异构网络片的区域之间的移动性	US20180324577A1	高通	授权	TS 23.502；TS 23.501	19
通信方法、装置和系统	CN110463141A	华为	授权	TS 28.530；TS 28.550	14
一种在支持和不支持的片上广播信息的方法	US20180324602A1	高通	授权	TS 38.331	11
无线通信系统中用户终端注册的方法及装置	US20190029065A1	LG	授权	TS 23.501；TS 24.501	19
一种5G系统中网络与终端间能力协商和切片信息映射的方法	US20190053148A1	三星	授权	TS 23.502；TS 23.501；TS 38.331；TS 138.331	12
实现网络切片和演进分组核心连通性之间的互通的机制	US20190124561A1	高通	授权	TS 23.502；TS 23.501；TS 31.102；TS 24.501；TS 24.526；TS 38.212；TS 23.503；TS 24.301；TS 24.008	15
一种网络切片接入控制的方法及装置	CN111031571A	华为	授权	TS 23.502；TS 23.501；TS 23.503	14
报文传输方法、装置和系统	CN110351030A	华为	授权	TS 23.502；TS 38.413；TS 38.415	15
用于在NAS过程中传输SUSI的方法和系统	US10499357B1	日本电气	授权	TS 24.501；TS 124.501；TS 33.501；TS 133.501	29
数据分析管理（DAM），配置规范和过程，供应和基于服务的体系结构（SBA）	US20190394655A1	华为	授权	TS 23.502；TS 23.402；TS 23.501；TS 23.401	11

（3）侧链路带宽部分和灵活参数集

与 LTE 相比，NR 支持更大范围的载波频率，并且为了适应不同的载波频率特性和业务需求，NR 需要支持更灵活的参数集（numerology），而参数集包含至少一个子载波间隔和 CP 长度。比如，随着载波频率变高，通过移动发射器或接收器引起的频率漂移程度也变高，为了容忍这种大范围的频率漂移或频移，网络需要更宽的子载波间隔。

同时，NR 支持的小区带宽比 LTE 大了很多，最高可以是 400MHz，但是用户并不总是需要高速率的业务，从基带和射频的处理来看，高的带宽会带来更高的功耗并增加 UE 的成本，为此 NR 中新增了 BWP 的概念，让有不同业务需求的不同用户使用不同的带宽，并且一个用户在不同时间段随着业务需求的变化其使用的 BWP 也在随之改变。BWP 由一组连续的物理资源块（PRB）组成，这些 PRB 是从一组乱序的公共资源块（CRB）中选取的，每一个 BWP 可以使用不同的参数集。

1）相关协议和 CR。协议 TS 38.211[1]用于描述 NR 的物理信道和调制，引入了专用于 V2X 的侧链路（sidelink）相关的物理信道、信号和物理资源等，而专用于侧链路的多个参数集（numerology）和带宽部分 BWP 都包括在其中，具体如图 3-4-31 所示，该引入由 2019 年 11 月 Ericsson 提出的 CR R1-1913641[2]被通过后加入，该 CR 首页内容如图 3-4-32 所示。协议 TS 38.213[3]则对用于侧链路传输的单个带宽部分 BWP 的配置进行了描述，具体内容如图 3-4-33 所示。

2）相关标准必要专利。标准必要专利 US20200015214A1 由三星电子公司申请，最早优先权日为 2018 年 7 月 6 日，最早公开日为 2020 年 1 月 9 日。该申请扩展同族个数为 21，家族被引证次数为 11 次，转让 1 次。

标准必要专利 US20200015214A1 包括一种确定侧链路同步标识（SL-SID）和资源集合的方法，基于所述 SL-SID 和所述资源集合生成至少一个侧链路同步信号和物理广播信道（S-SSB），其中，所述至少一个 S-SSB 中的每个 S-SSB 包括用于侧链路主同步信号（S-PSS）的前两个符号和用于侧链路辅同步信号（S-SSS）的后两个符号。指出预配置的系统信息可以包含

---

[1] 3GPP TS 38.211 v16.7.0 NR, Physical channels and modulation. Sep. 2021.
[2] 3GPP R1-1913641. Ericsson. Introduction of V2X. Nov. 2019.
[3] 3GPP TS 38.213 v16.7.0 NR, Physical layer procedures for control. Sep. 2021.

用于 NR 侧链路的参数集，并且如果存在参数集的额外配置，则所有 NR 侧链路信号和信道都使用预配置的参数集，直到再次配置。同时，预先配置的系统信息可以包含 BWP 配置。如果存在参数集的额外配置，则假设所有 NR 侧链路信号和信道具有预配置的 BWP，直到再次配置。图 3-4-34 所示为该申请中一种半帧内资源分配方法相关附图。

8 Sidelink

8.1 Overview

8.1.1 Overview of physical channels

A sidelink physical channel corresponds to a set of resource elements carrying information originating from higher layers. The following sidelink physical channels are defined:

- Physical Sidelink Shared Channel, PSSCH
- Physical Sidelink Broadcast Channel, PSBCH
- Physical Sidelink Control Channel, PSCCH
- Physical Sidelink Feedback Channel, PSFCH

8.1.2 Overview of physical signals

A sidelink physical signal corresponds to a set of resource elements used by the physical layer but does not carry information originating from higher layers.

The following sidelink physical signals are defined:

- Demodulation reference signals, DM-RS
- Channel-state information reference signal, CSI-RS
- Phase-tracking reference signals, PT-RS
- Sidelink primary synchronization signal, S-PSS
- Sidelink secondary synchronization signal, S-SSS

8.2.2 Numerologies

Multiple OFDM numerologies are supported as given by Table 8.2.2-1 where μ and the cyclic prefix for a sidelink bandwidth part are obtained from the higher-layer parameter *subcarrierSpacing-SL* and *cyclicPrefix-SL*, respectively.

Table 8.2.2-1: Supported transmission numerologies.

μ	$\Delta f = 2^\mu \cdot 15$ [kHz]	Cyclic prefix
0	15	Normal
1	30	Normal
2	60	Normal, Extended
3	120	Normal

图 3-4-31　TS 38.211 中引入专用于 V2X 的 sidelink 物理资源描述

第三章 5G-V2X 技术分析

3GPP TSG-RAN WG1 Meeting #99	R1-1913641
Reno, NV, USA, November 18 – 22, 2019	

CHANGE REQUEST *CR-Form-v12.0*

38.211	CR	0026	rev	-	Current version:	15.7.0

For HELP on using this form: comprehensive instructions can be found at http://www.3gpp.org/Change-Requests.

Proposed change affects: UICC apps [ ] ME [X] Radio Access Network [X] Core Network [ ]

Title:	Introduction of V2X
Source to WG:	Ericsson
Source to TSG:	
Work item code:	5G_V2X_NRSL	Date: 2019-12-05
Category:	B	Release: Rel-16
	Use *one* of the following categories: **F** (correction) **A** (mirror corresponding to a change in an earlier release) **B** (addition of feature), **C** (functional modification of feature) **D** (editorial modification) Detailed explanations of the above categories can be found in 3GPP TR 21.900.	Use *one* of the following releases: Rel-8 (Release 8) Rel-9 (Release 9) Rel-10 (Release 10) Rel-11 (Release 11) Rel-12 (Release 12) Rel-13 (Release 13) Rel-14 (Release 14) Rel-15 (Release 15) Rel-16 (Release 16)
Reason for change:	Introduction of V2X
Summary of change:	Added V2X agreements
Consequences if not approved:	No V2X support
Clauses affected:	4.2, 4.3.1, 4.3.2, 4.4.2, 8, 8.1, 8.1.1, 8.1.2, 8.2, 8.2.1, 8.2.2, 8.2.3, 8.2.3.1, 8.2.3.2, 8.2.4, 8.2.5, 8.2.6, 8.2.7, 8.2.8, 8.3, 8.3.1, 8.3.1.1, 8.3.1.2, 8.3.1.3, 8.3.1.4, 8.3.1.5, 8.3.1.6, 8.3.2, 8.3.2.1, 8.3.2.2, 8.3.2.3, 8.3.3, 8.3.3.1, 8.3.3.2, 8.3.3.3, 8.3.4, 8.3.4.1, 8.3.4.2, 8.3.4.2.1, 8.3.4.2.2, 8.4,

Other specs affected:
(show related CRs)
	Y N
	X Other core specifications TS 38.212, 38.213, 38.214
	   X Test specifications TS/TR ... CR ...
	   X O&M Specifications TS/TR ... CR ...

Other comments:	
This CR's revision history:	

图 3-4-32 CR R1-1913641 首页

16 UE procedures for sidelink

A UE is provided by *SL-BWP-Config* a BWP for SL transmissions (SL BWP) with numerology and resource grid determined as described in [4, TS 38.211]. For a resource pool within the SL BWP, the UE is provided by *sl-NumSubchannel* a number of sub-channels where each sub-channel includes a number of contiguous RBs provided by *sl-SubchannelSize*. The first RB of the first sub-channel in the SL BWP is indicated by *sl-StartRB-Subchannel*. Available slots for a resource pool are provided by *timeresourcepool* and occur with a periodicity of 10240 ms. For an available slot without S-SS/PSBCH blocks, SL transmissions can start from a first symbol indicated by *sl-StartSymbol* and be within a number of consecutive symbols indicated by *sl-LengthSymbols*. For an available slot with S-SS/PSBCH blocks, the first symbol and the number of consecutive symbols is predetermined.

图 3-4-33 TS 38.213 中对用于侧链路传输的单个带宽部分 BWP 的配置描述

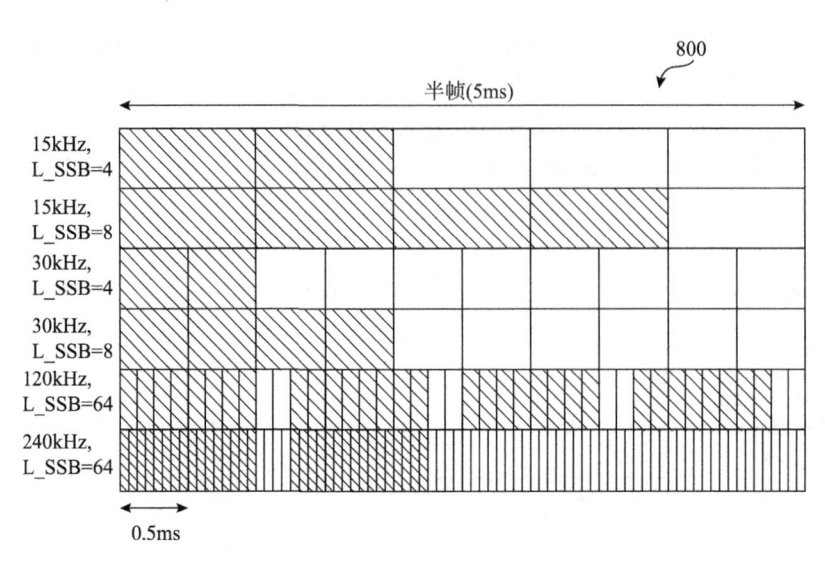

图 3－4－34　标准必要专利 US20200015214A1 中半帧内资源分配附图

该标准必要专利大部分同族目前仍在审查中或等待审查中。

其他 V2X 相关标准必要专利中与侧链路带宽部分和灵活参数集技术相关的专利信息见表 3－4－8。

表 3－4－8　与侧链路带宽部分和灵活参数集相关的其他部分标准必要专利信息

标　题	专　利	申请人	法律状态	标准号	扩展同族个数
通信方法，网络侧设备及终端	EP3402268A1	华为	授权	TS 38.213；TS 38.300；TS 38.214；TS 38.211；TS 38.321；TS 38.331；TS 38.413；TS 38.212；TS 38.101；TS 23.287	19
参数集获取方法及装置	CN109196888A	小米	授权	TS 38.331	12
用于用户设备之间通信的方法和用户设备	CN110808818A	VIVO	授权	TS 38.213；TS 38.214；TS 38.211；TS 38.331；TS 38.212	8
一种直接链路通信的方法、终端及网络设备	CN110830954B	电信科院	授权	TS 38.213；TS 38.214；TS 38.321；TS 38.331；TS 138.321；TS 138.213；TS 138.214；TS 138.331	9

续表

标　题	专　利	申请人	法律状态	标准号	扩展同族个数
配置旁链路资源的方法和装置	CN110958098A	华为	授权	TS 38.213；TS 38.214；TS 38.211；TS 38.331；TS 38.212	8
资源配置方法及装置	CN111148240A	华为	授权	TS 38.213；TS 38.300；TS 38.214；TS 38.211；TS 38.321；TS 38.331；TS 38.212	6
用于侧链路资源调度的机制	US20190268918A1	高通	授权	TS 38.331	7
一种传输数据的方法和终端设备	CN112291746A	OPPO	授权	TS 38.213；TS 38.321	20
sidelink 速率匹配及资源映射的方法和设备	CN111800221A	VIVO	授权	TS 38.213；TS 38.214	13
旁路无线电资源分配	US20200045674A1	鸿颖创新	授权	3GPP；TS 136.331；TS 38.300；TS 138.300；TS 36.331；5G；TS 38.331；3GPP-Release-16；3GPP-radio；TS 138.331	7
为无线通信系统中的多个设备到设备资源池分配资源的方法和装置	US20200053768A1	和硕联合	授权	TS 38.213；3GPP 5G NR；TS 38.214；TS 38.321；TS 38.331	13
用于旁路通信配置的方法和装置	US20200146010A1	华为	授权	TS 38.213；TS 38.300；TS 38.214；TS 38.211；TS 38.331；TS 38.321；TS 38.212	8
单播旁路建立	US20200146094A1	高通	授权	TS 38.300	7
用于旁路操作的高效BWP操作	US20200259627A1	联想	授权	TS 38.321；TS 38.331	7

续表

标 题	专 利	申请人	法律状态	标准号	扩展同族个数
用于在 NR-V2X 中执行基于 BWP 的通信的方法和装置	US20200229189A1	LG	授权	TS 38.213；TS 38.214；TS 38.211；TS 38.331；TS 38.212	13
旁路通信中为分组情况重新配置带宽部分的方法和装置	US20200328865A1	现代	授权	TS 38.213；TS 38.214；TS 38.211；TS 38.331；TS 38.212	7
用于侧链路的经配置准予的处置重传指示的方法和设备	CN111867119A	和硕联合	授权	TS 38.213；TS 38.331	14
一种接入层侧链单播业务管理的方法及相关装置	US20200351975A1	鸿颖创新	授权	TS 38.331；TS 138.331	8
用于在无线通信系统中发送和接收用于旁路通信的控制信息的方法和装置	US20200314822A1	LG	授权	TS 38.213；TS 38.214；TS 38.211；TS 38.331；TS 38.212	8
用于在无线通信系统中选择资源的装置和方法	US20210014831A1	三星	授权	TS 38.213；TS 38.214；TS 38.211；TS 38.331	6
用于旁路操作的方法和装置	US20210022055A1	鸿颖创新	授权	TS 38.300；TS 38.331；TS 138.331	8
用于控制无线通信系统中的拥塞的装置和方法	US20210022139A1	三星	授权	TS 38.213；TS 38.214；TS 38.211；TS 38.331	8
在侧链路上传输系统信息	US20210037513A1	高通	授权	TS 38.213；TS 38.331	7

(4) 侧链路控制信息

网络设备和终端之间的通信链路被称为主链路或蜂窝通信链路，并且终端之间的通信链路被称为侧链路（SL）或辅助通信链路。当在主链路上发送数据时，网络设备可以调度终端接收或发送数据，当在侧链路上发送数据时，终端可以调度另一终端接收数据或发送数据。在主链路的调度过程中，网络设备发送下行链路控制信息（DCI）。在侧链路的调度过程中，执行调度的终端发送侧链路控制信息（SCI）。DCI 或 SCI 用于指示调度的终端如何接收或发送数据。在主链路或侧链路上，存在许多终端。即使一些终端是未调度终端，终端仍然检测 DCI 或 SCI。这些未调度终端仍然多次执行盲检测，无疑会造成资源浪费。另外，被调度的终端可以仅在大量执行盲检测之后接收 DCI 或 SCI。因此，检测效率低。

1）相关协议和 CR。协议 TS 38.212❶ 用于描述 NR 的复用和信道解码，引入了专用于 V2X 的侧链路相关的特性，其中就包括 SCI 的具体发送方法，该发送方法将 SCI 分为两个阶段，第一阶段 SCI 在 PSCCH 上发送，第二阶段 SCI 在 PSSCH 上发送，具体内容如图 3-4-35 所示，该引入由 2019 年 11 月华为提出的 CR R1-1913642❷ 被通过后加入，该 CR 首页如图 3-4-36 所示。协议 TS 38.213 则对 SCI 的使用进行了描述。协议 TS 38.214❸ 则对 SCI 相关流程进行了具体描述，如图 3-4-37 所示。

4.3 Sidelink

Table 4.3-1 specifies the mapping of the sidelink transport channels to their corresponding physical channels. Table 4.3-2 specifies the mapping of the sidelink control information and sidelink feedback control information to their corresponding physical channels.

Table 4.3-2

Control information	Physical Channel
1st-stage SCI	PSCCH
2nd-stage SCI	PSSCH
SFCI	PSFCH

图 3-4-35　TS 38.212 中对引入两阶段 SCI 描述

---

❶ 3GPP TS 38.212 v16.7.0 NR，Multiplexing and channel coding. Sep. 2021.
❷ 3GPP R1-1913642. Huawei. introduction of 5G V2X sidelink features into TS 38.212. Nov. 2019.
❸ 3GPP TS 38.214 v16.7.0 NR，Physical layer procedures for data. Sep. 2021.

3GPP TSG-RAN WG1 Meeting #99　　　　　　　　　　　　　　　　　R1-1913642
Reno, USA, November 18-22, 2019

CHANGE REQUEST

| 38.212 | CR | 0025 | rev | - | Current version: | 15.7.0 |

For HELP on using this form: comprehensive instructions can be found at http://www.3gpp.org/Change-Requests.

Proposed change affects: UICC apps ☐　ME ☒　Radio Access Network ☒　Core Network ☐

Title:	Introduction of 5G V2X sidelink features into TS 38.212
Source to WG:	Huawei
Source to TSG:	R1
Work item code:	5G_V2X_NRSL-Core	Date: 2019-11-27
Category:	B	Release: Rel-16
	Use one of the following categories: F (correction) A (mirror corresponding to a change in an earlier release) B (addition of feature), C (functional modification of feature) D (editorial modification) Detailed explanations of the above categories can be found in 3GPP TR 21.900.	Use one of the following releases: Rel-8　(Release 8) Rel-9　(Release 9) Rel-10　(Release 10) Rel-11　(Release 11) Rel-12　(Release 12) Rel-13　(Release 13) Rel-14　(Release 14) Rel-15　(Release 15) Rel-16　(Release 16)
Reason for change:	Introduction of 5G V2X sidelink features
Summary of change:	Support of 5G V2X sidelink features
Consequences if not approved:	No support of 5G V2X
Clauses affected:	2, 3.3, 4.3 (new), 7.3.1, 7.3.1.4 (new), 8 (new)
	Y	N	
Other specs affected: (show related CRs)	X		Other core specifications	TS 38.211, TS 38.213, TS 38.214
		X	Test specifications
		X	O&M Specifications
Other comments:	
This CR's revision history:	

图 3 - 4 - 36　CR R1 - 1913642 首页

8.1　UE procedure for transmitting the physical sidelink shared channel

Each PSSCH transmission is associated with an PSCCH transmission.

That PSCCH transmission carries the 1st stage of the SCI associated with the PSSCH transmission; the 2nd stage of the associated SCI is carried within the resource of the PSSCH.

If the UE transmits SCI format 0-1 on PSCCH according to a PSCCH resource configuration in slot n and PSCCH resource m, then for the associated PSSCH transmission in the same slot

- one transport block is transmitted with up to two layers;
- The number of layers (v) is determined according to the "Number of DMRS port" field in the SCI
- The set of consecutive symbols within the slot for transmission of the PSSCH is determined according to clause 8.1.2.1;
- The set of contiguous resource blocks for transmission of the PSSCH is determined according to clause 8.1.2.2;

Transform precoding is not supported for PSSCH transmission.

Only wideband precoding is supported for PSSCH transmission.

图 3 - 4 - 37　TS 38.214 中对 SCI 使用流程描述

2）相关标准必要专利。标准必要专利 CN111756475A 由华为公司申请，最早优先权日为 2019 年 3 月 29 日，最早公开日为 2020 年 10 月 8 日。该申请扩展同族个数为 8，家族被引证次数为 2 次。

标准必要专利 CN111756475A 描述了当基于第一 SCI 确定第一终端设备是由第二终端设备调度以接收待发送数据的终端时，第一终端设备可以基于第一 SCI 接收第二 SCI，使得可以减少盲检测时间的数量，从而提高接收第二 SCI 的效率。当第三终端设备基于第一 SCI 确定第三终端设备不是由第二终端设备调度以接收待发送数据的终端时，第三终端设备不需要接收第二 SCI，并且可能不需要检测第二 SCI。这可以降低检测成本并节省检测资源。其中，第一 SCI 还可以包括第一指示信息，并且第一指示信息用于指示用于接收第二 SCI 的相关信息。第一终端设备可基于第一指示信息从第二终端设备接收第二 SCI，并且基于第一 SCI 和第二 SCI 接收待发送数据。第二 SCI 包括关于信道状态信息的指示信息和针对待发送数据的反馈信息的指示信息中的至少一个。并且该申请指出 SCI 通常是用于调度用于数据传输的物理侧链路共享信道（PSSCH）的控制信息。SCI 通常位于物理侧链路控制信道（PSCCH）上。图 3-4-38 所示为该申请中一种侧链路 SCI 使用场景图。

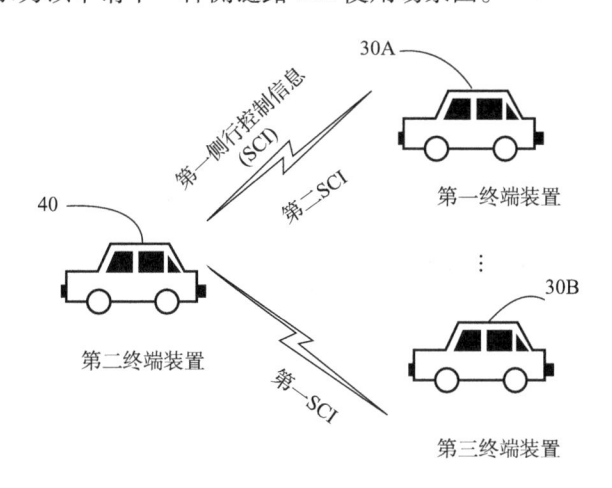

图 3-4-38　标准必要专利 CN111756475A 侧链路场景附图

该标准必要专利授权的独立权利要求主要包括如下内容：
1. 一种数据的接收方法，其特征在于，包括：
第一终端装置从第二终端装置接收第一控制信息，所述第一控制信息用于指示所述第二终端装置的待发送数据的资源和/或所述待发送数据的优先级,且所述第一控制信息包括第一标识信息,所述第一标识信息用于指示需要接收所述待发送数据的至少一个终端装置;

所述第一终端装置根据所述第一标识信息确定所述第一终端装置属于所述至少一个终端装置;

所述第一终端装置从所述第二终端装置接收第二控制信息,所述第二控制信息包括所述待发送数据的传输格式信息、关于信道状态信息的指示信息和针对所述待发送数据的反馈信息的指示信息中的至少一项;

所述第一终端装置根据所述第一控制信息和所述第二控制信息接收所述待发送数据。

其他 V2X 相关标准必要专利中与侧链路控制信息技术相关的专利信息见表 3-4-9。

表 3-4-9 与侧链路控制信息相关的标准必要专利信息

标题	专利	申请人	法律状态	标准号	扩展同族个数
用于在无线通信系统中的终端特定感测时段期间执行感测的方法和使用该方法的终端	US10757550B2	LG	授权	TS 36.331;TS 38.211;TS 38.212	72
用于车辆对车辆通信中的资源冲突避免的方法和装置	US20170188391A1	三星	授权	TS 38.213;TS 136.331;TS 38.214;TS 38.885;TS 36.213;TS 36.331;TS 138.213;TS 138.214;TS 136.213	21
用于在无线通信系统中执行 V2X 通信的方法及其设备	CN110169160A	LG	授权	TS 36.321;TS 36.331;TS 38.321;TS 24.386;TS 23.285	18
在 NR-V2X 中传输位置信息的方法和装置	JP6918214B2	LG	授权	TS 38.213;TS 38.214;TS 38.211;TS 38.331;TS 38.321;TS 38.212	15

续表

标 题	专 利	申请人	法律状态	标准号	扩展同族个数
用于副链路反馈的系统和方法	JP6952871B2	华为	授权	TS 38.213；TS 38.300；TS 38.214；TS 38.211；TS 38.331；TS 38.321；TS 38.212	14
用于在无线通信系统中发送设备到设备旁路报告的方法和装置	EP3817262A1	和硕联合	授权	TS 38.213；TS 38.321	13
无线通信系统中基于优先级的终端自主重选资源的方法和装置	US20190289615A1	LG	授权	TS 36.321；TS 38.321	12
用于在无线通信系统中发送用于V2X通信的用户设备的信号的方法和使用该方法的设备	US11140696B2	LG	授权	TS 38.212；TS 36.212	12
在无线通信系统中发送设备到设备信道测量的方法和装置	EP3799490A1	和硕联合	授权	TS 38.213；TS 38.321	12
NR-V2X的两步SCI传输	EP3706496A1	LG	授权	TS 38.213；TS 38.214；TS 38.211；TS 38.331；TS 38.212	11
NR-V2X侧链路控制信息的传输	JP2021514550A	LG	授权	TS 38.213；TS 38.214；TS 38.211；TS 38.331；TS 38.212	11
无线通信系统中用于处理侧链路反馈碰撞的方法和设备	CN111355567A	和硕联合	授权	TS 38.213	10
用于在无线通信系统中发送和接收旁路控制信息的方法和装置	US20200351856A1	三星	授权	TS 38.213；TS 38.214；TS 38.211；TS 38.331	10

续表

标题	专利	申请人	法律状态	标准号	扩展同族个数
用于指示无线通信系统中的设备到设备通信的时间间隔的方法和装置	EP3761546A1	和硕联合	授权	TS 38.214；TS 38.321	10
用于在无线通信系统中发送和接收用于旁路数据的参考信号的方法和装置	US20210152408A1	三星	授权	TS 38.213；TS 38.214；TS 38.211；TS 38.331	10
用于 ITS 频带中的模式 3 V2X UE 的保护	US20190364590A1	华为	授权	TS 36.213；TS 36.331；TS 38.211；TS 38.331；TS 38.321；TS 38.212	8
在无线通信系统中为设备到设备通信提供监视节电的方法和装置	US20210037468A1	和硕联合	授权	TS 38.213；TS 38.321	7
在无线通信系统中处理没有物理旁路反馈信道的设备到设备资源池的方法和装置	US20210168790A1	和硕联合	授权	TS 38.213；TS 38.321	7
发送及接收第二级 SCI 的方法及装置、存储介质、发送 UE 及接收 UE	CN110505703A	展讯通信	授权	TS 38.211	6
用于传送两级侧链控制信息的方法和装置	US20200260472A1	联想	授权	TS 38.213；TS 38.212	6
用于旁路 CSI 获取的方法和装置	US20200322024A1	鸿颖创新	授权	TS 138.212；TS 38.331；TS 138.331	6
在通信系统中传输旁路数据的方法和装置	EP3780674A2	现代	授权	TS 38.213；TS 38.214；TS 38.211；TS 38.331；TS 38.212	6
用于旁路 CSI 获取的方法和装置	US20200322024A1	鸿颖创新	授权	TS 138.212；TS 38.331；TS 138.331	6

（5）侧链路混合自动重传请求确认（HARQ-ACK）反馈

通信中的 HARQ 是为了更好地抗干扰和抗衰落，提高系统吞吐量和数据传输可靠性而研发的一种基于向前纠错（FEC）和自动重传请求（ARQ）的新型通信技术，全称为混合自动重传。FEC 通过添加冗余信息，使得接收端能够纠正一部分错误，从而减少重传的次数。对于 FEC 无法纠正的错误，接收端会通过 ARQ 机制请求发送端重发数据，接收端使用检错码来检测接收到的数据包是否出错，如果无错则接收端发送一个肯定的确认（ACK）给发送端，发送端收到 ACK 后，则继续传输下一个数据，即新数据。如果出错，则接收端会发送一个否定的确认（NACK）给发送端，发送端接收到 NACK 后，则 HARQ 进程重新传输现有数据。

在侧链路通信与具有高可靠性要求的服务或具有相对高可靠性要求的服务相关联的情况下，SL HARQ 反馈操作是有用的。

1）相关协议和 CR。协议 TS 38.300[1] 用于描述 NR 和 NG-RAN 的总的描述，引入了专用于 V2X 的侧链路（sidelink）相关的特性，其中就包括侧链路 HARQ 反馈的具体过程，其规定 NR-V2X 侧链路 HARQ 反馈使用 PSFCH，并且可以包括两种操作选择，一个是具有 ACK 和 NACK 的 HARQ-ACK，另一个是仅具有 NACK 的 HARQ-ACK，具体内容如图 3-4-39 所示。该引入由 2020 年 3 月 LG 电子公司提出的 CR R2-2002264[2] 被通过后加入，该 CR 首页见图 3-4-40 所示。

5.7.4 Physical layer procedures for sidelink

5.7.4.1 HARQ feedback

Sidelink HARQ feedback uses PSFCH and can be operated in one of two options. In one option, which can be configured for unicast and groupcast, PSFCH transmits either ACK or NACK using a resource dedicated to a single PSFCH transmitting UE. In another option, which can be configured for groupcast, PSFCH transmits NACK, or no PSFCH signal is transmitted, on a resource that can be shared by multiple PSFCH transmitting UEs.

In sidelink resource allocation mode 1, a UE which received PSFCH can report sidelink HARQ feedback to gNB via PUCCH or PUSCH.

图 3-4-39　TS 38.300 中对侧链路 HARQ 反馈流程描述

---

[1] 3GPP TS 38.300 v16.7.0 NR，NR and NG-RAN Overall Descriprion. Sep. 2021.
[2] 3GPP R2-2002264. LG Electronics Inc.. Introduction of 5G V2X with NR Sidelink. Feb. 2020.

3GPP TSG-RAN WG2 Meeting #109-e **R2-2002264**
E-meeting, February 24-28, March 2-6, 2020

CR-Form-v12.0

CHANGE REQUEST

38.300 CR 0204 rev - Current version: 16.0.0

For HELP on using this form: comprehensive instructions can be found at http://www.3gpp.org/Change-Requests.

Proposed change affects: UICC apps [ ] ME [X] Radio Access Network [X] Core Network [ ]

Title:	Introduction of 5G V2X with NR Sidelink
Source to WG:	LG Electronics Inc.
Source to TSG:	R2
Work item code:	5G_V2X_NRSL-Core *Date:* 2020-03-02
Category:	B *Release:* Rel-16 *Use one of the following categories:* *F (correction)* *A (mirror corresponding to a change in an earlier release)* *B (addition of feature),* *C (functional modification of feature)* *D (editorial modification)* Detailed explanations of the above categories can be found in 3GPP TR 21.900. *Use one of the following releases:* *Rel-8 (Release 8)* *Rel-9 (Release 9)* *Rel-10 (Release 10)* *Rel-11 (Release 11)* *Rel-12 (Release 12)* *Rel-13 (Release 13)* *Rel-14 (Release 14)* *Rel-15 (Release 15)* *Rel-16 (Release 16)*

Reason for change:	5G V2X with NR sidelink is introduced in REL-16.
Summary of change:	In this version of the CR, we propose the followings that were not agreed yet: - The AS protocol stack of NR SBCCH is same as the stack of LTE SBCCH. - One-to-many PC5-RRC messages are not supported in Rel-16 (This is currently FFS in Editor's Note). RAN2#106 (Endorsed in R2-1908299): - New abbreviations and definitions are added to 3.2. - Uu RRC supports for sidelink are added to 7.1, 7.3 and 7.9. - New section 16.x is added for introduction of sidelink operation. RAN2#107 (Endorsed in R2-1911682): - One missing RAN2#105B agreement is captured in 7.3.1. - Minor editorial changes to 16.x.2.2 and 16.x.2.6 in yellow from R2-1908299. - RAN2#107 agreements are captured. - Fixed "NR Sidelink" that start with a uppercase letter to start with an lower case (i.e., "NR sidelink") RAN2#107bis (Endorsed in R2-14000) - RAN2#107bis agreements are captured. RAN2#108 (Endorsed in R2-1916638) - New sidelink transport channels are introduced in 5.5 - Sidelink related identities are added in 8.x. - PC5-RRC release is added and some texts related to PC5-RRC are reordered in 16.x.2.6 - Example signaling flows are added to 16.x.4.2 and 16.x.4.3 with modifications to the existing texts, based on new agreements. RAN2#109-e - T400 expiry condition is added in 16.x.2.6 - All editor's notes are deleted - Capturing RAN1 input to Rel-16 TS 38.300 in R1-2001355
Consequences if not approved:	5G V2X with NR Sidelink will not be introduced in Rel-16.

Clauses affected:	2, 3.1, 3.2, 7.1, 7.3, 7.9, 16.x			
	Y	N		
Other specs	X		Other core specifications	TS 36.300 CR 1271, TS 37.340 CR 0187
affected:			Test specifications	TS/TR ... CR ...
(show related CRs)			O&M Specifications	TS/TR ... CR ...
Other comments:				
This CR's revision history:				

图 3-4-40 CR R2-2002264 首页

2）相关标准必要专利。标准必要专利 US20200112400A1 由 LG 电子公司申请，最早优先权日为 2018 年 10 月 4 日，最早公开日为 2020 年 4 月 9 日。该申请扩展同族个数为 9，家族被引证次数为 18 次，转让 1 次。

标准必要专利 US20200112400A1 中详细描述 SL 中的混合自动重传请求（HARQ）过程。在 SL 单播和 SL 组播的情况下，可以支持物理层中的 HARQ 反馈和 HARQ 组合。在接收 UE 在资源分配模式 1 或模式 2 中操作的情况下，接收 UE 可以从发送 UE 接收 PSSCH，并且接收 UE 可以通过使用侧链路反馈控制信息（SFCI）格式经由物理侧链路反馈信道（PSFCH）向发送 UE 发送与 PSSCH 相对应的 HARQ 反馈。例如，可以针对单播启用 SL HARQ 反馈。在这种情况下，在非码块组（非 CBG）中，接收 UE 可以解码以接收 UE 为目标的 PSCCH，并且当接收 UE 成功解码与 PSCCH 相关联的传输块时，接收 UE 可以生成 HARQ – ACK。此后，接收 UE 可以向发送 UE 发送 HARQ – ACK。相反，在接收 UE 解码以接收 UE 为目标的 PSCCH 之后，如果接收 UE 未能成功解码与 PSCCH 相关联的传输块，则接收 UE 可以生成 HARQ – NACK，并且接收 UE 可以向发送 UE 发送 HARQ – NACK。又如，可以针对组播启用 SL HARQ 反馈。在这种情况下，在非 CBG 中，可以针对组播支持两种不同类型的 HARQ 反馈选项：

①组播选项 1：在解码以接收 UE 为目标的 PSCCH 之后，如果接收 UE 未能解码与 PSCCH 相关联的传输块，则接收 UE 可以经由 PSFCH 向发送 UE 发送 HARQ – NACK。相反，当接收 UE 解码以接收 UE 为目标的 PSCCH 时，并且当接收 UE 成功解码与 PSCCH 相关联的传输块时，接收 UE 可以不向发送 UE 发送 HARQ – ACK。

②组播选项 2：在解码以接收 UE 为目标的 PSCCH 之后，如果接收 UE 未能解码与 PSCCH 相关联的传输块，则接收 UE 可以经由 PSFCH 向发送 UE 发送 HARQ – NACK。并且，当接收 UE 解码以接收 UE 为目标的 PSCCH 时，并且当接收 UE 成功解码与 PSCCH 相关联的传输块时，接收 UE 可以经由 PSFCH 向发送 UE 发送 HARQ – ACK。图 3 – 4 – 41 所示为该申请中一种用于 V2X 或 SL 通信资源单元的资源分配图。

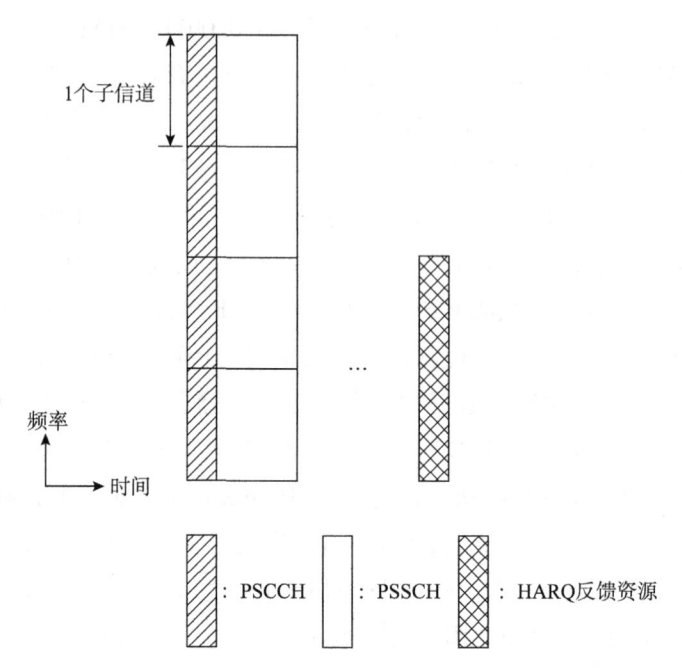

**图 3-4-41 标准必要专利 US20200112400A1
同族中用于 V2X 或 SL 通信资源单元附图**

通过上述方法，可以在多个 UEs 执行 HARQ 反馈传输的情况下最小化冲突，减少 HARQ 反馈冲突后造成的服务延迟。

该标准必要专利授权的独立权利要求主要包括如下两组权利要求：

1. 一种由第一设备发送侧链路混合自动重传请求（SL HARQ）反馈的方法，所述方法包括：从第二设备接收物理侧链路控制信道（PSCCH）；从所述第二设备接收与所述 PSCCH 相关的物理侧链路共享信道（PSSCH）；基于 (i) 关于与所述 PSSCH 相关的资源的信息，(ii) 所述第一设备的标识符 (ID)，在多个反馈资源中确定与所述 SL HARQ 反馈的传输相关的反馈资源，以及 (iii) 第二设备的源 ID，其中第一设备的 ID 是提供给组内第一设备的 ID，用于在该组内执行组播通信的多个设备中标识第一设备；基于反馈资源向第二设备发送与 PSSCH 相关的 SL HARQ 反馈。

2. 一种由第一设备发送侧链路混合自动重传请求（SL HARQ）反馈的方法，所述方法包括：从第二设备接收物理侧链路控制信道（PSCCH）；从所述第二设备接收与所述 PSCCH 相关的物理侧链路共享信道（PSSCH）；基于标识符ID，在多个反馈资源中确定与所述SL HARQ反馈的传输相关的反馈资源，基于所述第一设备的源ID和所述第二设备的源ID，其中，所述第一设备的ID是提供给组内的所述第一设备的ID，用于在所述组内执行组播通信的多个设备中标识所述第一设备。

其他V2X相关标准必要专利中与侧链路HARQ-ACK反馈技术相关的专利信息见表3-4-10。

表3-4-10 与侧链路HARQ-ACK反馈相关的其他部分标准必要专利信息

标题	专利	申请人	法律状态	标准号	扩展同族个数
无线通信系统的同步	US20170006568A1	高通	授权	TS 38.213；TS 36.331；TS 38.331	24
在无线通信系统中发送/接收装置对装置通信终端的同步信号的方法和装置	CN107852685B	LG	授权	TS 36.331；TS 38.331	18
D2D通信中传输参考信号的方法及终端	EP3358775A1	LG	授权	TS 38.211	12
用于无线通信以侧链路为中心的子帧	US20170353971A1	高通	授权	TS 38.211	25
在无线通信系统中借助终端进行V2X通信的方法和使用该方法的终端	US20200404684A1	LG	授权	TS 38.214	123
用于在无线通信系统中发送用于侧链路调度的下行链路控制信息的方法和使用该方法的终端	CN109076578A	LG	授权	TS 38.212；TS 36.212	41
车载通信中解调参考信号的设计	US20180048446A1	高通	授权	TS 38.214；TS 38.211；TS 36.211	18
用于在车辆到车辆通信中对车辆进行测距辅助定位的系统和方法	US10038979B1	高通	授权	TS 38.211	11

续表

标题	专利	申请人	法律状态	标准号	扩展同族个数
用于终端在无线通信系统中发送D2D数据的方法和装置	EP3499781B1	LG	授权	TS 38.213；TS 38.214；TS 36.213；TS 38.211；TS 38.331；TS 38.212	12
无线通信中数据传输的控制资源重用	US20180227922A1	高通	授权	TS 38.214；TS 38.212	17
在无线通信系统中发送和接收装置对装置通信终端的同步信号的方法和装置	CN109804678B	LG	授权	TS 36.331；TS 38.331	12
新无线电中的循环前缀管理	US20180139082A1	高通	授权	TS 38.211	12
在无线通信系统中控制D2D终端操作的方法和使用该方法的终端	KR1020190132490A	LG	授权	TS 38.213；TS 38.214；TS 38.211；TS 38.331；TS 38.212	14
用于车辆对车辆通信中的资源分配和反馈的方法和设备	US20190044667A1	三星	授权	TS 38.213；TS 38.214；TS 38.211；TS 38.331	12
用于旁路反馈的系统和方法	US20190052436A1	华为	授权	TS 36.213；TS 36.331；TS 38.211；TS 38.321；TS 38.331；TS 38.212	14
用于设备对设备反馈的方法和设备	US20190110325A1	高通	授权	TS 38.212	14
用于车辆对车辆（V2V）通信的蜂窝单播链路建立	US20190223008A1	高通	授权	TS 23.287	14
用于车辆到车辆通信中的多天线传输的方法和装置	US20200022089A1	三星	授权	TS 38.213；TS 38.211；TS 38.331；TS 38.212	16
用于车辆到一切（V2X）通信中的高可靠性传输的方法和装置	US20200029318A1	三星	授权	TS 38.213；TS 38.211；TS 38.331；TS 38.212	16

续表

标　题	专　利	申请人	法律状态	标准号	扩展同族个数
先进的 V2X 通信机制	US20210360520A1	联发科技	授权	TS 38.213	11
无线通信系统中基于与侧链路 HARQ 反馈相关的信息确定资源选择窗口的方法和装置	KR1020200068744A	LG	授权	TS 38.323；TS 38.331；TS 38.321；TS 38.322	11
在 NR - V2X 中收发位置信息的方法和装置	KR1020200051577A	LG	授权	TS 38.213；TS 38.214；TS 38.211；TS 38.321；TS 38.331；TS 38.212	15
旁路中的 HARQ 操作和功率控制	US20200228247A1	三星	授权	TS 38.213；TS 38.214；TS 38.211；TS 38.331；TS 38.212	11
用于在无线通信系统中处理旁路和上行链路 HARQ - ACK 反馈的方法和装置	US20200267597A1	和硕联合	授权	TS 38.213	15
无线通信系统中处理设备到设备反馈传输的方法和装置	US10785753B1	和硕联合	授权	TS 38.213	15
NR - V2X 的侧链控制信息的传输	US20200288435A1	LG	授权	TS 38.213；TS 38.214；TS 38.211；TS 38.331；TS 38.212	11
用于发起用于车辆到一切（V2X）通信的无线资源控制（RRC）连接的方法和装置	US20200314959A1	三星	授权	TS 38.213；TS 38.300；TS 38.321；TS 38.331；TS 138.321	12
无线通信系统中侧链路 TX UE 在 RRC 恢复后发送与 RLF 相关的 RRC 消息的操作方法	US20200314940A1	LG	授权	TS 38.300；TS 38.323；TS 38.321；TS 38.331；TS 38.322	11
用于 NR - V2X 侧链 HARQ 过程的方法和装置	US20200344722A1	三星	授权	TS 38.213；TS 38.321；TS 38.331；TS 38.212；TS 138.321	15

续表

标　题	专　利	申请人	法律状态	标准号	扩展同族个数
在无线通信系统中提供HARQ反馈的方法和装置	US20200351032A1	三星	授权	TS 38.213；TS 38.321；TS 38.331；TS 38.212；TS 138.321	14
在无线通信系统中处理用于旁路组播的反馈资源的方法和装置	US20200389257A1	和硕联合	授权	TS 38.213	18
无线通信系统中在网络调度模式下处理侧链混合自动请求（HARQ）的时间间隔的方法和装置	US20210321396A1	和硕联合	授权	3GPP 5G NR；TS 38.214；TS 38.321	14

（三）V2X 在 Release17 中的主要技术

1. Release17 V2X 中的主要工作项目介绍

3GPP Release17 的工作项目及其工作总结在 TR 21.917❶ 中描述，目前 Release17 协议还未完全冻结，还有正在进行中的工作项目，其中针对 V2X 的主要工作项目包括"Support of advanced V2X services – Phase 2"、"Enhanced application layer support for V2X services"以及"NR_LTE_V2X_PC5_combos"。

（1）工作项目"Support of advanced V2X services – Phase 2"介绍

工作项目"Support of advanced V2X services – Phase 2"工作开始于 2021 年 3 月，工作总结在 SP – 220357❷（3GPP TSG SA Meeting #95e）中。通过该工作项目在 TS 23.287 中规定了对行人 UEs 的 QoS 感知 NR PC5 功率效率的支持：

——关于支持 NR PC5 DRX 操作的行人 UEs 的 QoS 感知 NR PC5 功率效率的总体描述。

——PC5 DRX 配置，例如 PC5 QoS 简档到 PC5 DRX 周期的映射，默认 PC5 DRX 配置，用于当 UE 不由 E – UTRA 服务并且不由 NR 服务时的广播和组播，

---

❶ 3GPP TR 21.917 v0.3.0 Release 17 Description, Summary of Rel – 17 Work Items. Jan. 2022.

❷ 3GPP SP – 220357. eV2XARC_Ph2 rapporteur, LaeYoung Kim（LG Electronics）. Summary for eV2XARC_Ph2. Mar. 2022.

作为用于通过 PC5 参考点的 V2X 通信的规定参数。

——用于广播和组播的 NR Tx 简档，作为通过 PC5 参考点的 V2X 通信的规定参数。

对于 PC5 参考点上的基于 NR 的单播、组播和广播模式通信，支持 PC5 DRX 操作以实现行人 UE 功率节省。

V2X 层确定相应的 V2X 服务类型，并且基于 V2X 服务类型到 PC5 QoS 参数的映射或由应用层提供的 V2X 服务类型的 V2X 应用要求来导出对应的 PC5 QoS 参数。V2X 层将 PC5 QoS 参数和目的地层 2 ID 传递到 AS 层。对于广播和组播，V2X 层还基于 V2X 服务类型到 NR Tx 简档的映射来确定相应 V2X 服务类型的 NR Tx 简档，并将 NR Tx 简档提供给 AS 层。

当需要 PC5 DRX 操作时，例如基于在广播或组播的情况下的 NR Tx 简档，AS 层考虑由 V2X 层提供的 PC5 QoS 参数和/或目的地层 2 ID 来确定用于 PC5 参考点上的 V2X 通信的 PC5 DRX 参数值。

对于单播，两个 UEs 可以协商 AS 层中的 PC5 DRX 配置，并且可以在 AS 层中每对源和目的地层 2 ID 以及每方向配置 PC5 DRX 参数值。

对于当 UE 不由 E – UTRA 服务并且不由 NR 服务时的广播和组播，UE 将所提供的 PC5 DRX 配置用于 PC5 DRX 操作。

（2）工作项目"Enhanced application layer support for V2X services"介绍

工作项目"Enhanced application layer support for V2X services"工作开始于 2020 年 3 月，工作总结在 SP – 220653（3GPP TSG SA Meeting #96）中。通过该工作项目，V2X 应用层在 3GPP 系统上的功能模型在 5G 的基础上进行了增强，在 VAE 层增加了以下功能：

a. V2X 通信模式切换辅助，提供 V2X 终端，从 V2X 应用层应用 V2V 通信模式切换策略。

b. 跨多个 V2X 服务提供商发现 V2X 业务，实现 V2X 终端从来自不同地理区域的 V2X 服务提供商中发现 V2X 业务。

c. V2X 终端从 V2X 终端所在服务器的合作 V2X 服务提供商处获取动态本地业务信息。

d. 考虑用户同意支持 V2X 车辆编队，动态更新群组信息。

e. 支持 PC5 配置，考虑到多运营商场景，以启用 V2V/V2I 通信。

f. 支持高清地图动态信息，使 V2X 应用服务器（即高清地图服务器）能够获取动态对象信息（如 V2X 应用服务器决定的一定距离范围内的 V2X 终端），这类信息支持基于高清地图的自动驾驶或远程驾驶场景。

g. UE 对 UE 组播/广播配置和消息传递，实现 V2X 应用服务器利用 VAE 层实体（VAE 服务器和 VAE 客户端）分发 UE 到 UE 的组播/广播策略，并根据配置的策略分发 V2X 消息。

h. VAE 层启用使用本地多媒体广播组播功能（MBMS）的 V2X 通信。

i. 面向会话的服务支持 ToD 应用的会话管理需求，其中 ToD 控制器可以驻留在终端或应用服务器中。

j. 业务适配和扩展 QoS 监控与报告，通过抽象 3GPP 系统交互细节，为 V2X 应用服务器提供简化的业务需求适配服务。

在 VAE 层，以下能力得到增强（协议方面在 3GPP TS 24.486 中指定）：

VAE 服务器的服务应用程序编程接口（API）公开符合通用的 API 开放框架（CAPIF）；

使用本地 MBMS 启用文件分发；

V2X UE 的网络监控增强了 5GC 分析和 RAT 类型。

V2X 应用特定服务器通过 Vs 参考点对外开放的 VAE 服务器服务（北向 API）的 openAPI 规范在 3GPP TS 29.486 中规定。

为了支持高清地图动态信息，增强了服务使能架构层（SEAL）位置管理服务，可以跟踪主车和主车邻近范围内的 V2X 终端，并进一步从主车邻近范围内的 V2X 终端处获取动态信息。增强 V2X 业务的应用层支持的可行性研究在 3GPP TR 23.764 中。

（3）工作项目"NR_LTE_V2X_PC5_combos"介绍

工作项目"NR_LTE_V2X_PC5_combos"属于正在进行中的工作项目，其主要针对 RAN 侧进行进一步的技术改进。其工作目标主要包括针对 NR/LTE PC5 频段和/或 NR/LTE Uu 频段之间并发操作的研究。

2. Release17 V2X 中的主要改进技术

（1）PC5 DRX 配置

DRX 全称为 Discontinuous Reception，即不连续接收，这种方法可以让 UE 周期性地在某些时候进入睡眠状态，不去监听下行控制信道子帧，而需要监听的时候则从睡眠状态中唤醒，这样就可以使 UE 达到省电的目的。

V2X 系统允许车辆之间的通信（例如，经由容纳在车辆中或以其他方式由车辆携带的通信设备)、行人 UEs［包括由其他人（诸如骑自行车者等）携带的 UEs］和用于各种目的的其他无线通信设备，诸如协调交通活动、促进自主驾驶和执行碰撞避免。某些 V2X 系统的增加的通信要求可能会使便携式电池供电的 UE 设备的功率和资源能力紧张。

1) 相关协议和 CR。协议 TS 23.287❶ 用于描述为支持 V2X 服务的 5G 系统架构增强，其中包括指出行人终端可以使用 PC5 DRX 机制在 PC5 参考点上以规定的功率效率进行 V2X 通信，具体内容如图 3-4-42 所示，该描述由 2021 年 5 月华为、思科提出的 CR S2-2105136❷ 被通过后加入，该 CR 的首页如图 3-4-43 所示。协议 TS 38.300 和 TS 38.331 中则具体规定了 DRX 相关配置的方法和参数设置等信息。

5.2.1 V2X communication over PC5 reference point

5.2.1.1 General

For V2X communication, two types of PC5 reference points exist: the LTE based PC5 reference point as defined in TS 23.285 [8], and the NR based PC5 reference point as defined in clause 4.2.3. A UE may use either type of PC5 or both for V2X communication depending on the services the UE supports. The V2X communication over PC5 reference point supports roaming and inter-PLMN operations. V2X communication over PC5 reference point is supported when UE is "served by NR or E-UTRA" or when the UE is "not served by NR or E-UTRA".

A UE is authorized to transmit and receive V2X messages when it has valid authorization and configuration as specified in clause 5.1.2.

The pedestrian UEs may use the PC5 DRX mechanism to perform V2X communication over PC5 reference point with power efficiency as specified in clause 5.9.

5.9 Support of QoS aware NR PC5 power efficiency for pedestrian UEs

For NR based unicast, groupcast and broadcast mode communication over PC5 reference point, PC5 DRX operations are supported to enable pedestrian UE power saving.

The V2X layer determines the respective V2X service types, and derives the corresponding PC5 QoS parameters based on either the mapping of V2X service types to PC5 QoS parameters, or the V2X Application Requirements for the V2X service type provided by the application layer. The V2X layer passes the PC5 QoS parameters and destination Layer-2 ID to the AS layer as specified in clauses 6.3.1, 6.3.2 and 6.3.3.

> NOTE: For broadcast and groupcast, the AS layer needs PC5 QoS parameters as well to determine the PC5 DRX parameter values for reception operation over PC5 reference point. Therefore, the V2X layer determines the interested V2X service types and derives the PC5 QoS parameters based on its reception needs besides the transmission needs. How to derive the PC5 QoS parameters based on its reception needs (e.g. without establishing the PC5 QoS Flows) depends on UE implementation.

The AS layer determines the PC5 DRX parameter values for V2X communication over PC5 reference point, taking into account, e.g., PC5 QoS parameters and/or destination Layer-2 ID provided by the V2X layer.

> Editor's note: The reference to RAN specification will be added when the PC5 DRX operations are defined in RAN WGs.

For unicast, two UEs may negotiate the PC5 DRX configuration in the AS layer, and the PC5 DRX parameter values can be configured per a pair of source and destination Layer-2 IDs in the AS layer.

For broadcast and groupcast when the UE is "not served by E-UTRA" and "not served by NR", the UE uses the provisioned PC5 DRX configuration for PC5 DRX operation as specified in clause 5.1.2.1.

图 3-4-42　TS 23.287 中关于 PC5 DRX 相关描述

---

❶ 3GPP TS 23.287 v17.1.0 Architecture enhancements for 5G System (5GS) to support Vehicle-to-Everything (V2X) services. Sep. 2021.

❷ 3GPP S2-2105136. Huawei, HiSilicon. PC5 DRX parameters determination. May. 2021.

```
3GPP TSG-WG SA2 Meeting #145E e-meeting        S2-2105136
Elbonia, May 17 – 28, 2021                     (revision of S2-2104294)

                                                    CR-Form-v12.0
                    CHANGE REQUEST

        23.287  CR  0156   rev  1   Current version:  16.5.0

         For HELP on using this form: comprehensive instructions can be found at
                    http://www.3gpp.org/Change-Requests.

Proposed change affects:   UICC apps☐  ME ☒ Radio Access Network☐ Core Network☐

Title:                PC5 DRX parameters determination
Source to WG:         Huawei, HiSilicon
Source to TSG:        SA2
Work item code:       eV2XARC_Ph2                Date: 2021-05-17
Category:             B                          Release: Rel-17
                      Use one of the following categories:    Use one of the following releases:
                      F (correction)                          Rel-8  (Release 8)
                      A (mirror corresponding to a change in an earlier  Rel-9  (Release 9)
                      release)                                Rel-10 (Release 10)
                      B (addition of feature),                Rel-11 (Release 11)
                      C (functional modification of feature)  Rel-12 (Release 12)
                      D (editorial modification)              Rel-13 (Release 13)
                      Detailed explanations of the above categories can  Rel-14 (Release 14)
                      be found in 3GPP TR 21.900.             Rel-15 (Release 15)
                                                              Rel-16 (Release 16)
Reason for change:    Based on the conclusion in TR 23.776, description for PC5 DRX needs to
                      be added.
Summary of change:    Add description for PC5 DRX.
Consequences if not
approved:             PC5 DRX operation cannot work.
Clauses affected:     5.2.1.1
                      Y  N
Other specs           ☒    Other core specifications      TS 23.287 CR 0154
affected:             ☒    Test specifications            TS/TR ... CR ...
(show related CRs)    ☒    O&M Specifications             TS/TR ... CR ...
Other comments:
This CR's revision history:
```

图 3-4-43　CR S2-2105136 首页

2）相关标准必要专利。标准必要专利 US20200196240A1 由苹果公司申请，最早优先权日为 2018 年 12 月 12 日，最早公开日为 2020 年 6 月 18 日。该申请扩展同族个数为 4，家族被引证次数为 4 次，转让 1 次。

图 3-4-44 所示为标准必要专利 US20200196240A1 中的一种 DRX 配置相关的场景图。本申请给出了用于调整 V2X 网络中安全消息的例行通信的进行的装置、系统和方法的实施例，以便节省参与的功率受限设备［特别是行人 UEs（PUEs）］中的资源，同时满足 V2X 系统延迟需求。网络可以将用于

一个或多个 UEs 的组的安全消息传输资源调度到接近 UEs 的唤醒时间的时间窗口中。V2X 系统中的 UE 可以在 DRX 状态下操作，以便节省它们的资源。根据 DRX，UEs 可以在睡眠状态和唤醒状态之间循环，不连续地监测和执行通信。在各种情况下，UEs 可以根据连接模式 DRX（CDRX）或不活动/空闲模式 DRX 进行操作。如果在一个或多个 UEs 的唤醒时间附近调度安全消息传输，则可以在"开启"或"唤醒"窗口中容纳安全消息通信（其可以包括传输和/或接收），并且 UEs 可以不需要执行额外的唤醒来传送安全消息。通过减少额外的唤醒，该方法可以倾向于节省 UE 的资源。

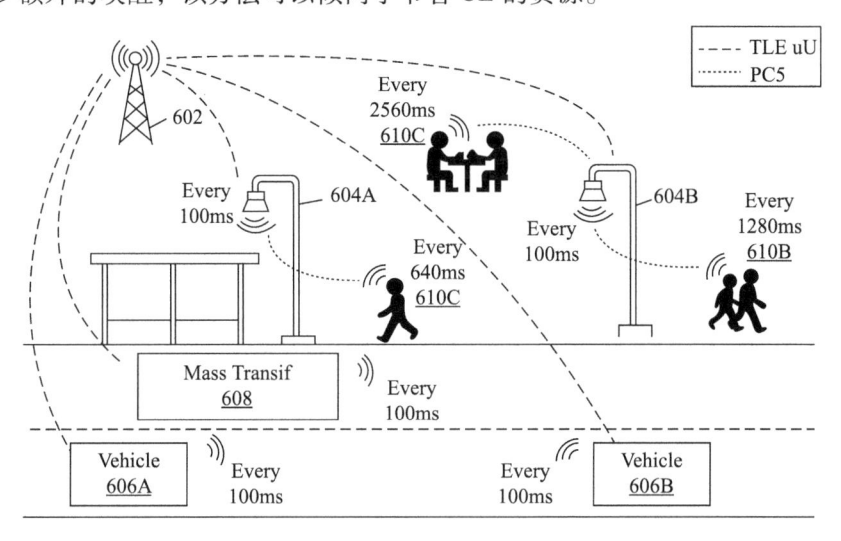

图 3-4-44　标准必要专利 US20200196240A1 中场景附图

该标准必要专利授权的独立权利要求主要包括如下内容：

1. 一种蜂窝基站，包括：至少一个天线，用于执行无线通信；处理元件，所述处理元件耦接到所述无线电部件；其中，所述蜂窝基站具有相关联的蜂窝覆盖区域；其中，所述基站被配置为：向所述蜂窝覆盖区域中的多个 UE 提供上行链路调度信息，所述上行链路调度信息指定在接近 UE 唤醒时间的时间窗口中对用于安全消息的传输资源的调度；其中，所述上行链路调度信息利用为车辆通信安全应用通知保留的下行链路控制信息（DCI）字段在组下行链路控制信道中被发送到所述多个 UE，并且其中，对于每个 UE，所述安全消息包括用于避免与车辆碰撞的所述 UE 的位置信息。

其他 V2X 相关标准必要专利中部分与 PC5 DRX 技术相关的专利信息见

表 3-4-11。

表 3-4-11　与 PC5 DRX 相关的其他部分标准必要专利信息

标　题	专利	申请人	法律状态	标准号	扩展同族个数
车载通信的道路交通状况	EP3411865A1	诺基亚	授权	TS 23.501；TS 38.300；TS 38.401；TS 23.287	5
使用者终端、通讯装置及方法	TW201739274A	新力	授权	TS 123.285；TS 122.186；TS 38.331；TS 22.186；TS 22.185；TS 138.213；TS 138.214；TS 23.285；TS 138.331；TS 122.185	18
在设备到设备（D2D）通信中通过侧链路发现用户设备（UE）的系统和方法	US20210297842A1	三星	授权	TS 23.501；TS 36.300；TS 23.401	7
无授权配置	CN111052657A	三星	授权	TS 38.213；TS 38.214；TS 38.321；TS 38.331；TS 138.321	13
非连续接收 DRX 参数配置方法和装置	CN113099518A	华为	授权	TS 38.331；TS 38.321	6
在无线通信系统中为设备到设备通信提供监视节电的方法和装置	US20210037468A1	和硕联合	授权	TS 38.213；TS 38.321	7
用于在无线通信系统中处理用于侧链路不连续接收的逻辑信道的优先级划分的方法和设备	JP2021118545A	和硕联合	授权	TS 38.321	8
用于旁路组播/广播的不连续接收操作的方法和设备	WO2022019707A1	三星	未进入国家阶段-PCT有效期内	3GPP；TS 138.322；TS 38.321；TS 38.331；TS 38.322；TS 138.321；TS 138.331	2

续表

标题	专利	申请人	法律状态	标准号	扩展同族个数
无线通信系统中处理SL DRX不活动定时器的方法和装置	WO2022131765A1	三星	未进入国家阶段-PCT有效期内	TS 38.213；TS 38.321；TS 38.331；TS 138.213	2
无线通信系统中旁路资源分配的方法和装置	WO2022191564A1	三星	未进入国家阶段-PCT有效期内	TS 38.213；TS 38.211；TS 38.212	3
无线通信系统中支持旁路不连续接收的方法和装置	WO2022191647A1	三星	未进入国家阶段-PCT有效期内	TS 38.213；TS 38.214	3

（2）不同V2X服务类型映射PC5 QoS参数

V2X QoS流管理模型可以支持用于不同服务的不同QoS流IDs。服务可以由诸如提供商服务ID（PSID）或智能运输系统应用标识符（ITS-AID）的服务类型ID来标识，不同应用可以生产不同的服务类型ID。每流QoS管理可以应用于广播通信、组播通信和/或单播通信。可以为每个服务类型生成的通信分配单独的QoS流ID。来自应用层的数据业务可以由V2X层基于QoS规则来处理，以分离成不同的QoS流。每个QoS流可以具有不同的PC5 QoS流ID（PFI）和相应的QoS参数。当QoS流包括多个服务时，在针对不同服务使用不同频率资源的配置与支持在相同层2链路上传输不同服务的配置之间可能存在冲突。如果包含在QoS流中的服务与不同的频率资源相关联，则将QoS流映射到无线电资源可能存在问题，特别是如果用于将数据业务过滤到QoS流中的QoS规则基于QoS要求而不考虑频带信息。基于服务的类似QoS要求，可以将多个服务（具有不同的PSID/ITS-AID）放置在相同的QoS流中。例如，PFI可以被设置为等于PQI，即共享相同PQI的所有分组被放置到相同的QoS流中。这可能导致多个服务被分组到相同的QoS流中，而对于不同的服务没有区分。因此，不同的服务将被映射到相同的无线电承载。此外，取决于配置，PC5 通信（例如，NR PC5 通信）可以限于支持单个频率载波。在这种情况下，相同无线电承载中的不同服务将在相同的频带上发送，这可能与为不同服务分配的特定频带冲突。

1）相关协议和 CR。协议 TS 23.287❶用于描述为支持 V2X 服务的 5G 系统架构增强，其中指出需要支持感知 QoS 的 NR PC5 步行终端的功率效率，V2X 层根据 V2X 业务类型与 PC5 QoS 参数的对应关系，推导出相应的 PC5 QoS 参数并向 AS 层传递，具体内容如图 3-4-45 所示，该描述由 2021 年 5 月 LG 电子等公司提出的 CR S2-2105135❷被通过后加入，该 CR 的首页如图 3-4-46 所示。

5.9　Support of QoS aware NR PC5 power efficiency for pedestrian UEs

For NR based unicast, groupcast and broadcast mode communication over PC5 reference point, PC5 DRX operations are supported to enable pedestrian UE power saving.

The V2X layer determines the respective V2X service types, and derives the corresponding PC5 QoS parameters based on either the mapping of V2X service types to PC5 QoS parameters, or the V2X Application Requirements for the V2X service type provided by the application layer. The V2X layer passes the PC5 QoS parameters and destination Layer-2 ID to the AS layer as specified in clauses 6.3.1, 6.3.2 and 6.3.3.

NOTE:　For broadcast and groupcast, the AS layer needs PC5 QoS parameters as well to determine the PC5 DRX parameter values for reception operation over PC5 reference point. Therefore, the V2X layer determines the interested V2X service types and derives the PC5 QoS parameters based on its reception needs besides the transmission needs. How to derive the PC5 QoS parameters based on its reception needs (e.g. without establishing the PC5 QoS Flows) depends on UE implementation.

The AS layer determines the PC5 DRX parameter values for V2X communication over PC5 reference point, taking into account, e.g., PC5 QoS parameters and/or destination Layer-2 ID provided by the V2X layer.

　　Editor's note:　The reference to RAN specification will be added when the PC5 DRX operations are defined in RAN WGs.

For unicast, two UEs may negotiate the PC5 DRX configuration in the AS layer, and the PC5 DRX parameter values can be configured per a pair of source and destination Layer-2 IDs in the AS layer.

For broadcast and groupcast when the UE is "not served by E-UTRA" and "not served by NR", the UE uses the provisioned PC5 DRX configuration for PC5 DRX operation as specified in clause 5.1.2.1.

图 3-4-45　TS 23.287 中与 PC5 Qos 参数推导相关流程

---

❶　3GPP TS 23.287 v17.1.0 Architecture enhancements for 5G System（5GS）to support Vehicle-to-Everything（V2X）services. Sep. 2021.

❷　3GPP S2-2105135. LG Electronics, Deutsche Telekom, ZTE, Lenovo, Motorola Mobility, Tencent, Intel, Nokia, Nokia Shanghai Bell, Ericsson. Support of QoS aware NR PC5 power efficiency for P-UEs. May. 2021.

第三章 5G-V2X 技术分析

3GPP TSG-SA WG2 Meeting #145E (e-meeting)
May 17 – May 28, 2021, Elbonia

S2-2105135
(revision of S2-2103931r06)

CHANGE REQUEST

CR-Form-v12.1

| 23.287 | CR | 0154 | rev | 1 | Current version: | 16.5.0 |

For HELP on using this form: comprehensive instructions can be found at http://www.3gpp.org/Change-Requests.

Proposed change affects: UICC apps ☐ ME [X] Radio Access Network ☐ Core Network [X]

Title:	Support of QoS aware NR PC5 power efficiency for P-UEs
Source to WG:	LG Electronics, Deutsche Telekom, ZTE, Lenovo, Motorola Mobility, Tencent, Intel, Nokia, Nokia Shanghai Bell, Ericsson
Source to TSG:	SA2
Work item code:	eV2XARC_Ph2
Date:	2021-04-23
Category:	B
Release:	Rel-17

Use one of the following categories:
F (correction)
A (mirror corresponding to a change in an earlier release)
B (addition of feature),
C (functional modification of feature)
D (editorial modification)
Detailed explanations of the above categories can be found in 3GPP TR 21.900.

Use one of the following releases:
Rel-8 (Release 8)
Rel-9 (Release 9)
Rel-10 (Release 10)
Rel-11 (Release 11)
…
Rel-15 (Release 15)
Rel-16 (Release 16)
Rel-17 (Release 17)
Rel-18 (Release 18)

Reason for change:	Description about Support of QoS aware NR PC5 power efficiency for pedestrian UEs based on the conclusions defined in clause 7.2 of TR 23.776 is needed.
Summary of change:	Add PC5 DRX configuration for broadcast/groupcast when the UE is "not served by E-UTRA" and "not served by NR" to clause 5.1.2.1 Add new clause for QoS aware NR PC5 power efficiency for pedestrian UEs.
Consequences if not approved:	QoS aware NR PC5 power efficiency for pedestrian UEs is not supported.
Clauses affected:	5.1.2.1, 5.X (new)

	Y	N		
Other specs affected: (show related CRs)		X	Other core specifications	TS/TR … CR …
		X	Test specifications	TS/TR … CR …
		X	O&M Specifications	TS/TR … CR …

Other comments:

图 3-4-46 CR S2-2105135 首页

2) 相关标准必要专利。标准必要专利 US20200396636A1 由高通公司申请，最早优先权日为 2019 年 6 月 13 日，最早公开日为 2020 年 12 月 17 日。该申请扩展同族个数为 11，转让 1 次。

标准必要专利 US20200396636A1 公开了一种装置，该装置从应用层接收数据业务，并基于数据业务的无线电资源信息为数据业务分配至少一个 QoS 流标识符（ID）。用于利用不同无线电资源传输的数据分组被分配不同的 QoS

流 ID。

在 V2X 层处应用的用于来自应用层的数据业务的 QoS 流管理的过滤器可以基于 PQI、范围以及来自应用层的频带信息、数据类型、通信模式、目的地 ID、服务 ID、IP 分组过滤器或 QoS 要求的任何组合来分配 PFI。PC5 QoS 流参数可以包括保证比特率（GBR）、保证流比特率（GFBR）、最大流比特率（MFBR）和/或 PC5 链路聚合最大比特率（PC5 链路 AMBR）。

例如，PFI 可以基于频带信息来指派不同的 PFI，被提供用于与特定频带相关联的数据业务。因此，可以为与不同频带相关联的数据业务分配不同的 PFI。

PFI 可以基于数据类型（例如，数据业务是 IP 数据业务还是非 IP 数据业务）来分配。

PFI 可以基于通信模式（例如，数据业务是广播数据业务、组播数据业务或单播数据业务）来分配。

PFI 可以基于服务类型 ID（例如，基于 PSID 或 ITS – AID）来分配。因此，可以为不同服务类型的数据业务分配不同的 PFI。

PFI 可以基于数据业务的目的地来分配 PFI。例如，广播业务的目的地 ID 可以包括广播 L2 ID。组播业务的目的地 ID 可以包括组 ID 或转换的组播 L2 ID。单播数据业务的目的地 ID 可以包括目标 UE 应用层 ID、链路 ID 或转换的单播 L2 ID。

PFI 可以基于在 V2X 层处从应用层接收的 QoS 要求来指派 PFI。作为示例，QoS 要求可以包括数据业务的分组延迟预算（PDB）、数据业务的分组差错率（PER）、数据业务的范围等中的任何一个。例如，如果为数据业务提供 IP 分组过滤器信息，则可以基于 IP 分组过滤器信息来分配 PFI。V2X 层可以使用用于数据业务的任何示例参数/信息来确定是将数据业务分组到现有 QoS 流中还是分配新的 PFI。用于确定 PFI 的至少一些信息可以从 V2X 层传递到 AS 层。PFI 可以在 AS 层使用该信息来确定在映射到一个或多个无线电承载时是否可以组合用于不同 PFIs 的数据业务。作为示例，数据业务的数据类型信息可以与所分配的 PFI 一起从 V2X 层传递到 AS 层。AS 层可以使用数据类型信息，使得 AS 层不将 IP 数据业务和非 IP 数据业务组合到相同的无线电承载中。作为另一示例，频率信息可以被传递到 AS 层，它可以用于将 QoS 流映射到无线电承载。当将数据业务映射到一个或多个无线电承载时，AS 层可以使用频率信息来避免组合与不同频带相关联的数据业务。AS 层还可以使用数据业务的频率信息来将 QoS 流映射到正确的专用无线电承载（DRB），例如，映射到与 QoS 中包括的数据业务没有冲突的 PC5 无线电承载。因此，基于这里给出的新 QoS 流管理方面，V2X 层可以基于与相关应用相关联的频率和/或数据类型来过滤来自应用层的数据业务，使得具有冲突频率和/或数据类型的服务可以被分配给不同的 QoS 流。

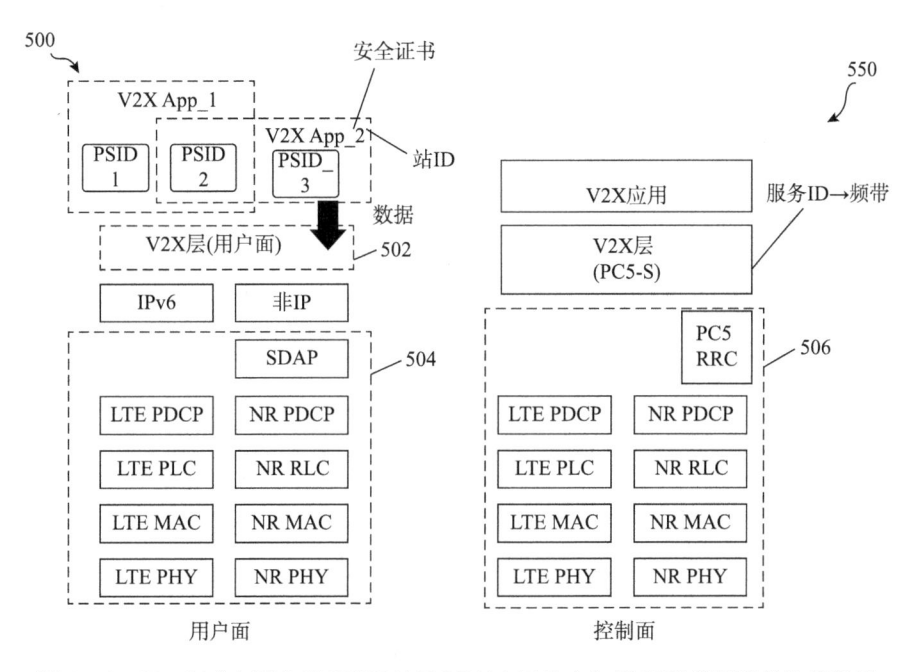

图 3-4-47 所示为该申请中包含 V2X 的通信协议栈结构图。

图 3-4-47 标准必要专利 US20200396636A1 同族中包括 V2X 的通信协议栈附图

该标准必要专利授权的独立权利要求主要包括如下内容：

1. 一种无线通信的方法，包括：从应用层接收数据业务以在设备到设备通信中进行传输；基于在用于所述数据业务的无线电资源信息中指示的频率资源，为所述数据业务分配至少一个服务质量（QoS）流标识符（ID），其中，用于以不同频率资源传输的数据分组被分配不同的 QoS 流 ID。

其他 V2X 相关标准必要专利中与不同 V2X 服务类型映射 PC5 QoS 参数技术相关的专利信息见表 3-4-12。

表 3-4-12 与不同 V2X 服务类型映射 PC5 QoS 参数技术相关的标准必要专利信息

标 题	专 利	申请人	法律状态	标准号	扩展同族个数
用于车辆到任意事物（V2X）通信的增强型邻近服务（ProSe）协议	CN107710795A	英特尔	授权	TS 38.300；TS 38.331；TS 38.323；TS 38.321；TS 38.322	13
无线通信的分层体系结构	US20170079059A1	英特尔	授权	TS 38.300；TS 38.211；TS 38.321；TS 38.331；TS 38.201；TS 38.212	33
一种无线通信系统中执行 V2X 通信的终端确定发射功率的方法及应用该方法的终端	US20180124707A1	LG	授权	TS 38.212	14
用于在无线通信系统中发送和接收数据的方法和支持该方法的设备	KR102060806B1	LG	授权	TS 38.300；TS 38.321；TS 38.323；TS 38.331；TS 38.322；TS 37.324	23
用于无线系统中功率控制的系统和方法	US20180242264A1	IDAC	授权	TS 38.213	11
与传统无线接入技术互通，实现与下一代核心网络的连接	US20170289882A1	高通	授权	TS 23.502；TS 23.501；TS 36.331；TS 23.401	66
用于调度不同类型的多个上行链路授权的方法和装置	US20180098349A1	高通	授权	TS 38.300	14
无线系统中的媒体访问协议数据单元组件	KR1020190017742A	IDAC	授权	TS 38.213	13
一种数据通信网中指定附着过程和移动性寻呼支持的方法及装置	US10123365B2	三星	授权	TS 23.501；TS 23.401	19
用于 5G 新无线电的无线电接口协议体系结构方面，服务质量（QoS）和逻辑信道优先级划分	US20200267753A1	康维达无线	授权	TS 38.300；TS 38.331；TS 38.321；TS 37.324	15

续表

标题	专利	申请人	法律状态	标准号	扩展同族个数
用于在无线通信系统中确定数字的方法和装置	US20180192255A1	和硕联合	授权	TS 38.331	15
网络策略优化的系统和方法	US10986516B2	华为	授权	TS 23.502；TS 23.501；TS 29.244；TS 23.288	12
为非因特网协议数据会话启用新的无线蜂窝服务质量	US20180324060A1	高通	授权	TS 24.501	12
通信方法及装置	CN110366132A	华为	授权	TS 23.287	13
参数集获取方法及装置	CN109196888A	小米	授权	TS 38.331	12
无线通信中的报头格式	US20190097936A1	高通	授权	TS 38.323	15
在用户设备（UE）处的策略供应	US20190116520A1	高通	授权	TS 23.502	15
利用服务数据适配协议层促进服务质量流重映射	US20190320362A1	高通	授权	TS 38.300	16
用于改进无线通信系统中的一对一侧链通信的方法和装置	US20200146082A1	和硕联合	授权	TS 23.287	11
用于在无线通信系统中支持一对一侧链通信的方法和装置	US20200205209A1	和硕联合	授权	TS 23.287	17
用于在无线通信系统中建立旁路逻辑信道的方法和装置	EP3709760A1	和硕联合	授权	TS 38.331	19

（四）V2X 在 Release18 中的演进方向

5G - Advanced 从 Release18 版本开始，目前 Release18 研讨会认可的主题包括：

1. 下行 MIMO 的演进，在以下示例领域：

（1）用于 CSI 的进一步增强（比如：移动性、开销等）

（2）多 TRP 和多波束进化处理

（3）特定 CPE（用户预定设备）考虑

2. 上行增强，在以下示例领域：

（1）大于 4 发射操作

（2）增强多面板/多 TRP 上行操作

（3）频率选择预编码

（4）进一步覆盖增强

3. 移动性增强，在以下示例领域：

（1）基于层 1/层 2 的小区间移动性

（2）DAPS（双激活协议栈)/CHO（条件切换）相关改进

（3）FR2 相关增强

4. 额外的拓扑改进（IAB 和智能中继器），在以下示例领域：

（1）移动 IAB（综合接入回程)/车载继电器（VMR）

（2）智能中继器伴随侧控制信息

5. 用于 XR（扩展现实）增强，在以下示例领域：

KPIs/QoS，应用认知操作，以及与耗电、覆盖、容量和移动性相关的方面

6. Sidelink（侧链路）增强（排除定位），在以下示例领域：

（1）SL 增强（比如：非授权、省电增强、效率增强等）

（2）SL 中继增强

（3）LTE‐V2X 和 NR‐V2X 的共存

7. RedCap（降低能力）演进（排除定位），在以下示例领域：

（1）新的使用场景和新的 UE 带宽

（2）省电增强

8. NTN（非地面网络）演进，在以下示例领域：

包括 NR 和 IoT（物联网）两方面

9. 广播和多播服务演进，在以下示例领域：

包括基于 LTE 的 5G 广播和 NR MBS（多播广播服务）

10. 扩展和提高定位，在以下示例领域：

（1）侧链路定位/测距

（2）提高准确性、完整性和功率效率

（3）RedCap 定位

11. 双工操作演进，在以下示例领域：

（1）部署场景，包括双工模式

（2）干扰管理

12. AI（人工智能)/ML（机器学习），在以下示例领域：

（1）空中接口（例如：用于焦点、KPI 和评估研究方法、网络和 UE 参与等）

（2）NG – RAN

13. 网络节能，在以下示例领域：

KPIs 和评估研究方法、焦点领域和潜在解决方法

从上述主题可以看出，直接用于 V2X 的演进包括对侧链路在非授权频谱、省电和效率增强方面的演进，对侧链路中继的增强，LTE – V2X 和 NR – V2X 共存的进一步研究，并对侧链路定位/测距进一步增强，而间接地，包括人工智能/机器学习，广播和多播服务演进，下行 MIMO 增强、上行增强等技术都可用于 V2X 技术。

第四章 决策规划技术分析

第一节 决策规划技术概述

一、技术简介

在自动驾驶中,决策规划扮演着自动驾驶汽车大脑的角色,因此其在自动驾驶的发展中占据着重要的地位。从传统的由驾驶员操控的车辆发展成自动驾驶汽车,最核心的就是如何让车辆能够像"老司机"一样对于行驶的全过程作出正确的规划控制,而决策规划为攻克这一核心问题提出了解决方案。决策规划作为自动驾驶的关键技术之一,其融合感知、导航、定位等信息,首先在全局层面根据驾驶目的地等需求信息进行全局路径规划,规划出一条在一些特定条件下到达目的地的最优路径,接着基于上述全局路径规划,在局部层面的环境信息的基础上进行驾驶行为决策,如跟车、换道、超车、拐弯、停车等,最后考虑多种约束关系得到路径与速度优化的局部路径规划。

本节将从全局层面的全局路径规划、局部层面的行为决策和局部路径规划等三个方面介绍决策规划技术。

(一)全局层面:全局路径规划

全局路径规划即在驾驶的全局层面完成对到达目的地的宏观路径规划的工作,是自动驾驶核心任务之一。全局路径规划需要收集定位、感知、相关数据库等数据,并对这些数据进行综合评估,给出在约束条件下的最优全局路径规划。全局路径规划是汽车完成驾驶行为决策及局部路径规划的基础。

现在广泛应用于人们日常生活中的导航系统就是全局路径规划技术发展的早期基础,导航系统能够基于交通状况、地图等信息进行路径规划,但是在导航路径确定过程中还是需要用户的选择参与。而运用在自动驾驶汽车上的全局路径规划技术对于路径规划提出更高的要求，其不仅要考虑交通状况、地图等道路信息，更重要的是需要对于多种路径进行综合考虑，进行像人类一样的选择判断后确定一条最终的最优路径，也就是需要像人类一样对于交通状况、个人偏好、燃油消耗、天气状况等所有相关信息综合考虑后作出一个最符合当下需求的路径选择。为了确保全局路径规划能够真正满足使用无人驾驶车辆用户的需求，全局路径规划就不能简单地基于既定规则进行选择判断，而是需要系统地模拟人类处理各种相关信息后作出智能的决策。为了实现这个目标，最新的全局路径规划技术很多都融入了人工智能领域的各种算法。

全局路径规划本质上是给定约束下的最小化问题，现在已经有许多成熟的算法，主要包含图搜索算法、基于采样的算法。常见的图搜索算法包括Dijkstra算法、A*算法，常见的基于采样的算法包括RRT（Rapid-exploration Random Tree，快速搜索随机树）算法。

Dijkstra算法是由荷兰计算机科学家狄克斯特拉于1959年提出的，其基本思想是贪心思想，解决的问题是如何求解有向图中起点到其他各点的最短距离问题；如图4-1-1所示，具体的原理是：首先将起点到所有其他点的距离存储并找到距离最近的点，然后遍历一遍看将刚刚找到的距离最近的点作为中转站会不会更近，如果更近则更新距离；通过这种方法将所有点遍历后就将起点到其余各点的最短距离存储下来了。

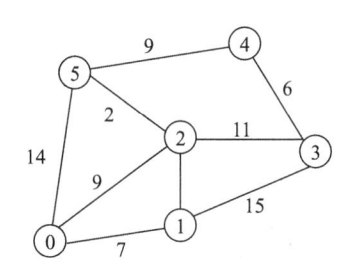

图4-1-1 Dijkstra算法原理图

A*算法又称最佳优先搜索，是1968年斯坦福国际研究院的Peter E. Hart、Nils Nilsson以及Bertram Raphael共同提出的，其基本思想是借助启发函数引导搜索的过程，以提高路径搜索的效率；如图4-1-2所示，其具体的原理是：在代价函数中加入启发函数，启发函数表示节点到目标点的代价，其用于引导搜索方向，搜索速度得到显著提高。

	0	1	2	3	4	5	6
0		8	8				
1	8	6	6				
2	6		4		8	END	
3	8	6	6		8	8	8
4		8	8	8	8	8	

图 4-1-2　A＊算法原理图

RRT（快速搜索随机树）算法是从起点开始，在空间中随机采样，并找到路径树上与采样点最近且能无障碍连接的点，将该点与采样点连接起来，并将采样点加入路径树，直至搜索到终点区域。

（二）局部层面：行为决策

行为决策是指根据定位、地图导航、环境等信息，结合交通规则对车辆的驾驶行为（如跟车、换道、超车、拐弯、停车等）作出合理决策，并将目标行为、目标车速、目标位置等信息作为约束条件，下发给轨迹规划模块，同时根据下层反馈情况作实时动态调整。

在汽车实际的行驶过程中，道路环境是在时刻变化的，车辆很多时候都不能按照全局规划中的车速、路线进行行驶，需要针对行驶中的各个局部工况随机应变及时调整车速、路线。局部层面的行为决策作为适应变化环境的技术手段，是自动驾驶技术中需要攻克的重要难题。例如2021年，一辆特斯拉 Model Y 在美国底特律西南部的一个十字路口撞上了一辆白色卡车。事故的原因就是特斯拉无法正确分类白色大卡车的侧面，将白色卡车的侧面与天空混淆，由于行为决策的缺陷导致了事故的发生。在自动驾驶领域，受到传感器本身、天气、道路环境等的影响，传感器采集的数据存在着不确定性，而如何在获取各种传感器的信息后作出正确的决策以应对多变环境，行为决策就显得尤为重要。在传统车的行驶中，熟练的驾驶员能够眼观六路耳听八方，在获得众多道路信息后灵活地作出变道、超车等驾驶行为，而自动驾驶汽车就要通过有效的局部决策规划基于各种传感器的信息作出综合判断,确保即使在部分传感器数据存在不确定的情况下仍然能够作出最佳规划确保行驶安全。

目前行为决策主要有两类研究方法:基于规则的方法和基于学习的方法。基于规则的行为决策方法先根据任务路线、道路环境、交通法规以及驾驶规则等建立驾驶行为规则库,进而依据规则库通过对当前环境和自车状态的逻辑推理,确定出驾驶行为,此类常用方法如有限状态机方法。基于学习的行为决策方法利用各种学习算法来进行决策,即将任务路线、道路环境、交通法规以及驾驶规则等信息,传递给由学习算法构成的决策系统,该系统通过分析和处理各类信息,并结合经验确定出驾驶行为,常用方法有:决策树、强化学习、端到端学习方法等。

(三) 局部层面:局部路径规划

局部路径规划本质上是一个考虑多种约束关系的路径与速度优化问题。其是利用感知、导航、定位和决策信息,规划出车辆未来一小段时间内的运动轨迹(包括路径和速度信息),而且该轨迹应满足车辆机动性、稳定性、舒适性和安全性等要求。局部路径规划主要任务:完成路径规划,完成速度规划,满足多种约束关系。

局部路径规划是缩小版的全局路径规划,由于车辆在运行过程中需要不断调整以适应道路环境,在运行过程中如果仅依靠行为决策和全局路径规划则很难确保最终的行驶路径和速度是最优的。为了解决这个问题,局部路径规划应运而生,通过规划一小段、一小段的运动轨迹,确保自动驾驶汽车在未来每一小段的工况里能够基于实时的当下作出最优的路径选择。

局部路径规划的研究方法大体可以分为两类:路径—速度解耦规划和路径—速度耦合规划。

路径—速度解耦规划采用先进行路径规划,然后在路径规划的基础上开展速度规划的规划方式,在规划中满足多种约束关系。路径—速度解耦规划的具体过程为:首先,在进行路径规划时,生成车辆可行驶的路径对应的候选曲线,通过成本函数对每条候选曲线进行评估,成本函数主要考虑安全性、车道偏离等相关因素,按照计算出的成本大小对候选曲线排序,选择成本最低的路径;其次,在进行速度规划时,由于在行驶过程中速度不是唯一确定的,大部分工况下速度是变化的,获取变化的速度曲线,通过设定各种约束条件，适用优化算法选择较佳的速度曲线；最后，将路径曲线和速度曲线结合就得到了车辆的行驶轨迹。

路径—速度耦合规划，采用耦合规划的方法，同时获得轨迹上各点的位置与速度（时间）信息。

二、产业现状

在自动驾驶决策规划技术领域，工程上的运用现状如下：

1) 对于全局路径规划，常用的全局路径规划包括 Dijkstra 算法、A*算法、RRT 算法等，有的也采用蚁群算法、遗传算法。其中，RRT 系列算法搜索效率比较高，搜索速度比较快，但规划过程随机性太强，对于狭窄通道也可能无法规划路径，即规划路径质量较差，因此应用相对较少；而 Dijkstra 算法在地图数据量较小的情况下能够实现较优的规划，但是当地图数据量较大时难以满足路径规划对于实时性的要求。目前，全局路径规划多采用基于图搜索的 A*系列算法。由于各个算法都存在各自的优缺点，为了更好地适应自动驾驶在路径规划时数据量大、实时性要求高等特点，将多种算法进行融合改进也是目前热门的研究方向。

2) 对于行为决策，目前工程应用的行为决策方法多为基于规则的决策方法，但基于学习的决策方法对复杂场景的适应性更好。自动驾驶面对的环境变化多样，相应的通过传感器获取的各种数据信息较多，如果基于规则的决策方法则难以获得最优结果，容易顾此失彼。由于目前市面上的车辆大都是 L0～L2 级别的汽车，而 L0～L2 级别车辆在进行辅助驾驶时仅需要基于较少的传感器对驾驶员的驾驶进行辅助即可，数据处理量少且需要其作出的决策也相对简单，因此目前行为决策方法多为基于规则的决策方法。但是，基于规则的决策方法很难有效实现未来 L3 级别以上车辆的决策控制。另外，行为决策高度依赖对其他道路参与者参与行为的准确预测，但其他参与者的行为具有很强的随机不确定性，难以准确把握，在获得的各种信息不确定性较大的情况下，简单的规则性决策方法就更难作出最优决策了。

3) 对于局部路径规划，由于解耦规划中路径与速度是串行规划的，因此其规划效率相比于路径—速度耦合规划要低。目前的路径规划方法已经能够满足智能车辆局部路径规划的基本需求，但在路径优化方面仍存在提升空间，现阶段的优化多是局部优化，还无法实现全局最优。

目前广泛量产的是 L0~L2 等级自动驾驶车辆，在该等级下决策规划还处于一种较弱的应用，比如最基础的自适应巡航（ACC）+车道保持辅助（LCC），以及 L2 自动变道功能，大都在一些比较简单的场景上应用，如城市快速路、高速路况且交通情况良好情况下。至于 L3 级别以上的自动驾驶，目前还主要处于试验研发阶段，该级别的自动驾驶对车辆的决策规划能力要求更高，这也是大多数车企、科研机构对相关技术进行广泛研究的原因，尤其是近年来 AI 技术获得了快速发展，这也促进了决策规划技术的不断进步。随着各个创新主体对于自动驾驶技术的深入研究与试验的持续推进，相信会有更多的新兴技术应运而生，决策规划也能够不断完善，拥有"老司机"的智慧。

第二节 决策规划专利申请分析

一、申请趋势分析

决策规划技术作为自动驾驶汽车的关键技术，由于其与传感器技术、人工智能技术密切相关且涉及很多重难点技术领域，因此虽然其起步较早，但是早期的研究推进受限较多，到 21 世纪初期相关的专利申请才逐渐出现。图 4-2-1 所示为决策规划专利申请趋势，在全世界范围内关于自动驾驶汽车决策规划技术的已公开专利申请共 11752 项，在中国范围内关于自动驾驶汽车决策规划技术的已公开专利申请共 6751 项，专利申请总体呈现增长趋势。中国范围内关于自动驾驶汽车决策规划技术起步时间较全球关于自动驾驶汽车决策规划技术起步时间晚，但是中国和全球决策规划领域专利技术的增长趋势相近。

决策规划专利申请趋势可分为两个阶段：

1）起步—缓慢增长阶段（2000—2014 年）：在这个阶段，汽车行业中关于自动驾驶技术的研究处于起步阶段，主要停留在汽车部分智能功能的实现即智能汽车 L2 阶段性能的实现；同时在这个阶段为自动驾驶配套的通信、传感器、人工智能等技术发展尚不成熟，缺乏实现自动驾驶决策规划的基础技术支撑。这个阶段的申请人主要以日本、美国等传统汽车工业强国为主，年申请量都在 400 项以内。

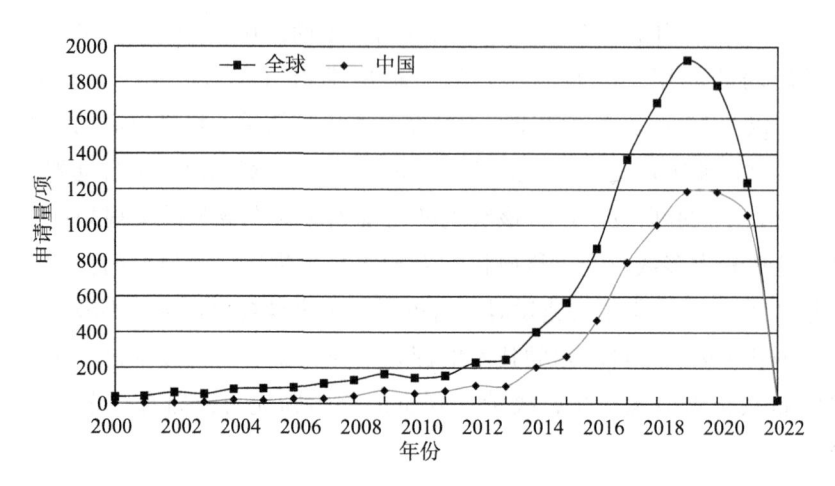

图 4-2-1　决策规划专利申请趋势

2) 高速发展期（2015—2020 年）：在此期间，自动驾驶决策规划技术相关专利申请从 400 项增加至 1900 项左右。随着决策规划所依赖的基础技术飞速发展与应用，自动驾驶技术成为汽车行业最热门的研发方向，大量的通信巨头、人工智能企业、互联网企业、造车新势力等都开始致力于自动驾驶技术的研发。而决策规划相关技术也备受关注，特别是各个汽车巨头，基于早期对于汽车辅助驾驶技术的积累，以及大量的汽车行驶工况数据积累，提出大量应用于自动驾驶的决策规划相关申请。在 2015 年之后，随着人工智能技术的飞速发展，决策规划中的数据处理量大、实时性差的难题都通过人工智能、大数据看到了攻克的希望，各创新主体都将算法应用在决策规划中，提出了大量的专利申请。

综上可见，在自动驾驶汽车决策规划技术兴起的近二十年，自动驾驶汽车决策规划技术前期处于稳步增长阶段，近年来则是处于飞速发展的阶段。随着配套政策密集落地、配套技术不断成熟，预计自动驾驶汽车决策规划技术在未来一段时间将处于持续快速发展阶段。

二、技术来源地与目标地分析

图 4-2-2 所示为决策规划技术全球流向图，从专利申请在各主要国家/地区技术流向来看，关于决策规划专利申请原创技术排名前几位的国家或地区依次是中国、日本、美国、欧洲、韩国。原创于中国的专利申请数量最多，

但是从全球专利布局来看，原创于中国的专利申请在海外的布局最少，其中又以在欧洲的申请最少，只有33件。国内仅华为、百度等互联网及通信企业重视海外布局，这得益于相关企业多年来积累的知识产权运营经验，值得其他国内申请人借鉴学习。日本在决策规划领域的专利全球布局最广，原创于日本的专利在中国、美国、欧洲都有大量布局。这主要是因为很多传统的汽车领域巨头，如丰田、本田、电装、日产等企业都是日本企业，且相关企业在全球汽车市场都占据重要份额，非常重视汽车相关专利技术的全球布局。同时，还可以看出虽然美国、欧洲、韩国在全球的专利布局不像日本全球布局涉及的地区那么多，但是相关国家或地区申请人的专利申请在进行全球布局时都将中国作为重要的汽车市场并在中国进行布局。而中国、日本、欧洲、韩国的海外专利布局中，以在美国布局的专利数量最多。

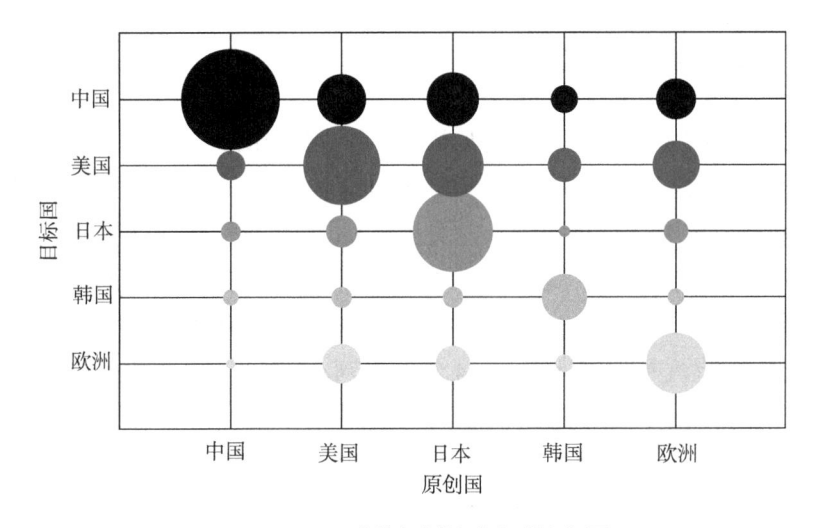

图4-2-2 决策规划技术全球流向图

近几年，我国经济逐渐从高速发展转向高质量发展，各个实业主体都逐步开始重视技术创新和专利布局，专利申请量逐年增长。在决策规划技术分支下专利申请量的分布情况与自动驾驶关键技术整体专利申请量的省市分布情况相近。图4-2-3所示为中国决策规划技术领域专利申请的省市分布图，申请量排名前5的省市分别是北京市、广东省、江苏省、上海市、浙江省，与国内重要的申请人华为、百度等企业的主营机构区域分布相一致，同时也与各个地区的地区生产总值呈正相关。在决策规划技术领域的国内重要申请人还包括部分高校申请人，如江苏大学、清华大学等也都分布在排名前5的省市。

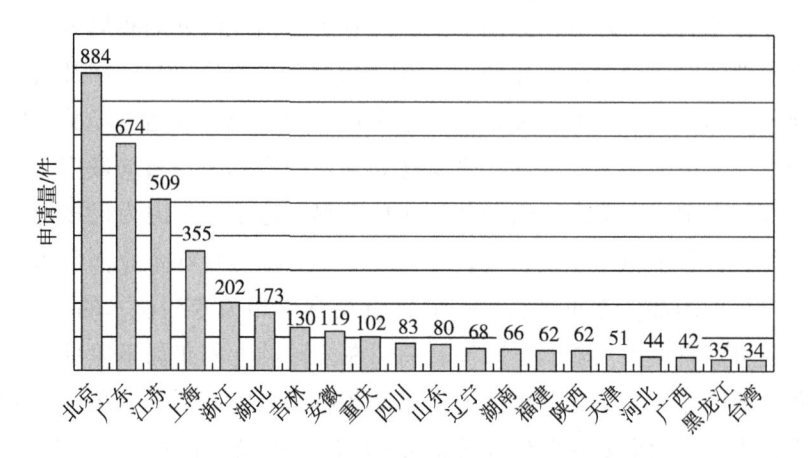

图 4-2-3 中国决策规划技术专利申请的省市分布

三、主要申请人分析

决策规划技术全球重要申请人申请排名情况如图 4-2-4 所示。决策规划技术全球主要申请人排名 TOP20 的企业依次是：丰田、本田、日产、现代、博世、福特、电装、百度、大众、通用、日立、三菱、戴姆勒、爱信艾达、宝马、HERE、法雷奥、谷歌、LG、华为，排名前 20 的申请人的申请量占该领域总申请量的 39%，总计 4559 项。在全球 TOP20 主要申请人中，有 11 家整车企业、5 家汽车零部件企业、4 家互联网/通信企业。全球决策规划技术专利申请量排名前三的企业均为整车企业，分别是丰田、本田、日产，均为日本企业，其申请量分别达到 594 项、374 项、363 项。决策规划技术作为自动驾驶汽车领域的基础专业技术，是自动驾驶关键技术中起步较早的技术分支，也是各个整车企业研究关注的重点技术分支，目前在该技术中占据重要地位的还是汽车整车企业和汽车零部件企业。同时，由于决策规划技术中还会涉及算法、人工智能、通信相关的技术，属于多学科交叉融合领域，随着近年来互联网和通信巨头纷纷入局自动驾驶领域，百度、HERE、谷歌、华为等互联网/通信企业也成为该领域全球 TOP20 主要申请人。值得注意的是，谷歌和百度凭借各自在互联网和高精度地图技术方面的优势，分别成为美国和中国的自动驾驶行业先驱，但从决策规划领域申请量上来看，谷歌已被百度超越，且即将被华为赶上。尽管目前互联网/通信巨头在该技术分支的申请量占比并不高，但却是近年增速最快的。未来随着汽车智能化、网联化发展，软件定义汽车的理念成为行业共识，互联网/通信企业凭借其先天优势，将为推动决策规划技术发展发挥更大的作用。

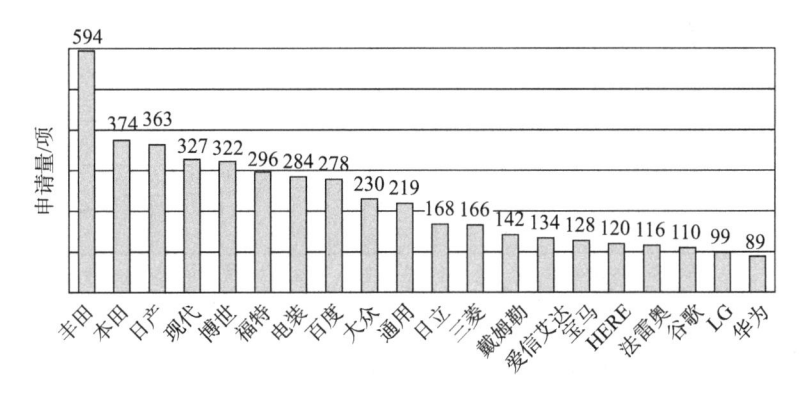

图 4-2-4 决策规划技术全球 TOP20 申请人

图 4-2-5 所示为决策规划技术中国重要申请人申请排名情况。决策规划技术中国重要申请人排名 TOP20 的企业依次是：丰田、百度、本田、福特、现代、通用、日产、博世、大众、华为、江苏大学、日立、小鹏汽车、清华大学、吉林大学、吉利汽车、三菱、电装、中国一汽、腾讯。从决策规划技术国内专利申请量排名靠前的申请人的申请量情况可以看出，排名前 3 的申请人分别是丰田（263 件）、百度（246 件）、本田（236 件），排名前 20 申请人的总申请量占该技术分支总申请量的 37%，总计 2513 项。在这 20 个申请主体中，有 9 家来自中国、6 家来自日本、2 家来自美国、1 家来自韩国、2 家来自欧洲，可见不同国家或地区创新主体正在中国区域内展开激烈竞争。从数量上来看，日本的主要申请人依然保持较大竞争力，其申请量占 TOP20 申请人总申请量的 37%。当然不容忽视的是，百度、华为和腾讯这三家中国本土互联网/通信企业申请量分别为 246 件、144 件和 46 件，这三家企业在国内积极开展自动驾驶汽车基础技术研发的同时，也在积极推动我国相关自动驾驶技术标准的制定。同时，在 TOP 20 申请人中也有小鹏汽车、吉利汽车和中国一汽 3 家国内整车企业，其申请量分别为 75 件、68 件、47 件。其中，小鹏汽车是成立于 2014 年的造车新势力公司，特别关注电动汽车、智能汽车领域的技术研发，其旗下的很多车辆都搭载了最新的自动泊车类技术产品，而相关技术的申请量也是在近年快速攀升。此外，国内申请人高校占比也较高，在 TOP 20 申请人中，就包括三所高校，分别是江苏大学、清华大学、吉

林大学,这也与目前国内重视技术成果的保护与创新的大环境相呼应。

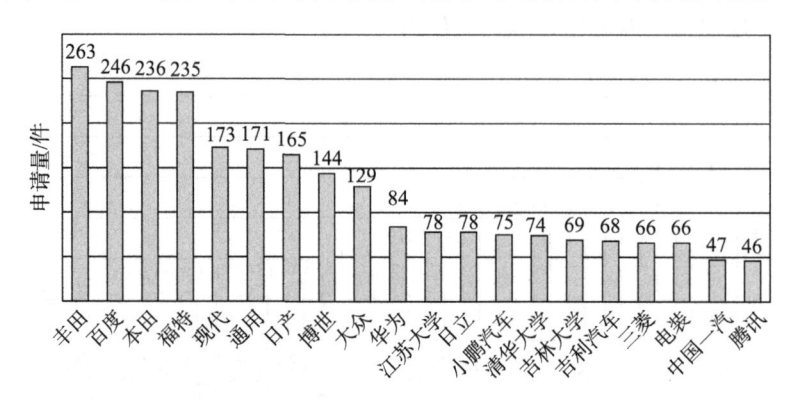

图4-2-5 决策规划技术中国TOP20申请人

决策规划技术全球TOP10申请人申请趋势如图4-2-6所示。从全球TOP10申请人的申请发展趋势来看,从2012年至2015年,主要申请人在决策规划技术领域的申请量处于稳步增长的阶段,从2015年开始,在该领域的申请量整体上呈现较快增长趋势,但是各申请人在该领域的增长趋势呈现出不同的状态。其中,百度作为起步最晚的主要申请人,在2015年以前在该领域没有申请量,在2015年后开始迅速增长,2019年的申请量达到91项,在该年申请量最多。其他重要申请人还是以车企为主,丰田、本田、现代在近五年对于该技术领域的专利布局非常重视,近五年的申请量增长迅速。未来几年可以预期,在该技术分支的主要申请人中,整车企业还是会占据重要地位,

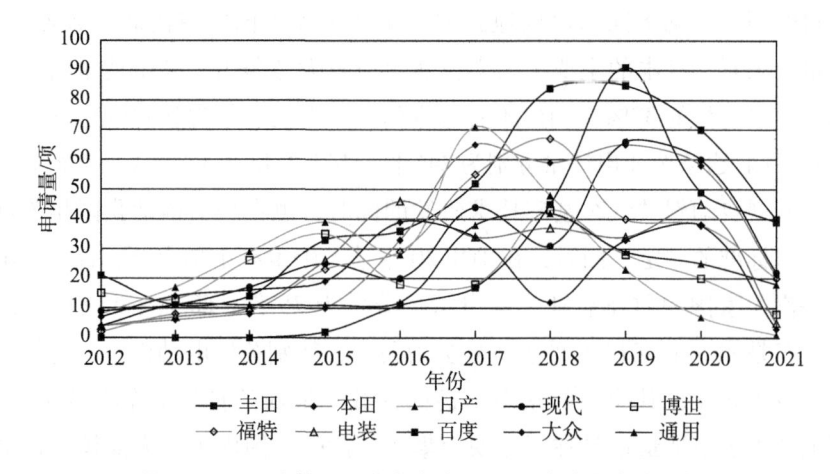

图4-2-6 决策规划技术全球TOP10申请人申请趋势

而随着互联网/通信企业的强势入局，他们的地位也会变得越来越重要。通过分析各个企业近年的申请趋势以及考虑到当前自动驾驶行业洗牌加速，可以预见未来该技术分支申请人格局可能会发生很大变化，重要申请人中可能会出现一些新兴企业。

四、中国专利申请类型和法律状态分析

图4-2-7所示为决策规划技术中国专利申请类型，决策规划技术的中国专利申请绝大多数为发明专利，占比达到98%，剩余2%为实用新型，可见申请人对该技术分支的重视程度很高，同样体现了该技术分支的技术含量极高。中国专利申请包含538件PCT申请，占比为8%，相较于自动驾驶关键技术中国专利申请整体26%的PCT发明占比而言，表明申请人对该技术分支的全球布局意识相对较弱，国内车企可效仿日本车企加快在该领域的专利布局。

图4-2-8所示为决策规划技术中国专利法律状态，决策规划技术的中国专利申请有40%已获得授权，42%处于未决状态，18%处于无效状态，其中包括7%驳回失效，7%撤回，4%未缴年费失效，以及少量的放弃失效（11件）和期限届满（9件）。可见该领域已审结专利申请的授权率较高，整体申请质量较高；决策规划技术起步较早，所以已有少量专利期限届满。

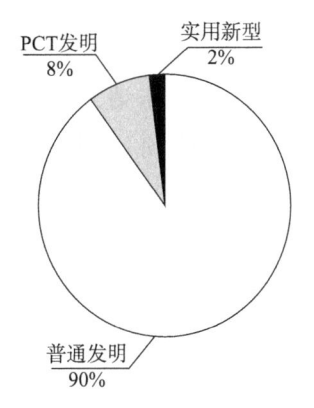

图4-2-7 决策规划技术中国专利申请类型

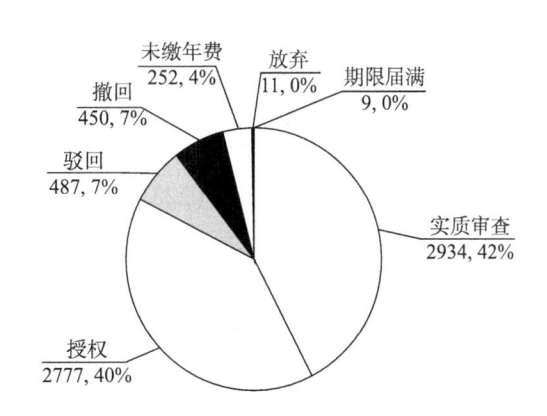

图4-2-8 决策规划技术中国专利法律状态（单位：件）

五、技术发展趋势

表4-2-1所示为全球专利申请量前后五年对比。从专利申请量前后五年的对比分析来看，在决策规划技术领域的专利申请有较大幅度的增长，总申请量从前五年的2322项到后五年的8007项，增幅达到144.83%；同时申请人数量明显增多，申请人数量从前五年的739个到后五年的2028个，增幅达到174.42%，这得益于近年来自动驾驶作为炙手可热的技术领域，发展势头强劲，传统企业在加大研发投入的同时，越来越多的新兴申请人入场角逐。从TOP 20申请人申请量占比来看，后五年占比大幅下降，后五年的人均申请量也有所下降，说明随着行业竞争者数量的大幅增长，头部申请人的技术优势受到冲击，大量的创新主体在该技术领域进行专利布局，技术实力趋向均衡。

表4-2-1 全球专利申请量前后五年对比

维度类别	2012—2016年	2017—2021年
申请人数量/个	739	2028
TOP 20申请人申请量/项	1223	2881
总申请量/项	2322	8007
TOP 20申请人申请量/占比	52.67%	35.98%
TOP 20申请人人均申请量/项	1.65	1.42

图4-2-9所示为全球决策规划技术前后五年TOP 20申请人对比。在2017—2021年间，排名TOP 10的申请人分别是丰田（331项）、本田（268项）、百度（263项）、现代（223项）、福特（219项）、通用（174项）、电装（155项）、日产（150项）、大众（119项）、日立（118项），可见后五年申请人排名发生了较大变化。从决策规划技术前后五年主要申请人对比可以看出，前五年没有中国申请人上榜全球TOP20，后五年出现了中国申请人，分别是百度、华为、小鹏和嘀嘀，其中百度位列第三，表现抢眼，体现行业巨头具有较强的"产品未动，专利先行"意识，但仍未撼动日本申请人的优势地位。传统申请人的排名有升有降，日产从第一下降到第八，博世从第三下降到第十一，戴姆勒、法雷奥、爱信艾达、大陆、沃尔沃、IBM跌出前二十，本田从第八上升到第二，福特、通用也有所上升，大众、日立、雷诺进

入榜单，可见该领域技术竞争已达白热化。在近五年 TOP 20 申请人中，还出现了一些新兴申请人，比如通信企业华为、互联网企业百度等，印证了产业百花齐放这一产业现象。

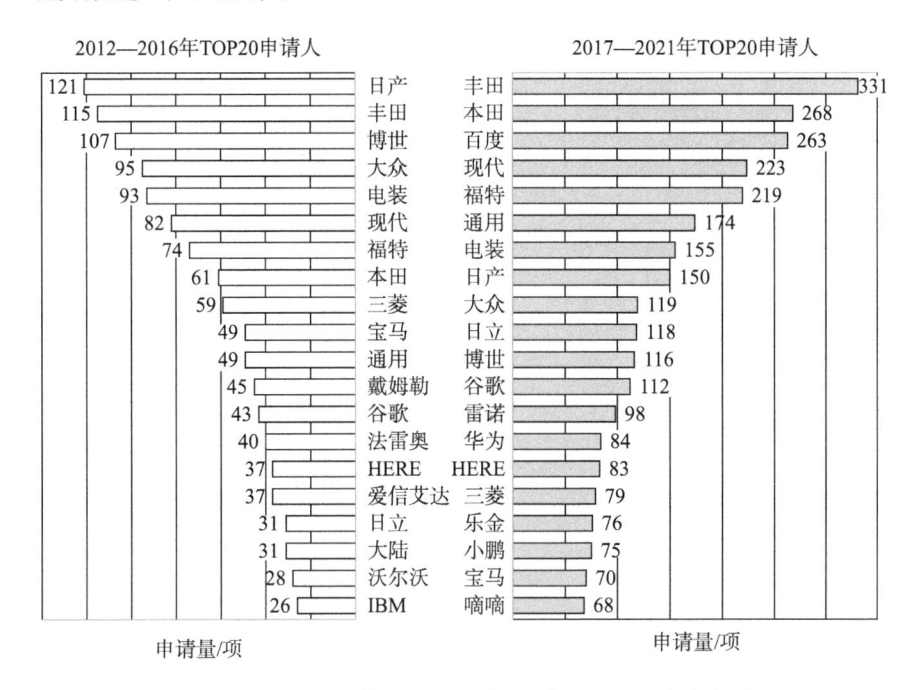

2012—2016年TOP20申请人		2017—2021年TOP20申请人	
日产	121	丰田	331
丰田	115	本田	268
博世	107	百度	263
大众	95	现代	223
电装	93	福特	219
现代	82	通用	174
福特	74	电装	155
本田	61	日产	150
三菱	59	大众	119
宝马	49	日立	118
通用	49	博世	116
戴姆勒	45	谷歌	112
谷歌	43	雷诺	98
法雷奥	40	华为	84
HERE	37	HERE	83
爱信艾达	37	三菱	79
日立	31	乐金	76
大陆	31	小鹏	75
沃尔沃	28	宝马	70
IBM	26	嘀嘀	68

申请量/项　　　　　　　　　　　申请量/项

图 4-2-9　全球决策规划技术前后五年 TOP 20 申请人对比

全球决策规划技术 2019—2021 年新增申请人排名如图 4-2-10 所示。分析全球 2019—2021 年专利申请数据发现，决策规划技术分支中新增申请人数量达到 1255 个，占总申请人数量的 33.25%，可见该分支属于自动驾驶领域的热点技术，申请人数量呈现爆发式增长，涌现了众多的初创企业，同时越来越多的传统企业或互联网企业通过成立子公司在该技术分支扩大研发投入，参与竞争。

这三年新增申请人排名前 15 的申请人分别是北京三快在线、广州小鹏自动驾驶、阿波罗智联（北京）、北京京东乾石、广州文远知行、京东鲲鹏（江苏）、华人运通（上海）、安波福、的卢、新石器慧通（北京）、百度（美国）、Argo AI、湖南大学、Cavh LLC、江铃汽车，其中中国申请人 12 位，体现了中国在决策规划领域发展势头强劲，属于自动驾驶发展热土；前 15 位申请人中，部分申请人为互联网企业或传统车企新成立的子公司，比如三快在线属于美团旗下，阿波罗智联和百度（美国）均为百度子公司，小鹏自动驾

2019—2021年新增申请人排名

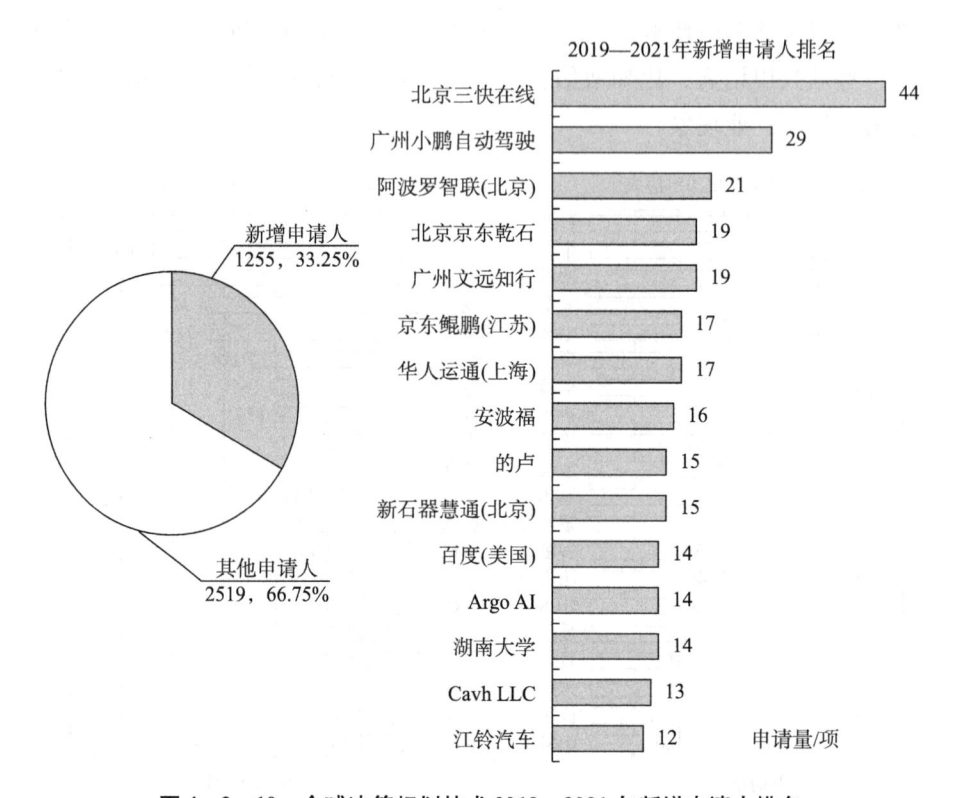

申请人	申请量/项
北京三快在线	44
广州小鹏自动驾驶	29
阿波罗智联(北京)	21
北京京东乾石	19
广州文远知行	19
京东鲲鹏(江苏)	17
华人运通(上海)	17
安波福	16
的卢	15
新石器慧通(北京)	15
百度(美国)	14
Argo AI	14
湖南大学	14
Cavh LLC	13
江铃汽车	12

新增申请人 1255,33.25%
其他申请人 2519,66.75%

图4-2-10　全球决策规划技术2019—2021年新增申请人排名

驶是小鹏汽车新成立的子公司，京东乾石和京东鲲鹏属于京东集团，Argo AI的主要股东为福特汽车，安波福由德尔福公司拆分而来。随着当下自动驾驶汽车领域竞争的加剧，众多初创企业也在积极加强技术创新和专利布局，中国企业很可能后来居上，进一步动摇日本车企在决策规划技术领域的地位，通过加强技术创新和专利布局实现弯道超车。

第三节　决策规划各技术分支专利申请分析

一、申请量趋势分析

图4-3-1所示为决策规划各技术分支专利申请趋势。决策规划各技术分支的申请量在2014年之后开始大幅增加，两个分支申请趋势基本相同，申

请均集中在 2018—2020 年前后。其中，局部路径规划的申请量远远大于全局路径规划，约为全局路径规划申请量的两倍，属于决策规划技术的重点申请方向。中国起步较晚，且全局路径规划的申请量增速较缓慢，局部路径规划的申请量增速与全球整体增速相当。中国在局部路径规划领域和全局路径规划领域的申请量占比较大，但是全局路径规划领域申请量占比相较于局部路径规划申请量占比略低。

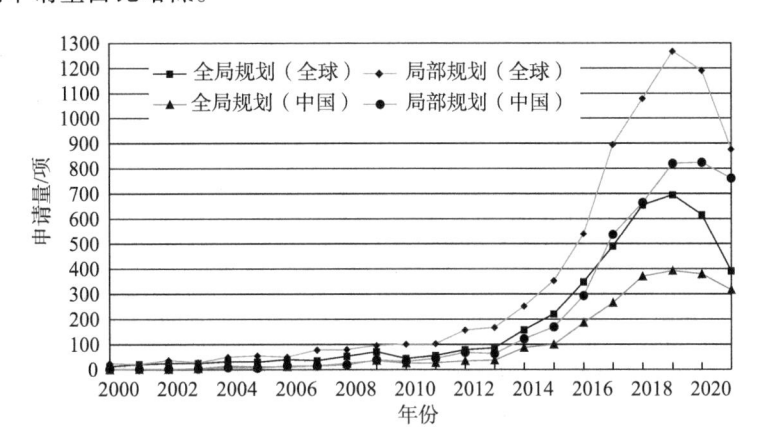

图 4-3-1　决策规划各技术分支专利申请趋势

二、技术原创国和目标国分析

（一）全局规划

全局规划主要技术原创国和目标国专利申请量如图 4-3-2 所示。

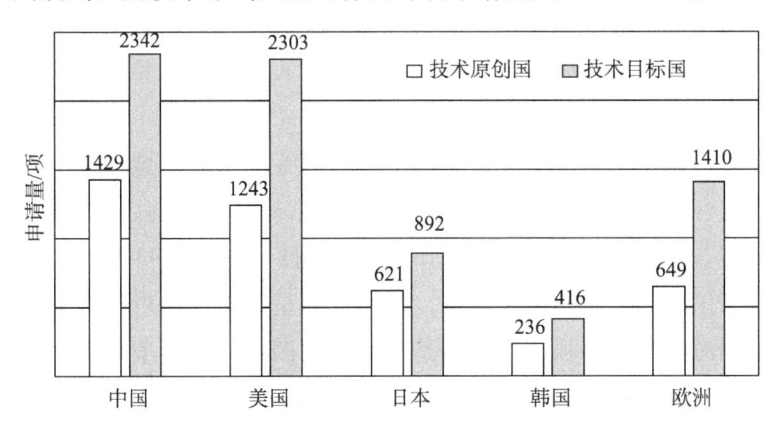

图 4-3-2　全局规划主要技术原创国和目标国专利申请量

从全局规划技术原创国专利申请量来看，中国申请人在全局规划领域的专利申请量最多，具有1429项，美国申请人在全局规划领域的专利申请量仅次于中国申请人，具有1243项。究其缘由，是因为中国、美国的创新主体较多，并且各区域内均在地图服务方面形成了创新能力较强的巨头企业，例如中国的百度以及美国的谷歌公司。欧洲申请人在全局规划领域的专利申请量与日本申请人的专利申请量相当，分别为649项、621项，二者均与中国申请人和美国申请人的专利申请量相差较大，这也与欧洲、日本申请人在相关领域的竞争力处于第二梯队有关联。韩国申请人在全局规划领域的专利申请量最少，具有236项专利申请，这也与韩国市场本身较小、韩国区域内的创新主体相对较少的情况相符。

从技术目标国专利申请量来看，以中国、美国为专利布局目标区域的专利申请量最多且数量相当，分别为2342项、2303项，是由于区域内申请人的相关专利申请量较多，同时中国和美国也是各国创新主体均非常重视的市场。以欧洲为专利布局目标区域的专利申请有1410项，虽然欧洲申请人的专利数量较少，但是以欧洲为专利布局目标区域的专利申请数量仍然较多，因此欧洲也是相关领域的重要市场。以日本、韩国为专利布局目标区域的专利数量相对较少，分别为892项、416项，一方面是因为区域内申请人的相关专利申请相对较少，另一方面是因为这两个区域的市场体量较小。总体而言，中国、美国、欧洲的外来申请较多，属于全局规划领域中重要的目标市场。

图4-3-3所示为全局规划技术全球流向图。关于全局规划技术全球流向，各区域内的申请人主要以其所属国为主要的专利布局区域，美国是全球申请人最重要的专利布局区域，同时美国申请人在全球主要市场的专利布局最广泛。

从技术原创国的角度来看，中国申请人的专利布局区域以中国为主，具有1387件，向其他区域布局的专利数量较少，从高到低的区域依次为美国、欧洲、日本、韩国，其数量分别为153件、95件、76件、43件。一方面是因为中国属于国内申请人的主要市场，另一方面是因为国内申请人对于全局规划技术的出海意愿不够强，尚未将其产品投向国外市场。美国申请人以美国为最重要的专利布局区域，具有1214件，同时美国申请人在其他区域具有较多的专利布局，并且专利布局数量随着市场区域的重要程度而增加，例如，

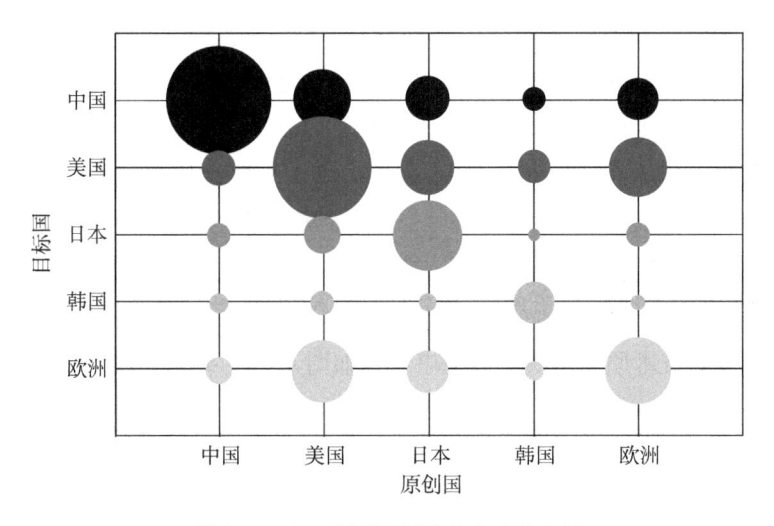

图 4-3-3　全局规划技术全球流向图

美国申请人在欧洲、中国的专利布局数量较多，分别为 479 件、398 件，美国申请人在日本、韩国的专利布局数量较少，分别为 169 件、72 件。日本申请人受限于其本国市场较小，其专利总数仅有 621 项，但是该国申请人向其余区域布局专利的比例较高，其中美国是日本申请人最重视的专利布局区域，具有 362 件，中国和欧洲被日本申请人认为是仅次于美国的专利布局区域，专利申请量分别为 246 件、215 件。韩国申请人的专利布局策略与日本申请人相似但体量较小，除本区域 220 件外，美国、中国、欧洲均是其重视的专利布局区域，专利申请量分别为 125 件、70 件、50 件。欧洲申请人在其区域内具有 527 件申请，但是其向其他区域专利布局的比例也较高，其向美国、中国布局专利的数量较多，分别为 393 件、206 件，而在日本、韩国区域内布局的专利数量较少，仅为 65 件、31 件。

从技术目标国的角度来看，以中国为目标区域的外来申请人中，专利数量从高到低依次为美国、日本、欧洲、韩国，分别为 398 件、246 件、206 件、70 件。从数量上来看，各个区域的申请人均较为重视中国市场。以美国为目标区域的外来申请人中，专利数量从高到低依次为欧洲、日本、中国、韩国，分别为 393 件、362 件、153 件、125 件，外来申请人专利申请人数量在美国专利申请总量中占比较高，表明各个区域的申请人均非常重视美国市场。以日本、韩国为目标区域的外来申请人的专利申请数量相对较少，其中以日本为目标区域的外来申请人中申请数量最多的是中国，仅为 76 件，以韩国为目标区域的外来申请人中申请数量最多的是美国,仅为72件,这与日本、韩国的总体市场规模较小有关。而以欧洲为目标区域的外来申请人中申请数量最多的是美国,具有479件,与欧洲本土申请人的申请数量相当,此外,以欧洲为目标区域的其他外来申请人中申请数量从高到低依次为日本、中国、韩国,分别为215件、95件、50件,可见欧洲也是重要的目标市场。

(二) 局部规划

局部规划技术原创国及目标国申请量如图4-3-4所示。

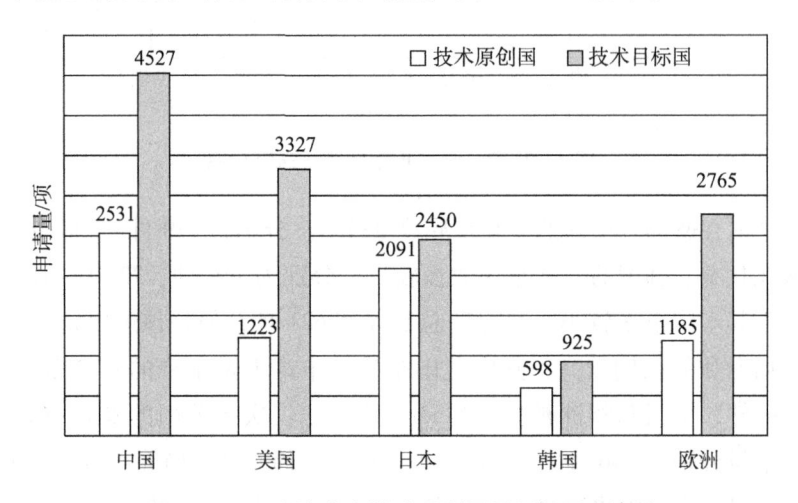

图4-3-4 局部规划技术原创国及目标国申请量

从局部规划技术原创国的专利申请数量来看,中国申请人的专利申请量最多,具有2531项,是其在全局规划领域专利申请量的1.77倍。日本申请人的专利申请量排名第二,具有2091项,是其在全局规划领域专利申请量的3.37倍,表明日本企业在决策规划领域的技术优势主要体现在局部规划领域。韩国申请人的专利申请相对较少,仅598项,但也是其在全局规划领域专利申请量的2.53倍。美国与欧洲申请人在局部规划领域的专利申请数量相当,分别为1223项、1185项,美国申请人在全局规划领域和局部规划领域专利申请量持平,欧洲申请人在局部规划领域专利申请量是其在全局规划领域的1.83倍。可见,在技术原创国当中,除美国申请人外,其他四个国家或地区均侧重于将专利布局在局部规划领域。

从局部规划技术目标国的专利申请数量来看,以中国为目标区域的专利申请数量仍然是最多的，具有 4527 项，这也与中国申请人的专利申请较多有关。以美国为目标区域的专利申请数量排名第二，具有 3327 项，结合美国申请人的专利申请数量可知，外来申请人的专利申请数量较多，再次印证了美国是众多企业最重要的目标市场。以欧洲、日本为目标区域的专利申请数量相当，分别为 2765 项、2450 项，但是二者的外来申请专利数量相差巨大，其中以日本为目标区域的外来申请专利数量较少，而以欧洲为目标区域的外来申请专利数量较多。以韩国为目标区域的专利申请数量较少，具有 925 项，并且以韩国为目标区域的外来申请专利数量较少。总体而言，中国、美国、欧洲的专利申请中外来申请较多，属于重要的目标市场，日本、韩国的专利申请中外来申请较少，受限于市场较小，区域外的企业不够重视该区域的专利布局。从决策规划各技术分支来看，各国都侧重于在目标市场申请更多涉及局部规划领域的专利。

从图 4-3-5 所示的局部规划技术全球流向图来看，各区域内申请人主要是以其所属国为主要的专利布局区域。其中中国申请人在国内的专利申请数量为 2486 项，但是中国申请人向美国、日本、韩国、欧洲申请的专利数量分别仅为 174 件、76 件、49 件、122 件，中国向其他区域布局专利的比例最小。以中国为目标区域的外来专利申请中，日本申请量最大，具有 841 件，美国、欧洲的专利申请量紧随其后，分别为 569 件、417 件，可见大家都非常看重中国市场。

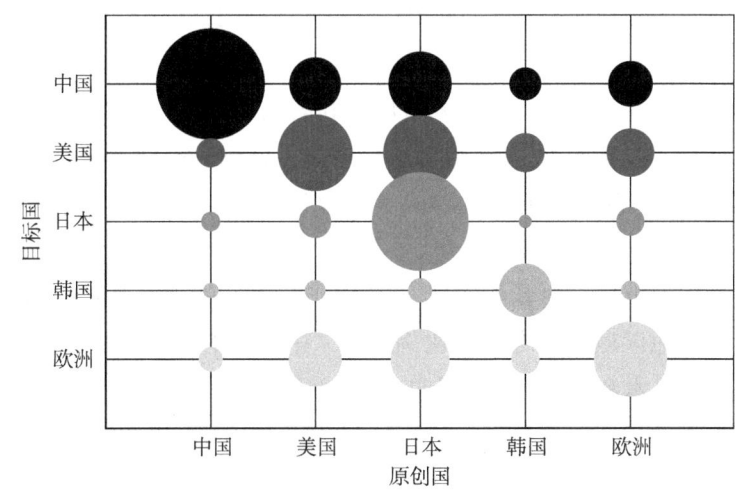

图 4-3-5　局部规划技术全球流向图

美国申请人在其国内的专利申请数量为1192件，美国申请人向欧洲、中国、日本、韩国分别申请专利600件、569件、219件、91件，由此可见美国申请人较为重视中国、欧洲两个目标市场。但是以美国为目标区域的外来专利申请中，日本申请人的专利申请数量最多，有1140件，与美国本土申请人的专利申请数量相当，美国和日本申请人在美国市场均有较强优势。其次是来自欧洲和韩国的专利申请，分别为475件、313件。来自中国的专利申请仅174件，占比极低。

日本申请人在其国内的专利申请数量为1960件，其向其他区域的专利布局按数量从高到低依次为美国、中国、欧洲、韩国，分别为1140件、841件、735件、122件，因此日本申请人向其他区域布局专利的比例较高，这与日本本土企业需要大力发展其他市场有关，还与日本申请人重视专利布局有关。但是以日本为目标区域的外来申请中，美国申请人和欧洲申请人的专利申请虽相对较多，但是也仅有219件、166件，这与日本市场较小有关。

韩国申请人在其国内的专利申请数量为582件，其向其他区域的专利布局按数量从高到低依次为美国、中国、欧洲、日本，分别为313件、215件、171件、35件。其专利布局策略与日本申请人相似，其向其他区域布局专利的比例较高，并且以韩国为目标区域的外来申请数量较少，与其市场较小有关。

欧洲申请人在其区域内的专利申请数量为1127件，其向其他区域的专利布局按数量从高到低依次为美国、中国、日本、韩国，分别为475件、417件、166件、75件，其向其他区域布局专利的比例较高。以欧洲为目标区域的外来申请数量从高到低依次为日本、美国、韩国、中国，分别为735件、600件、171件、120件，可见日本、美国申请人均重视欧洲市场，并且在该区域的专利数量上具有一定的优势。

总之，中国申请人向其他区域布局专利较少，美国、日本、韩国、欧洲的申请人向其他区域布局专利的比例较高。中国、美国、欧洲是最重要的专利布局区域，日本和美国在这三大市场都具有较强实力。日本申请人尤其重视局部规划领域海外专利布局，其在各个区域的专利申请数量均仅次于该区域本土申请量。

三、技术分支技术构成

决策规划各分支的技术构成如图4-3-6所示,全局规划技术分支全球总共有4273项专利申请,局部规划技术分支全球总共有7670项专利申请。从数量上来看,局部规划技术分支的专利申请数量大于全局规划技术分支的专利申请数量,分析其原因,主要是因为在自动驾驶领域中,局部规划技术属于自动驾驶领域中的基础环节,投入此领域中的创新主体较多,因此相关专利申请数量较多。

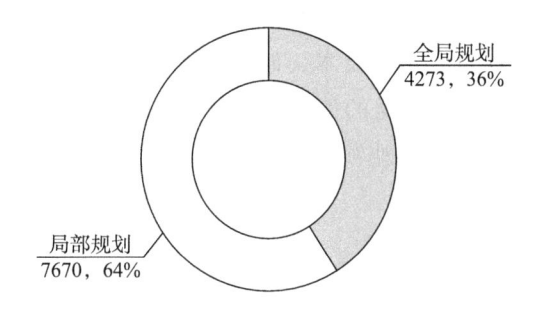

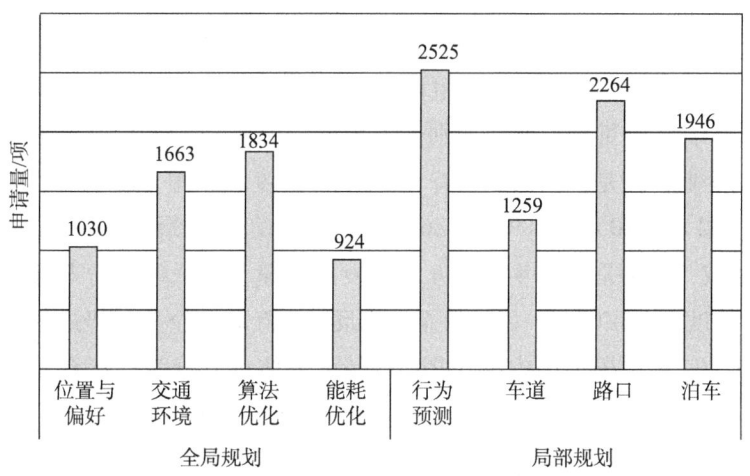

图4-3-6 决策规划各分支技术构成

关于决策规划二级分支的技术构成,在全局规划领域中,涉及算法优化、交通环境的专利申请较多,分别为1834项、1663项,主要得益于算法优化属于全局规划中的重要研究方向以及交通环境属于全局规划中的重要影响因素;涉及位置与偏好、能耗优化的专利申请较少,分别为1030项、924项,主要是因为位置与偏好、能耗优化属于提升用户体验的影响因素以及全局规划中的次要因素。

在局部规划领域，行为预测的专利申请较多，有 2525 项，其是对交通参与者以及道路环境的预测作出正确行为决策的基础，因此行为预测属于局部规划领域中的热点研究方向。涉及路口、泊车、车道的专利申请位列第二、三、四位，分别为 2264 项、1946 项、1259 项，其中涉及路口的局部规划技术属于自动驾驶技术中的关键技术，在路口处的复杂决策能力也是自动驾驶技术的重点和热点研究方向。自动泊车技术在近年来产业应用上较多，也是许多汽车厂商宣传的卖点之一，因此也有一定数量的申请量。而车道控制属于辅助驾驶领域中较为成熟的技术，如车道保持、自适应巡航等功能在传统的 ADAS 系统中已有较为广泛的使用，因此涉及车道的专利技术数量相对其他技术分支较少，在自动驾驶领域主要为针对变道、超车、车道选择等工况的改进。

四、主要申请人分析

图 4-3-7 所示为关于全局规划在全球及中国 TOP20 申请人申请量排名情况，在全球范围内，TOP20 的申请人大体可以分为整车企业、互联网企业、通信企业、汽车零部件厂商，分别占据 8 位、4 位、2 位、6 位。全局规划排名前五的企业依次是：丰田、福特、HERE、百度和通用，其申请量分别达到 144 项、122 项、105 项、89 项、86 项。由于自动驾驶领域作为一个多学科交叉融合领域，特别是近几年全球互联网发展迅速，在全球申请人排名中出现 HERE、百度、北京嘀嘀、谷歌等企业也反映出互联网企业强势进入这一领域的技术实力。在中国范围内，TOP20 申请人大体可以分为整车企业、互联网企业、通信企业、汽车零部件厂商及高等院校，分别占据 8 位、5 位、1 位、3 位、3 位，从这可以看出，国内高校也在积极开展相关学术研究。国内排名前五的企业依次是福特、百度、丰田、通用、北京嘀嘀，其申请量分别为 100 件、86 件、72 件、60 件、46 件。从排名来看，丰田、福特、百度、通用在全球范围和中国都排名前五，是该领域值得关注的重要申请人。从申请量来看，百度的申请绝大部分都在中国，而对于国外申请人来说，中国只是其专利申请的目标国之一，尤其是丰田，在中国的申请只占其全球申请的一半。

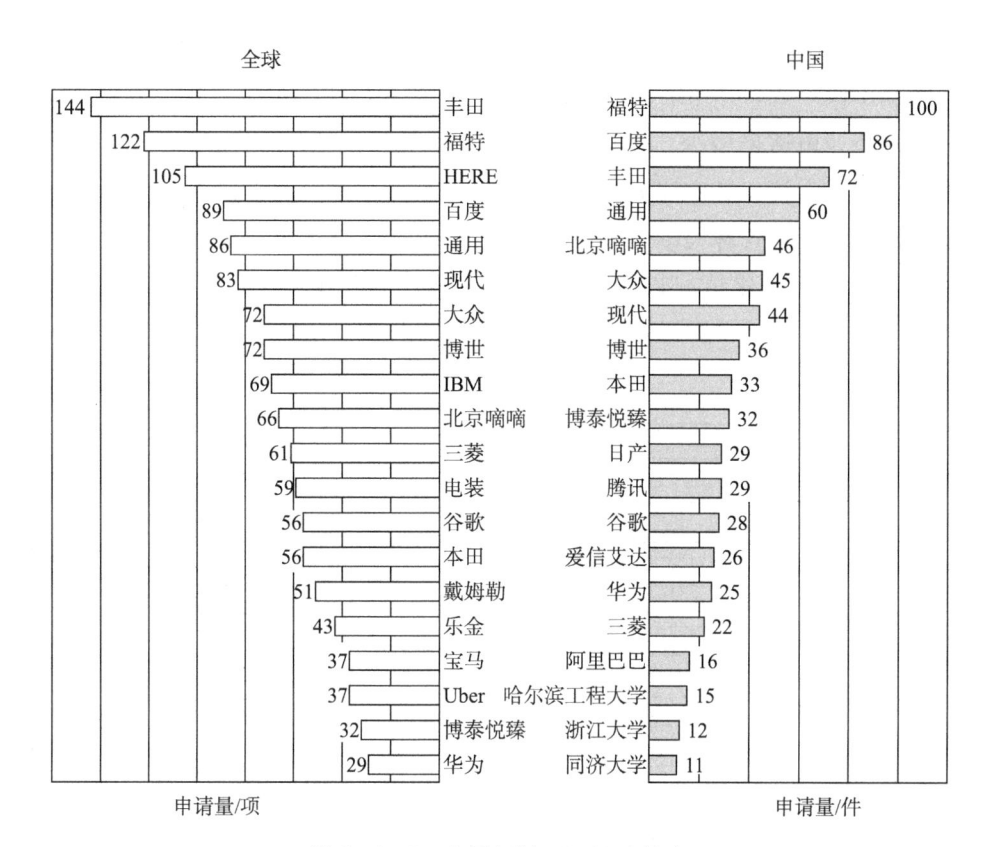

全球		中国	
144	丰田	福特	100
122	福特	百度	86
105	HERE	丰田	72
89	百度	通用	60
86	通用	北京嘀嘀	46
83	现代	大众	45
72	大众	现代	44
72	博世	博世	36
69	IBM	本田	33
66	北京嘀嘀	博泰悦臻	32
61	三菱	日产	29
59	电装	腾讯	29
56	谷歌	谷歌	28
56	本田	爱信艾达	26
51	戴姆勒	华为	25
43	乐金	三菱	22
37	宝马	阿里巴巴	16
37	Uber	哈尔滨工程大学	15
32	博泰悦臻	浙江大学	12
29	华为	同济大学	11
申请量/项		申请量/件	

图 4-3-7　全局规划 TOP20 申请人

图 4-3-8 所示为局部规划在全球及中国 TOP20 申请人申请量排名情况，在全球范围内，TOP20 申请人大体分为整车企业、互联网企业、汽车零部件厂商、高等院校，分别占据 12 位、2 位、5 位、1 位，整车企业相对占比较大。全球排名前五的企业依次是丰田、日产、本田、博世、现代，其申请量分别达到 394 项、331 项、321 项、250 项、246 项，这些都是老牌整车及零部件企业，在车辆控制领域具有深厚的技术底蕴，尤其随着自动驾驶的逐步发展，关于车道控制、转向控制及车辆周围行为预测等与辅助驾驶关联较大的控制技术的发展越来越快。值得注意的是，百度作为中国企业代表排名第八，共有 174 项专利申请，随着国家政策支持力度加大，相信百度的优势会进一步凸显。在中国范围内，TOP20 申请人大体可以分为整车企业、互联网企业、通信企业、汽车零部件厂商及高等院校，分别占据 11 位、2 位、1 位、3 位、3 位。国内申请人数量占到一半，从这可以看出，在中国范围内，国内申请人

在自动驾驶局部规划领域也有一定的技术积累。对于整车企业，中国的广州小鹏和中国一汽也榜上有名，其申请量分别为 63 件、39 件，虽然相比于国外整车企业申请量较少，但也可以看出国内整车企业也在加紧追赶。值得注意的是内高校，其中江苏大学申请量为 74 件，在国内申请人中仅次于百度，清华大学和吉林大学申请量分别为 58 件、57 件，可进一步关注这三所高校相关专利转化情况以及考虑加强校企产学合作，强强联合攻破技术壁垒。

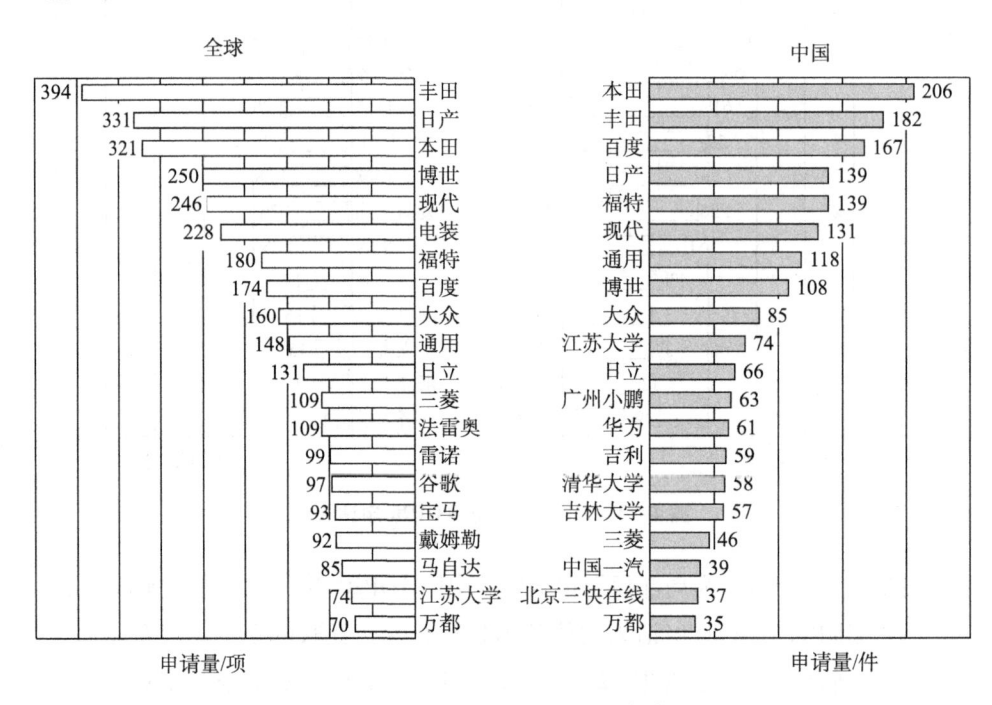

全球	申请量/项	中国	申请量/件
丰田	394	本田	206
日产	331	丰田	182
本田	321	百度	167
博世	250	日产	139
现代	246	福特	139
电装	228	现代	131
福特	180	通用	118
百度	174	博世	108
大众	160	大众	85
通用	148	江苏大学	74
日立	131	日立	66
三菱	109	广州小鹏	63
法雷奥	109	华为	61
雷诺	99	吉利	59
谷歌	97	清华大学	58
宝马	93	吉林大学	57
戴姆勒	92	三菱	46
马自达	85	中国一汽	39
江苏大学	74	北京三快在线	37
万都	70	万都	35

图 4-3-8　局部规划 TOP20 申请人

第四节　决策规划重点技术分析

本研究从全局路径和局部路径两个方面分析决策规划的技术路线，旨在通过这些重点专利信息进行技术发展路线的分析，全面了解技术发展脉络，为企业技术开发提供知识、信息基础。决策规划重点技术如图 4-4-1 所示。

第四章　决策规划技术分析

	1995—2000	2001—2005	2006—2010	2011—2015	2016—2020
全局路径规划 / 位置偏好	US5884216A 19971020 用于跟踪车辆位置的方法和装置	JP3907122B2 20040330 交通信息的系统	CA2739989C 20091026 自主驾驶车辆的控制系统	US9726510B2 20131024 包括兴趣点的路线优化	US10107635B2 20161005 用于确定和动态更新用于乘客舒适性的路线和驾驶风格的方法和系统
全局路径规划 / 交通状况	US5689252A 19960307 用于机动车辆导航系统	DE602004010984T2 20041022 装置，一种交通条件的系统和过程用于所述通告		US8918279B2 20110802 路径搜索装置、路径搜索方法及计算机程序	US11047698B2 20190226 自主驱动装置及其方法
全局路径规划 / 经济性		CA2479556C 20040827 导航装置和方法，用于提供成本信息	CN101842820B 20081029 行驶轨迹生成方法及行驶轨迹生成装置	DE102013008936B4 20130524 用于检测路由网络中的路径的数据结构的创建和使用	EP3660745B1 20190906 自主驾驶车辆的实时决策
全局路径规划 / 算法优化				EP3192713B1 20140909 混合动力车辆控制装置	US10551842B2 20170619 用于车辆能量管理和自主驾驶的实时车辆状态轨迹预测
局部路径规划 / 行为预测			CN100555357C 20060818 一种检测车辆碰撞并预期行驶路线的系统和方法	DE112013007129B4 20130531 移动轨迹预测装置和移动轨迹预测方法	US10268200B2 20161221 基于车辆周围的环境预测车辆的一个或多个轨迹的方法和系统 US11048927B2 20171024 自主驾驶车辆的行人行为预测
局部路径规划 / 车道			CN101778753B 20070815 用于支持车辆的车道保持的操作方法和系统	US9352778B2 20130419 车道保持辅助系统和方法	CN107792073B 20170929 一种车辆换道控制方法、装置及相关设备
局部路径规划 / 路口		EP1269445B1 20010228 系统和方法用于避免事故的发生在交叉点	EP2133851B1 20080331 安全驱动辅助装置	EP2830922B1 20130207 用于交通信号灯及其相关状态的稳健检测的方法	US10115305B2 20160930 利用交通信息优化自动驾驶汽车的驾驶时间和用户体验
局部路径规划 / 泊车			US8560175B2 20090328 一种辅助车辆驾驶员离开停车位的方法及装置	CN106414201B 20150521 代客泊车方法和系统	US10048698B2 20160128 在停车场引导机动车辆

图 4 - 4 - 1　决策规划重点技术

一、全局规划

全局规划分支的发展较早，从 20 世纪 90 年代至今均有所分布，早期全局规划分支的申请主要集中在位置与偏好技术分支及交通状况技术分支，主要是与 20 世纪 80 年代发展起来的导航技术中导航路径相关技术同步发展起来的，在早期的专利申请中，该部分技术也大多是依托于导航技术的。

1996 年，美国电报公司在 US5689252A 中公开了一种用于机动车辆导航系统，如图 4 - 4 - 2 所示。该系统可以用于无人驾驶车辆导航，可以显示与机动车辆的当前位置相关联的车辆周围的路线图图像，并可以基于导航路线的行进长度和速度计算导航路线所需的近似时间以确定到所选目的地的最佳导航路线。可见，US5689252A 公开了基于更多的考虑因素对无人驾驶车辆进行全局规划，相对于仅基于距离的全局路径规划能够规划更快的规划路径。机动车辆导航系统还包括用于接收交通信息的交通信息接收器，可以接收交通拥堵、交通速度、路况、道路封闭和绕行相关的交通信息，并在导航时考虑交通信息。

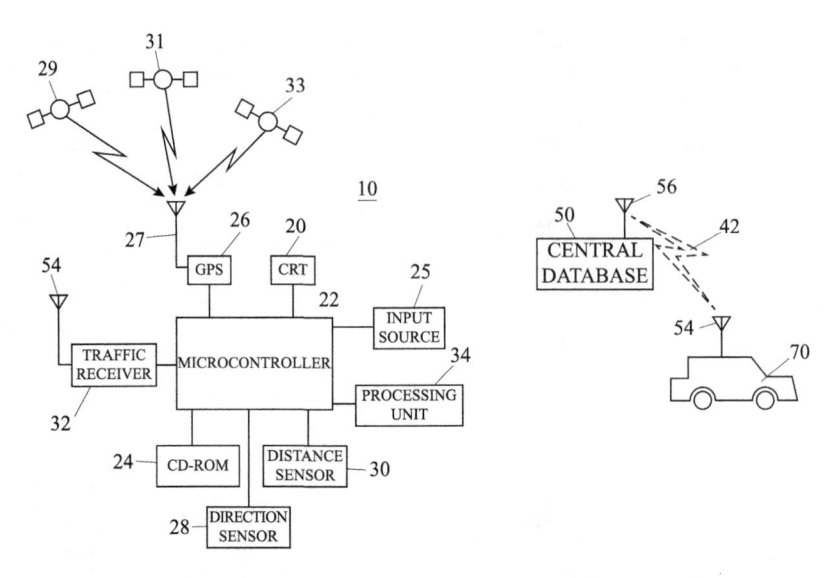

图 4-4-2　US5689252A 中一种用于机动车辆导航系统

随着全局路径规划技术的发展应用，在具体特定的工况下如何对全局路径规划进行调整逐步受到关注。2004 年，本田公司在 JP3907122B2 中公开了一种交通信息的系统，如图 4-4-3 所示。该系统提供一种即使是在分岔路的周边区域使车辆向任意的岔路方向行进的情况下，也可以将符合各个行进方向上的交通状态的交通信息提供给车辆的交通信息提供系统。JP3907122B2 提出了在全局路径规划应用中面对出发点与目的地之间存在多个分支路段时，将相关信息及时提供给车辆，确保岔路工况的路径规划选择，具体的将车辆的现在位置或出发位置与目的地位置之间的移动路径的交通信息提供给车辆，即可以实现基于车辆的当前位置信息及周边各个路线的交通信息共享，实现多种可行路线的规划。

全局规划中经济性技术分支的发展相对于位置偏好技术分支的发展较晚，在 21 世纪早期才开始有相关重点申请。在 21 世纪初期，随着能源问题受到越来越多国家的重视，汽车能源方面的问题也受到众多汽车研发生产主体的关注，在路径规划领域出现了基于经济性特别是燃料经济性考虑的全局路径规划专利申请。

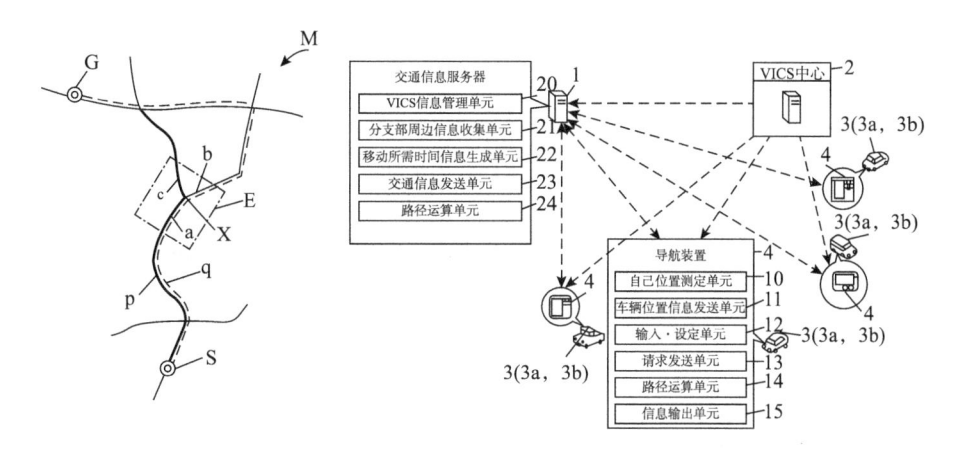

图 4-4-3　JP3907122B2 中一种交通信息的系统

2004 年，Harman Becker Automotive Systems Gmbh（哈曼贝克汽车系统有限公司）在 CA2479556C 中公开了一种导航装置，如图 4-4-4 所示。相较于当时只考虑距离、速度、偏好对路径规划的技术，CA2479556C 提出在全局路径规划中可以获取成本信息，在进行导航路径选择时，考虑各路线的成本花费，根据用户需求选择成本花费较低的导航路径。成本信息包括各行驶路段相关的费用如高速路费用及燃料费用等。

全局规划中算法优化技术分支的起步时间最晚，虽然许多算法在较早时期已被提出，如 Dijkstra 算法在 1959 年被提出，但早期的硬件条件还不足以支撑运行自动驾驶算法。随着硬件技术以及大数据、人工智能技术的快速发展，很多相关的算法也被应用到全局路径规划领域以实现更精准的路径规划。

2013 年，E Solutions Gmbh 在 DE102013008936B4 中公开了一种用于检测路由网络中的路径的数据结构的创建方法，如图 4-4-5 所示。该方法用于实现路径的规划运算，并采用如 Dijkstra 算法实现数据的运算及数据结构的构建。该方法包括：将多个交通路线交叉点的几何结构细分为子结构，通过适当的算法从几何结构的每个确定的交叉点确定是否可以经由交通路由网络到达相同结构的每个其他交叉点。通过算法进行路线计算或者剩余距离的确定，并且还可以确定交通路线交叉点之间的交通路线信息，并将其存储为遍历信息。

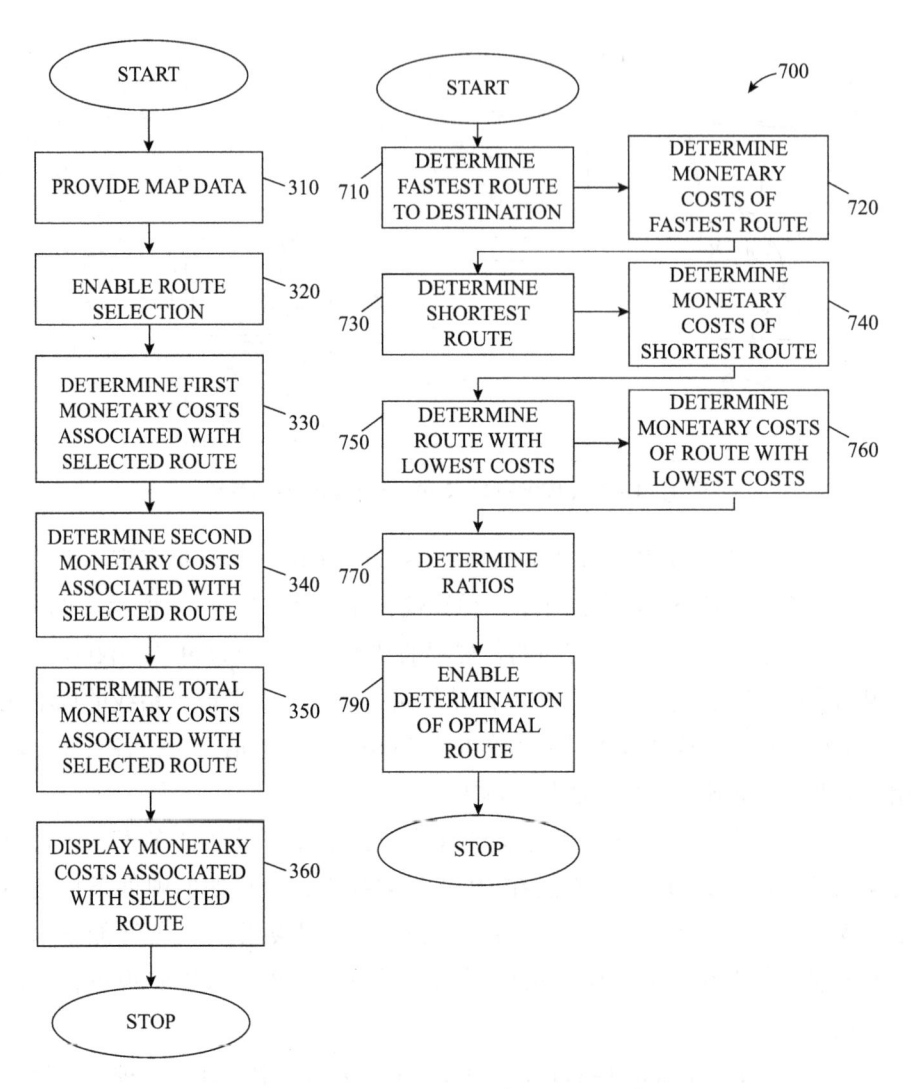

图 4-4-4　CA2479556C 中一种导航装置

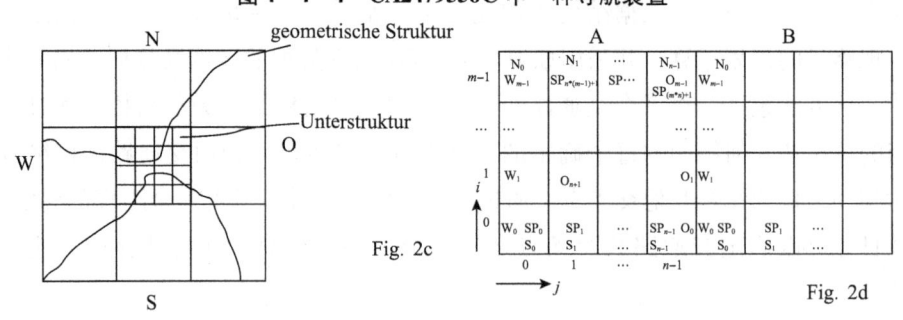

图 4-4-5　DE102013008936B4 中一种用于检测路由网络中的路径的数据结构的创建方法

2016—2020年，全局规划技术分支的专利申请量大幅增加，重点核心专利量也最大。在这个阶段，全局规划技术分支的各个二级分支都出现了很多重点专利申请，涌现了大量与人工智能相关的重点核心专利，众多研发主体都将全局规划的研发重点放在了人工智能与传统汽车路径规划的考虑因素的融合上，致力于寻找更加智能、更为全面的全局规划技术。

2016年，Waymo（谷歌）在US10107635B2中公开了一种用于确定和动态更新用于乘客舒适性的路线和驾驶风格的方法，如图4-4-6所示。该方法提供了一种用于确定乘客舒适性的路线并根据所确定的路线操作车辆的方法，该方法包括确定从开始位置到结束位置的一组路线，在进行路径规划时主要考虑在对应路径上行驶时导致用户晕车症状的晕车值。具体地，对于该组路线中的每条给定路线，由处理器基于给定路线涉及的每个路线中各个部分的横荡（sway）晕动病值、纵荡（surge）晕动病值和垂荡（heave）晕动病值来确定总晕动病值，其中，路线的总晕动病值反映当用户在沿着该路线行驶的车辆中时将经历晕动病的可能性；然后，基于总晕动病值来选择路线和/或驾驶风格，即选择一路线和驾驶风格的配对以具有比另一路线和驾驶风格的配对更低的总晕动病值。该方法根据给定的具体的驾驶风格，选择与驾驶风格匹配的同时考虑总晕动病值、路线长度的驾驶路径，操作自主车辆以所选择的路线和驾驶风格的配对来导航到终点位置。

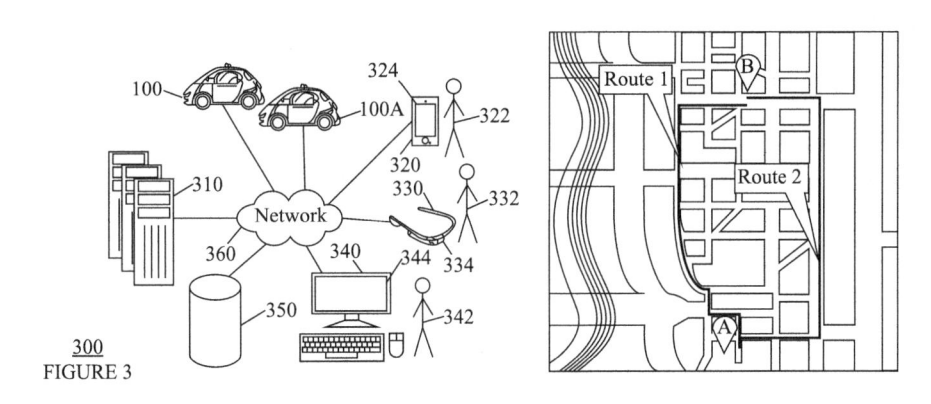

图4-4-6　US10107635B2中一种用于确定和动态更新
用于乘客舒适性的路线和驾驶风格的方法

2019年，三星在US11047698B2中公开了一种自主驱动设备的控制方法，如图4-4-7所示。该方法接收用于设置路线的目的地，获得用户的驾驶历史和交通信息，基于获得的和接收的相关数据通过人工智能算法训练的模型确定到目的地的驾驶路线，并且沿着所确定的驾驶路线执行自主驾驶。该方法涉及利用机器学习算法模拟人脑的识别、判断等功能的人工智能（AI）系统及其应用，将人工智能技术应用到自动驾驶技术的全局规划中，可以同时考虑更多的路径规划相关因素并进行智能规划。相较于传统的基于规则的智能系统，人工智能（AI）系统指可以实现人类级别智能的系统，其中，机器可以训练自己，判断并变得智能。人工智能系统使用得越多，识别率越高，对用户偏好的理解也越好。

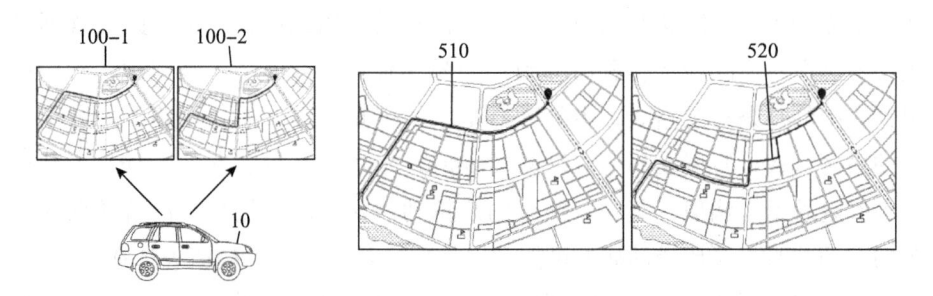

图4-4-7　US11047698B2中一种自主驱动设备的控制方法

2019年，百度在EP3660745B1中公开了一种自主驾驶车辆的实时决策的系统，如图4-4-8所示。该系统可使用机器学习预测自动驾驶车辆所处的环境对象的行为。使用包括至少第一神经网络、第二神经网络和第三神经网络的数据处理架构，针对自动驾驶车辆周围环境中的对象做出对应的让行/超车决策，其中第一神经网络、第二神经网络和第三神经网络已用训练数据集训练过。至少部分地基于让行/超车决策生成驾驶信号控制自动驾驶车辆的操作。

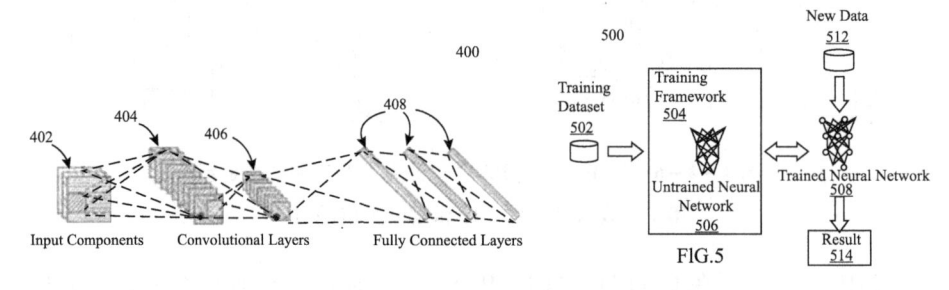

图4-4-8　EP3660745B1中自主驾驶车辆的实时决策的系统

2017年，日立在US10551842B2中公开了一种用于车辆能量管理和自主驾驶的实时车辆状态轨迹预测系统，如图4-4-9所示。该系统基于交通工具导航的路线预测交通工具的速度和轨迹，由此针对路线的一个或多个路段对交通工具驾驶速度进行校正。具体的轨迹预测过程包括根据机器学习功能确定所预测的速度轨迹估计函数，基于速度轨迹估计函数确定路线的一个或多个部分的车辆的期望速度，随后基于从传感器接收的数据，修改路线的各个路段的期望速度，以校正从速度轨迹估计函数确定的期望速度中的误差，该机器学习功能考虑来自其他交通工具行驶的交通工具路线的历史信息。另外在US10551842B2中提到，在对速度进行规划时，根据修改后的预期速度，确定路线的各个路段中后处理系统的废气产量，控制车辆的后处理系统以满足车辆驾驶性能参数并最大限度地减少燃料消耗，同时减少路线的废气产生，即基于对速度、后处理系统的控制，确保减少车辆的能耗及废气排放。

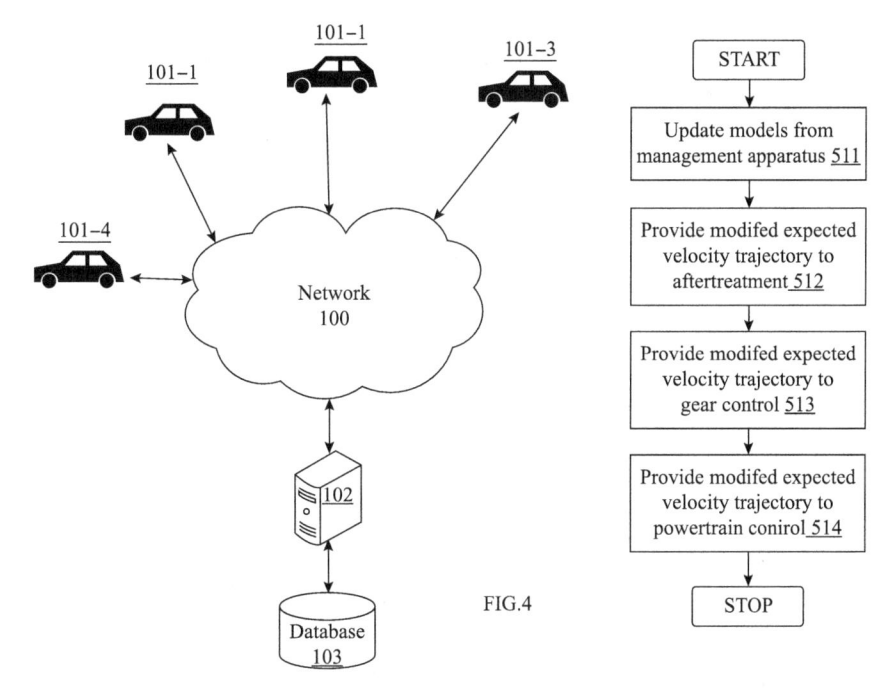

图4-4-9　US10551842B2中一种用于车辆能量管理和自主驾驶的实时车辆状态轨迹预测系统

二、局部规划

局部规划分支的发展相对全局规划分支的起步时间较晚，最早的重点专利申请是从21世纪初开始出现的，从21世纪初期至今均有所分布，早期局部规划分支的申请主要集中在行为预测分支及路口技术分支。目前，局部规划分支是决策规划中最热门的研究方向，随着对自动驾驶技术研发的深入，各个研发主体对于决策规划的研究逐步深入到更具体更细节的层面。

2001年，Veridian Engineering inc 在 EP1269445B1 中公开了一种用于避免事故的发生在交叉点的方法，如图4-4-10所示。该方法涉及检测接近与自车相同交叉点的其他车辆的存在，检测交叉路口处的其他车辆、对象的运动，基于检测的信息预测其他对象的运动，基于预测结果调整车辆的路径规划及发出警示信息以避免碰撞。具体的方法为通过雷达扫描进入交叉路口的车道，检测到在车道中存在威胁车辆时发出警告，即通过局部路径计算预测目标车辆和威胁车辆是否将同时占据交叉路口，若是则发出警告。

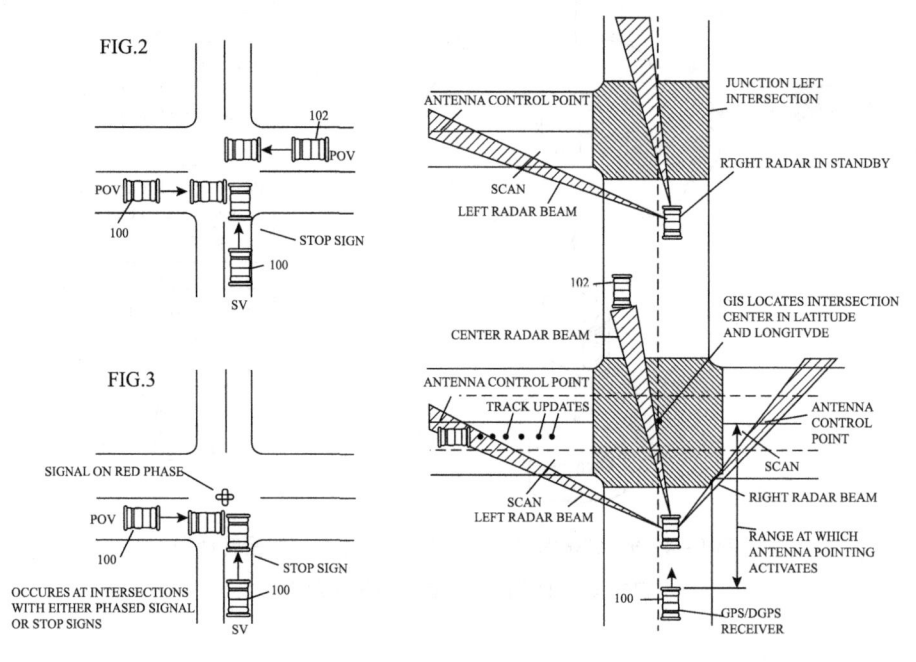

图4-4-10　EP1269445B1中一种用于避免事故的发生在交叉点的方法

局部规划中车道技术分支和泊车技术分支的发展相对较晚，在 2006 年以后才开始有这两个技术分支相关的重点申请。在这个时期，随着汽车自动驾驶技术的研发深入，与自动驾驶技术相配套的各个基础的功能配套技术的研发成果也逐步增多。

2007 年，沃尔沃技术公司在 CN101778753B 中公开了一种用于支持车辆的车道保持的操作方法，如图 4-4-11 所示。该方法包括获取车辆相关信息及环境相关信息；将车辆相关信息和环境相关信息组合；基于车辆相关信息和环境相关信息预测车辆的未来轨迹；估算车辆期望的横向车道位置和/或引导力；将未来的轨迹与期望的横向车道位置进行比较；决定是否将控制力施加到转向机构；当需要将控制力施加到转向机构时，则根据描述车辆的预定驾驶行为的分级次序组限定所述控制力的量和根据车辆意图移动的方向调整所述控制力的大小来控制车辆的转向机构。另外，CN101778753B 提出在车道

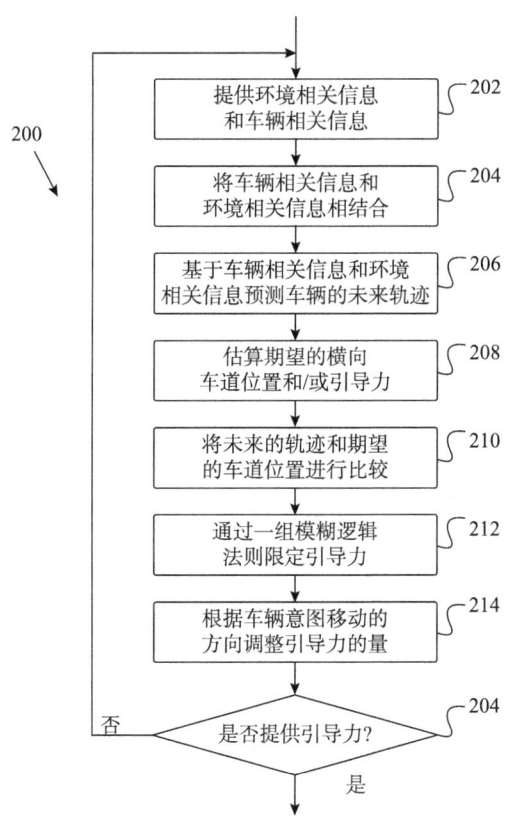

图 4-4-11　CN101778753B 中一种用于支持车辆的车道保持的操作方法

保持介入时依然需要兼顾驾驶员控制的意志，确保车辆运行的安全性，这是因为在21世纪初期，市面上的汽车自动驾驶级别都较低，车道保持等相关技术主要是作为一种辅助驾驶技术而存在，汽车驾驶仍以驾驶员自主操控为主。

2009年，Jens Bammert在US8560175B2中公开了一种辅助车辆驾驶员离开停车位的方法，如图4-4-12所示。该方法包括测量停车位的长度以获得测量数据，基于测量数据确定停车位退出轨迹，启动退出所述停车位的过程，以及通过监视与限定所述停车位的多个对象的距离来执行同时防止碰撞地退出所述停车位的过程。在退出过程中，车辆的转向被自动控制，并且当车辆到达中间位置时转向的自动控制结束，车辆可以使用单个操纵从该中间位置退出停车位。一旦停车空间退出轨迹允许无碰撞地从停车空间退出，该方法就结束。

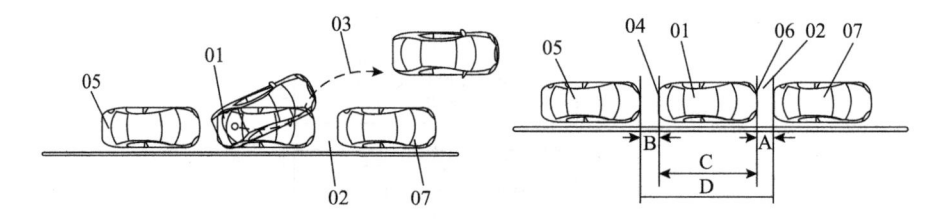

图4-4-12　US8560175B2中一种辅助车辆驾驶员离开停车位的方法

从2010年开始，局部规划技术分支申请量增长迅速，各个二级分支都出现了很多重点申请专利。在这个期间，随着自动驾驶技术的快速发展，各个研发主体逐步关注到自动驾驶技术在实际应用中，面对多样的行驶环境及用户需求，需要进行更为具体的局部规划并设置多元化应对策略。

在行为预测技术分支上，2013年，丰田在DE112013007129B4中公开了一种移动轨迹预测方法，如图4-4-13所示。该方法是用于实现在车辆产生了摇晃、偏转的情况下，也能根据对象物的位置的历史记录来高精度地预测对象物的移动轨迹。具体地，该方法包括获取车辆周边的对象物的位置，获取对象物的对地速度，使用车辆的速度和对象物的对地速度来算出对象物的对于车辆的轨迹预测矢量（相对移动矢量）的倾斜度θ，用该轨迹预测矢量的倾斜度θ的直线对对象物的位置的历史记录进行拟合（记录的对象物的移动轨迹中的位置的分类），将最适合倾斜度θ的直线的位置的倾斜度θ的直线

（由通过拟合而分类的组所包含的多个位置决定的直线）预测为对象物的移动轨迹。

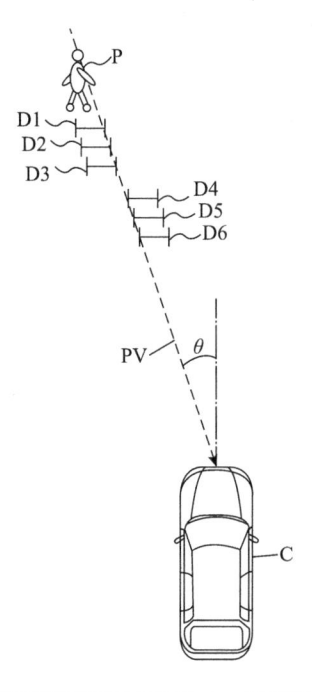

图 4-4-13　DE112013007129B4 中一种移动轨迹预测方法

同时期也有很多基于检测到的对象车辆的行为进行预测并控制车辆的路径规划的相关重点专利，如 2016 年百度在 US10268200B2 中公开了一种基于车辆周围的环境预测车辆的一个或多个轨迹的方法和系统，如图 4-4-14 所示。该方法基于检测到周围车辆的信息对周围车辆的轨迹进行预测并约束本车的行驶轨迹，具体的规划过程为：感知自动驾驶车辆的周围环境并识别附近的车辆，对于每个识别出的车辆，基于识别出的车辆的当前位置，获得与车辆无关的信息以确定识别出的车辆周围的环境，并基于与识别出的车辆相关联的与车辆无关的信息来预测识别出的车辆的轨迹，最后基于识别的车辆预测的轨迹来控制自主车辆。还有部分申请是针对车辆以外的对象物的行为预测以控制车辆行驶的，如 2017 年 WAYMO（谷歌）在 US11048927B2 中公开了一种自主车辆的行人行为预测系统，该系统就是基于接收识别车辆环境中的对象的传感器数据识别并预测行人的行为，并且基于预测的行人行为规划路径。具体的预测规划过程为：通过车辆的处理器接收识别车辆环境中物体的传感

195

器数据；由处理器基于对象在未来的第一时间段内能够移动多远来确定包括对象周围的多个单元的网格的大小；由处理器在对象周围投影具有确定尺寸的网格；对于包括在网格中的每个单元格，由处理器预测对象在未来的第二时间段内进入该单元格的可能性；由处理器基于对象将进入单元格的预测可能性生成轮廓；最后由处理器控制处于自主驾驶模式的车辆，以便避开轮廓内的区域。

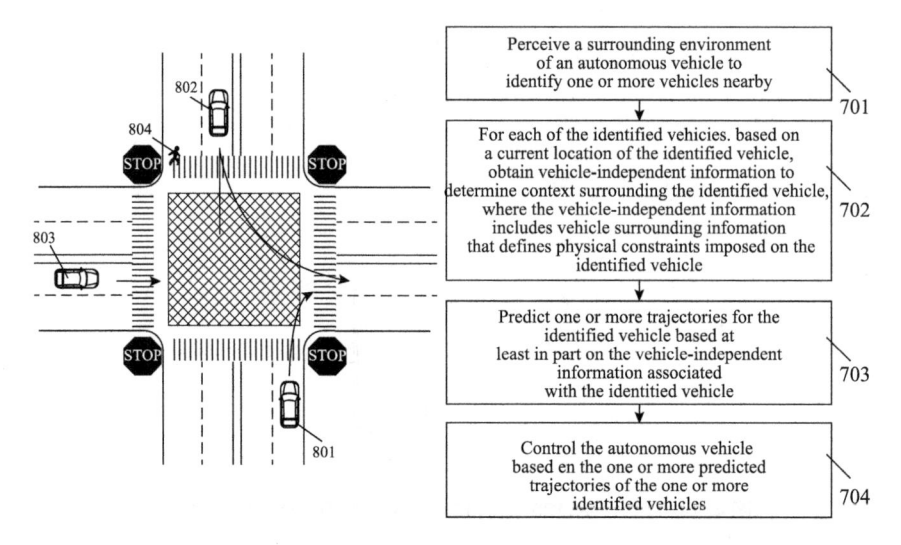

图 4-4-14 US10268200B2 中一种基于车辆周围的环境预测车辆的一个或多个轨迹的方法和系统

在车道技术分支上，2013 年，现代在 US9352778B2 中公开了一种车道保持辅助系统，如图 4-4-15 所示。该系统用于当车辆开始离开其车道时基于车辆的行驶信息和道路信息来控制车辆，以防止车辆偏离其车道。该系统通过生成多个目标路线来辅助车辆保持车道，每个目标路线是车辆在不偏离车道的情况下行驶的路线，计算每个目标路线的目标偏航率，并根据使用目标偏航率计算的目标转向角来控制车辆。

在路口技术分支上，2017 年，WAYMO（谷歌）在 EP2830922B1 中公开了一种用于交通信号及其相关状态的稳健检测的方法，如图 4-4-16 所示。该方法包括使用车辆的传感器扫描目标区域以获得目标区域信息，车辆可在自动驾驶模式下行驶，并且目标区域可以是交通信号所在区域。该方法还可以检测目标区域信息中的交通信号，确定交通信号的位置，以及确定交通信

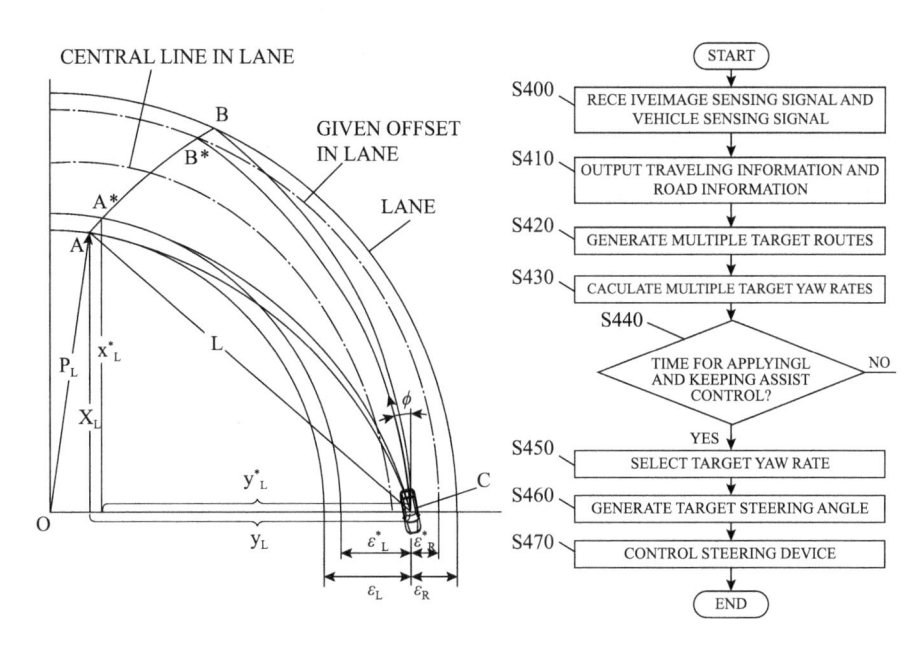

图 4-4-15　US9352778B2 中一种车道保持辅助系统

号的状态。此外，该方法可以确定交通信号中的置信度。例如，可以将交通信号的位置与交通信号的已知位置进行比较。基于交通信号的状态和对交通信号的置信度，可以在自主模式中控制车辆。

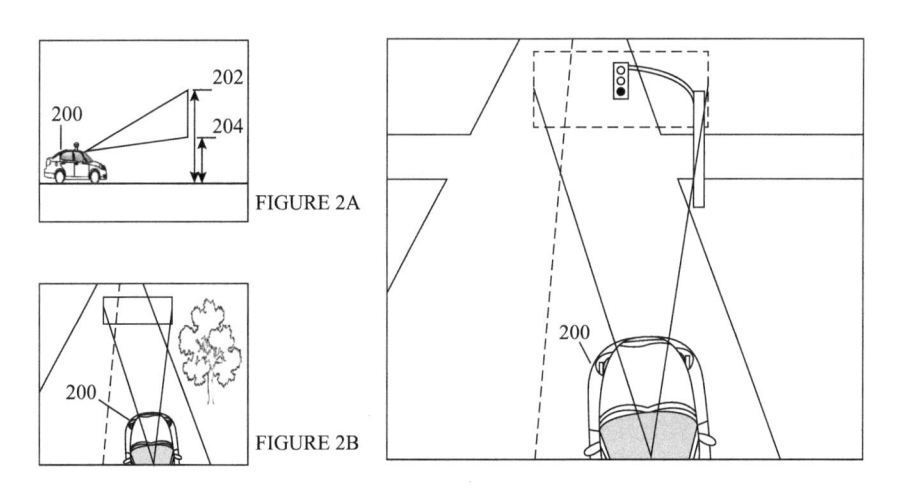

图 4-4-16　EP2830922B1 中一种用于交通信号及其相关状态的稳健检测的方法

还有很多基于信号灯的时间对车辆的路径规划进行控制的专利技术，如 2016 年日立在 US10115305B2 中公开了一种利用交通信号信息优化自动驾驶汽车的驾驶时间和用户体验的方法，如图 4-4-17 所示。该方法可以使车辆基于距离信息和交通信号灯状态来确定与多个规划路径相对应的行驶时间，并选择最佳路径。具体的规划过程为：处理器基于路线数据确定在车辆位置和目的地位置之间与车辆的多个路径相对应的多个距离；然后处理器接收包括针对多个路径上的多个交通信号的多个交通信号状态的交通信号数据，基于多个距离和多个交通信号状态确定与多个路径的预定部分相对应的多个行驶时间；最后处理器基于多个路径中与多个行驶时间中的最短行驶时间相对应的路径，来确定车辆位置与目的地位置之间的最佳路径。

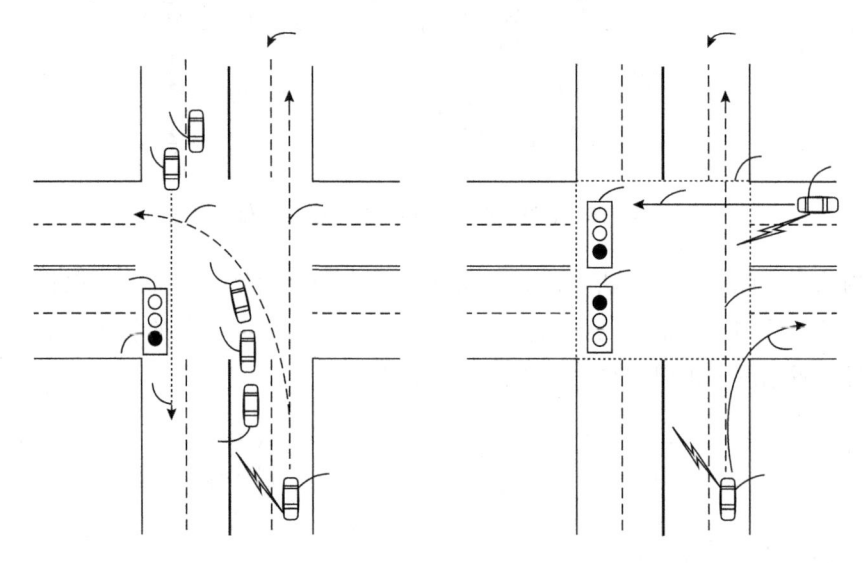

图 4-4-17　US10115305B2 中一种利用交通信号信息优化自动驾驶汽车的驾驶时间和用户体验的方法

在泊车技术分支上，2015 年博世在 CN106414201B 中公开了一种代客泊车系统，如图 4-4-18 所示，该代客泊车系统用于将车辆自动地引导到预先给定的停车空间内的停车位。代客泊车系统包括中央控制单元和停车位监视系统，停车位监视系统具有至少一个位置固定布置的停车位传感器。停车位监视系统用于持续地检测停车空间停车位的当前占用状态并将当前占用状态传送到中央控制单元。停车位监视系统还用于定位车辆的位置或者引导车辆到停车位并且传输相关信息。基于该系统，空闲停车位向车辆的指派通过中

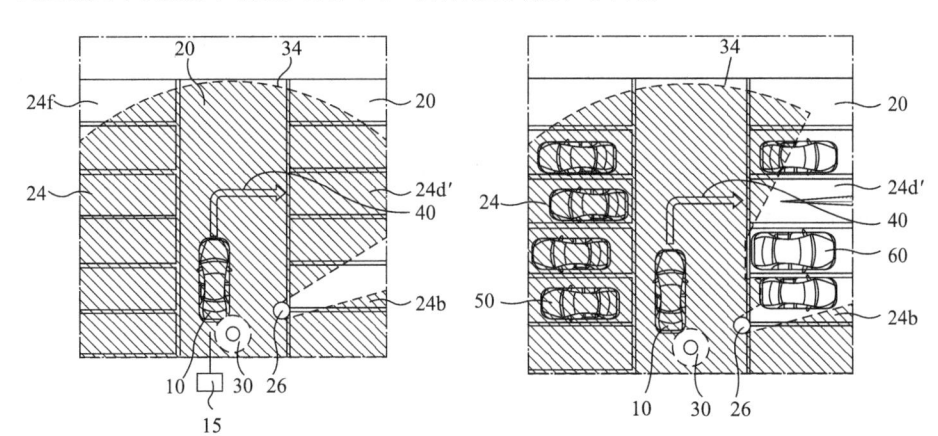

央控制单元根据车辆的几何尺寸（特别是高度）实现。

图 4-4-18　CN106414201B 中一种代客泊车系统

在泊车技术领域，随着传感器技术的发展，泊车技术中检测车位及障碍物的精度也越来越高，针对泊车技术领域的的研究也逐步细化，相关的专利申请针对泊车工况的研究也深入到更为细节的层面并面向更加复杂的工况。如 2017 年 LG 在 US10737689B2 中公开了一种驻车辅助装置及具有该驻车辅助装置的车辆，如图 4-4-19 所示。该驻车辅助装置可检测停车场车辆周围的障碍物分布，计算停车场的拥堵程度并根据计算出的拥堵程度执行自动泊车

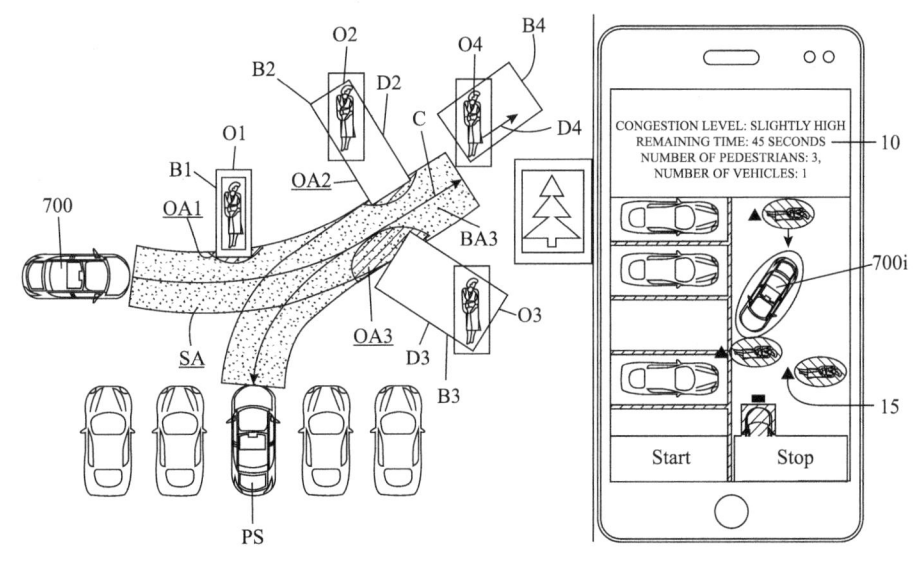

图 4-4-19　US10737689B2 中一种驻车辅助装置及具有该驻车辅助装置的车辆

功能规划泊车路径。具体的路径规划过程包括：感测车辆周围的环境；获取有关车辆周围环境中物体的信息；在车辆周围设置监视区域，该监视区域包括距车辆的停车路径预定半径以内的区域；基于车辆周围环境中物体的运动方向和运动速度，设置物体周围的边界区域；确定车辆周围的监视区域与物体周围的边界区域之间的重叠区域；根据确定的重叠区域的大小，为物体分配权重值，计算自动停车区域的拥堵度；根据计算出的拥堵程度执行自动停车功能。

第五章　重点申请人分析

第一节　LG集团

一、企业简介

LG（乐金）集团是一家总部位于韩国的国际性企业集团，涉及生活家电、影音娱乐、汽车配件、通信服务、商业解决方案等多项业务板块。其在汽车配件领域提供动力总成、HVAC、电池包、T－Box（远程信息系统）、导航系统、显示系统、车辆工程设计、生产工艺设计等多项业务。

LG集团在2018年宣布成立自动驾驶部门，专注于自动驾驶技术的中长期研究。目前，LG集团已推出了基于单目和双目摄像头的高级驾驶员辅助系统（ADAS）模组，其中单目ADAS模组可以实现LDW（车道偏离预警）、FSW（前部碰撞预警）、TSR（交通标志识别）、HBA（远光灯辅助）等功能，双目ADAS模组可以实现AEB（自动紧急制动）、ACC（自适应巡航控制）、TJA（交通拥堵辅助）、CTA（交叉交通辅助）和道路曲线检测等功能。LG电子公司研发的自动驾驶汽车核心系统（ADAS）于2021年获得国际认证机构德国莱茵（TUV Rheinland）的ISO 26262功能安全产品认证。ISO 26262功能安全程序是通过测定零部件故障或研发程序出错的概率而保障其功能安全的国际标准，这也是德国莱茵首次向自动驾驶汽车核心系统颁发此认证。

此外，LG集团也十分关注V2X技术的研发，其在2017年就宣布研发出了基于LTE的自动驾驶V2X安全技术，可以实现汽车紧急制动提示和前方施工警示的功能。LG集团还于2017年与高通集团签订协议，在自动驾驶零部件领域深入合作，共建实验室用于V2X技术研发。作为合作成果，LG集团旗下的LG Innotek公司于2019年推出了以5G高通芯片为基础的车载通信模块。

LG Innotek 是首个将高通芯片"车辆用 5G 通信模块"开发到可以适用于实际车辆水平的公司。该模块可实现实时道路信息共享、精确定位、V2X、大容量数据传输等，拥有可进行完全无人驾驶的核心功能。

二、LG 集团专利技术分析

（一）专利申请趋势

在自动驾驶五大关键技术领域，LG 集团在全球共计申请了 2077 项专利，位居全球首位。从申请趋势来看，如图 5-1-1 所示，LG 集团早在 1994 年就开始了自动驾驶技术的研究。其最早的自动驾驶专利技术公开号为 KR19950028290U，发明名称为"三维视觉装置"，属于目标识别技术分支。在随后二十年时间内，LG 集团的相关专利申请始终保持低位态势。随着汽车自动驾驶概念的兴起，LG 集团的相关专利申请自 2015 年开始爆发性增长，并在 2020 年达到了 836 项。限于专利延迟公开的制度，2021—2022 年的数据并不完整，但目前正值自动驾驶赛道高热时期，可以预期 LG 集团在 2021—2022 年会有更大规模的专利申请。此外，由于 LG 集团的专利申请集中在 2015 年以后，因此目前 LG 集团的专利申请大部分均处于有效期内，对国内企业具有较高的威胁，是一个需要重点关注和研究的对象。

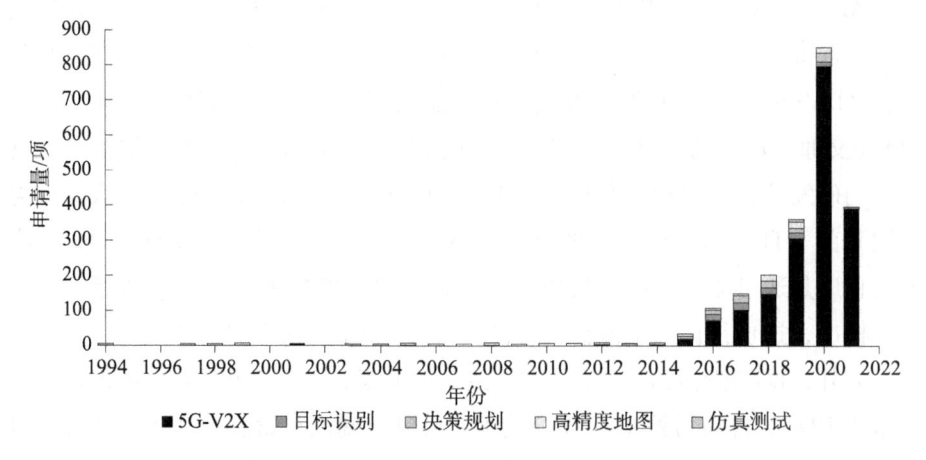

图 5-1-1　LG 集团总体及各分支专利申请趋势

（二）技术区域分析

如图5-1-2所示，从LG集团专利申请的目标市场分布来看，LG集团的首要目标市场是美国，其在美国公开的专利申请共计有1392项，占五个地区的41%，在美国公开的专利数量甚至多于LG集团的总部所在地韩国，足以看出LG集团对于美国市场的重视程度。作为LG集团总部所在地，韩国公开的专利数量位列第二。随后是欧洲和中国，与在韩国公开的数量差距不大，可以看出中国和欧洲也属于LG集团十分重视的市场。日本则公开量较少，只有167项，不属于LG重点关注的市场。此外，LG集团尚有257项处于有效期内的国际专利申请尚未选择进入任何国家的国家阶段，随着时间的推移，LG集团极有可能在中美欧三个市场继续布局上述专利。

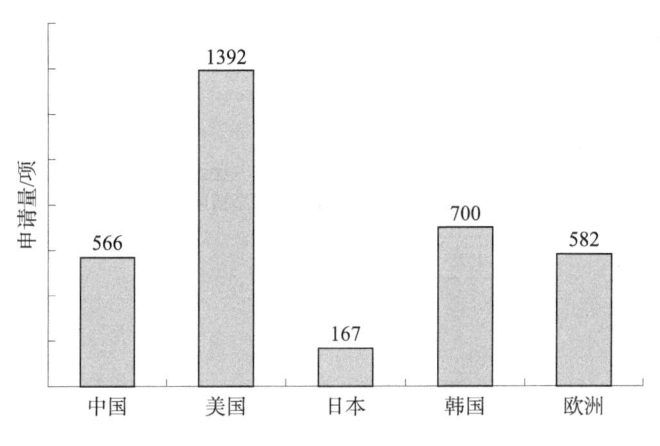

图5-1-2　LG集团专利申请的目标市场分布

（三）技术领域分布

如图5-1-3所示，从LG集团专利申请的技术领域分布来看，申请量最大的是5G-V2X，共计有1842项，位于全球首位。LG集团一直十分重视通信领域的技术研发，根据中国信通院2022年发布的《全球5G专利活动报告（2022年）》，LG集团向ETSI进行了标准必要专利声明的有效专利族排名全球第四。V2X是LG集团的重要业务之一，根据LG集团旗下的子公司LG Innotek官网显示，其目前已推出了三款V2X模块。其中两款产品为基于LTE（4G）的V2X方案，另一款则是基于5G Rel.15的C-V2X模块，其采用了高通公司的 SA515M 芯片组。随后专利申请量排名依次是目标识别、决策规划、高精度地图、仿真测试。根据 LG 集团官网，LG 集团已有车载传感器模组、ADAS 系统以及车载导航模块等成熟产品，可见其在目标识别、决策规划以及高精度地图领域布局的专利都支撑了相应的产品，具有较高的应用价值。根据 LG 集团的技术分支分布态势可以看出，在自动驾驶关键技术中，LG 集团主要布局点为 5G-V2X 技术，在 5G-V2X 技术中，LG 集团的大部分申请均为标准必要专利。由于标准必要专利通常难以规避，国内企业侵权风险较高，因此应重点关注 LG 集团的 5G-V2X 标准必要专利。

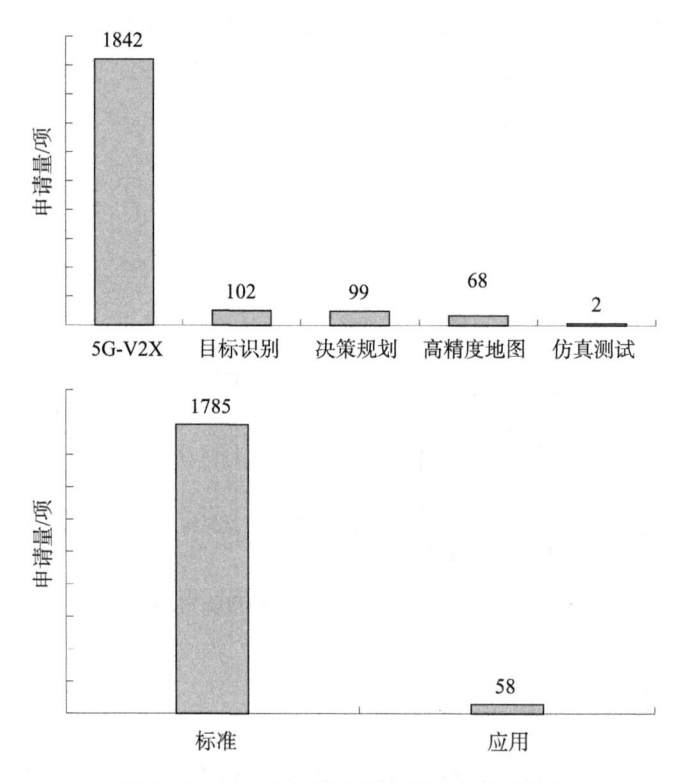

图 5-1-3 LG 集团专利申请技术领域分布

三、LG 集团专利申请标准必要专利分析

（一）专利申请趋势

图 5-1-4 所示为 LG 集团标准必要专利申请趋势。LG 集团在 2014 年 5

月 30 日提交了申请号为 WOKR14004864 的 PCT 申请，其公开号为 WO2015147376A1，发明名称中文译文为"无线通信系统在车辆通信设备中的通信方法，以及该设备"，该专利是 LG 集团最早的 5G–V2X 专利申请，主要涉及接收车辆通信设备预先向基站发送紧急信号所需的上行链路资源的分配，然后使用该分配上行链路资源，从而降低 V2I 系统的等待时间，可以有效地发送紧急信号。随着 3GPP 于 2016 年 6 月在 Release15 发布了 5G（NR）系统标准和网络架构，市场对于 5G 技术的关注度越来越高，LG 集团也增加了对 5G–V2X 技术的研发力度。从专利申请趋势可以看出，LG 集团十分重视 5G–V2X 标准专利的布局，专利申请量逐年升高。2020 年，LG 集团申请了 784 项 5G–V2X 标准专利，较前一年增长了 174%，其重视程度可见一斑。近年来，随着 5G 技术商用日趋成熟，自动驾驶成为 5G 技术关键应用场景之一，5G–V2X 标准专利的价值越来越高。可以预期，在未来几年，LG 集团将保持较高数量的 5G–V2X 标准专利的申请。

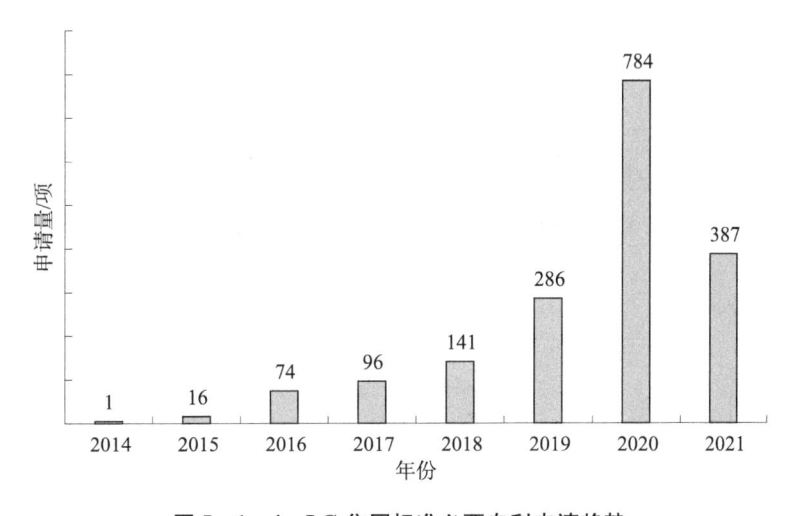

图 5–1–4　LG 集团标准必要专利申请趋势

（二）专利技术分布

如图 5–1–5 和图 5–1–6 所示，5G 相关标准目前共计有 120 条，LG 集团在其中的 43 条标准中声明了 5G–V2X 标准专利。从声明数量上来看，其最关注的技术规范组是 RAN（无线接入网），声明了其中的 24 个标准，占总声明标准数的 56%，在该技术规范下声明的标准专利数量达到了 1702 项，占比达到 95%。其次是 CT（核心与终端网），声明了其中的 14 个标准，占总声明标准数的 32%，在该技术规范下声明的标准专利数量有 76 项，占比达到 4%。SA（业务与系统）的声明量最小，声明了其中的 5 个标准，占总声名标准数的 12%，声明的标准专利数量则仅为 15 项，占比仅 1%。与全球声明情况对比来看，LG 在 RAN 和 CT 技术规范组均有较高的占比，全球分别有 21% 的 5G - V2X RAN 标准专利以及 33% 的 5G - V2X CT 标准专利是 LG 集团所声明的，可以看出 LG 集团在无线接入网和核心与终端网方面布局优势较大。

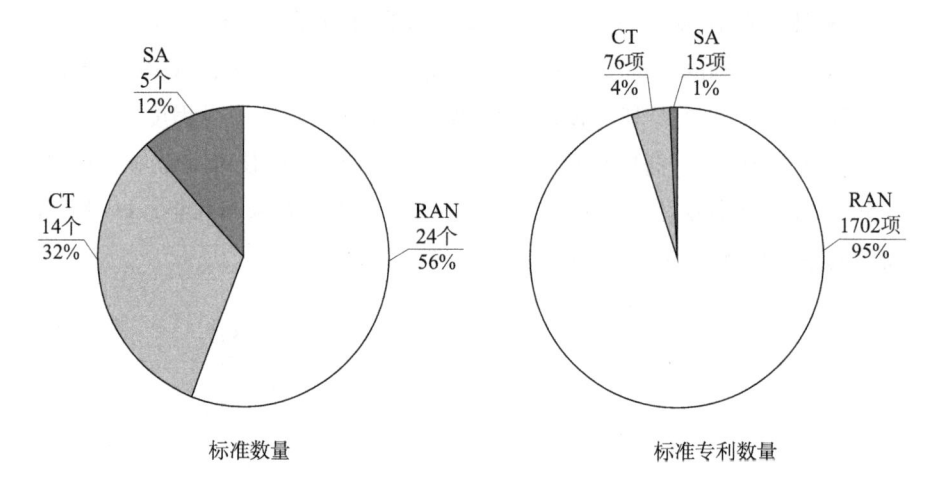

图 5 - 1 - 5　LG 集团各技术规范声明标准数量占比及标准专利数量占比

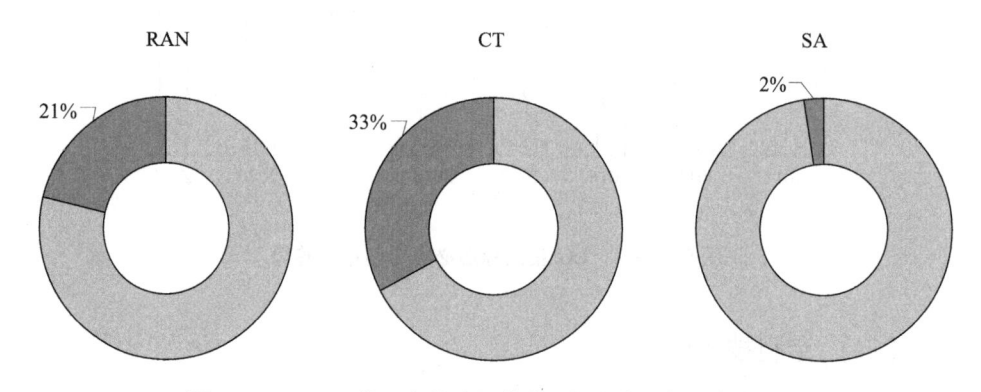

图 5 - 1 - 6　LG 集团各技术规范声明标准专利数量全球占比

（三）工作组申请分布

如图 5 - 1 - 7 所示，从 LG 集团声明的工作组来看，RAN 技术规范组下的

R2（RAN WG2）工作组是 LG 集团声明标准专利数量最多的工作组，共计声明了 1430 项标准专利，该工作组用于无线电第 2 层和无线电第 3 层 RRC（无线资源控制）规范。其次是 RAN 技术规范组下的 R1（RAN WG1）工作组，共计声明了 1251 项标准专利，该工作组用于无线电第 1 层规范。此外，LG 集团有 993 项标准专利同时声明了 R1 工作组和 R2 工作组的协议，即 LG 集团 59% 的 R1、R2 工作组标准专利存在技术交叠，同时涉及无线电第 1 层规范和第 2、3 层规范。

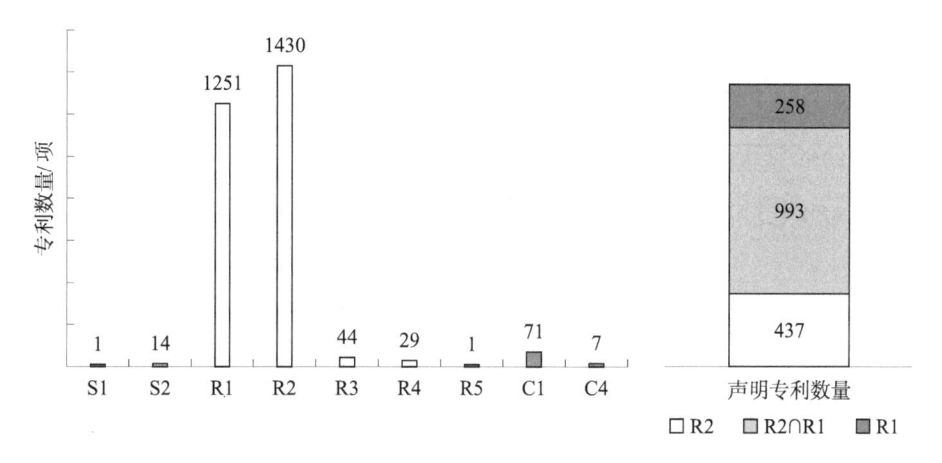

图 5-1-7　LG 集团各工作组专利申请分布及 **R1&R2** 工作组技术交叠情况

（四）主要协议声明

如图 5-1-8 所示，从 LG 集团声明标准专利数量最多的前十条协议来看，声明量最多的协议为 TS 38.331，共计声明了 1396 项标准专利，该协议用于新空口无线资源控制（RRC）层协议规范，属于 RAN 技术规范下的 R2 工作组。随后是 TS 38.213、TS 38.211、TS 38.212、TS 38.214 四个协议，分别声明了 1120 项、1106 项、1095 项、1001 项，声明标准专利量远高于其后的其他协议。上述四个协议均属于 RAN 技术规范下的 R1 工作组，分别用于无线电第 1 层规范的新空口用于控制的物理层流程、新空口物理信道调制、新空口多路复用和信道编码以及新空口用于数据的物理层流程。LG 集团排名前五的协议也是全球声明总量最多的协议，同时也是 5G 网络的关键协议，可以看出 LG 集团在上述协议中分配了最多的资源，投入了大量的研发力量。

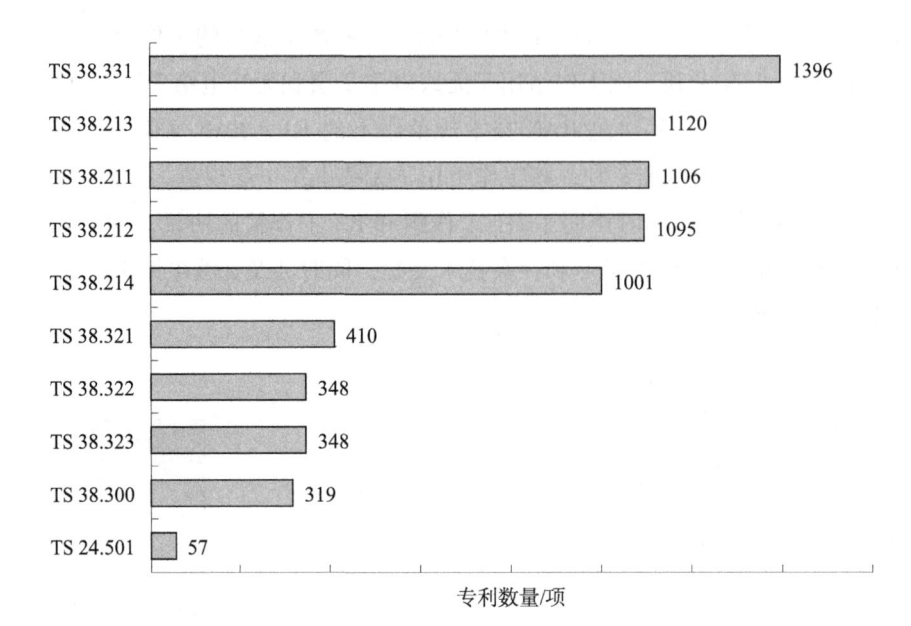

TS 38.331	1396
TS 38.213	1120
TS 38.211	1106
TS 38.212	1095
TS 38.214	1001
TS 38.321	410
TS 38.322	348
TS 38.323	348
TS 38.300	319
TS 24.501	57

专利数量/项

图5-1-8　LG集团声明标准专利数量前十的协议

（五）重要协议声明占比

LG集团各协议声明标准必要专利数量情况如表5-1-1所示。

表5-1-1　LG集团各协议声明标准必要专利数量情况

技术规范组	工作组	5G标准号	全球数量/项	LG数量/项	占比
CT	CT WG1	TS 23.122	17	2	12%
CT	CT WG1	TS 24.008	5	3	60%
CT	CT WG1	TS 24.229	1	1	100%
CT	CT WG1	TS 24.301	20	6	30%
CT	CT WG1	TS 24.302	5	5	100%
CT	CT WG1	TS 24.501	142	57	40%
CT	CT WG1	TS 24.502	56	51	91%
CT	CT WG4	TS 29.244	11	1	9%
CT	CT WG4	TS 29.272	2	1	50%
CT	CT WG4	TS 29.274	2	2	100%
CT	CT WG4	TS 29.502	3	1	33%
CT	CT WG4	TS 29.503	3	1	33%
CT	CT WG4	TS 29.518	5	1	20%

续表

技术规范组	工作组	5G 标准号	全球数量/项	LG 数量/项	占比
CT	CT WG4	TS 29.526	2	1	50%
RAN	RAN WG1	TS 37.213	135	2	1%
RAN	RAN WG1	TS 38.211	2670	1106	41%
RAN	RAN WG1	TS 38.212	2459	1095	45%
RAN	RAN WG1	TS 38.213	3881	1120	29%
RAN	RAN WG1	TS 38.214	2728	1001	37%
RAN	RAN WG1	TS 38.215	188	1	1%
RAN	RAN WG2	TS 37.324	11	3	27%
RAN	RAN WG2	TS 37.355	41	1	2%
RAN	RAN WG2	TS 38.300	1225	319	26%
RAN	RAN WG2	TS 38.304	150	1	1%
RAN	RAN WG2	TS 38.305	63	1	2%
RAN	RAN WG2	TS 38.306	121	5	4%
RAN	RAN WG2	TS 38.321	1940	410	21%
RAN	RAN WG2	TS 38.322	467	348	75%
RAN	RAN WG2	TS 38.323	469	348	74%
RAN	RAN WG2	TS 38.331	4401	1396	32%
RAN	RAN WG2	TS 38.340	81	1	1%
RAN	RAN WG3	TS 38.413	121	38	31%
RAN	RAN WG3	TS 38.423	115	37	32%
RAN	RAN WG3	TS 38.463	44	35	80%
RAN	RAN WG3	TS 38.473	75	2	3%
RAN	RAN WG4	TS 38.101	185	22	12%
RAN	RAN WG4	TS 38.133	118	7	6%
RAN	RAN WG5	TS 38.523	1	1	100%
SA	SA WG1	TS 22.261	5	1	20%
SA	SA WG2	TS 23.287	113	2	2%
SA	SA WG2	TS 23.501	312	8	3%
SA	SA WG2	TS 23.502	216	7	3%
SA	SA WG2	TS 23.503	48	1	2%

截取全球声明量超过 100 项 5G–V2X 相关标准专利的协议作为 5G–V2X 的重点协议，共计有 22 条协议，分析 LG 集团在其中的声明量占比，如图 5–1–9 所示。

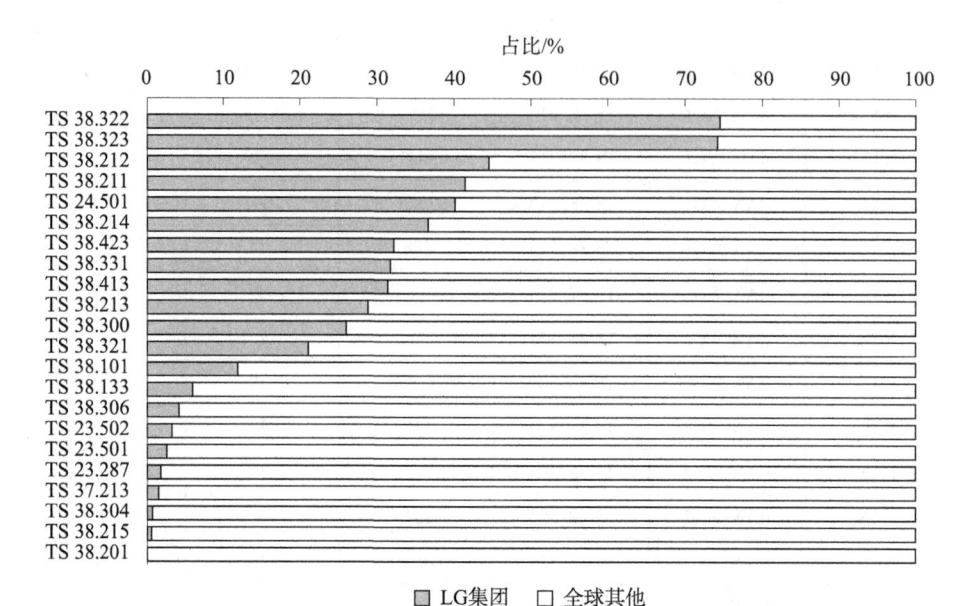

图 5–1–9　LG 集团重要协议声明标准必要专利数量全球占比

从图 5–1–9 可知，LG 集团标准必要专利占比最高的协议是 TS 38.322，占比高达 75%。其次是 TS 38.323，占比达 74%，LG 集团在上述两个协议中具有极高的影响力。其中，TS 38.322 用于新空口无线链路控制（RLC）层协议规范，TS 38.323 用于新空口分组数据汇聚协议（PDCP）层协议规范。

此外，LG 集团在 TS 38.212、TS 38.211、TS 24.501、TS 38.214、TS 38.423、TS 38.331、TS 38.413 这七个协议中也有较高的影响力，占比分别达到 45%、41%、40%、37%、32%、32%、31%，分别涉及新空口多路复用和信道编码、新空口物理信道和调制、5G 系统的非接入层协议、新空口用于数据的物理层流程、NG 无线接入网 Xn 接口信号传输、新空口无线资源控制（RRC）层协议规范、NG 无线接入网 NG 应用协议。

另外，LG 集团也存在布局的薄弱点。例如 TS 38.201 协议，该协议涉及新空口物理层总体描述，全球在该协议中声明了 133 项标准专利，但 LG 集团在该协议中并未声明标准专利。此外，还有 TS 23.501、TS 23.287、TS 37.213、

TS 38.304、TS 38.215 这五个协议的声明标准专利占比小于 3%，上述协议分别涉及用于 5G 系统的系统架构、5G 系统架构增强以支持 V2X 服务、共享频谱信道接入的物理层流程、新空口用户设备（UE）处于空闲态和 RRC 非激活态的流程、新空口物理层测量。国内企业也可以将上述协议作为研发方向，与 LG 形成互补关系，从而在与 LG 集团进行标准必要专利交叉许可谈判时增加己方筹码。

（六）联合申请

表 5-1-2 为 LG 集团联合申请情况。LG 集团共有 4 件与他人共同申请的 5G-V2X 标准专利，与 LG 集团共同申请的申请人为首尔大学和西江大学，均为韩国的高校。2017 年，LG 集团与首尔大学合作研发，共同申请了两项 PCT 申请，其公开号为：WO2017209581A1、WO2018012948A1。上述两项专利均涉及 TS 38.211 和 TS 38.212 两条协议，其技术内容关于新空口物理信道和调制以及多路复用和信道编码。2020 年，LG 集团与西江大学合作研发，共同申请了两项 PCT 申请，其公开号为：WO2021112592A1、WO2021015569A1，上述两项专利均涉及 TS 38.211、TS 38.212、TS 38.213、TS 38.214、TS 38.331 五条协议，其技术内容关于新空口物理信道和调制、多路复用和信道编码、用于控制的物理层流程、用于数据的物理层流程以及无线资源控制（RRC）层协议规范。从合作申请数量来看，LG 集团在 5G-V2X 领域合作申请的标准专利数量占其总量的 0.2%，可以看出 LG 集团并不注重合作研发，更倾向于自主研发，以保证自身对专利权的支配地位。从合作申请的对象来看，LG 集团的合作也仅限于高校，并未与业内其他企业合作进行标准专利的共同申请。

表 5-1-2 LG 集团联合申请

合作申请人	申请年	标　题	公开号	标准号
首尔大学	2017	无线通信系统中用于发送或接收侧链路相关的信号反馈系统	WO2017209581A1	TS 38.211； TS 38.212
首尔大学	2017	无线通信系统发送/接收消息的方法	WO2018012948A1	TS 38.211； TS 38.212
西江大学	2020	无线通信系统中基于人工智能的波束管理方法及其装置	WO2021112592A1	TS 38.213；TS 38.214； TS 38.211；TS 38.331； TS 38.212

续表

合作申请人	申请年	标　题	公开号	标准号
西江大学	2020	在无线通信系统中报告信道状态信息的方法及其装置	WO2021015569A1	TS 38.213；TS 38.214；TS 38.211；TS 38.331；TS 38.212

四、LG集团重点专利分析

在LG集团的所有5G-V2X标准专利中筛选公开国同时包括中国、美国和欧洲三个国家/地区，并且在上述三个国家/地区中的任意局已授权的标准专利，共计有215项符合该条件的标准专利族。满足该条件的专利可以认定为LG集团持有的价值度较高的5G-V2X标准专利。在上述215项专利族中，综合被引证情况、同族数量以及人工阅读标引，筛选出如下典型专利。

1. WO2015142082A1

该专利发明名称为：用于在无线通信系统中为公共安全传输或车辆相关的传输配置缓存状态报告的方法和装置。布局了中国（CN106105305B）、美国（US10045249B2）和欧洲（EP3120607B1）三个国家/地区，在上述三个国家/地区均已获得了授权。专利族共计被引证86次，从家族引证链来看，该专利引证了其在先的两件LG集团的专利，被LG集团的41件在后专利引证。该专利被华为、中兴、小米、大唐等多家国内企业的在后专利引证，值得国内企业重点关注。WO2015142082A1引证与被引证如图5-1-10所示。

该专利的方案提出的背景在于当前公共安全网络仍主要基于老式的2G技术，而商业网络正快速地迁移至LTE。这种演进差距和对于增强型服务的期待已经带来了升级现有的公共安全网络的迫切需求。与商业网络相比较，公共安全网络具有更严格的服务要求（例如，可靠性和安全性），并且也要求直接通信，特别是当蜂窝未能覆盖或者不可用时，此种重要的直接模式特征当前在LTE中是缺失的。缓冲器状态报告（BSR）过程被用于给服务eNB（演进的节点B）提供关于可用于UE的上行链路（UL）缓冲器中的传输的数据的量的信息。当在3GPP LTE版本12中引入ProSe时，用于ProSe的BSR的各种操作应被重新定义。

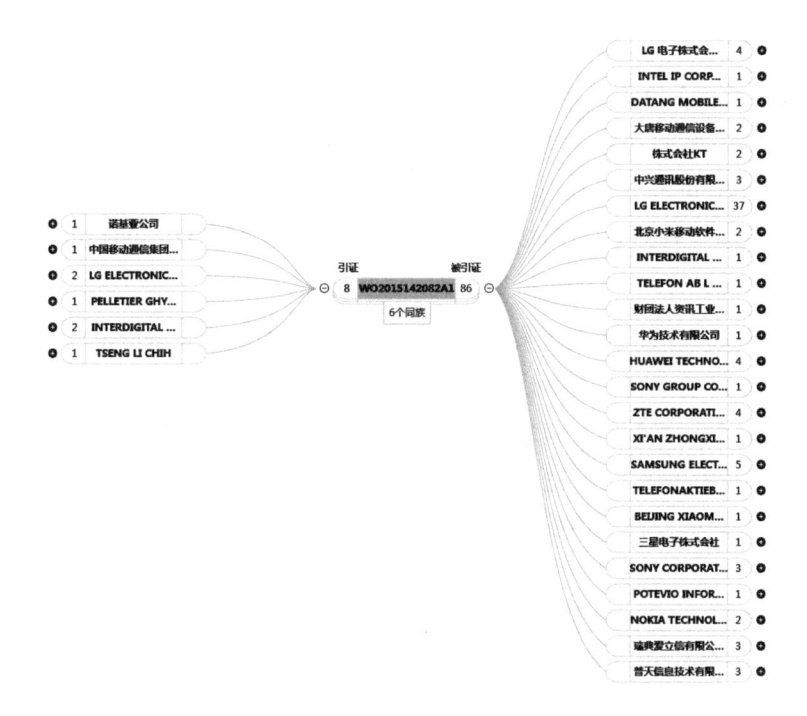

图 5 – 1 – 10　WO2015142082A1 引证与被引证

该专利方案流程图如图 5 – 1 – 11 所示。该专利的核心方案为：通过用户设备（UE）配置与所述公共安全传输或者所述 V2X 传输有关的设备对设备（D2D）逻辑信道；通过 UE 触发用于 D2D 逻辑信道的基于接近的服务（ProSe）缓冲器状态报告（BSR）；以及如果媒体接入控制（MAC）协议数据单元（PDU）仅能够容纳一个 BSR MAC 控制元素（CE），则通过 UE 在 MAC PDU 中容纳被触发的 ProSe BSR。

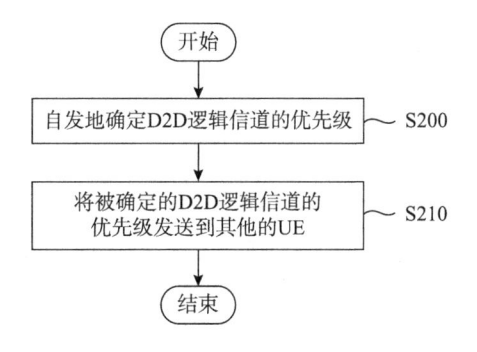

图 5 – 1 – 11　WO2015142082A1 方案流程图

213

该专利声明了 TS 36.321、TS 36.331、TS 38.321 三条标准，其中 TS 38.321 为 5G-V2X 相关标准，涉及新空口媒体访问控制（MAC）层协议规范，根据该专利的方案，可以自发地确定 D2D 逻辑信道的优先级，能够满足公共安全网络和 V2X 网络高可靠性和高安全性的要求。

2. WO2017176095A1、WO2017176096A1、WO2017176097A1、WO2017176098A1、WO2017176099A1

该专利族包括 5 件 PCT 系列申请以及 57 件对应的国家阶段申请，共计 62 件同族，布局至中国、美国、日本、韩国、欧洲、加拿大、澳大利亚、巴西、俄罗斯、日本、智利、印度、西班牙、墨西哥、菲律宾、新加坡等 15 个国家/地区，其中美国、欧洲、韩国、日本、俄罗斯、加拿大、西班牙、墨西哥的专利已经获得授权，中国专利正处于实质审查阶段。该专利族共计被引证 77 次。

该专利族主要针对装置之间执行直接通信的装置对装置（D2D）技术进行改进，在 3GPP LTE-A 中，与 D2D 操作有关的服务被称为基于邻近的服务（ProSe）。ProSe 包括 ProSe 直接通信（communication）和 ProSe 直接发现（direct discovery）。ProSe 直接通信是指在两个或更多个邻近 UE 之间执行的通信，UE 可以使用用户平面的协议来执行通信。ProSe 直接发现是 ProSe 使能 UE 发现其他邻近的 ProSe 使能 UE 的过程。ProSe 的参考结构包括 E-UTRAN、EPC、包括 ProSe 应用程序的多个终端、ProSe 应用服务器和 ProSe 功能。EPC 代表 E-UTRAN 核心网络结构。EPC 可以包括移动性管理设备（MME）、服务网关（S-GW）、PDN 网关（P-GW）、策略和计费规则功能（PCRF）、归属订户服务器（HSS）等。ProSe 应用服务器是用于创建应用功能的 ProSe 能力的用户，ProSe 应用服务器可以与 UE 中的应用程序通信。UE 中的应用程序可以使用 ProSe 能力来创建应用功能，图 5-1-12 所示为用于用户平面的无线协议架构框图。

图 5-1-13 所示为用于 ProSe 的基本结构。ProSe 直接通信是两个公共安全 UE 可以通过 PC5 接口执行直接通信的通信模式。当 UE 在 E-UTRAN 的覆盖范围内接收服务时或者当 UE 偏离 E-UTRAN 的覆盖范围时，可以支持该通信模式。

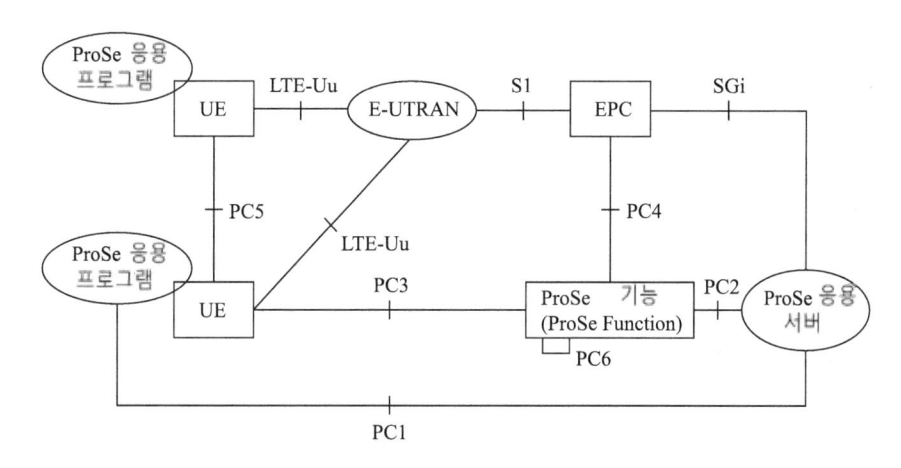

图 5-1-12　用于用户平面的无线协议架构框图

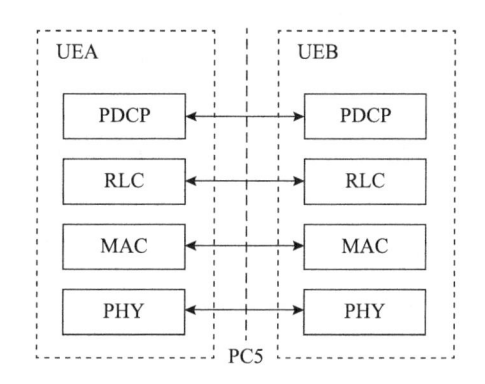

图 5-1-13　用于 ProSe 的基本结构

该专利族的核心方案包括：

1) 在 UE 特定的感测周期期间感测子帧；基于所述感测选择与之执行 V2X 通信的资源；以及基于该资源执行 V2X 通信，其中 UE 特定的感测周期是基于 V2X UE 确定的从第 ($n-1000$) 个子帧到第 ($n-1$) 个子帧的能量感测周期，并且其中 n 是正整数。

2) 由 V2X 用户设备（UE）执行，在选择持续时间内选择排除与在感测持续时间内执行传输的子帧相关的子帧的子帧，以及基于所选择的子帧来执行 V2X 通信。

3) 由 V2X 用户设备（UE）执行，在其上执行 V2X 通信的有限数量的资源执行预留，以及在所述有限数量的预留资源上执行所述 V2X 通信。

4）对所述感测持续时间执行能量测量，其中第 k 个子帧之前的多个子帧在感测持续时间内；基于对感测持续时间的感测结果，在选择持续时间内从特定子帧上的多个 V2X 资源中选择特定 V2X 资源，其中选择持续时间是从第 k 个子帧到第（$k+y$）个子帧的持续时间，其中 y 是与选择持续时间的长度相关的值，也是满足等待时间要求的值，其中所述等待时间要求与缓冲数据的等待时间要求相关，其中特定的 V2X 资源能够在选择持续时间内被选择，其中特定 V2X 资源是基于时分和频分中的时间和频率来定义的，其中所述选择持续时间位于所述感测持续时间之后；以及基于所述特定 V2X 资源执行所述 V2X 操作，其中所述感测持续时间具有特定于所述 UE 的持续时间的边界。

5）在多个子帧中，确定属于 V2X 资源池的一组子帧，该 V2X 资源池包括用于旁路传输模式 4 的多个子帧；以及基于该组子帧执行 V2X 传输，其中所述子帧组基于从所述多个子帧中排除旁路同步信号（SLSS）子帧和下行链路子帧来确定，其中所述 UE 保留用于执行所述 V2X 传输的多个 V2X 子帧，以及其中基于资源选择计数器值来确定 V2X 子帧的数量。

该专利族声明了 TS 36.213、TS 36.331、TS 38.211、TS 38.212 四条标准，其中 TS 38.211、TS 38.212 为 5G－V2X 相关标准，涉及新空口物理信道和调制以及新空口多路复用和信道编码。根据该专利族的方案，当 UE 执行 V2X 通信时可按照有效的方式预留 V2X 通信中涉及的资源，因此可以使得用户设备有效地利用无线电资源。

3. WO2019216641A1

该专利名称为：在无线通信系统中传输 V2X 数据的方法及其装置。该专利布局了中国、美国和欧洲三个国家/地区，其中在美国和欧洲专利局已获得授权，中国目前处于实质审查阶段。该专利族共计被引证 12 次，从家族引证链来看，该专利引证了 LG 集团在先的专利 WO2017191973A1，又被 LG 集团在后的专利 US11405968B2 所引证。

在传统的 LTE 版本 14 V2X 中，当 UE 在 PC5 上发送 V2X 消息时，UE 在 PC5 范围内的其他 UE 接收并解码 V2X 消息，然后如果存在映射到消息的目的地层－2ID 的 V2X 服务（例如，V2X 应用的 PSID 或 ITS－AID）信息，则向相应的 V2X 应用转发消息。当 PC5 RAT 是 LTE 时，与 LTE 版本 14 相比，LTE 版本 15 中的 PC5 PHY 格式也已经更改，由于不具有 PC5 64QAM 功能的 UE 不能解码使用此功能发送的 V2X 消息，因此如果接收 UE 是 LTE 版本

14 UE，则即使用于发送 V2X 消息的 PC5 RAT 是 LTE，在执行 LTE 版本 15 PHY 格式的传输的发送 UE 附近的 UE 也不能解码接收到的 LTE 版本 15 PHY 格式的数据。由于即使当 PC5 RAT 是 LTE 时也存在各种 PC5 传输方案，因此可能存在无线电终端接收 V2X 消息但无法解码/解译接收到的消息的情况。也就是说，当某个 UE 使用 NR 在 PC5 上向其他 UE 发送由该 UE 收集的传感器信息以便共享该信息时，如果在该某个 UE 周围仅存在不能通过 NR 执行 PC5 通信的 UE，则该发送可能是没有意义的。此外，当某个 UE 使用 LTE 64QAM 在 PC5 上向其他 UE 发送该 UE 收集的传感器信息以共享该信息时，如果在该某个 UE 周围仅存在能够通过 LTE 进行 PC5 通信但是不能通过 LTE 64QAM 进行通信的 UE，则该传输可能是无意义的，并且可能会浪费 PC5 资源。

为了解决上述问题，该专利提出了如下核心技术方案：由第一 UE 广播直接通信请求消息；以单播方式从接收直接通信请求消息的第二 UE 接收直接通信接受消息；以及以单播方式向第二 UE 发送 V2X 服务的数据，其中包含在广播直接通信请求消息中的第一 UE 的源第二层标识（ID）被第二 UE 用作直接通信接受消息的目的第二层 ID，用于由第二 UE 单播接收 V2X 服务的数据 UE，其中直接通信请求消息包括关于预定次数和预定间隔的信息，以及其中所述直接通信接受消息是基于所述第二 UE 在所述预定间隔内接收所述直接通信请求消息超过所述预定次数而被发送的。

图 5-1-14 所示为面向 V2X 服务的层-2 链路建立原理图。与由传统基站等发送的广播消息不同，直接通信请求消息是为了建立层-2 链路（面向 V2X 服务的层-2 链路）而发送的。直接通信请求消息包括关于 V2X 服务的信息和源层-2ID，并且直接通信接受消息包括与源层-2ID 相对应的第二 UE 的 ID。包括在所广播的直接通信请求消息中的源层-2ID 被用作/配置为直接通信接受消息的目的地层-2ID，以用于由第二 UE 单播接收 V2X 服务的数据。利用该配置，可以执行到需要特定 V2X 服务的 UE 的单播发送，而无需使用建立 PC5 链路所需的传统信令和资源。

该专利声明了 TS 23.502 以及 TS 23.501 两条标准，均属于 SA（业务与系统）技术规范组，涉及 5G 媒体流一般描述和架构以及 5G 多播广播用户服务架构，基于该专利的方案，可以在对多个终端执行广播传输之后有效地对希望接收 V2X 服务的每个终端执行单播传输。

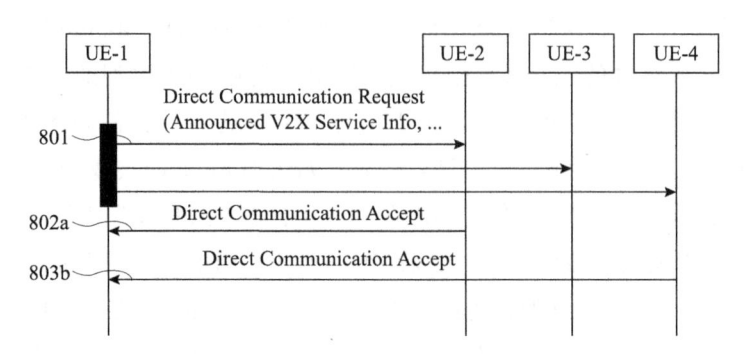

图 5-1-14　面向 V2X 服务的层-2 链路建立

4. WO2018128426A1

该专利名称为：一种无线通信系统中 3GPP LTE 与 NR 之间共享频谱的方法及装置。该专利布局了中国、美国、欧洲、日本、韩国、印度等多个国家/地区，该同族共计 12 篇专利，其中美国、日本、韩国已获得授权，中国处于实质审查阶段。该专利族共计被引证 58 次。

该专利族的核心技术方案为：接收（i）用于第一上行链路（UL）载波的第一物理随机接入信道（PRACH）配置和（ii）用于第二 UL 载波的第二 PRACH 配置，其中所述第一 UL 载波和链接到所述第一 UL 载波的 DL 载波属于第一载波频带，并且其中所述第二 UL 载波属于第二载波频带；在 DL 载波上执行参考信号接收功率（RSRP）测量；基于 DL 载波上的 RSRP 测量结果，在第一 UL 载波和第二 UL 载波中选择用于随机接入过程的 UL 载波；以及基于所选择的 UL 载波的 PRACH 配置在所选择的 UL 载波上执行随机接入过程，其中，基于 DL 载波上的 RSRP 测量结果小于阈值，选择第二 UL 载波作为随机接入过程的 UL 载波，基于 DL 载波上的 RSRP 测量结果不小于阈值，选择第一 UL 载波作为随机接入过程的 UL 载波，其中该方法还包括接收通知物理上行链路共享信道（PUSCH）传输的 UL 载波的 UL 授权，以及基于 UL 授权通知随机接入过程中的载波切换，使得所通知的用于 PUSCH 传输的 UL 载波不同于为随机接入过程选择的第二 UL 载波，禁止载波切换。

该专利族声明了 TS 38.321、TS 38.322、TS 38.323、TS 38.331 四条标准，均为 5G-V2X 相关标准，涉及新空口媒体访问控制（MAC）层协议规范、新空口无线链路控制（RLC）层协议规范、新空口分组数据汇聚协议（PDCP）层协议规范、新空口无线资源控制（RRC）层协议规范。根据该专利的方案，设计了一种在同一频率中的 LTE 与 NR 之间的用于至少 NR 的初始部署的频谱共享机制，从而实现 3GPP LTE 和 NR 可以有效地共享同一频率中的频谱。

5. WO2017007285A1

该专利名称为：一种在无线通信系统中发送/接收装置对装置通信终端的同步信号的方法和装置。该专利布局了中国、美国、欧洲、日本等多个国家/地区。该同族共计有 18 篇专利，其中中国、美国、欧洲、日本均已获得授权。该专利族共计被引证 49 次。

通过 UE 与网络所提供的定时的同步来实现 D2D 操作与传统网络操作（即 eNB 与 UE 之间的发送和接收）之间的可靠复用。另外，安装在车辆中的无线终端或安装在车辆中的终端可出于导航目的使用诸如全球定位系统（GPS）信号的卫星信号（GNSS），因此卫星信号也可以同时用于终端之间的时间或频率同步。图 5-1-15 示出了发送副链路同步信号（SLSS）的适用情况，其包括 GNSS、基于 GNSS 的 UE（UE G-1）、基于 eNB 的 UE（UE N-1）、基于 GNSS 两跳的 UE（UE G-2）、基于 eNB 两跳的 UE（UE N-2）以及网络外（OON）UE。因此，在 GNSS 与 eNB 共存的情况下，在选择 SS/同步源并发送 SS 时 UE 需要对 SS/同步源进行优先级排序。

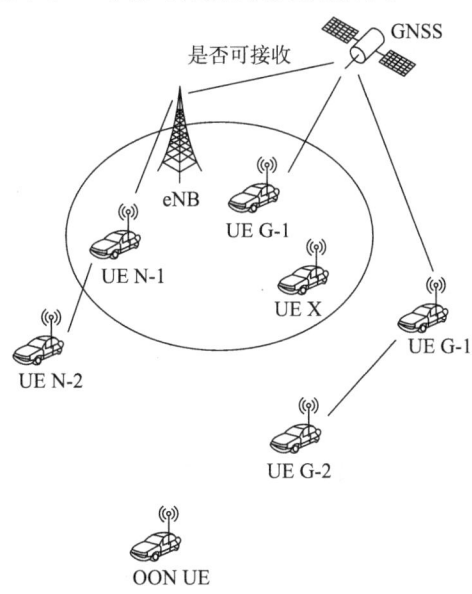

图 5-1-15 发送副链路同步信号 SLSS 适用情况示例图

为了对 SS/同步源进行优先级排序，该专利提出了如下的核心方案：由已通过从作为同步源的全球导航卫星系统（GNSS）直接接收信号获取同步的 UE 来选择 SLSS 标识符 ID；以及发送基于所选择的 SLSSID 生成的 SLSS，其中，所述同步源是基于顺序为"GNSS > 基于 GNSS 直接的 UE > 基于 GNSS 两跳的 UE > 基站（BS）> 基于 BS 的 UE > 基于 BS 两跳的 UE"的优先级来选择的，其中，所述基于 GNSS 直接的 UE 是直接从所述 GNSS 接收同步信号并选择 GNSS 作为定时或频率参考的 UE；其中，所述基于 BS 的 UE 是直接从所述 BS 接收同步信号并且选择与所述 BS 同步作为定时或频率参考的 UE；其中，所述基于 GNSS 两跳的 UE 是从所述基于 GNSS 直接的 UE 接收同步信号的 UE；其中，所述基于 BS 两跳的 UE 是从基于 BS 的 UE 接收同步信号的 UE。

该专利族声明了 TS 36.331、TS 38.331 两条标准，其中 TS 38.331 为 5G-V2X 相关标准，涉及新空口无线资源控制（RRC）层协议规范。根据本专利的方案，在卫星信号可用于同步的情况下发送和接收同步信号，从而可以在使与相邻用户设备（UE）的干扰最小化的同时稳定地发送和接收同步信号。

五、小 结

从申请态势来看，LG 集团专利申请量自 2015 年起开始快速增长，与全球整体趋势一致。从地域分布来看，LG 集团非常重视中美欧三个国家和地区的布局，因此 LG 集团持有的专利对于国内企业威胁较大。从技术分布来看，LG 集团在自动驾驶关键技术的布局方向侧重于 5G-V2X 标准专利，其申请了 1785 项 5G-V2X 标准专利，占其申请总量的 86%。由于涉及通信标准，专利价值较高，通常难以规避，且相关专利正处于有效期内，国内企业侵权风险较高，因此应重点关注 LG 集团的 5G-V2X 标准必要专利。

从标准专利的情况来看，LG 集团声明标准专利数量较多的协议有 TS 38.331、TS 38.213、TS 38.211、TS 38.212、TS 38.214。这五条协议所声明的标准专利均超过 1000 项，分别占全球声明量的 32%、29%、41%、45%、37%，表明 LG 集团在这五条 5G 网络的关键协议中具有较高的影响力。此外，LG 集团在 TS 38.322、TS 38.323 两条标准下的全球声明专利数量占比分别高达 75%、74%，具有举足轻重的地位。这两条协议涉及新空口无线链路控制（RLC）层协议规范、新空口分组数据汇聚协议（PDCP）层协议规范。使用上述协议所涉及的技术极有可能需要获得 LG 集团的许可，因而建议国内企业重点关注。同时 LG 集团也存在布局弱点，在全球声明标准专利数量超过 100 项的协议中，LG 集团在 TS 38.201 协议下没有布局专利，且在 TS 23.501、TS 23.287、TS 37.213、TS 38.304、TS 38.215 五个协议的声明标准专利占比小于 3%，国内企业也可以将上述协议作为研发方向，与 LG 集团形成互补关系，从而在与 LG 集团进行标准必要专利交叉许可谈判时增加己方筹码。

第二节 华 为

一、企业简介

华为技术有限公司（以下简称华为）是全球领先的信息与通信技术（ICT）解决方案供应商，于 1987 年创立，最初专注于制造电话交换机，现已将业务范围扩展至建设电信网络，为中国境内外企业提供运营和咨询服务及设备，以及为消费市场制造通信设备。经过十余年的发展，华为在中国、俄罗斯、德国、瑞典、印度及美国等地设立了 16 个研发中心。

作为 5G 领域的开创者，华为自 2009 年开始大力投入 5G 技术的研究与创新，是行业目前唯一能提供端到端 5G 全系统的厂商。2013 年 2 月，由工信部、发改委和科技部联合推动成立 IMT-2020（5G）推进组，目前至少有 56 家成员单位，涵盖国内移动通信领域产学研用主要力量，是推动国内 5G 技术研究及国际交流合作的主要平台。华为作为 IMT-2020（5G）推进组的核心成员，积极参与中国 IMT-2020（5G）推进组的测试工作。据 IMT-2020（5G）推进组发布的第三阶段测试成果显示，华为 5G 测试场景最全面，各项测试成果遥遥领先，其中 100MHz 带宽下 64T64R Sub 6GHz 单小区下行峰值超过 14.5Gbps，刷新业界记录。目前，华为提供全场景（增强移动宽带、超高可靠超低时延通信、大连接物联网）、端到端的 5G 解决方案和 5G 全生命周期服务，其中包括极简站点、综合承载、云化核心网、极简运维等。

2016 年 11 月 17 日，国际无线标准化机构 3GPP 第 87 次会议在美国拉斯维加斯召开，重点讨论 5G 标准，短码方案由华为极化码胜出。2019 年 1 月，华为在北京发布了业内首款 5G 基站核心芯片"天罡芯片"和业界标杆 5G 多模终端芯片"巴龙5000"。天罡芯片拥有超高集成度和超强运算能力，较以往芯片性能增强约2.5倍，可支持200兆频宽，可以让全球90%的站点在不改造市电的情况下实现5G。华为5G基站使用天罡芯片，其能力是4G基站能力的20倍，同时比4G基站集成度更高、体积更小、安装更加简单，具备一横杆建站、5G全频谱等特性。2022年5月，华为对外公布已获得超过100份5G商用合同，5G基站发货总量超过120万个，已在全国建成156万个5G基站。"巴龙5000"则是首个支持V2X的多模芯片，能够在单芯片内提供从2G到5G的支持，并在全球率先支持NSA（5G非独立组网）和SA（5G独立组网）架构，其5G峰值下载速率是4G LTE可体验速率的10倍，可以有效降低多模间数据交换产生的时延和功耗，灵活应对5G产业发展不同阶段下用户和运营商对硬件设备的通信能力要求。2019世界新能源汽车大会上，华为5G+C-V2X车载通信技术成功当选环球新能源汽车八大创新技术之一。华为基于该技术研发出全球首款5G车载模组MH5000，该模组搭载"巴龙5000"，让车载终端具备高速率、低时延的5G移动通信能力和车路协同通信能力，加速汽车行业进入5G时代。

在汽车领域，华为与多家车企开展了多项合作。在国内方面，华为与长安汽车于2014年11月签署战略合作协议，在车联网、智能汽车、国际化业务拓展、流程信息化、信息化建设等领域展开跨界合作。2018年，双方再次签署合作协议，在车载移动通信系统、多终端互联互通、车载操作系统开发、车机芯片开发、车联网评价体系标准建设及新能源技术等领域探索合作。2019年1月，华为与长安汽车全面深化战略合作，落地并成立联合创新中心，在智能化领域，双方将在L4级自动驾驶、5G车联网、C-V2X等10余项前瞻技术领域开展合作，为用户提供更加智能的体验；在新能源领域，双方致力于打造国际一流、中国领先的智能电动汽车平台。2021年11月15日，由长安、华为、宁德时代三方联合打造的高端智能电动品牌阿维塔正式亮相全球。

华为和广汽集团于2017年6月签署了涵盖信息通信技术（ICT）等内容的战略合作协议，在智能网联电动汽车技术领域展开战略合作，加速推进战略合作项目，实现多个系统的量产搭载。2020年9月，双方再次达成深化战略合作协议，双方将聚焦在计算与通信架构，迎接软件定义汽车发展的趋势，综合双方在智能化、网联化、电动化的合作研究，共同打造可持续迭代升级的数字平台，真正实现软件定义汽车。

华为与北汽集团于 2017 年 9 月签署战略合作框架协议，此后分别于 2018 年 11 月、2019 年 1 月和 2021 年 9 月相继签署深化战略合作框架协议、全面业务合作协议和全面业务深化合作协议。双方联合设立"1873 戴维森创新实验室"，聚焦智能网联前瞻性技术，将在电动汽车关键系统技术开发、整车产品开发、品牌营销与渠道共享、用户引流与运营等方面开展全面合作。2020 年 10 月，由北汽生产，搭载了华为智能网联、智能电动的解决方案的 ARC-FOX 极狐阿尔法 T 交付上市，开启了 5G 智能汽车时代。2021 年 4 月，全球第一款搭载华为 ADS 智能驾驶全栈解决方案的量产车极狐阿尔法 S 华为 HI 版在上海车展亮相。

华为与重庆小康工业集团股份有限公司（后更名为赛力斯）于 2019 年 1 月 18 日签署全面合作协议。按照协议，双方将深入推动新能源汽车领域合作，在工业互联网、ICT 基础设施、新能源汽车智能化、网联化等领域开展全面合作，为小康集团打造智能电动汽车提供助力。2021 年 4 月，华为与赛力斯联合打造的赛力斯华为智选 SF5 正式入驻位于上海的华为体验店。2021 年 12 月，华为与赛力斯联合推出全新高端品牌 AITO，同月 AITO 正式发布问界 M5，AITO 问界 M5 搭载 HUAWEI DriveONE 纯电驱增程平台和 Harmony OS 智能座舱。

国外方面，华为和大众集团于 2015 年合作，开始共同推进车联网技术发展。2018 年 7 月，华为与大众集团奥迪品牌在柏林签署战略合作谅解备忘录，联合发展智能网联汽车。同年 10 月，双方宣布在智能网联汽车领域的下一步合作计划，并将华为 MDC 移动数据中心集成到奥迪 Q7 原型车中，用于城市自动驾驶环境的运行，实现 L4 级的自动驾驶功能。2021 年 7 月，华为与大众集团的一家供应商达成专利许可协议，包括华为 4G 标准必要专利许可，涵盖装有无线连接功能的大众汽车，该协议也是迄今为止华为在汽车领域达成的最大许可协议。

华为与标致雪铁龙（PSA）集团于 2017 年 11 月宣布车联网项目合作，PSA 集团运用华为 OceanConnect 物联网（IoT）平台，来为其网联车辆构建 CVMP 平台（Connected Vehicle Modular Platform，车联网模块化平台）。DS7 Crossback 是 PSA 集团使用其 CVMP 平台打造的第一款车辆。双方的合作伙伴关系将涵盖 PSA 集团的所有网联车辆。

2016年9月,由奥迪、宝马和戴姆勒三家汽车厂商以及爱立信、华为、英特尔、诺基亚和高通五家电信通讯公司联合发起成立"5G汽车联盟(5G Automotive Association,简称5GAA)"。5GAA的使命是开发、测试和推广通信解决方案;启动其标准化并加快其商业可用性和全球市场渗透率,以解决诸如自动驾驶、无处不在的服务访问权以及与智能城市和城市融合等应用的社会互联交通和道路安全需求,实现智能交通。自成立以来,5GAA迅速扩张,目前已有130多家公司加入了5GAA,包括汽车制造商、设备供应商、芯片组/通信系统提供商、移动运营商和基础设施供应商等遍布全球的企业。

二、华为专利技术分析

(一) 专利申请趋势

华为在全球范围内共有1043项自动驾驶关键技术专利申请,与自动驾驶关键技术相关的专利申请的发展经历了三个阶段,如图5-2-1所示。

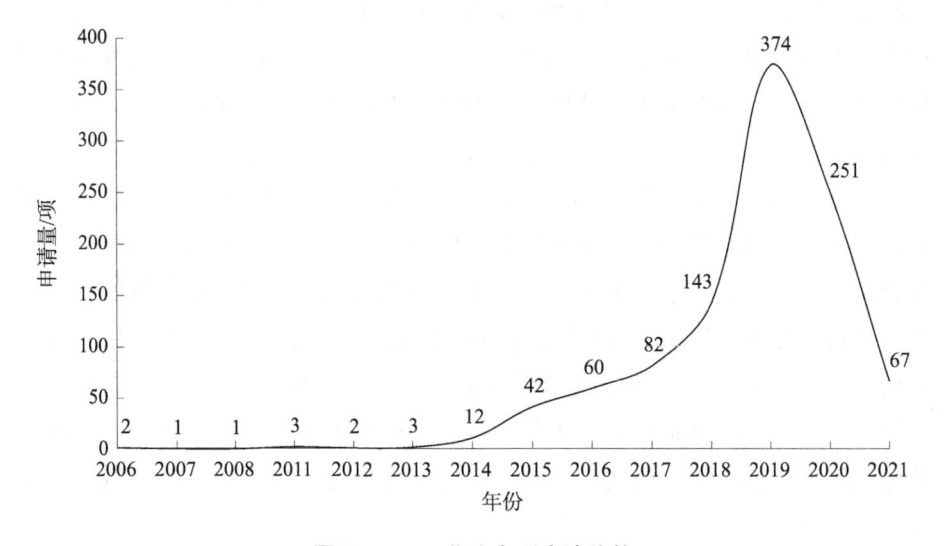

图5-2-1 华为专利申请趋势

1. 萌芽期(2014年之前)

整体而言,在2014年之前,自动驾驶行业本身还处于起步探索阶段,华为相关专利布局也很少,每年的专利申请量不超过5项。华为的主要业务为建设电信网络、提供运营和咨询服务及设备以及为消费市场制造通信设备，其优势在当时的环境下无法在自动驾驶领域得到利用，因此该阶段为华为在自动驾驶领域的萌芽期。

2. 成长期（2014—2018年）

2014—2018年期间，从专利申请数量来看，华为的年专利申请数量从2014年的12项快速发展至2018年的143项，专利申请量增长超过10倍，增长速度迅猛。同时，华为公司逐步开始与国内的长安、广汽、北汽、小康以及国外的大众、标致、雪铁龙等整车企业达成合作协议，并逐渐发力智能汽车领域。无论是专利数量还是产业态势，均充分印证了华为将在自动驾驶关键性技术领域有所作为。

3. 实践期（2019年至今）

2019年华为在自动驾驶关键性技术领域的专利申请数量达到了374项，相对2018年的专利申请量增长了一倍多。为了限制华为在5G通信技术方面的发展，2019年5月，美国商务部将华为公司及其70家附属公司列入出口管制"实体清单"，华为无法使用高通5G芯片，停止与谷歌的合作，并失去安卓系统更新的访问权。在随后的2020年5月、2020年8月和2021年4月，美国陆续发起对华为的多轮制裁，严格限制华为使用美国的技术、软件设计和制造半导体芯片。或许是受制裁影响，2020年华为在自动驾驶关键性技术领域的专利申请数量下降为251项，但是数量仍然远超2018年的专利申请量。美国的制裁行为也促使了华为必须选择新的赛道快速发展，而自动驾驶技术以及新能源汽车正是当前最热门的发展方向。随后，华为提出帮助车企造好车的理念，与北汽、赛力斯等企业联合推出极狐、问界等车型，这些产品的问世也标志着华为将逐步实践自动驾驶技术。

（二）专利技术分布

如图5-2-2所示，从自动驾驶关键性技术分布来看，华为涉及5G-V2X的专利申请最多，具有816项，属于重点布局的技术领域。华为本身在移动通信技术领域就处于行业领先地位，而V2X属于5G通信技术的重要应用场景，因此其专利申请较多。涉及目标识别的专利申请数量位列第二，具有114项，目标识别是自动驾驶技术的基础环境，不同的创新主体均相当重视，因此华为在该领域也具有一定数量的专利申请。涉及决策规划、高精度地图的专利申请数量位列第三、四位，分别有89项、67项，尽管从产业上看，华为在此方面并无优势，但是其专利数量仍然不低，充分显示了华为对自动驾驶技术多个技术分支均非常重视。而涉及仿真测试的专利申请最少，仅为15项，主要是由于虚拟现实技术属于近期的热点技术，目前正处于逐步发展中，该领域也不是华为的优势领域，因此相关专利申请较少。

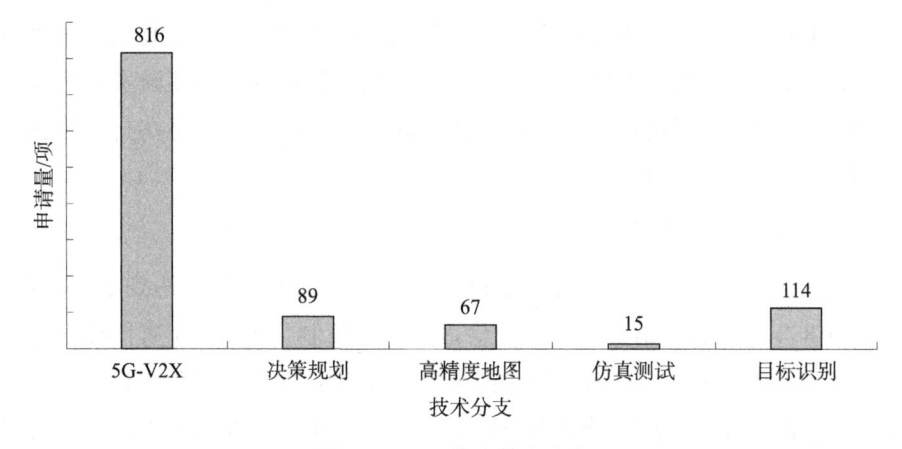

图 5-2-2 华为技术分布

三、5G-V2X 技术分析

（一）专利申请趋势

华为5G-V2X技术的申请趋势如图5-2-3所示。总体而言，5G-V2X申请趋势与其自动驾驶关键性技术的申请趋势基本一致。在2014年之前专利申请较少，主要原因在于华为自2009年才开始加强5G技术的研究。2013年2月，欧盟宣布将拨款5000万欧元用于5G研发，中国成立IMT-2020（5G）推进组，随后5G技术得以在全球快速发展。2014—2018年，华为在5G-V2X技术的专利申请稳步上升，专利申请量从2014年的10项，增长至2018年的127项。2019年，华为在5G-V2X技术的专利申请量再上新台阶，具有319项，其中涉及标准的专利申请具有300项，涉及应用的专利申请具有19项。由于受美国的制裁以及全球经济下行的影响，2020年的5G-V2X专利申请量有所下滑，但是涉及应用的专利申请保持了良好的增长势头，主要得益于 2020 年华为开启了"造车"之路。

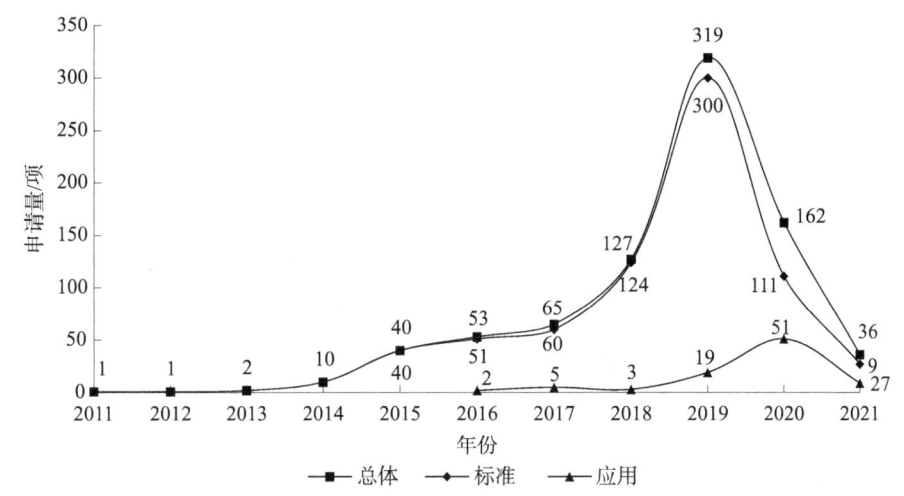

图 5-2-3 华为 5G-V2X 技术申请趋势

（二）专利申请技术分布

华为 5G-V2X 技术分支分布如图 5-2-4 所示，华为涉及 5G-V2X 技术的专利申请总共有 816 项，涉及标准的专利申请具有 727 项，涉及应用的专利申请具有 89 项。涉及标准的专利申请远多于涉及应用的专利申请的原因在于，目前 5G 技术的标准尚未完全定型，并且在不断地完善中，5G-V2X 的频率使用也尚未规范，因此在应用层面进展相对缓慢。

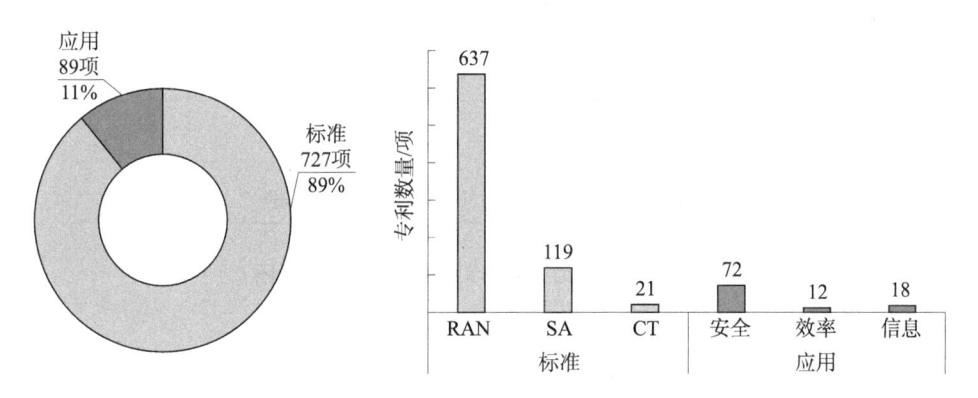

图 5-2-4 华为 5G-V2X 技术分支分布

具体来看，在标准方面，涉及 RAN（Radio Access Network，无线接入网）的专利最多，具有 637 项，涉及 SA（Service and System Aspects，业务与系统）、CT（Core Network and Terminal，核心网与终端）的专利申请分别具有 119 项、21 项，其申请态势也符合移动通信领域中研究 RAN 多于核心网络的现状。在应用层面，涉及安全的专利申请最多，具有 72 项，涉及效率和信息的专利申请较少，分别为 12 项、18 项。自动驾驶领域中，安全属于首要考虑的因素，众多的企业均会投入大量的研发精力，因此华为在安全相关应用层面的专利申请同样较多。

(三) 专利申请区域布局

如图 5-2-5 所示，在专利布局方面，华为布局较为全面，主要原因在于移动通信领域专利诉讼较多并且涉诉金额较高，因此各个企业均非常重视专利布局，而良好的专利布局有助于企业拓展各个市场区域。在标准方面，华为在中国的标准专利申请具有 656 件；在欧洲的专利申请具有 427 件，排海外地区的第一名；在美国的专利申请具有 372 件，排海外第二名，其不同于大部分企业在美国布局专利最多的现象，可能是受美国商务部多轮制裁的影响。在应用方面，华为的专利申请量总体较小，除去在中国布局专利申请的 87 件，其他区域布局的专利均非常少。

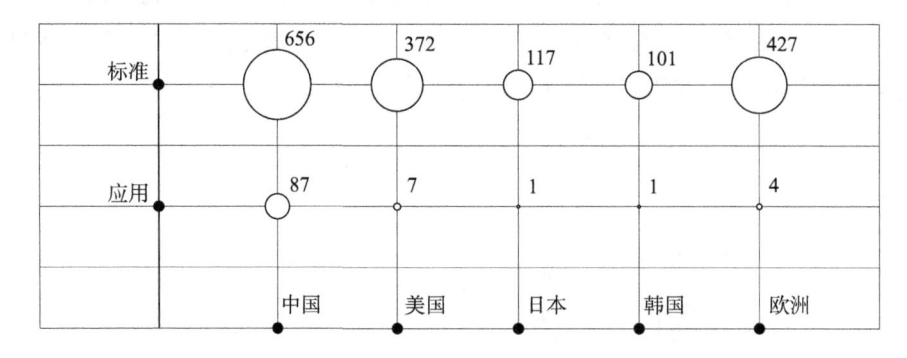

	中国	美国	日本	韩国	欧洲
标准	656	372	117	101	427
应用	87	7	1	1	4

图 5-2-5　华为 5G-V2X 各区域专利布局图

四、重要发明人分析

图 5-2-6 所示为华为 5G-V2X 标准必要专利排前 10 位的发明人，其中

王军的专利申请最多，具有 67 项，其与戴明增、肖潇等人为多项专利申请的共同发明人，上述发明人大概属于同一发明团队。王军于 2017 年首次提出专利申请之后，2018—2020 年先后提交了 9 项、38 项、6 项专利申请，属于近年来专利申请较多的发明人，其专利申请主要涉及无线资源分配、传输通道、返回信道、流量控制等。卢磊、向铮铮、苏宏家、张锦芳等人具有较多共同申请人，属于华为的另一重要研发团队，卢磊的专利申请主要涉及传输通道、无线业务量调度等方面。黎超、张兴炜等人具有较多共同申请人，其专利申请主要涉及传输通道、通信的业务、同步装置等方面。因此，华为在不同的领域具有相应的研发团队。

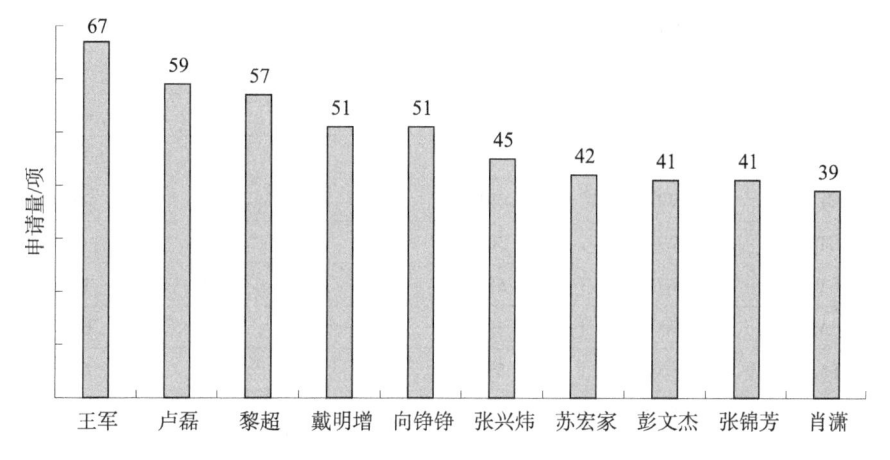

图 5-2-6 华为 5G-V2X 标准必要专利排前 10 位的发明人

五、华为标准必要专利分析

经统计，5G-V2X 技术标准必要专利涉及的协议类型共计 120 项，其中华为 5G-V2X 技术标准必要专利涉及 66 项，占总数的 55%。表 5-2-1 所示为华为 5G-V2X 技术各协议对应的标准必要专利数量。

表 5-2-1 华为 5G-V2X 技术标准必要专利

技术规范组	工作组	5G 标准号	华为	全球数量	百分比
SA	SA WG1	TS 22.186	1	4	25.0%
CT	CT WG1	TS 23.122	5	17	29.4%
SA	SA WG6	TS 23.222	5	5	100.0%
SA	SA WG2	TS 23.247	6	15	40.0%

续表

技术规范组	工作组	5G 标准号	华为	全球数量	百分比
SA	SA WG2	TS 23.256	3	5	60.0%
SA	SA WG2	TS 23.273	1	4	25.0%
SA	SA WG2	TS 23.287	22	113	19.5%
SA	SA WG2	TS 23.288	6	20	30.0%
SA	SA WG2	TS 23.304	1	17	5.9%
SA	SA WG2	TS 23.316	1	1	100.0%
SA	SA WG6	TS 23.434	2	4	50.0%
SA	SA WG2	TS 23.501	71	312	22.8%
SA	SA WG2	TS 23.502	60	216	27.8%
SA	SA WG2	TS 23.503	26	48	54.2%
SA	SA WG2	TS 23.548	2	3	66.7%
SA	SA WG6	TS 23.558	3	10	30.0%
CT	CT WG1	TS 24.301	5	20	25.0%
CT	CT WG1	TS 24.501	6	142	4.2%
CT	CT WG1	TS 24.587	2	14	14.3%
SA	SA WG5	TS 28.530	4	6	66.7%
SA	SA WG5	TS 28.531	2	3	66.7%
SA	SA WG5	TS 28.532	2	3	66.7%
SA	SA WG5	TS 28.533	1	1	100.0%
SA	SA WG5	TS 28.535	1	1	100.0%
SA	SA WG5	TS 28.543	1	1	100.0%
SA	SA WG5	TS 28.550	1	2	50.0%
SA	SA WG5	TS 28.554	1	1	100.0%
SA	SA WG5	TS 28.622	1	1	100.0%
CT	CT WG4	TS 29.244	9	11	81.8%
CT	CT WG4	TS 29.518	1	5	20.0%
CT	CT WG3	TS 29.519	1	1	100.0%
CT	CT WG3	TS 29.525	4	4	100.0%
SA	SA WG5	TS 32.290	1	1	100.0%
SA	SA WG3	TS 33.501	7	81	8.6%
SA	SA WG3	TS 33.536	2	8	25.0%

续表

技术规范组	工作组	5G 标准号	华为	全球数量	百分比
RAN	RAN WG2	TS 37.320	1	7	14.3%
RAN	RAN WG2	TS 37.340	16	50	32.0%
RAN	RAN WG2	TS 37.355	1	41	2.4%
RAN	RAN WG4	TS 38.101	95	185	51.4%
RAN	RAN WG4	TS 38.104	36	41	87.8%
RAN	RAN WG4	TS 38.133	10	118	8.5%
RAN	RAN WG1	TS 38.202	2	50	4.0%
RAN	RAN WG1	TS 38.211	524	2670	19.6%
RAN	RAN WG1	TS 38.212	329	2459	13.4%
RAN	RAN WG1	TS 38.213	293	3881	7.5%
RAN	RAN WG1	TS 38.214	250	2728	9.2%
RAN	RAN WG1	TS 38.215	55	188	29.3%
RAN	RAN WG2	TS 38.300	256	1225	20.9%
RAN	RAN WG2	TS 38.304	21	150	14.0%
RAN	RAN WG2	TS 38.305	2	63	3.2%
RAN	RAN WG2	TS 38.306	6	121	5.0%
RAN	RAN WG2	TS 38.314	1	48	2.1%
RAN	RAN WG2	TS 38.321	259	1940	13.4%
RAN	RAN WG2	TS 38.322	49	467	10.5%
RAN	RAN WG2	TS 38.323	14	469	3.0%
RAN	RAN WG2	TS 38.331	585	4401	13.3%
RAN	RAN WG2	TS 38.340	8	81	9.9%
RAN	RAN WG3	TS 38.401	8	38	21.1%
RAN	RAN WG3	TS 38.413	39	121	32.2%
RAN	RAN WG3	TS 38.415	2	2	100.0%
RAN	RAN WG3	TS 38.423	29	115	25.2%
RAN	RAN WG3	TS 38.455	1	18	5.6%
RAN	RAN WG3	TS 38.460	1	1	100.0%
RAN	RAN WG3	TS 38.463	5	44	11.4%
RAN	RAN WG3	TS 38.470	1	10	10.0%
RAN	RAN WG3	TS 38.473	24	75	32.0%

如图 5-2-7 所示，华为 5G-V2X 技术专利数量排名前 10 的协议依次为 TS 38.331、TS 38.211、TS 38.212、TS 38.213、TS 38.321、TS 38.300、TS 38.214、TS 38.101、TS 23.501、TS 23.502。其中，TS 38.331、TS 38.211 涉及的专利申请数量超过 500 项；TS 38.212、TS 38.213、TS 38.321、TS 38.300、TS 38.214 涉及的专利申请数量超过 200 项且低于 500 项；TS 38.101、TS 23.501、TS 23.502 涉及的专利数量在 60~100 项之间。因此，华为的 5G-V2X 技术的专利申请主要分布在部分协议上。

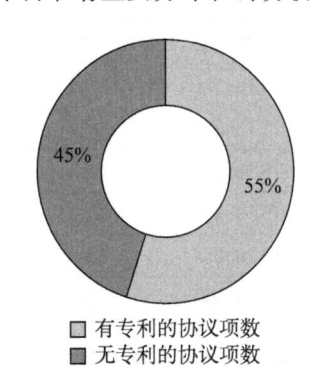

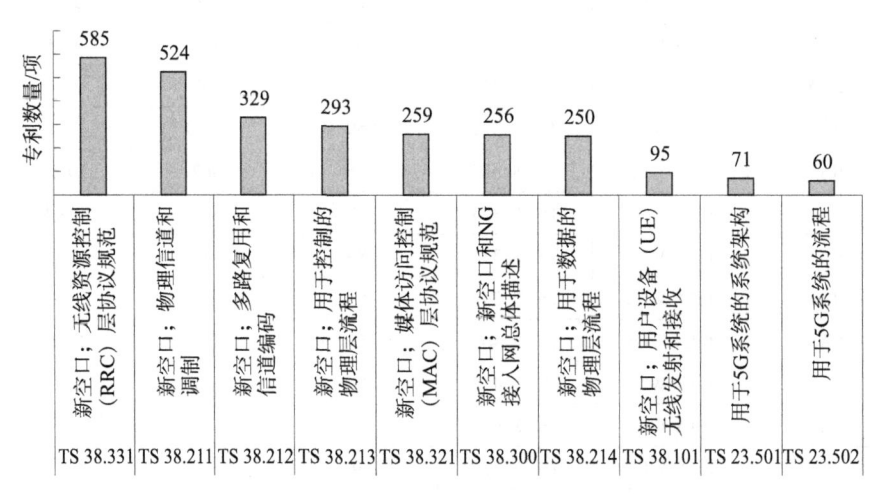

图 5-2-7 华为 5G-V2X 技术专利数量排名前 10 的协议

根据华为 5G-V2X 技术不同协议专利数量分布来看，如图 5-2-8 所示，专利申请数量超过 11 项且低于 100 项的协议具有 14 条，专利申请数量不超过 10 项的协议具有 45 条。可见，虽然华为的 5G-V2X 技术涉及的协议较多，但是大多数的协议涉及的专利申请数量较少。

第五章 重点申请人分析

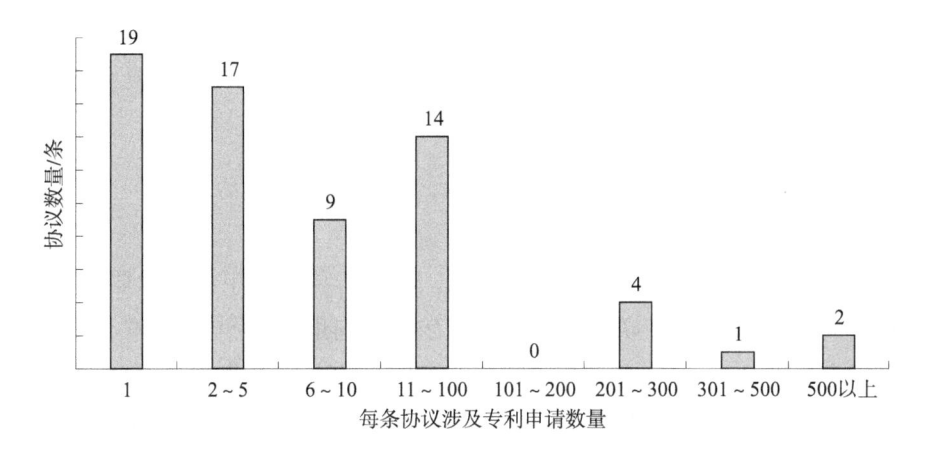

图 5-2-8 华为 5G-V2X 技术不同协议专利数量分布

图 5-2-9 所示为华为 5G-V2X 技术不同协议专利数量全球占比分布。根据华为 5G-V2X 技术不同协议专利数量全球占比分布可知，华为有 12 条协议的专利申请数量全球占比为 100%，即相关领域仅华为有布局专利。结合华为 5G-V2X 技术标准必要专利表可知，除去 TS 23.222、TS 29.525、TS 38.415 三条协议分别具有 5 项、4 项、3 项外，其它 9 项协议涉及的专利申请数量均为 1 项，整体数量不多。华为专利申请数量全球占比大于等于 50% 小于 100% 的协议具有 11 条，表明华为在相关领域具有较强的影响力，其中 TS 38.104、TS 23.503、TS 38.101 三条协议的专利申请数量超过 10 项，其分别为 36 项、26 项、95 项。另外，华为专利申请数量全球占比大于等于 20%

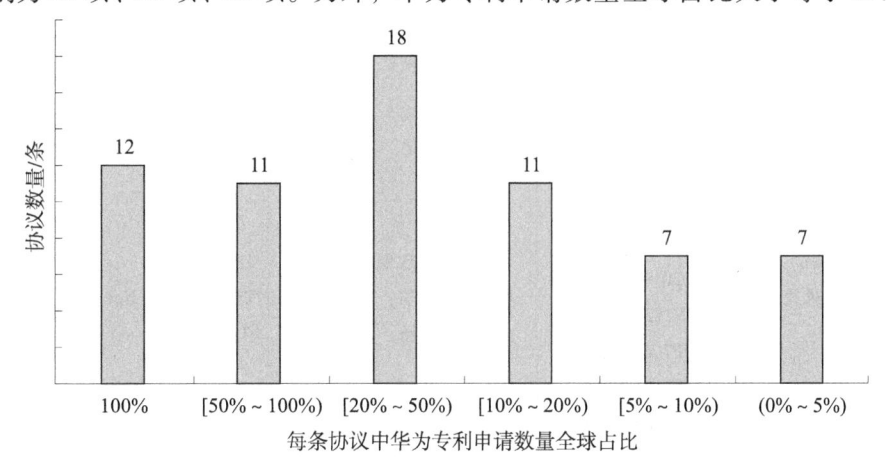

图 5-2-9 华为 5G-V2X 技术不同协议专利数量全球占比分布

233

小于50%的协议具有18条，其中TS 38.215、TS 23.502、TS 23.501、TS 38.300的专利申请数量超过50项，分别为55项、61项、71项、256项，因此华为在相关领域也具有较强的影响力。

六、联合申请人

经统计，华为在5G-V2X标准方面，仅有2项专利申请涉及联合申请，申请时间均为2017年，联合申请对象均为软银集团。华为与软银联合申请的专利信息见表5-2-2。软银集团作为全球领先的电信运营商，在5G承载领域一直走在行业前沿，很早就提出了"超大带宽、超低时延、简化运维"的5G承载目标网络架构，双方共同申请的专利申请的技术方案分别涉及报文广播以及报文转发，用于降低通信的时延性。

表5-2-2 华为与软银集团联合申请的专利信息

标题	专利	法律状态	技术功效	标准号	标准项目
一种报文组播、报文广播方法及设备	JP2021504982A；WO2019104857A1；CN109842854A；CN109842854B；JP6983169B2	授权	减少部署量；减小时延；降低成本；通信时延较小；提高转发成功率；实现互通；低成本；减小通信时延；降低路径复杂性	TS 23.502；TS 23.501；TS 23.316	New Core（NC）
报文转发的方法、控制面网关和用户面网关	CN109842558A；CN112187650A；JP2021504983A；WO2019104858A1；CN112187643A；JP7065034B2；CN112187643B；CN109842558B	授权	满足低时延业务需求；优化转发路径	TS 23.502；TS 23.501；TS 29.244	New Core（NC）

在产业方面，华为于2015年6月与软银集团签署合作备忘录，同意利用软银的通信网络，共同开展验证实验、技术评价和研究开发；同年7月，软银集团宣布将与华为技术和中兴通讯两家中国公司的日本法人共同研发新一代无线通信技术。2017年12月，日本软银携手华为在东京完成了5G承载实验室测试；同月，华为Wireless X Labs无线应用场景实验室和软银签署了联网机器人领域相关合作谅解备忘录（MOU），双方将基于5G无线网络技术、软银箱式自主移动机器人Cube和Kibako，在2018年共同实现基于5G技术的智能服务机器人。上述联合申请也是在双方密切合作期间提出，但是从2018年开始，由于美国政府干扰，双方合作减少，再无联合专利申请。

七、重点专利与技术分析

本小节将分析华为部分5G-V2X标准重点专利，梳理华为在5G-V2X标准领域中的技术发展脉络。华为5G-V2X部分重点标准必要专利如图5-2-10所示。

（一）无线接入网（RAN）

华为于2011年首次提出与5G-V2X相关联的专利申请CN103037418B，该专利申请涉及RAN WG1工作组中New Radio标准项目中TS 38.211、TS 38.212、TS 38.213、TS 38.331等协议。此外，华为还声明该专利涉及LTE-V标准项目中TS 36.211、TS 36.212、TS 36.213、TS 36.331等协议，因此该专利申请属于V2X技术中的基础专利。如图5-2-11所示，该专利申请涉及告警事件处理的方法，其中第一基站（eNB）获取用户终端（UE）上报的告警事件（EM）信息，第一eNB向需要进行EM通知的至少一个eNB发送包含所述EM信息的EM通知，以使得至少一个eNB向所述至少一个eNB下的UE发送EM通知；第一eNB向所述第一eNB下的UE发送包含所述EM信息的所述EM通知。采用本发明实施例的方法、装置和系统，能够缩短紧急状况下告警事件处理的信令交互流程，进而极大地缩短了蜂窝网通信系统的通信时延，并且大大降低了系统负荷。

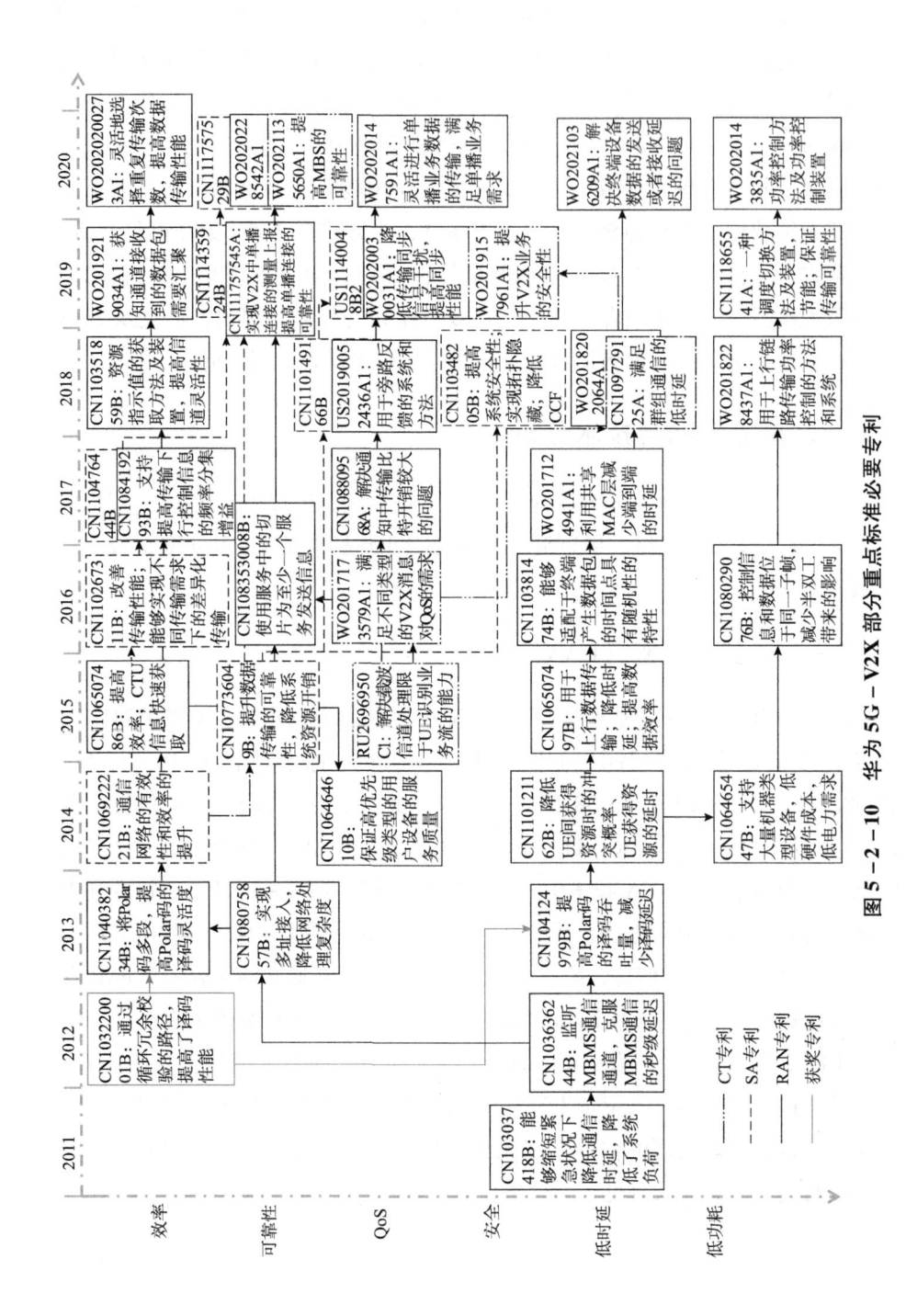

图 5-2-10 华为 5G-V2X 部分重点标准必要专利

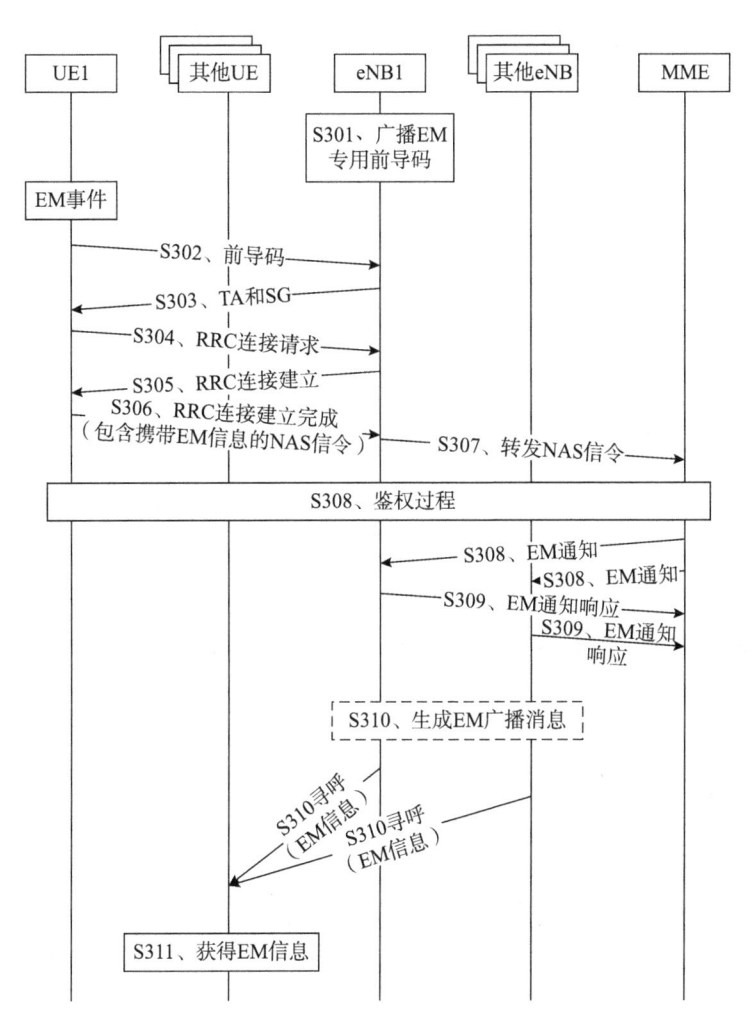

图 5-2-11　CN103037418B 中以 MME 为转发点实现告警事件处理的流程示意图

而低延时属于 5G 通信技术相对 4G 通信技术的主要优势，为了满足更低的时延要求，华为还从实时监听该 MBMS 通信通道（CN103636244B）、译码效率（CN104124979B）、资源冲突（CN110121162B）、终端数据包产生（CN106507497B）、共享 MAC 层（WO2017124941A1）、终端设备接收配置信息（WO2018202064A1）、唤醒信号的检测时机（WO2021036309A1）等方面来降低通讯延迟。

其中，专利 CN103636244B 涉及一种基于 MBMS 技术的紧急通信方法，如图 5-2-12 所示,通过接收陆地无线接入网(E-UTRAN/UTRAN)发送的建立空口承载的信息,指示所述空口承载具有最高调度优先级且不会被停止,并且指示用户端设备实时监听所述空口承载;与 E-UTRAN/UTRAN 建立空口承载,实时监听所述空口承载;接收 E-UTRAN/UTRAN 从空口承载发送的紧急信息。用户端设备接收网络侧设备发送的建立 MBMS 通信通道的信息,实时监听该 MBMS 通信通道,由于用户端设备实时监听该 MBMS 通信通道,克服了 MBMS 通信的秒级延迟,使得基于 MBMS 技术的通信符合紧急通信的时延要求。

```
接收E-UTRAN/UTRAN发送的建立空口承载的信息    —— S101

与E-UTRAN/UTRAN建立空口承载,实时监听所述空口承载 —— S102

接收E-UTRAN/UTRAN从所述空口承载发送的紧急信息   —— S103
```

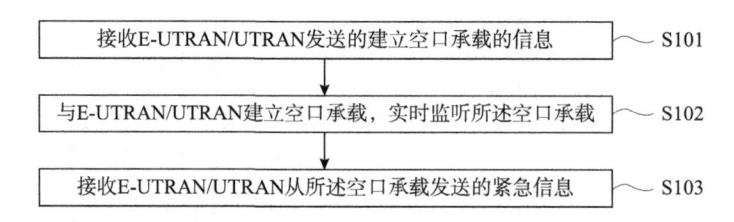

图 5-2-12　CN103636244B 中基于 MBMS 技术的紧急通信方法的流程图

传输效率属于 5G 通信技术的另一大优势,为了提升传输效率,华为公司主推 Polar Code(极化码)方案,它是一种前向错误更正编码方式,可实现短包(大连接物联网场景)和长包(高速移动场景,如自动驾驶等低时延要求)场景中稳定的性能增益,使现有的蜂窝网络的频谱效率提升 10%,与毫米波结合可达到 27Gbps 的速率。极化码由土耳其毕尔肯大学埃尔达尔·阿里坎(Erdal Arıkan)教授于 2008 年在国际信息论 ISIT 会议上首次提出,华为 2016 年 4 月率先完成中国 IMT-2020(5G)推进组第一阶段的空口关键技术验证测试,在 5G 信道编码领域全部使用极化码。在 2016 年 11 月 17 日国际无线标准化机构 3GPP 第 87 次会议的控制信道编码方案中,华为主推的极化码方案胜出。

华为在 2012 年首次提出了有关极化码的专利申请 CN103220001B,如图 5-2-13 所示,其公开了一种与循环冗余校验码(CRC)级联的极化码的译码方法和译码装置,包括按照幸存路径数 L 对 Polar 码进行 SC List 译码,得到 L 条幸存路径,对 L 条幸存路径分别进行循环冗余校验;在 L 条幸存路径均未通过循环冗余校验时,增加幸存路径数,并按照增加后的幸存路径数获取 Polar 码的译码结果。根据循环冗余校验的结果调整幸存路径的路径数,从而尽量输出能够通过循环冗余校验的路径，提高了译码性能。该专利申请在2020年广东省市场监督管理局举办的第 7 届广东专利奖评审中荣获广东专利奖金奖，并在 2021 年国家知识产权局举办的第 23 届中国专利奖评审中荣获中国专利奖优秀奖。在该专利申请之后，华为先后申请了 202 件关于极化码的专利申请。因此在控制信道编码方面，华为具有较强的优势。

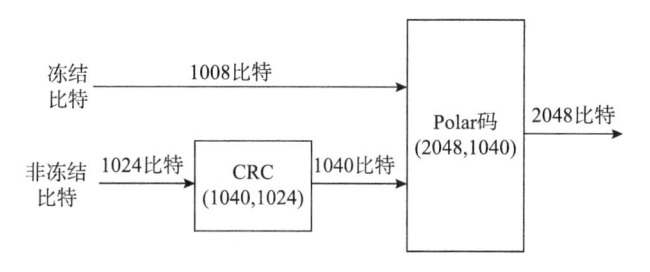

图 5-2-13　CN103220001B 中 Polar 码和 CRC 级联方案的示意图

华为首个涉及 5G-V2X 技术和极化码的专利申请是 2013 年申请的CN104038234B，如图 5-2-14 所示，其公开了一种 Polar 码的译码方法和译码器，将长度为 N 的 Polar 码分为相互耦合的多段 Polar 码，对分段后的 Polar 码独立译码，然后对独立译码的结果联合处理得到原始 Polar 码的译码结果，不必顺序地对 N 个比特进行译码，能够提高 Polar 码的译码灵活度。

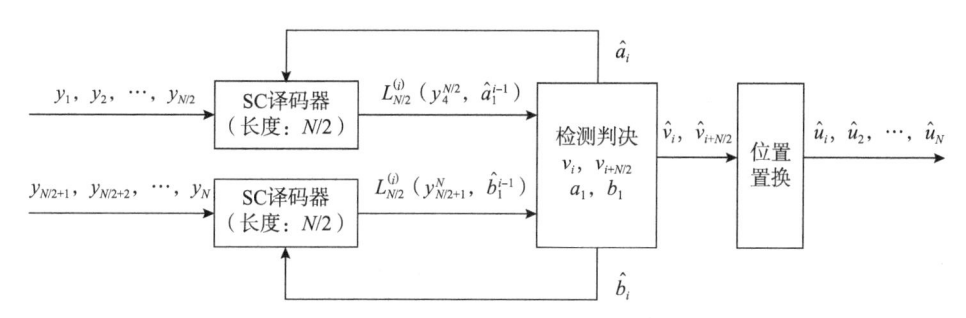

图 5-2-14　CN104038234B 中译码过程的示意图

2015 年，华为提出快速获取 CTU 的信息进而免授权传输的专利申请CN106507486B。随后，华为还通过支持提高传输下行控制信息的频率分集增益（CN108419293B）、提高信道灵活性（CN110351859B）、数据包需要汇聚（WO2019219034A1）、灵活地选择重复传输次数（WO2020200273A1）等方面来进一步提高传输效率。

在可靠性方面,华为于 2013 年申请了一种用于稀疏码多址接入的系统和方法的专利申请 CN108075857B,其编码架构如图 5-2-15 所示,利用稀疏码字用于降低网络的接收器侧的基带处理复杂度,通过将二进制数据直接编码为多维字可以实现编码增益,通过将不同码本分配给不同复用层可以实现多址接入。此外,华为还在无线接入网络的切片和在无线网络中创建端到端网络切片(CN108353008B)、单播连接(CN111757545A)、PUCCH 资源(WO2020228542A1)等方面提出了提高通信的可靠性的专利申请。

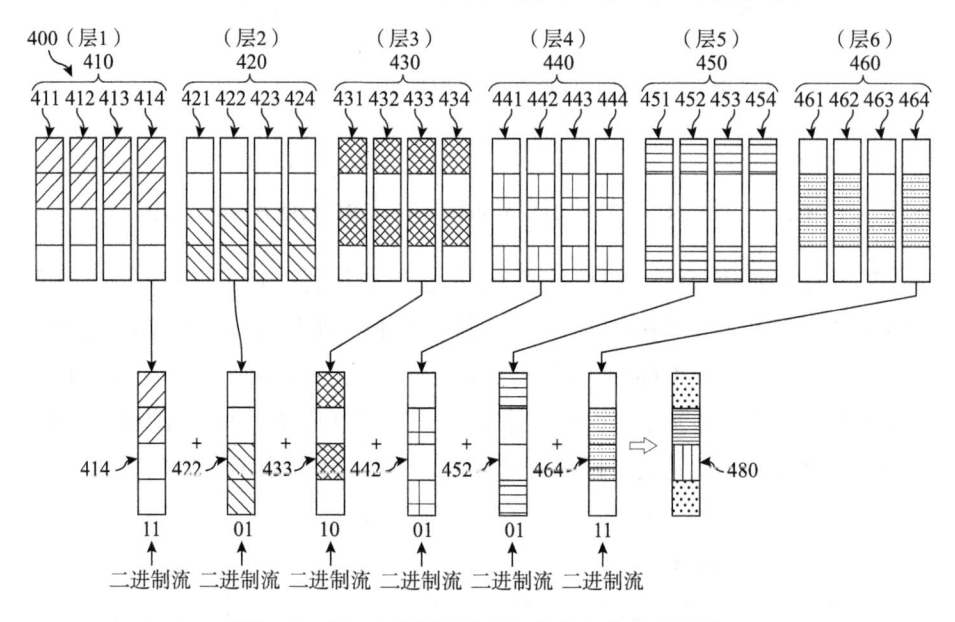

图 5-2-15　CN108075857B 中 SCMA 编码架构

在质量服务方面,华为于 2015 年提出了基于 V2V 的资源分配方法和装置的专利申请 CN106464610B,基站接收第一用户设备发送的资源请求消息,基站根据资源请求消息,识别第一用户设备对应的级别类型,基站若识别第一用户设备对应的级别类型为高优先级类型,且第一资源池中空闲 V2V 资源的块数小于第一预设阈值,或者基站根据第一用户设备要发送的数据量及调制编码方式计算出的所需要的资源块数大于第一资源池中空闲的 V2V 资源的块数,则从第一资源池中被第二用户设备占用的 V2V 资源中,或者从第二资源池中,为第一用户设备分配 V2V 资源,可以保证高优先级类型的用户设备的服务质量,例如将用于执行紧急任务的用户设备划分为高优先级类型的用户设备,如救护车、消防车等,在 V2V 资源紧张时,避免出现高优先级类型的用户设备无法获取 V2V 资源的情况。

此后，华为还先后通过解决通知 SS burst set 中所包含的 SS block 数量时传输比特开销较大的问题（CN108809568A，如图 5-2-16 所示）、建立旁路反馈的系统（US20190052436A1）、提高单播通信的灵活性（WO2020147591A1，如图 5-2-17 所示）等方式来满足各种业务需要。

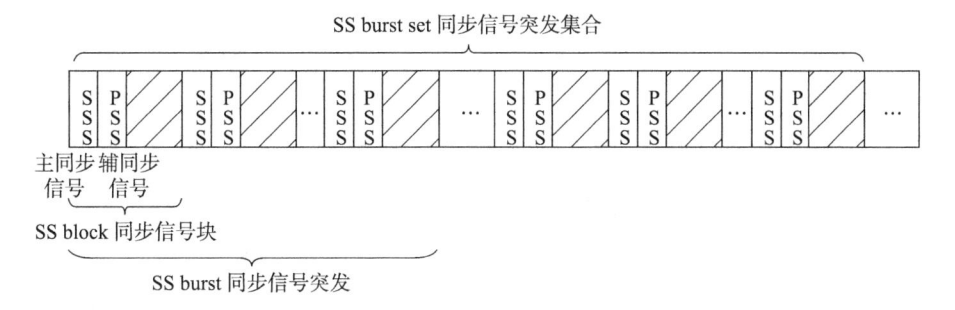

图 5-2-16　CN108809568A SS burst set 的结构示意图

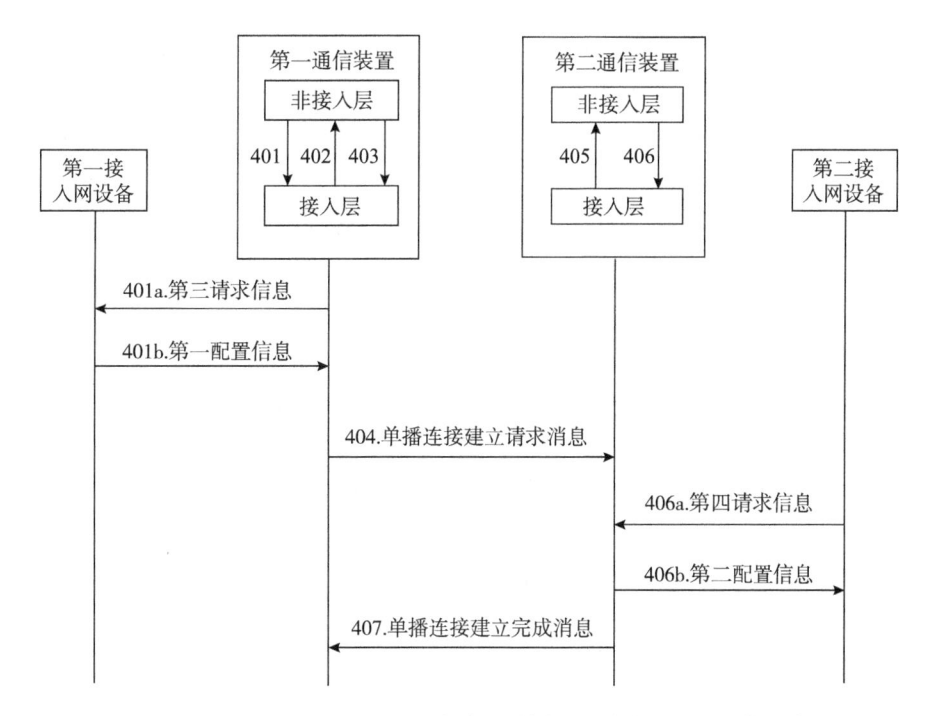

图 5-2-17　WO2020147591A1 中建立单播连接并交互配置信息示意图

功耗属于影响成本的重要因素，而 5G 单站功耗是 4G 单站的 2.5~3.5

倍。为了解决功耗问题,华为于 2014 年提出了用于机器类型通信的系统和方法(CN106465447B,图 5 - 2 - 18 所示为其系统图),通过通信控制器确定机器类型设备(machine - type device,MTD)的通信需求,根据通信需求来为 MTD 分配信号波形,从而通过 MTD 的高能量效率特性节省电池电力。

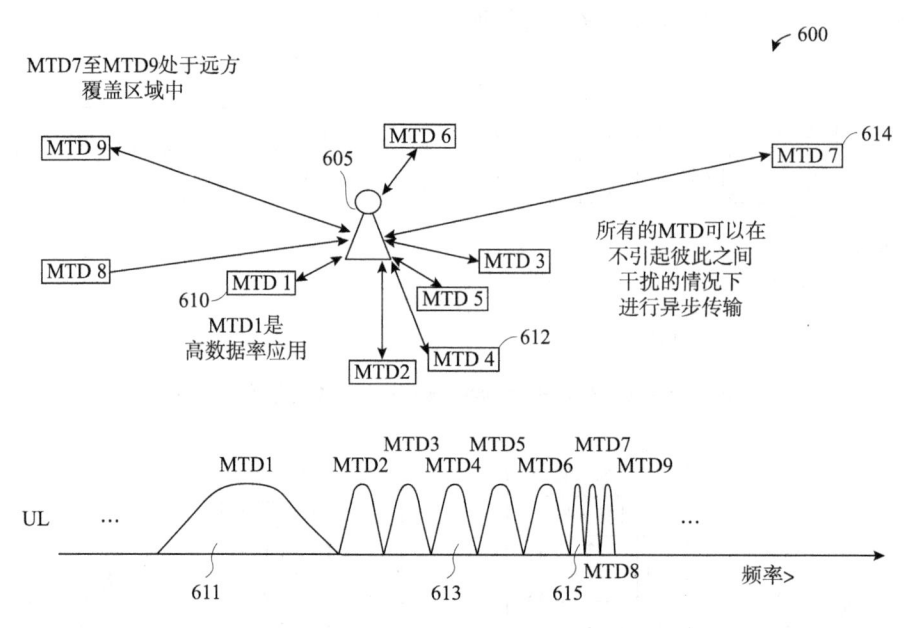

图 5 - 2 - 18　CN106465447B 中支持针对 MTD 的可调带宽的通信系统的图

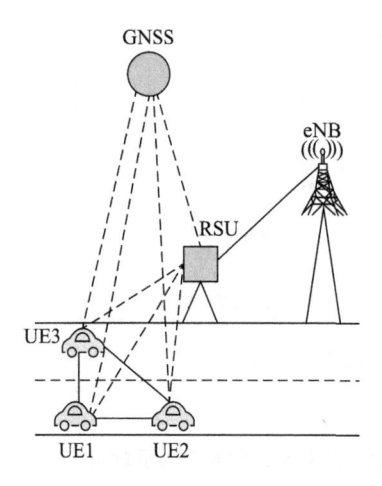

图 5 - 2 - 19　CN108029076B 中应用场景示意图

华为还通过确定控制信息的第一发射功率以及数据的第二发射功率解决 UE 无法合理地确定控制信息和数据的发射功率的问题(CN108029076B,图 5 - 2 - 19 所示为其应用场景示意图),其中 UE 获取第一链路上的发射功率指示信息;UE 根据发射功率指示信息确定控制信息的第一发射功率以及数据的第二发射功率;UE 使用所述第一发射功率在第一链路上发送控制信息,并使用第二发射功率在第一链路上发送所述数据,控制信息和数据位于同一个子帧。这样,当控制信息和数据在同一个子帧时，可以确定控制信息的第一发射功率以及数据的第二发射功率，能够解决现有技术中 UE 不知道如何合理地确定控制信息和数据的发射功率的问题，并可以减少半双工带来的潜在影响。

此外，华为还通过控制功率（WO2018228437A1、WO2020143835A1）、业务调度等方式来降低功率。WO2018228437A1 涉及对上行链路传输的功率控制的方法，其原理如图 5-2-20 所示，其中用户设备（UE）中用于参考信号（RS）关系特定上行链路（UL）传输功率控制的方法包括：由 UE 根据第一功率控制集合发送第一 UL 信号，该第一功率控制集合包括第一目标功率、第二目标功率、用于路径损耗估计的 DL 参考信号（RS）、路径损耗补偿因子和发送功率命令（TPC）中至少之一，根据一个第一 RS 与第一 UL 信号之间的第一 RS 关系来确定第一功率控制集合。

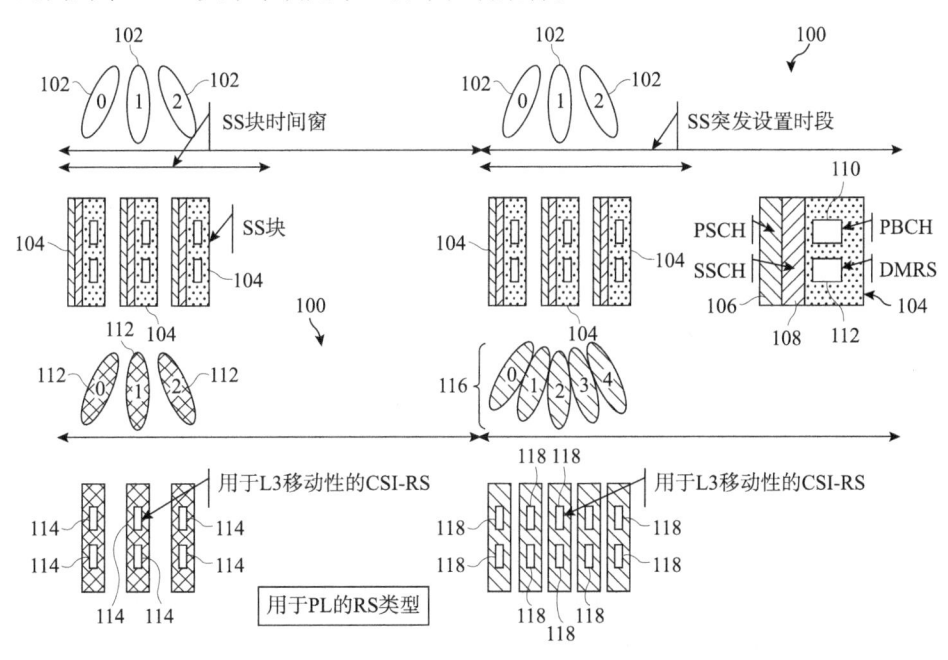

图 5-2-20　WO2018228437A1 中用于 PL 确定的 RS 类型的图

（二）核心网与终端（CT）

相对无线网接入方面，华为在核心网与终端方面的专利申请较少，其中首个涉及 5G-V2V 的专利申请为 2015 年申请的 RU2696950C1（CN107005537A）。其公开了一种承载处理方法、系统，其中 GW-U 用于接收数据报文，并对数据报文进行规则匹配，在数据报文的规则匹配结果满足进行承载处理的触发条件的情况下，向 GW-C 发送承载处理指示信息，承载处理指示信息用于触发 GW-C 依据数据报文对应的数据业务的服务质量 QoS 信息进行承载处理，克服了承载处理受限于 UE 识别业务流能力差异的弊端。2016 年，华为还提出了一种 QoS 生成方法（WO2017173579A1，图 5-2-21 所示为其交互图），其中终端可以使用的 QoS 参数集合，网络能够根据不同的 QoS 参数为终端提供不同等级的服务，满足了不同类型的 V2X 消息对 QoS 的需求。

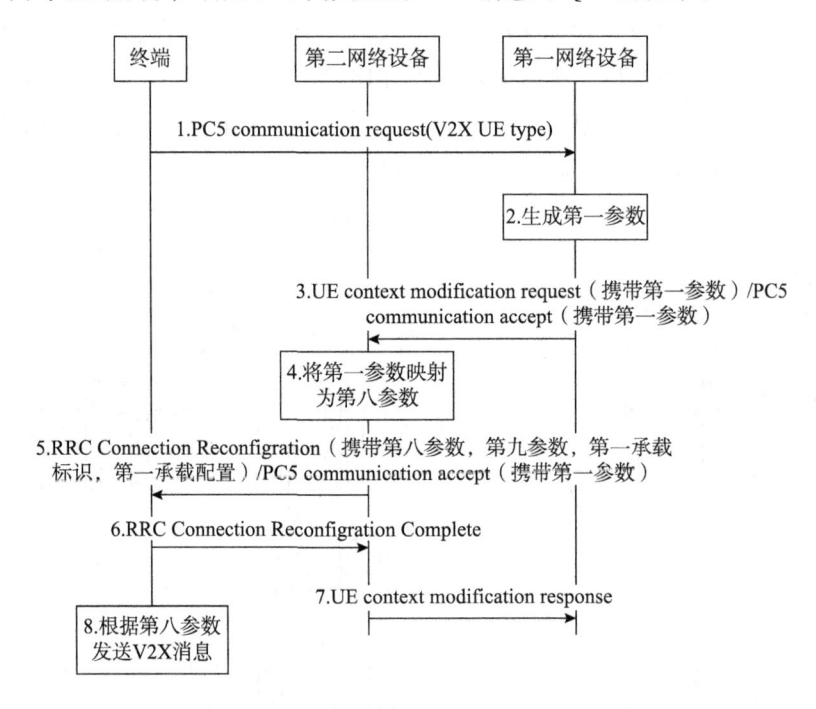

图 5-2-21　WO2017173579A1 中生成第一参数的交互图

在安全方面，华为于 2018 年提出了一种通信方法（WO2019157961A1，交互示意图如图 5-2-22 所示），其中移动性管理网元接收来自终端的注册请求消息，注册请求消息用于为终端请求 V2X 配置参数，V2X 配置参数用于所述终端进行 V2X 业务，移动性管理网元根据所述注册请求消息，向 V2X 参数配置网元发送参数请求消息，参数请求消息用于向所述 V2X 参数配置网元请求终端的 V2X 配置参数；移动性管理网元接收来自所述 V2X 参数配置网元的所述 V2X 配置参数，并向终端发送所述 V2X 配置参数，V2X 配置参数用于终端进行 V2X 业务，有助于提升 V2X 业务的安全性。

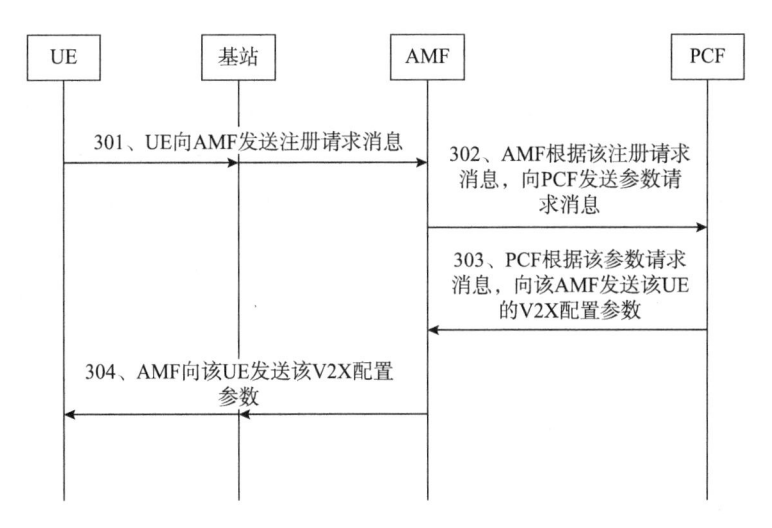

```
┌────┐        ┌────┐         ┌────┐        ┌────┐
│ UE │        │基站│         │AMF │        │PCF │
└─┬──┘        └─┬──┘         └─┬──┘        └─┬──┘
  │ 301、UE向AMF发送注册请求消息 │              │
  │─────────────────────────────>│              │
  │              │              │ 302、AMF根据该注册请求
  │              │              │  消息，向PCF发送参数请
  │              │              │  求消息
  │              │              │─────────────>│
  │              │              │ 303、PCF根据该参数请求
  │              │              │  消息，向该AMF发送该UE
  │              │              │  的V2X配置参数
  │              │              │<─────────────│
  │ 304、AMF向该UE发送该V2X配置  │              │
  │           参数               │              │
  │<─────────────────────────────│              │
```

图 5-2-22　WO2019157961A1 中通信方法的交互示意图

在可靠性方面，2020 年，华为公开了一种通信方法（WO2021135650A1，系统架构如图 5-2-23 所示），涉及源接入网络元件在切换过程中将与多播广播服务（MBS）的多播服务质量（QoS）流对应的协议数据单元（PDU）会话的单播 QoS 流的信息发送到目标接入网络元件。目标接入网络元件将信息转发到会话管理网络元件，然后，会话管理网络元件指示连接到目标接入网络元件的用户平面网络元件，通过目标接入网络元件并通过使用与 MBS 的多播 QoS 流相对应的单播 QoS 流的资源将 MBS 的数据发送到终端设备，可以解决切换场景下，由于目标接入网网元不支持 MBS 所导致的 MBS 业务终止的问题，能够提高 MBS 的可靠性。

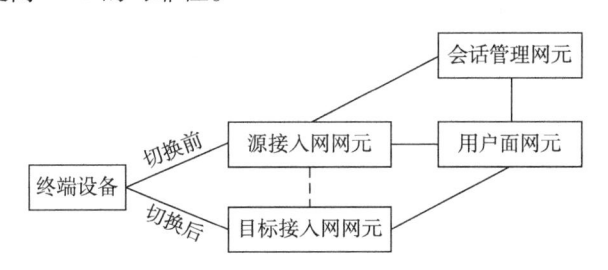

```
                          ┌──────────┐
                          │ 会话管理网元 │
                          └─────┬────┘
                                │
           切换前    ┌──────────┐     ┌──────────┐
        ┌─────────>│ 源接入网网元 │────│ 用户面网元 │
┌──────┐│          └──────────┘     └──────────┘
│终端设备││                │
└──────┘│          ┌──────────┐
         └─────────>│目标接入网网元│
           切换后    └──────────┘
```

图 5-2-23　WO2021135650A1 中通信系统的架构示意图

（三）业务与系统（SA）

华为于 2014 年申请了涉及 5G-V2X 的专利申请（CN106922221B，通信

场景如图 5-2-24 所示），其涉及一种帧结构，帧结构包括控制信道、高优先级数据信道、低优先级数据信道，采用高效的统一帧结构在通信网络内传送高优先级数据和低优先级数据，可以依赖于模式集合中的模式来构造帧结构，其中模式集合可包括 ad-hoc 模式和网络辅助模式。对于通信设备的介质访问控制（MAC），可以采用包括至少两个阶段的协议，其中在所述协议的第一阶段期间，通信设备被配置以仅接收数据，特别是所述高优先级数据和所述低优先级数据；在协议的第二阶段期间，所述通信设备被配置以接收数据，特别是所述高优先级数据和所述低优先级数据，或者发送数据，特别是高优先级数据或低优先级数据，实现车对 X（V2X）通信或设备对设备（D2D）通信的通信网络的有效性和效率的提升。

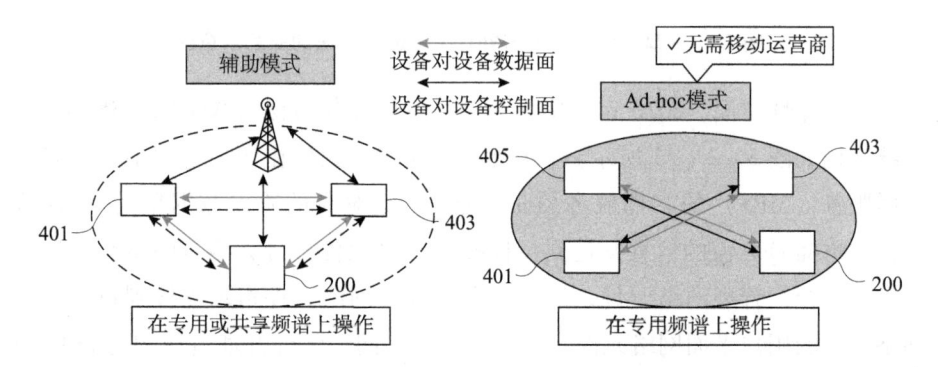

图 5-2-24　CN106922221B 中 ad-hoc 模式和网络辅助模式中的通信场景

为了更好地提升传输效率，华为还提出了以传输参数集合中包括的多种传输参数的方式改善传输性能（CN110267311B，流程图如图 5-2-25 所示），其中网络侧设备为传输参数集合从预设的至少两组取值中选择一组取值，网络侧设备发送所述选择的一组取值，终端基于传输参数集合至少两组取值中的一组取值，发送通信数据，能够适配不同的系统状态和业务需求。

在可靠性方面，华为于 2015 年提出了一种上行数据传输的方法（CN107736049B，原理图如图 5-2-26 所示），其中在终端设备能够进行 HARQ 传输时，可以根据指示信息确定进行 HARQ 传输的传输资源，提升数据传输的可靠性，并能够降低系统资源开销。随后，华为还在调用 API 的成功率（CN111435924B）、终端设备随机接入成功率（CN111757529B）等方面改善传输可靠性。

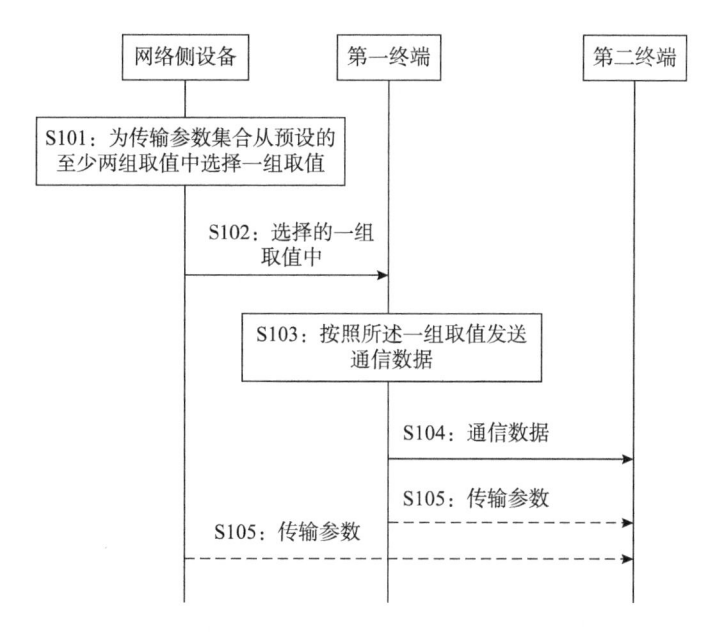

图 5-2-25　CN110267311B 中通信方法流程图

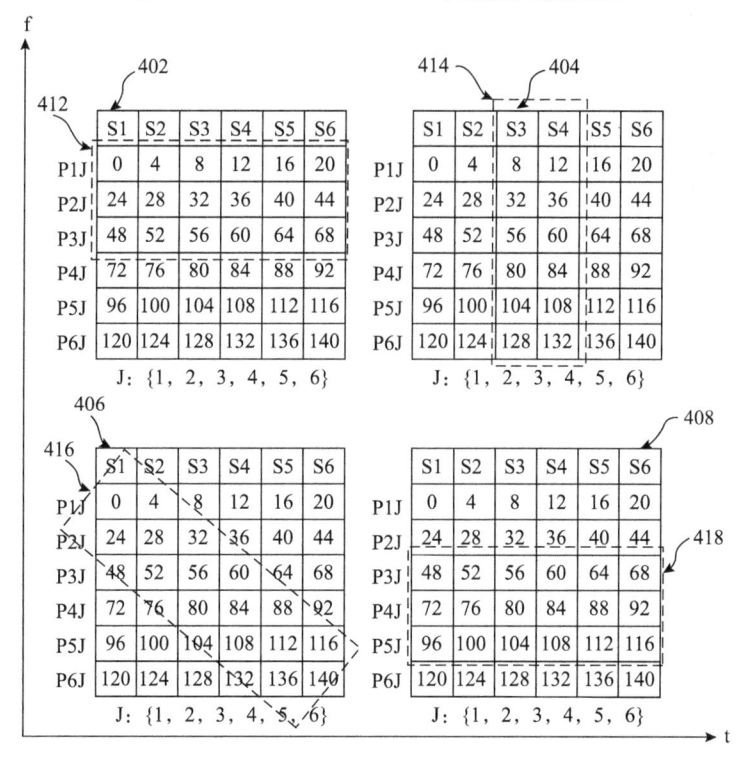

图 5-2-26　CN107736049B 中 HARQ 传输专属区域的划分方法

在安全方面，华为于 2018 年申请了一种 API 拓扑隐藏方法（CN110348205B，流程图如图 5-2-27 所示），以实现对 API 调用实体隐藏提供 API 的 AEF，包括：CCF 从拓扑隐藏请求实体接收包括 API 的消息、用于请求隐藏提供该 API 的 AEF 的请求消息，根据该请求消息，确定用于 API 调用实体调用该 API 的拓扑隐藏入口点，并向拓扑隐藏入口点发送 API 的标识和提供 API 的 AEF 的标识，使拓扑隐藏入口点隐藏提供 API 的 AEF，提高 CAPIF 的系统安全性。

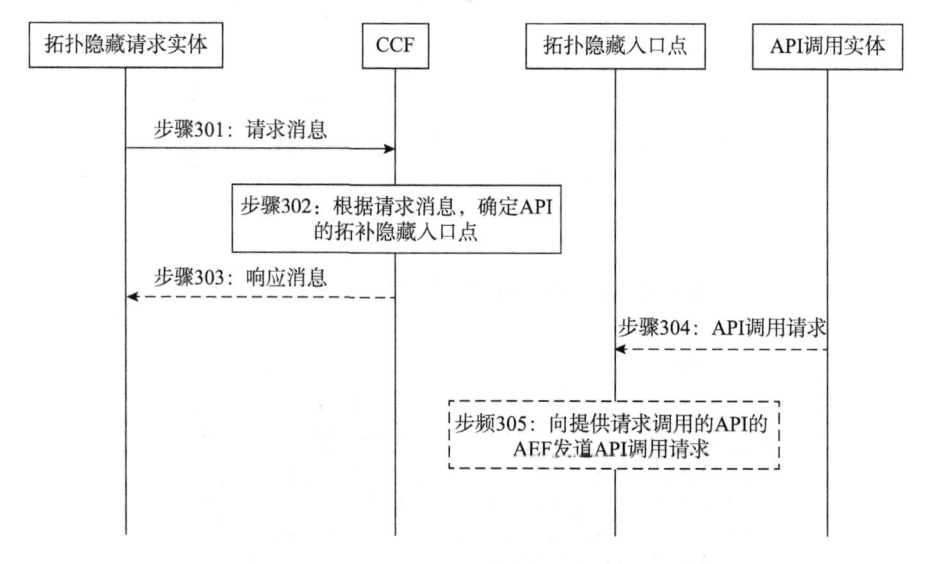

图 5-2-27 CN110348205B 中 API 拓扑隐藏方法流程图

在服务质量方面，华为提出了一种传输控制方法（CN110149166B，信令交互图如图 5-2-28 所示），在第一用户面功能网元至第二用户面功能网元的重分配过程中，会话管理功能网元分别向多个锚点用户面功能网元发送会话修改请求，会话修改请求包括第二用户面功能网元的信息；会话管理功能网元仅指示多个锚点用户面功能网元中的第一锚点用户面功能网元发送结束标记，或者仅向第一锚点用户面功能网元发送结束标记。通过该方案，可解决用户面功能网元重分配场景中下行数据包的丢包问题，进而提高了用户体验。

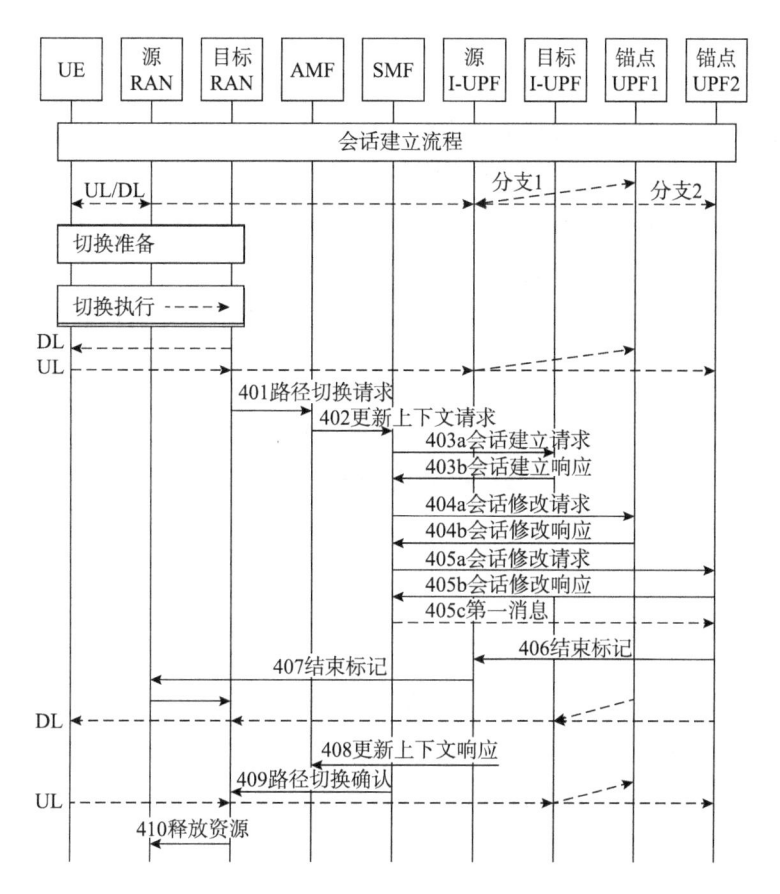

图 5 - 2 - 28　CN110149166B 中传输控制方法的信令交互图

八、小　结

总体上，华为在自动驾驶关键技术方面的专利申请趋势与全球整体趋势一致。随着新兴技术发展、政策法规落地和产业融合加速，自动驾驶迎来发展机遇，华为相关技术研发也从 2014 年开始进入高速发展阶段，相关专利申请数量于 2019 年达到峰值。与此同时，华为开始不断加强与国内外的整车企业在车联网领域合作，并联合通信企业和整车制造商大力推广 5G 技术的应用。面对来自美国的制裁，华为积极开拓新赛道，联合多家车企陆续推出搭载有其自研的车联网解决方案的多种车型，逐步实践自动驾驶技术。

在技术分支方面，华为在自动驾驶关键技术五个技术分支均有专利分布，但主要集中在 5G - V2X 领域，占专利申请总量的 78.2%。华为 5G - V2X 标准必要专利涉及 66 条标准协议，在 41 条协议中华为标准必要专利占比超过 50%，在 12 条协议中占比 100%，表明华为在 5G-V2X 领域具有较强影响力。华为重要标准必要专利中较多关注通信时延、传输效率、可靠性以及服务质量，涉及通信安全的专利相对较少。

在专利布局方面，华为在全球范围的专利布局较为全面。重点布局的国家和地区为中国、欧洲和美国，在日本和韩国的专利申请相对较少。在研发方面，华为公司已形成多个具有一定规模的研发团队，且联合创新较少，以独立研发为主。

第三节 谷 歌

一、企业简介

谷歌公司（Google Inc.）（以下简称谷歌）成立于 1998 年 9 月 4 日，由拉里·佩奇和谢尔盖·布林共同创建，被公认为全球最大的搜索引擎公司。谷歌是一家总部位于美国的跨国科技企业，业务包括互联网搜索、云计算、广告技术等，同时开发并提供大量基于互联网的产品与服务，其主要利润来自关键词广告等服务。

2009 年，谷歌开始了自动驾驶项目，该项目由 Google 街景的共同发明人塞巴斯蒂安·特龙（Sebastian Thrun）领导。谷歌的工程人员使用 7 辆试验车，其中 6 辆是丰田普锐斯，1 辆是奥迪 TT。这些车在加州几条道路上测试，其中包括旧金山湾区的九曲花街。这些车辆使用照相机、雷达感应器和激光测距机来检测交通状况，并且使用详细地图来为前方的道路导航。

2012 年 4 月 1 日，谷歌公司展示了他们使用了自动驾驶技术的汽车，命名为 10^100（十的一百次方，也就是"Googol"，"Google"这个单词的词源）。2012 年 5 月 8 日，在美国内华达州允许自动驾驶汽车上路 3 个月后，机动车辆管理局（Department of Motor Vehicles）为谷歌公司的自动驾驶汽车颁发了一张合法车牌。为了醒目的目的，无人驾驶汽车的车牌用的是红色。

2016 年，谷歌自动驾驶项目独立为谷歌母公司 Alphabet 旗下子公司 Waymo。"Waymo"这个公司命名所代表的意思是"A new way forward in mobility"

（未来新的机动方式）。2017年11月，Waymo宣布该公司开始在驾驶座上不配置安全驾驶员的情况下测试自动驾驶汽车，并在凤凰城有限度地进行载客。2018年7月，Waymo宣布其自动驾驶车队在公共道路上的路测里程已达800万英里。2018年年底，首款自动驾驶叫车服务Waymo One推出市场，标志着自动驾驶车辆正式上路。2020年3月，Alphabet宣布从一群投资者那里筹集了22.5亿美元后，正式推出Waymo Via。2020年5月，Waymo又筹集了7.5亿美元，使他们的外部投资总额达到30亿美元。2020年7月，Waymo宣布与沃尔沃建立独家合作关系，将Waymo的自动驾驶技术整合到沃尔沃的汽车上。2021年4月，约翰·克拉夫奇克卸任首席执行官，由两位联合首席执行官接替：首席运营官Tekedra Mawakana和首席技术官Dmitri Dolgov。Waymo在2021年6月的第二轮融资中筹集了25亿美元。2022年3月底，Waymo宣布将在旧金山的街道部署全自动驾驶车辆。

二、谷歌专利申请分析

（一）专利申请趋势

图5-3-1所示为谷歌专利申请趋势。谷歌于2009年开始自动驾驶项目，2010年研发出第一款自动驾驶汽车，同时开始就其在自动驾驶方面的研发成果进行了相关的专利申请。随着时间的推移，谷歌在自动驾驶方面的专

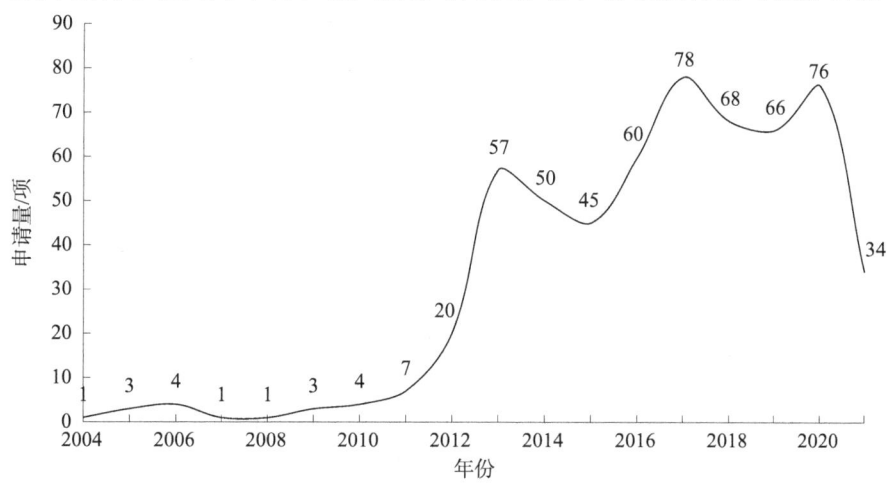

图5-3-1 谷歌专利申请趋势

利申请量也在不断增加,并于 2012 年进入了快速增长期,其原因在于,一方面 2010—2011 年技术积累发酵,另一方面是谷歌在 2012 年获得了自动驾驶汽车上路牌照,相应地能够根据路测时遇到的多种情况进行专利申请。

(二) 专利地域分布

如图 5-3-2 所示,从谷歌的全球专利布局可以看出,美国仍是谷歌专利申请的重点目标国,谷歌关于自动驾驶相关技术的专利大都有美国同族。由于谷歌的总部位于美国硅谷,且其自动驾驶汽车也已在美国取得上路牌照,因此市场重心以美国为主。其次为欧洲和中国,两者申请量相差不大,说明谷歌对两个重要市场的重视程度相似。而韩国、日本自动驾驶市场需求较小,因此专利申请也相对较少。

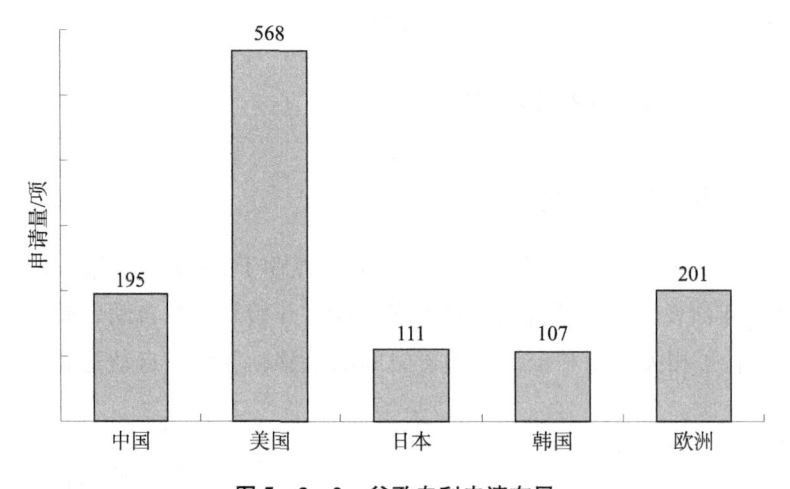

图 5-3-2 谷歌专利申请布局

(三) 专利技术分布

如图 5-3-3 所示,在自动驾驶关键技术的五个技术分支布局中,谷歌主要的侧重点在目标识别、高精度地图、决策规划三个技术分支,而仿真测试和 5G-V2X 专利申请量则很少,这与谷歌公司的性质以及相关技术现状密切相关。谷歌作为一家互联网行业的龙头企业以及电子地图服务提供商,在目标识别、高精度地图、决策规划方面存在技术优势,因此专利申请主要集中在上述技术分支。仿真测试是随着自动驾驶技术不断发展的过程中,为了保证自动驾驶汽车在各种道路交通状况、气象环境和使用场景下都能够安全、可靠、高效地运行而发展起来的新兴技术分支，申请基数本身相对较少，而5G-V2X在传统车企和通信企业中存在技术优势，因此谷歌涉及的相关专利也比较少。

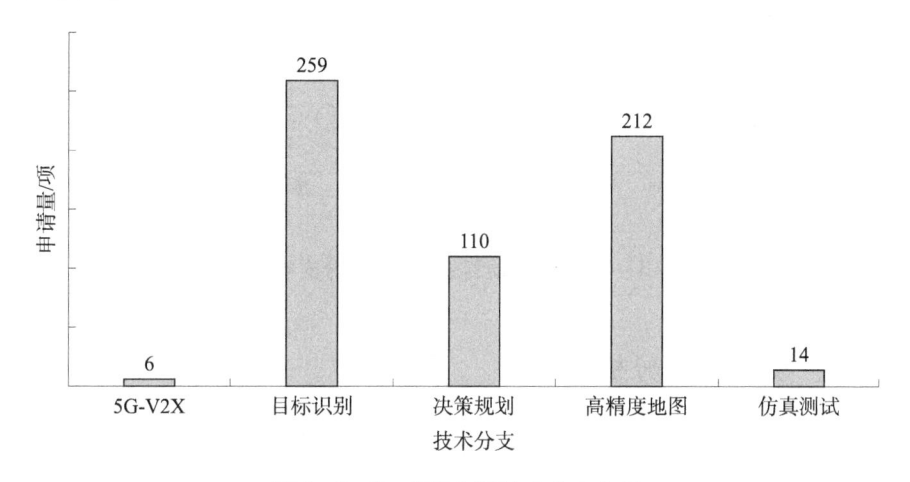

图 5-3-3　谷歌专利技术分支布局

图 5-3-4 是谷歌自动驾驶关键技术分支申请趋势图。谷歌公司最早从事地图业务是在 2004 年，2004 年 10 月 27 日谷歌公司成功收购了 Keyhole 公司后陆续推出了命名为谷歌地图的系列软件。因此，从图中可以看出，在三个重点技术分支中，高精度地图最早从 2004 年就存在相关专利申请，并在 2012 年后进入快速发展期，在此之后每年均有较多的专利申请，而其余两个重点分支则在 2011 年后才存在相关专利申请，可见谷歌在高精度地图方面的技术积累尤其明显。从 2011 年开始，谷歌在决策规划和目标识别分支存在相关申请，并且在 2013—2015 年，目标识别的相关申请量显著高于决策规划的申请量，这是由于目标识别承担的是获取车辆自动驾驶的基础环境信息的重任，是作为决策规划的输入信息，因此技术研发开展相对更早。而在 2016 年谷歌自动驾驶项目独立为谷歌母公司 Alphabet 旗下子公司 Waymo 之后，目标识别、决策规划两个重点技术分支均进入了快速增长期，每年均有着相当数量的申请量。

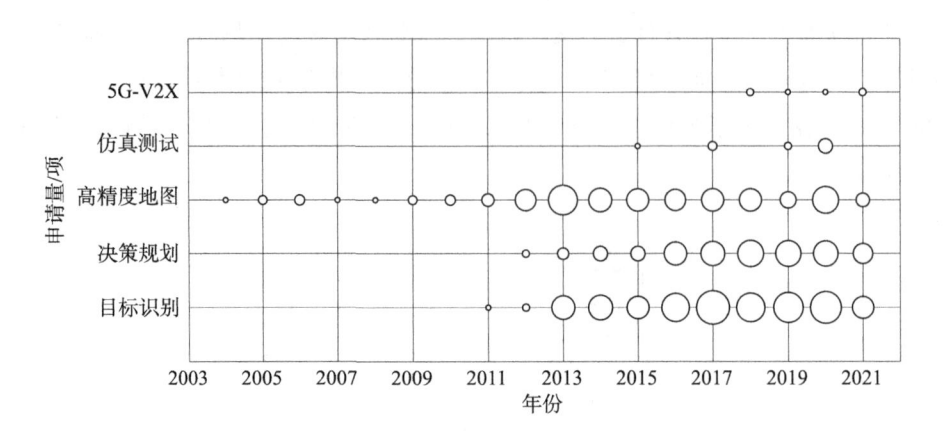

图 5-3-4　谷歌自动驾驶关键技术分支申请趋势

三、技术路线分析

技术路线主要分析了谷歌公司在决策规划这一重点技术分支的专利申请，旨在通过对这些专利申请进行分析，找到谷歌在上述重要技术分支的发展脉络，如图 5-3-5 所示，为相关企业技术开发提供基础信息。

（一）全局路径规划

谷歌在全局路径规划方面的相关专利申请最早从 2012 年开始。谷歌于 2012 年 9 月 28 日提交了涉及自动驾驶车辆位置选择相关的专利申请 US9665101B1，其场景示意图如图 5-3-6 所示。

该专利所针对的场景在于当用户想要到达最终目的地 C 时，有可能不是在所有道路上都能在完全自主模式下运行，比如道路 322 不是预先批准车辆以完全自主模式行驶的道路子集的一部分，而道路 312、314、316、318 和 320 是预先批准车辆以完全自主模式行驶的道路子集的一部分。

为了解决上述问题，US9665101B1 公开了一种由自动驾驶车辆运输到目的地的方法和系统，该方法包括：由自动驾驶车辆的计算机系统接收指示最终目的地的输入；确定最终目的地是否在预先批准的以供自动驾驶车辆在自主模式中行驶的道路上；如果最终目的地不在预先批准的自动驾驶道路上，则选择从自动驾驶车辆的当前位置到中间目的地的路线；所述路线包括一条或多条预先批准的由所述自动驾驶车辆在自主模式下行驶的道路；基于选择

第五章 重点申请人分析

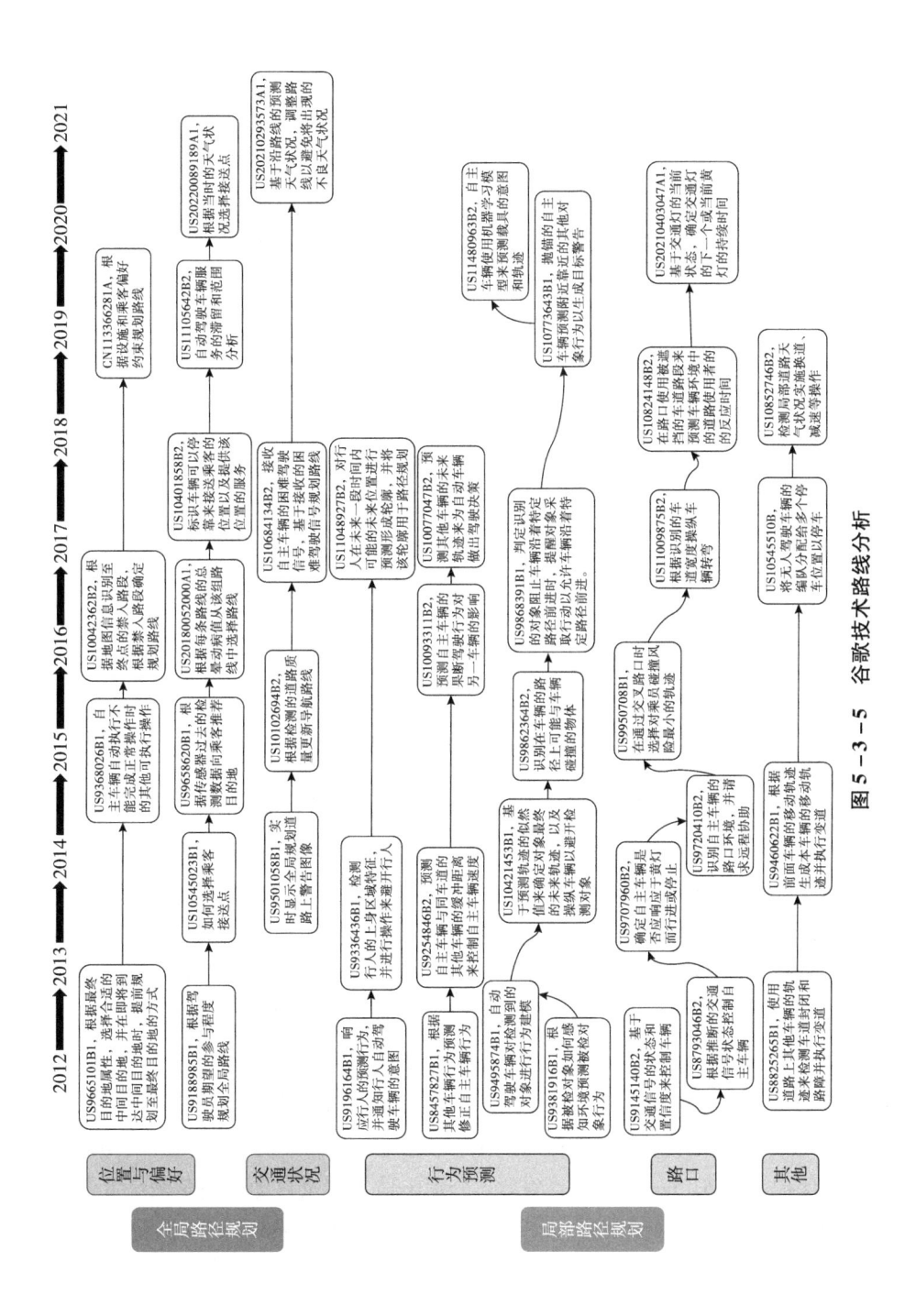

图5-3-5 谷歌技术路线分析

255

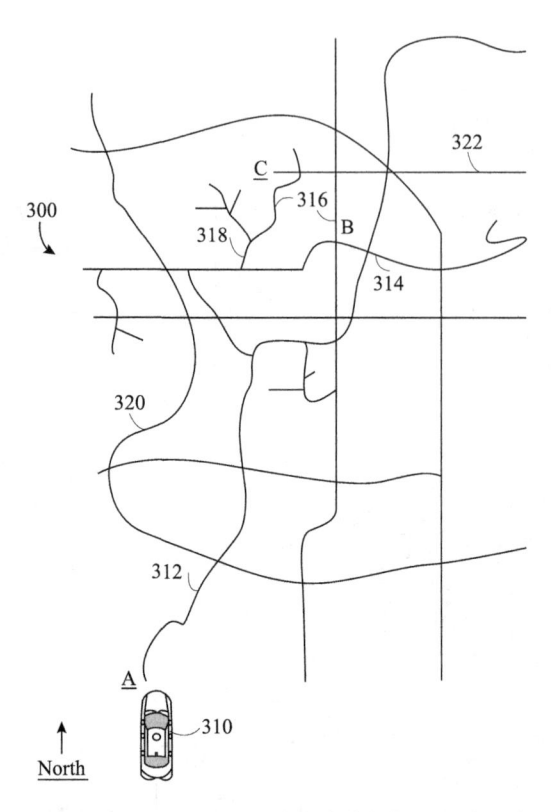

图 5－3－6 US9665101B1 中自主车辆操作场景示意图

的所述路线以自主模式控制所述车辆以到达所述中间目的地,以及由所述计算机系统确定如何到达所述最终目的地。由于实现车辆自动驾驶需要相应道路与该车辆协同配合,而通常的道路并不能完全适用于自动驾驶车辆,也未针对自动驾驶车辆大规模地建设专门的道路,因此 US9665101B1 解决了自动驾驶车辆全局路径规划的一个重要问题,即如何在当前仅有部分自动驾驶专用道路的基础上规划自动驾驶车辆的路径来将乘客送达最终目的地。

此后,谷歌还在上述专利的基础上,于 2017 年 4 月 21 日申请了同族专利 US9996086B2;2018 年 6 月 6 日申请了同族专利 US11137771B2;2021 年 8 月 31 日申请了同族专利 US20210397199A1,分别就该发明构思的不同方面和细节进行了保护。在 2015—2016 年,谷歌还分别申请了涉及自动驾驶车辆位置选择相关的专利申请 US9368026B1、US10042362B2,其中 US9368026B1 涉及自动驾驶车辆能够在其操作一定程度上受到危害而没有来自人类操作员的输入的各种情形下,或者在该车辆的计算设备不能与一个或多个服务器计算设备连接的事件时，通过执行回退任务以允许仍然能够驾驶一定距离的自动驾驶车辆自主驾驶到指定的或确定的位置，该位置例如是车辆可以恢复到全部操作能力的地方，从而节省了取回车辆将要花费的时间、金钱和人力，车辆功能图如图 5-3-7 所示。随后，就该发明构思，谷歌分别申请了同族专利 US10475345B2、US10796581B2、US11276314B2、US20220180753A1，并在全球 6 个国家/组织/地区进行专利布局。

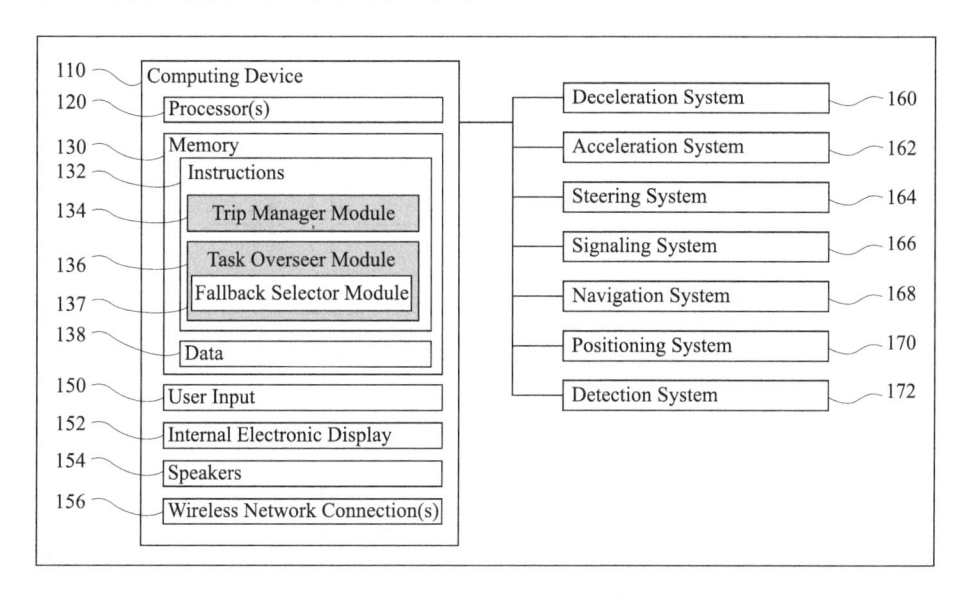

图 5-3-7　US9368026B1 中车辆的功能图

US10042362B2 涉及自动驾驶车辆动态路径规划，图 5-3-8 所示为其示意图，主要使用地图信息生成从初始位置到目的地的行程路线，并识别该自动驾驶车辆不能在自动模式下驾驶的道路路段的至少一个禁入道路路段，例如已知建筑区域、拥挤区域、通往公路的入口匝道的车道等；通过对禁入道路路段分配成本值来确定在未来的预定时间段内车辆的规划路径并根据该规划路径操纵车辆。

之后，谷歌继续申请了专利 US10691131B2、US20200341478A1，并在全球 9 个国家/组织/地区进行专利布局，相关发明构思的保护仍在继续。此后，在 2019 年申请的专利 CN113366281A 中所公开技术可以用于使用行程约束来生成到目的地的行程路线，其原理如图 5-3-9 所示，所述行程约束部分地基于沿着路线的各种设施、资源和/或服务的位置和可用性。此外，通过规划保持在某种类型的设施的预定距离内的路线,可以相对于那种类型的设施使车辆的导航路径最优化。

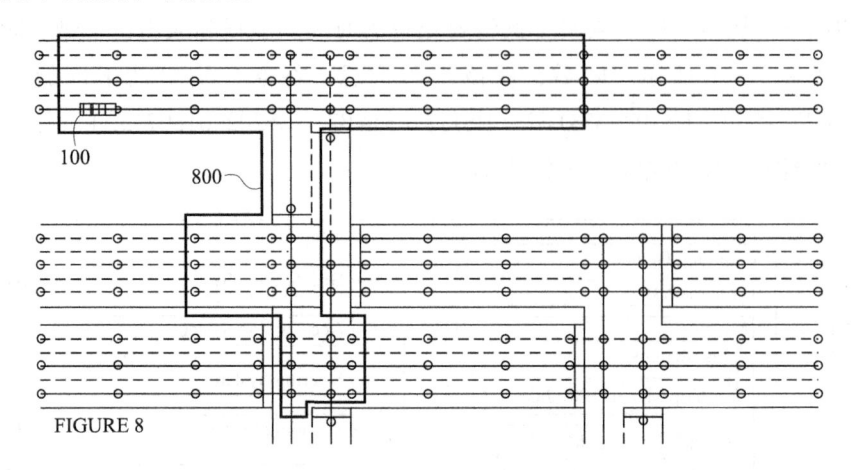

图 5-3-8　US10042362B2 中车辆 100 在预定时间段内
可以到达的车道路段的区域的示意图

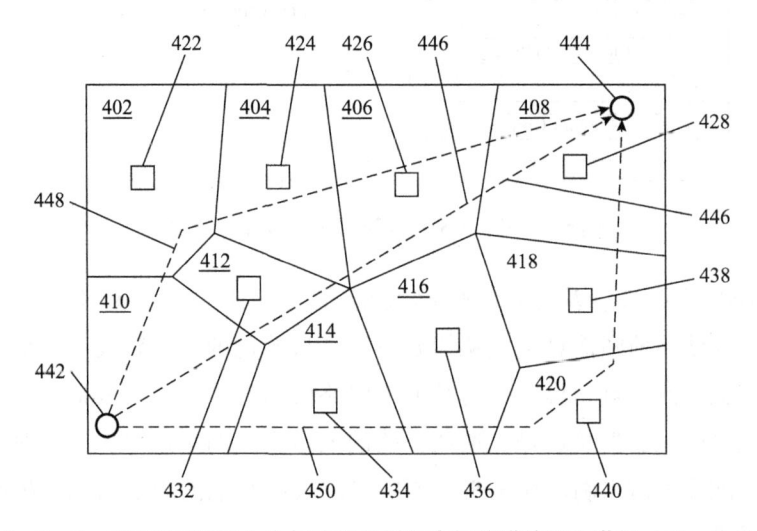

图 5-3-9　CN113366281A 中与路线规划约束相关联的沃罗诺伊（Voronoi）图

由于自动驾驶车辆不同于一般车辆,并不能主动地考虑驾驶员或乘客的用户体验,为了更加体现其车辆的智能性,谷歌在考虑用户偏好方面也进行了相关专利布局。最早在 2012 年便申请了专利 US9188985B1,US9188985B1 涉及根据驾驶员期望的参与程度选择推荐的驾驶路线,其系统如图 5-3-10

所示，其首先通过计算机生成自动驾驶车辆的当前位置和目的地之间的一组建议路线；在每个建议路线中包括了哪些路段可在手动模式（其中驾驶员通常具有对车辆的控制）或自主模式（其中计算机在没有来自驾驶员的连续输入的情况下操纵车辆）下操纵；驾驶员可以根据自己的期望从多组建议路线中选择自己需要的路线，并控制自动驾驶车辆动作，提高了驾驶员的驾乘体验。通常而言，现有路段并不能完全满足车辆自动驾驶的需求，自动驾驶车辆也未能完全处理各种驾驶场景，设置自主模式和手动模式是一个必然选择，因此根据驾驶员的期望提供相应的建议路线从而为用户提供个性化服务，是出行规划中的一个重要功能。例如，驾驶员可能更倾向于选择自动驾驶最多的路线以减少手动驾驶时间。

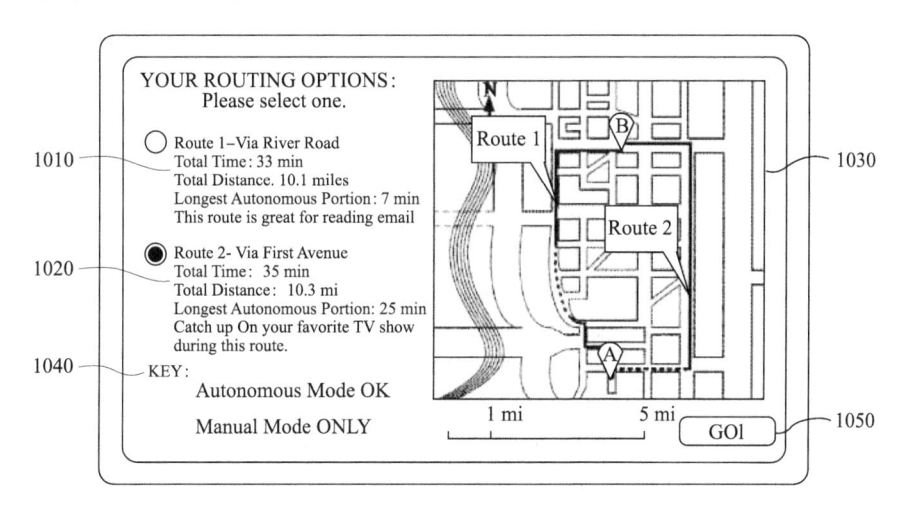

图 5-3-10　US9188985B1 中车辆显示设备的屏幕截图

此后，谷歌在专利 US9188985B1 的基础上，又申请了一系列同族申请 US9528850B1、US10036648B1、US10451433B1、US11231292B1，以多方面保护该发明构思。随后，谷歌还围绕用户偏好方面申请了一系列相关专利。专利 US10545023B1 涉及分析多个可能的地点，以确定哪些地点搭载或放下乘客或货物最有效。US9658620B1 公开了自动驾驶车辆根据其他车辆提供的传感器检测到的情况向用户提出建议，建议可能基于之前和当前的感知条件，例如，根据车辆之前长时间停留的位置以及感知到的天气条件来推荐目的地。US20180052000A1 涉及如何确定车辆的路线和驾驶风格，以减少乘客在旅途中晕车的可能性。US10401858B2 涉及自动驾驶车辆利用试探法从用户提供的标记位置和预先存储的预定位置中标识出搭载或放下乘客的推荐点，并将该推荐点提供给乘客。US11105642B2 公开了通过模拟车辆在多个用于潜在拾取乘客或货物的起始位置和目的地位置之间行驶的路线的可行性，而将起始位置或目的地位置中的至少一个标记为潜在有问题区域，因此在路线规划时可以显著减少车辆滞留的数量并且可以改善乘客或用户体验。US202289189A1 涉及自动驾驶车辆如何向乘客提供运输服务，如图 5 - 3 - 11 所示，该车辆可以使用天气信息来改善在搭乘期间、在下车期间以及在乘车期间的用户体验，例如，搭乘、下车和路线都可以在自动驾驶车辆处或远程计算设备处进行优化，以便减少天气状况对乘客的影响，从而改善整体乘坐者体验。可见，谷歌在如何提升自动驾驶车辆提供的运输服务质量以及用户使用体验方面布局了众多专利。

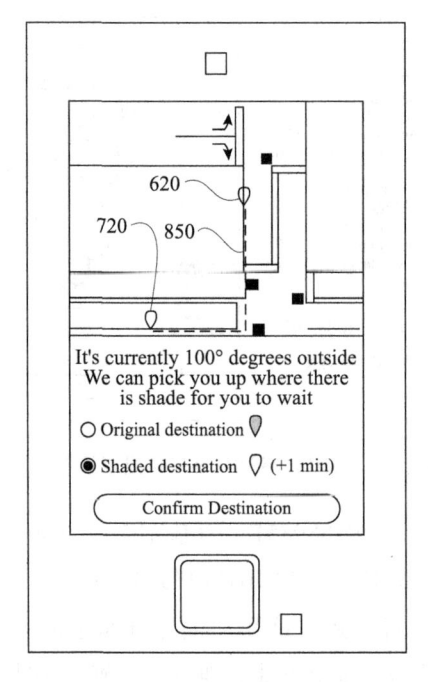

图 5 - 3 - 11　US202289189A1 中客户端计算设备上显示的通知的示例

而在道路交通状况方面，谷歌相关专利申请较少。其中，US9501058B1 涉及了在规划路径中识别的车辆周围预定区域内的对象，并将检测的对象以警告图像的形式实时显示在显示器上。US10102694B2 涉及根据检测的道路质量更新导航路线。US10684134B2 公开了使用其他车辆反映的交通状况的数据来确定最佳的规划路线。US2021293573A1 公开了基于规划路线上预测的天气状况来调整规划路线以避免将出现的不良天气状况，如图 5-3-12 所示。

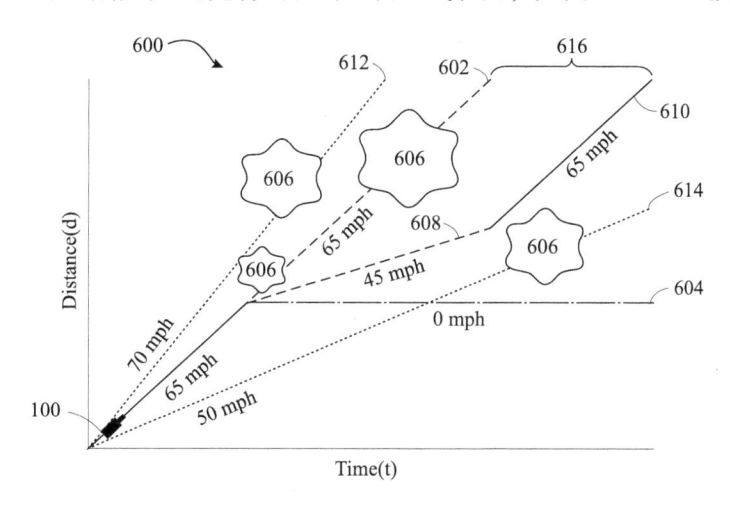

图 5-3-12　US2021293573A1 中基于天气状况、路径的速度曲线图

（二）局部路径规划

行为预测包括的场景和对象众多，属于局部路径规划的重点，谷歌最早从 2012 年便开始进行相关专利的申请布局。2012 年，谷歌申请的专利 US9196164B1 涉及通知行人自动驾驶车辆的意图，图 5-3-13 所示为其示意图。自动驾驶车辆通过检测到行人试图或将要越过车辆前面的道路的物体时，车辆的计算机可以确定响应该行人行为的正确方式，例如，确定车辆应该停止或减速、让路或停止以及通知行人车辆即将采取的驾驶意图，由此保证行车安全。

关于行人的行为预测方面，谷歌还申请了后续相关专利，专利 US9336436B1 涉及检测指示行人的上身区域的圆柱形特征，如图 5-3-14 所示，在确定指示行人的可能上身区域的所识别的数据点是否对应于行人之后，计算系统可以确定行人相对于车辆的位置和/或取向，此外，车辆的计算系统响应检测的行人确定对其控制策略的调整，以实时避开车辆环境中的行人。US11048927B2 涉及使用基于网格的预测，对行人在未来一段时间内可能的未来位置进行预测形成轮廓，并将该轮廓用于路径规划。

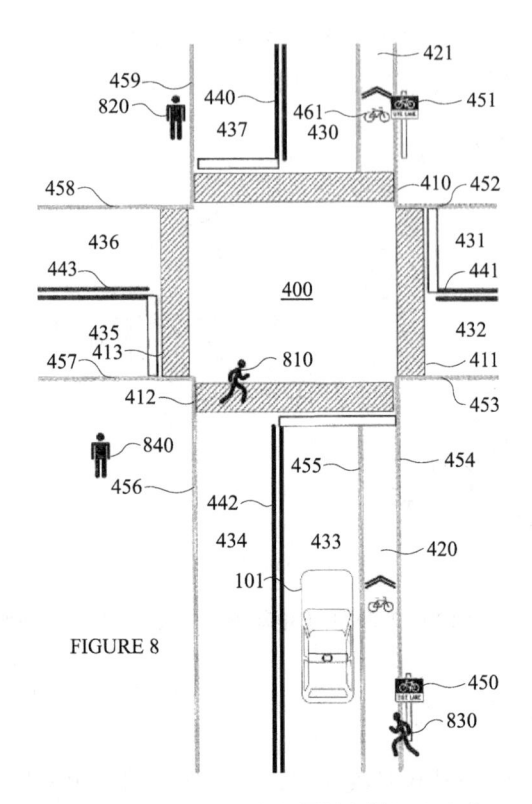

图 5-3-13　US9196164B1 中车辆正在接近交叉路口示意图

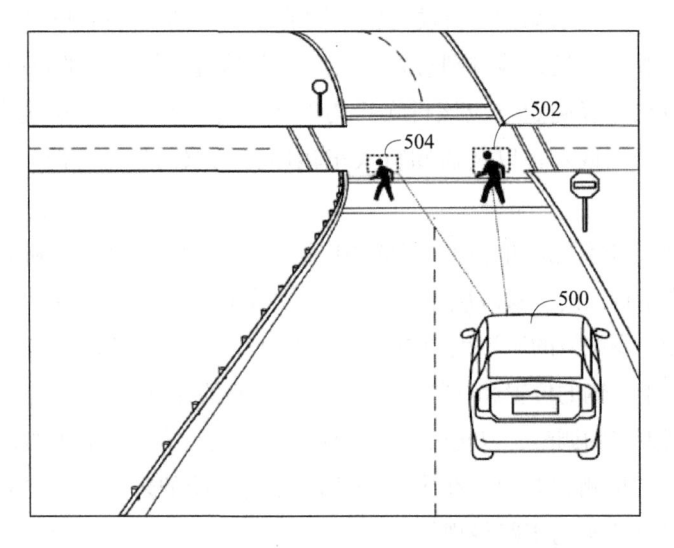

图 5-3-14　US9336436B1 中自主车辆操作场景图

对于其他车辆的行为预测方面，谷歌在 2012 年申请的专利 US8457827B1 中公开了通过确定自动驾驶车辆环境的当前状态，以及车辆环境中的至少一个其他车辆的预测行为，场景图如图 5-3-15 所示，确定与其他车辆执行该预测行为的可能性相关的置信度水平，以及基于所确定的置信度水平控制以自主模式操作的自动驾驶车辆。

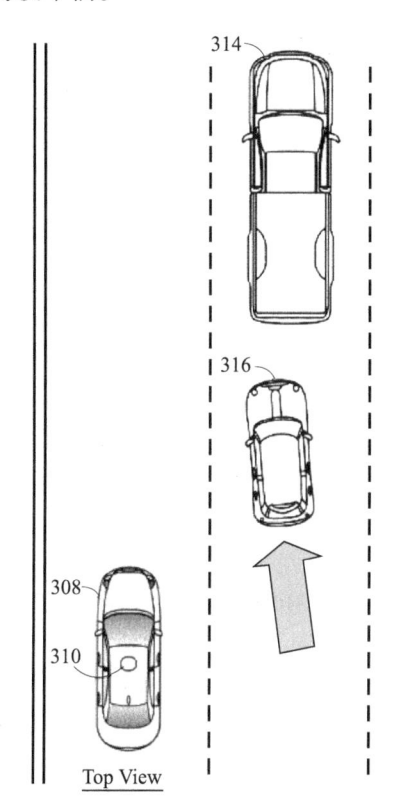

图 5-3-15　US8457827B1 中自主车辆操作场景图

US9254846B2 中预测在自主车辆前面且与自主车辆在同一车道中行驶的第一车辆和第二车辆之间的第一缓冲距离和第二缓冲距离，根据第一和第二缓冲距离控制自主车辆速度。

US10093311B2 公开了一种自主车辆的控制方法，如图 5-3-16 所示。该方法通过操作自主车辆自主地完成相对于其他车辆的果断驾驶动作；基于该果断驾驶动作预测其他车辆将采取的特定响应动作；如果该自主车辆能够安全地完成该果断驾驶动作，则向其他车辆或其他车辆的驾驶员指示该自动驾驶车辆正试图完成所述果断驾驶动作并操纵该自动驾驶车辆完成上述动作。

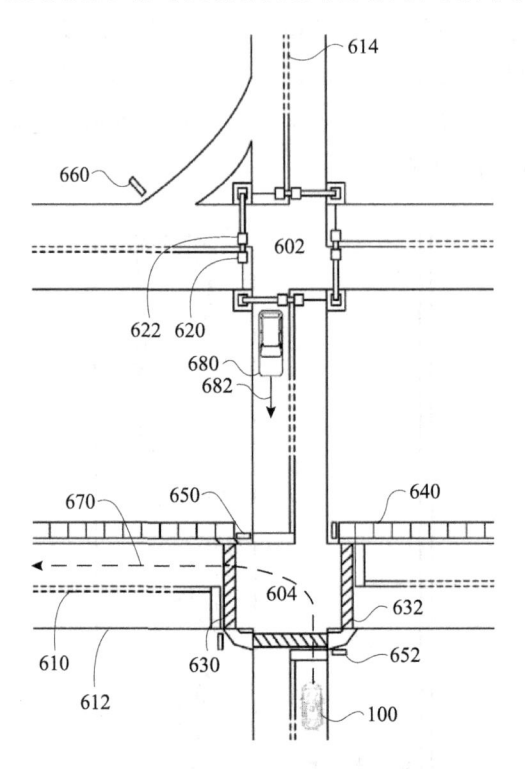

图 5-3-16　US10093311B2 中自主车辆操作场景图

US10077047B2 涉及预测对象的未来轨迹，并使用这个信息为自动驾驶车辆作出驾驶决策。对于具有车轮的其他车辆，利用传感器识别其他车辆前轮的相对航向，通过将关于其他车辆的过去轨迹或速度的信息与车轮的航向相结合预测在未来的一段短暂时间内的轨迹，来为自动驾驶车辆作出驾驶决策。

对于交通参与者的行为预测而言，谷歌在这方面申请的专利较多，所申请的技术方案包括对普遍的交通参与对象进行行为预测以方便自动驾驶车辆作出正确的驾驶动作。在 2012 年申请的专利 US9495874B1 中公开了自动驾驶车辆可以使用一个或多个传感器收集和记录被检测对象的行为，并将记录的数据传送到服务器以进行行为建模。然后，服务器可以向自动驾驶汽车提供更新的建模数据，使自动驾驶汽车能够预测物体可能的运动。进而，车辆可能会对附近的物体做出反应，从而降低发生事故的可能性，提高旅行效率，图 5-3-17 所示为其操作场景图。

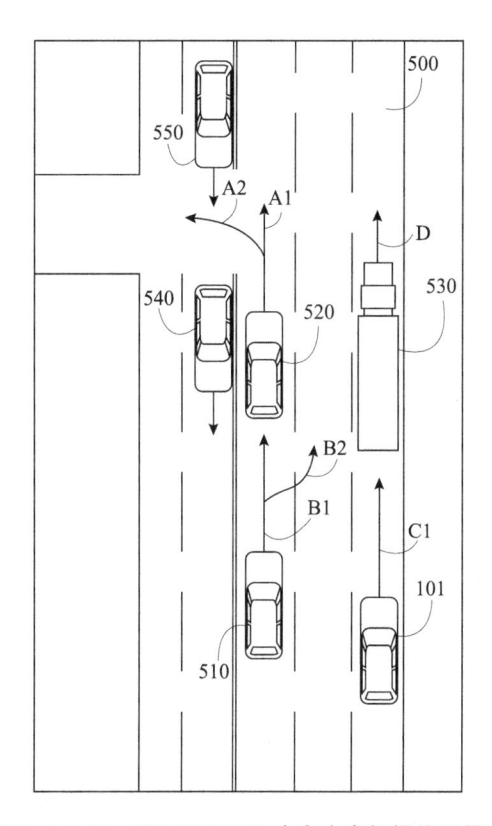

图 5－3－17　US9495874B1 中自主车辆操作场景图

而同年提交的专利申请 US9381916B1 则侧重于根据被检对象如何感知环境来预测被检对象行为。自动驾驶车辆能够检测到附近的物体，如车辆和行人，并能够确定被检测到的车辆和行人如何感知周围环境。然后，自动驾驶车辆可以利用这些信息安全地绕过附近的所有物体。因此，通过对自动驾驶车辆附近的移动物体进行行为分析，可以提高这些车辆的安全性、使用性能、驾驶员体验和性能。

2015—2017 年，谷歌分别申请了专利 US10421453B1、US9862364B2、US9868391B1。其中，US10421453B1 涉及基于预测轨迹的似然值来确定被检对象的最终未来轨迹，以及操纵车辆以避开被检对象，如图 5－3－18 所示。US9862364B2 涉及识别在车辆的行进路径附近可能与车辆相撞的对象，评估对象以确定是否需要立即制动，以避免可能发生的碰撞。US9868391B1 涉及判定识别的对象在阻止车辆沿着特定路径前进时，利用声音信号提醒对象采取行动以允许车辆沿着特定路径前进。

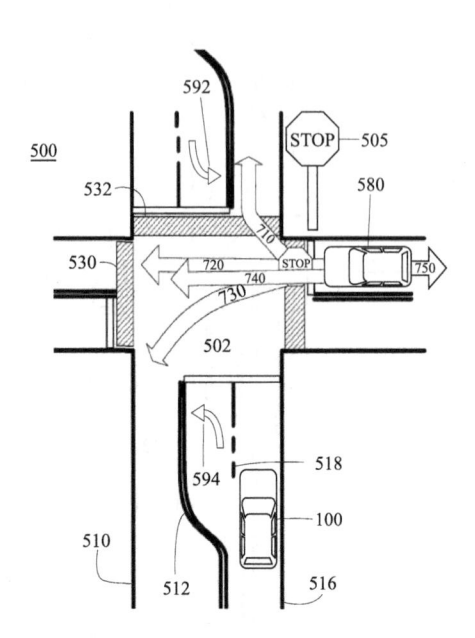

图 5-3-18　US10421453B1 中自主车辆预测可能的一组轨迹并操纵的示意图

随着机器学习不断成熟完善，谷歌在 2019 年还申请了专利 US11480963B2，该专利涉及如何使用机器学习模型（例如，完全学习的神经网络）来通过利用表征环境中的载具的外观和情境信息的输入数据预测载具的意图和轨迹。而 US10773643B1 涉及行车安全，其公开了针对抛锚的自主车辆预测附近靠近的其他对象行为以生成目标警告。

路口是局部路径规划中一个重要的场景，涉及的交通状况最为复杂，需要考虑各种因素来保证自动驾驶车辆的行车安全。谷歌在 2012—2020 年申请了一系列专利进行专利布局。早在 2012 年，谷歌申请了专利 US9145140B2，涉及基于交通信号的状态和置信度来控制车辆，同样根据交通信号的状态控制车辆的专利还包括 US8793046B2、US9707960B2、US20210403047A1。其中，US8793046B2 涉及根据多个传感器数据推断所述多个传感器未观察到的交通信号状态控制自主车辆；US9707960B2 涉及确定自主车辆是否应响应于黄灯而行进或停止；US20210403047A1 公开了当自主车辆接近交通灯时，自主车辆将尝试检测交通灯的当前状态。基于交通灯的当前状态，确定交通灯的下一个或当前黄灯的持续时间，随后，车辆访问交通灯持续时间的预存储表，并且选择黄灯持续时间来预测交通灯何时变红，并转而确定车辆是否应该因交通灯而停车，图 5-3-19 所示为其场景图。可见，谷歌在通过预测交通信号的状态来控制车辆方面比较重视。

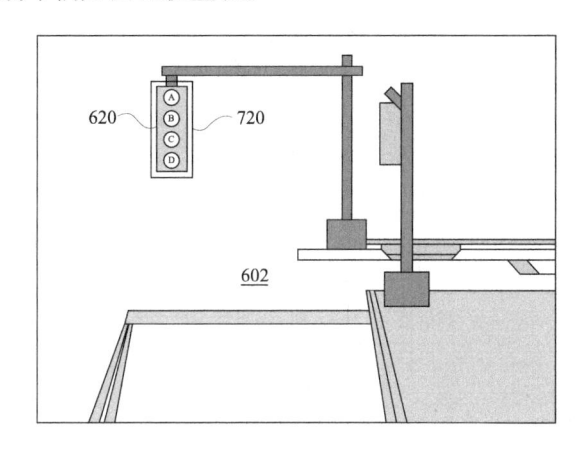

图 5-3-19　US20210403047A1 车辆的感知系统捕获的图像

在交叉路口如何控制自动驾驶车辆方面，US9720410B2 涉及基于传感器数据确定自主车辆的路口环境，并根据确定的路口环境从远程协助者处接收指示自主操作的响应。US9950708B1 涉及在通过交叉路口时，基于乘员的车内位置和关于乘员的附加信息，从多个行驶轨迹中选择对乘员碰撞风险最小的轨迹。US11009875B2 涉及在车辆从道路的车道转弯之前操纵车辆，通过识别出在进行转弯之前具有至少预定尺寸的车道宽度的区域，并根据车道内其他对象相对于自动驾驶车辆的位置来操纵车辆在进行转弯之前通过所述区域。US10824148B2 涉及在交叉路口使用车辆环境中的被遮挡的车道路段来预测车辆环境中的道路使用者的反应时间，并根据该反应时间确定自动驾驶车辆的驾驶指令，图 5-3-20 为其示意图。

对于其他涉及车道或泊车之类比较简单的场景而言，谷歌相关专利布局较少。在车辆变道方面，US8825265B1 涉及自主车辆可以使用道路上其他车辆的轨迹来检测车道封闭和路障，根据检测结果执行变道。US9460622B1 涉及根据前面车辆的移动轨迹，生成本车辆的移动轨迹，并执行变道操作。US10852746B2 公开了通过检测局部道路天气状况实施换道、减速等操作。泊车方面，为了解决将无人驾驶车辆的车队分配至多个停车场的问题，US10545510B2 公开了将自动驾驶车辆的编队分配给多个停车位置以用于该编队的车辆停车，如图 5-3-21 所示，可以跟踪车队的车辆的位置以及多个停车场所中的每一

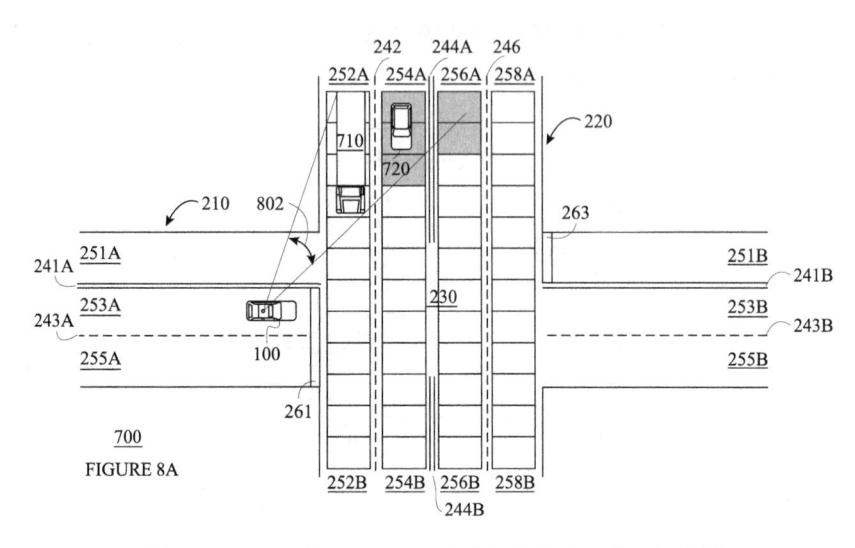

图 5-3-20　US10824148B2 中车辆朝向交叉路口行进图

处的可用空间的数量，识别出尚未位于多个停车场所之一的车队的子集，然后根据可用空间的数量和所识别的子集的位置，确定将子集的每个车辆分配至多个停车场所的分配方式。

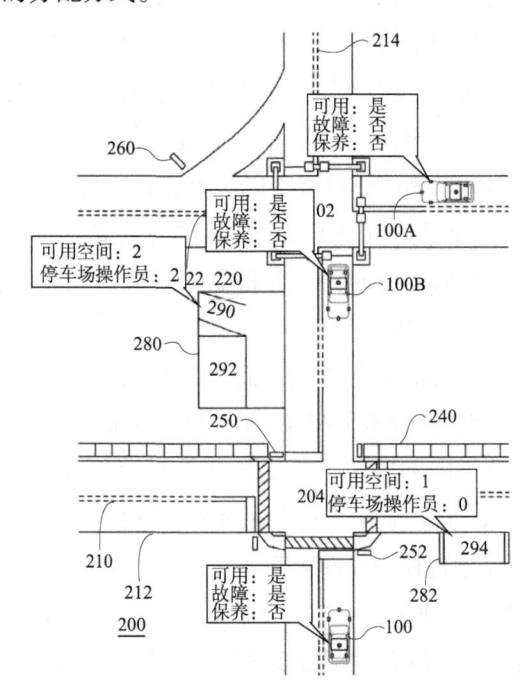

图 5-3-21　US10545510B2 中车辆分配相应停车场所的示意图

四、重点发明人分析

专利技术的竞争实质上也是技术人才的竞争，是推动公司发展的动力。本节梳理了谷歌在自动驾驶主要技术分支的专利申请，通过对重点技术分支专利申请的发明人进行统计分析，挖掘出申请人相应技术分支的研发团队，明晰企业的核心竞争力。图 5-3-22 所示为谷歌决策规划分支重点发明人排名。

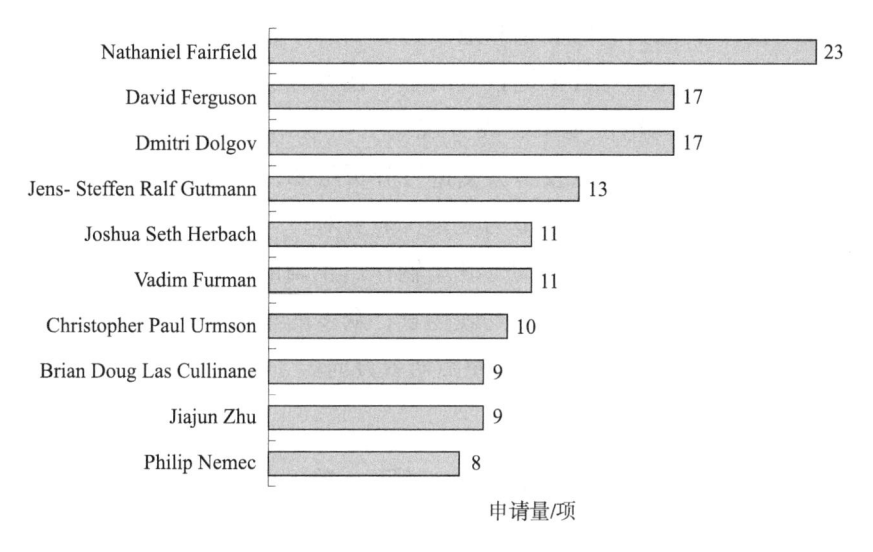

发明人	申请量/项
Nathaniel Fairfield	23
David Ferguson	17
Dmitri Dolgov	17
Jens-Steffen Ralf Gutmann	13
Joshua Seth Herbach	11
Vadim Furman	11
Christopher Paul Urmson	10
Brian Doug Las Cullinane	9
Jiajun Zhu	9
Philip Nemec	8

图 5-3-22　谷歌决策规划分支重点发明人排名

决策规划重点技术分支排名前十的发明人中，申请量超过 10 项（含 10 项）的发明人共计 7 位。Dmitri Dolgov 和 Nathaniel Fairfield 从最初参与 2009 年的谷歌自动驾驶汽车项目至今，已经成为 Waymo 的"元老"和技术中坚。其中，Nathaniel Fairfield 是 Waymo 汽车规划和控制团队首席工程师，长期研究无人车运动规划与动作执行。Dmitri Dolgov 是软件工程团队的部门主管，现已成为 Waymo 首席技术官兼工程副总裁。而 David Ferguson 于 2011 年加入谷歌任主任工程师（Principal Engineer），创建并领导了自动驾驶项目的计算机视觉、机器学习、行为预测和场景理解团队。2016 年，他和谷歌同事朱佳俊（Jiajun Zhu）一起创办了自动驾驶以及机器人初创企业 Nuro.ai。排名前十的发明人一共申请 128 项，占据总申请量的 87.7%，是谷歌决策规划重点技术的核心竞争力。

五、小 结

本节主要对谷歌的自动驾驶重点技术分支的专利进行了分析。从其申请趋势来看，从 2009 年开始申请相关专利，于 2012 年进入了快速增长期。2012年出现爆发式增长，之后每年均存在一定的申请量。从其专利布局来看，美国仍是谷歌专利申请的重点目标国，谷歌关于自动驾驶相关技术的专利几乎均有美国同族，紧随其后的国家和地区为欧洲和中国，属于自动驾驶领域的两个重要市场。在自动驾驶关键技术的五个技术分支布局中，谷歌主要的侧重点在目标识别、高精度地图、决策规划三个技术分支，占其总申请量的 97%。而对其决策规划重点技术分支进行分析可知，谷歌重点关注局部路径规划，该三级分支涉及的场景最为复杂，需要对行人、外部车辆等一切交通参与者的行为进行预测以使自动驾驶车辆作出正确的驾驶操作，同时，局部路径规划还涉及道路口这一复杂驾驶场景，众多的车辆将在该处汇聚，因此如何使车辆安全顺利通过路口也是重点研究方向。

第四节 百 度

一、企业简介

百度是拥有强大互联网基础的领先 AI 公司，是全球为数不多的提供 AI 芯片、软件架构和应用程序等全栈 AI 技术的公司之一。基于搜索引擎，百度演化出语音、图像、知识图谱、自然语言处理等人工智能技术。最近 10 年，百度在深度学习、对话式人工智能操作系统、自动驾驶、AI 芯片等前沿领域的投资，使其成为了拥有强大互联网基础的领先 AI 公司。

百度无人驾驶车项目于 2013 年起步，由百度研究院主导研发，其技术核心是"百度汽车大脑"，包括高精度地图、定位、感知、智能决策与控制四大模块。其中，百度自主采集和制作的高精度地图记录完整的三维道路信息，能在厘米级精度实现车辆定位。同时，百度无人驾驶车依托国际领先的交通场景物体识别技术和环境感知技术，实现高精度车辆探测识别、跟踪、距离和速度估计、路面分割、车道线检测等，为自动驾驶的智能决策提供依据。

2015年12月，百度公司宣布，百度无人驾驶车在国内首次实现城市、环路及高速道路混合路况下的全自动驾驶。百度公布的路测路线显示，百度无人驾驶车从位于北京中关村软件园的百度大厦附近出发，驶入G7京新高速公路，经五环路，抵达奥林匹克森林公园，并随后按原路线返回。百度无人驾驶车往返全程均实现自动驾驶，并实现了多次跟车减速、变道、超车、上下匝道、调头等复杂驾驶动作，完成了进入高速（汇入车流）到驶出高速（离开车流）的不同道路场景的切换，测试时最高速度达到100千米/小时。

2016年7月，百度与乌镇旅游举行战略签约仪式，宣布双方在景区道路上实现L4级的无人驾驶，这是继百度无人车和芜湖、上海汽车城签约之后，首次公布与国内景区进行战略合作。

2016年百度世界大会无人车分论坛上，百度高级副总裁、自动驾驶事业部负责人王劲宣布，百度无人车获得美国加州政府颁发的全球第15张无人车上路测试牌照。

2017年4月上海车展，百度对外宣布Apollo计划，推出全球首个自动驾驶开放平台Apollo。目前，百度Apollo已经在自动驾驶、智能汽车、智能交通三大领域拥有业内领先的解决方案。同月，百度还宣布与博世正式签署基于高精度地图的自动驾驶战略合作，开发更加精准实时的自动驾驶定位系统，在发布会现场展示了博世与百度的合作成果——高速公路辅助功能增强版演示车。

2018年2月，百度Apollo无人车亮相央视春晚，在港珠澳大桥行驶；3月，获得北京市首批自动驾驶测试牌照；7月，全球首款L4级量产自动驾驶巴士"阿波龙"下线。

2019年7月，百度独揽5张北京首批T4级自动驾驶路测牌照，同时与红旗携手打造的中国首款L4乘用车实现量产下线。

2020年，百度发布了汽车智能化乐高式解决方案，包含AVP（Apollo Valet Parking）和ANP（Apollo Navigation Pilot）产品；4月，百度正式发布"ACE交通引擎"；7月，全球首个量产自动驾驶计算平台ACU正式下线；截至8月，百度共享无人车在长沙、北京、重庆等地开始运营；9月，发布全无人驾驶Apollo和5G云代驾。

2021年，百度正式组建智能汽车公司"集度"，以加速智能驾驶技术的普及和应用；5月，国内首家百度自动驾驶共享无人车开启商业化运营；同月，联合清华大学智能产业研究院（AIR）发布 Apollo AIR 计划；6月，发布新一代量产共享无人车 Apollo Moon；6月21日，交通运输部、外交部、120余位驻华使馆外交官和国际组织驻华代表在北京首钢园体验了百度共享无人车出行服务；8月，发布全新升级的自动驾驶出行服务平台"萝卜快跑"，截至2022年7月，自动驾驶出行服务平台"萝卜快跑"累计订单量超过100万。百度计划至2023年底将"萝卜快跑"自动驾驶出行服务开放至30个城市，部署至少3000辆自动驾驶汽车，为3000万用户提供服务。

2022年4月，百度 Apollo 发布面向交通和汽车行业的车路协同开放平台2.0"开路"，这意味着，成立五周年的百度 Apollo 从"自动驾驶开放"升级到"自动驾驶和车路协同的全面开放"。

作为全球领先的自动驾驶开放平台，百度 Apollo 在自动驾驶技术方面拥有超过十项中国第一。目前，百度 Apollo 同时在北京、长沙、美国加州三地进行开放道路无人化测试，在最前沿的无人化测试领域取得了新突破。目前，百度与10家中国及全球的汽车制造商签署了战略合作伙伴关系，提供高精度地图、自主泊车、领航辅助驾驶等汽车智能化服务。同时，Apollo 智能车联合作伙伴持续增加，包括别克、北京现代、北汽新能源、比亚迪、长城、福特、广汽丰田、捷尼赛思、凯迪拉克、领克、雷克萨斯、启辰、东风悦达起亚、蔚来、威马、星途等。百度自动驾驶开放式的商业模式创新给百度的发展带了新的希望与生机，百度在后续还将一如既往地开放下去，一方面对核心技术完成更新迭代，进一步地提升自动驾驶的安全性和稳定性等，另一方面将持续赋能创造更多的科技产品和应用。在未来的自动驾驶领域，百度仍将占据重要地位。

二、百度专利申请分析

下面对百度（包括其子公司）在自动驾驶领域的专利申请概况进行分析。

（一）专利申请趋势

虽然自动驾驶的概念在20世纪已经提出，但规模化的研发直到21世纪初才出现，2004年美国国防高级研究计划局举办的"大挑战"竞赛加速了无人驾驶汽车的发展，随后越来越多的企业投入到自动驾驶的研发大军中。

如图 5-4-1 所示，百度自 2010 年开始出现相关专利申请，初期申请量较小，处于萌芽期。百度无人驾驶车项目于 2013 年起步，2015 年高调宣布百度无人驾驶车国内首次实现城市、环路及高速道路混合路况下的全自动驾驶，依托前期技术积累，专利申请量逐渐增加，进入平稳发展期。2017 年，自动驾驶产业蓬勃发展，百度对外宣布 Apollo 计划，大幅增加自动驾驶研发投入。从 2017 年开始，在该领域深耕多年的百度与众多企业达成战略合作，成果丰硕，自动驾驶巴士"阿波龙"、自动驾驶出行服务平台"萝卜快跑"、车路协同开放平台"开路"相继面世，同时，专利申请量迎来爆发式增长，体现了百度在该领域的雄厚技术实力。

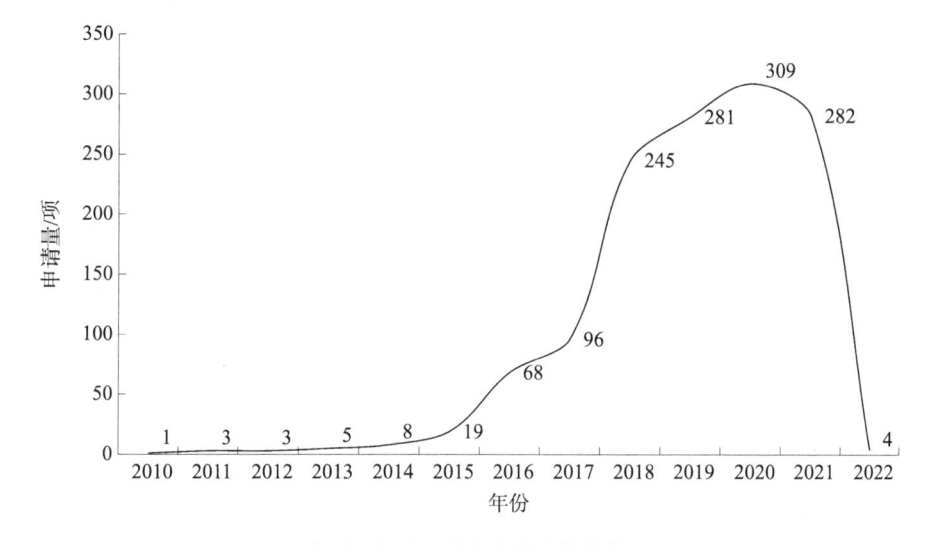

图 5-4-1 百度专利申请趋势

（二）专利技术分布

如图 5-4-2 所示，百度在自动驾驶各分支的专利申请分布有所侧重，依靠早期百度地图的技术积累以及高清晰地图的持续研发投入，高精度地图分支的专利申请量最多。高精度地图不但能满足自动驾驶车辆的全局路径规划，还能为局部路径规划和决策提供丰富的参考信息。目标识别是自动驾驶车辆安全行驶的基础，决策规划是自动驾驶行为的最终决定者，二者作为自动驾驶的核心技术，百度同样布局了大量专利，体现了百度在这些分支的技术优势。百度关于仿真测试和 5G-V2X 分支的申请量相对较少。

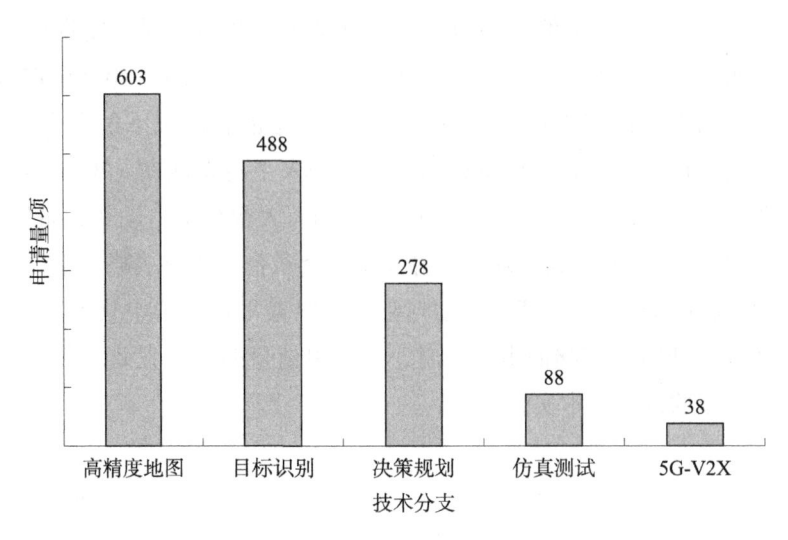

图 5-4-2　百度专利申请分布图

如图 5-4-3 所示，百度在自动驾驶各技术分支的专利申请趋势与总体申请趋势类似，高精度地图、目标识别和决策规划的专利申请主要集中于 2017 年以后，并呈现逐年增加的趋势，这得益于百度自 2017 年起 Apollo 等项目的上线以及自动驾驶产品的相继落地。仿真测试和 5G-V2X 技术分支的申请也在近年有所涉及。

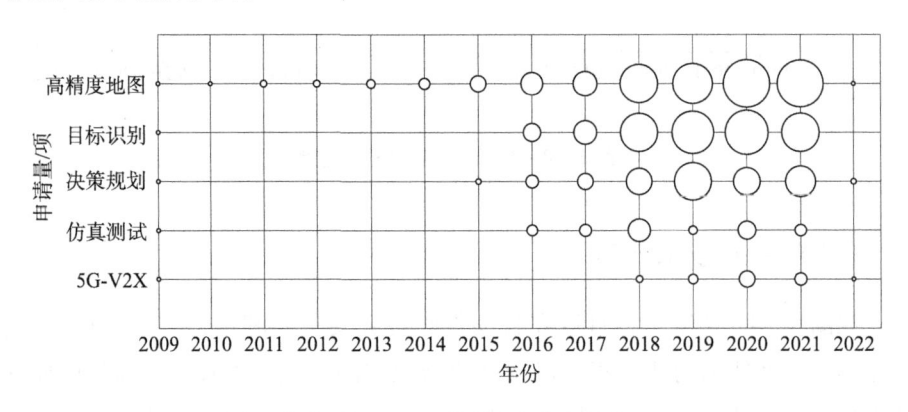

图 5-4-3　百度专利申请分布图

（三）专利地域分布

图 5-4-4 所示为百度各技术分支专利申请地域分布。百度各技术分支

专利申请主要集中于中国，其次为美国、日本、欧洲、韩国，可见百度在自动驾驶领域最注重的市场为中国和美国，中美也是引领自动驾驶技术发展的国家。具体到各技术分支，海外市场相对申请量最大的技术分支为目标识别和决策规划，目标识别是自动驾驶车辆对行驶环境进行辨识的关键技术，决策规划是自动驾驶行为决策的核心技术，百度在这两个技术分支投入大量研发资源，并在全球进行广泛布局，体现了百度对这两个分支的重视程度，同时也是其核心技术研发实力和技术积累优势的体现。在高精度地图技术分支，海外申请比例相对较低，该技术分支本身受到地图的地域性、国家安全性的影响。仿真测试和5G-V2X技术分支总申请量较小，主要集中于中国，海外布局比例相对较低。

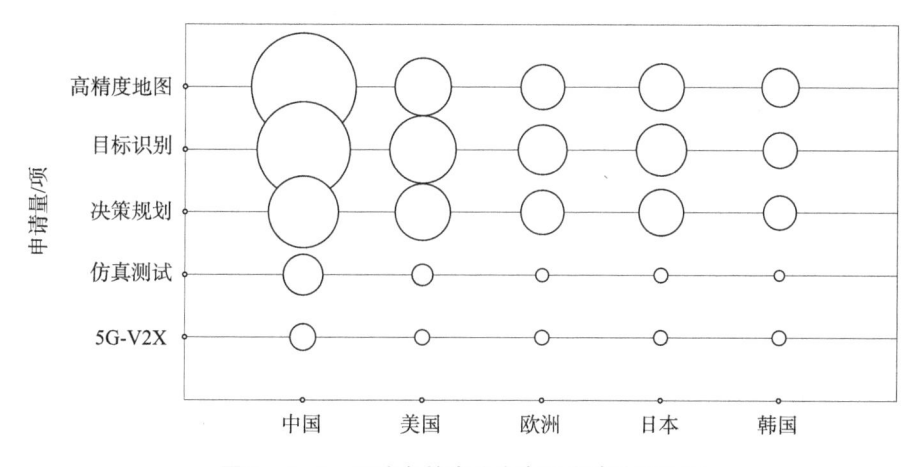

图5-4-4　百度各技术分支专利申请地域分布

三、技术路线分析

本节将对百度在决策规划领域的重点专利进行分析，从而分析百度的技术发展脉络。图5-4-5所示为百度决策规划技术路线图。

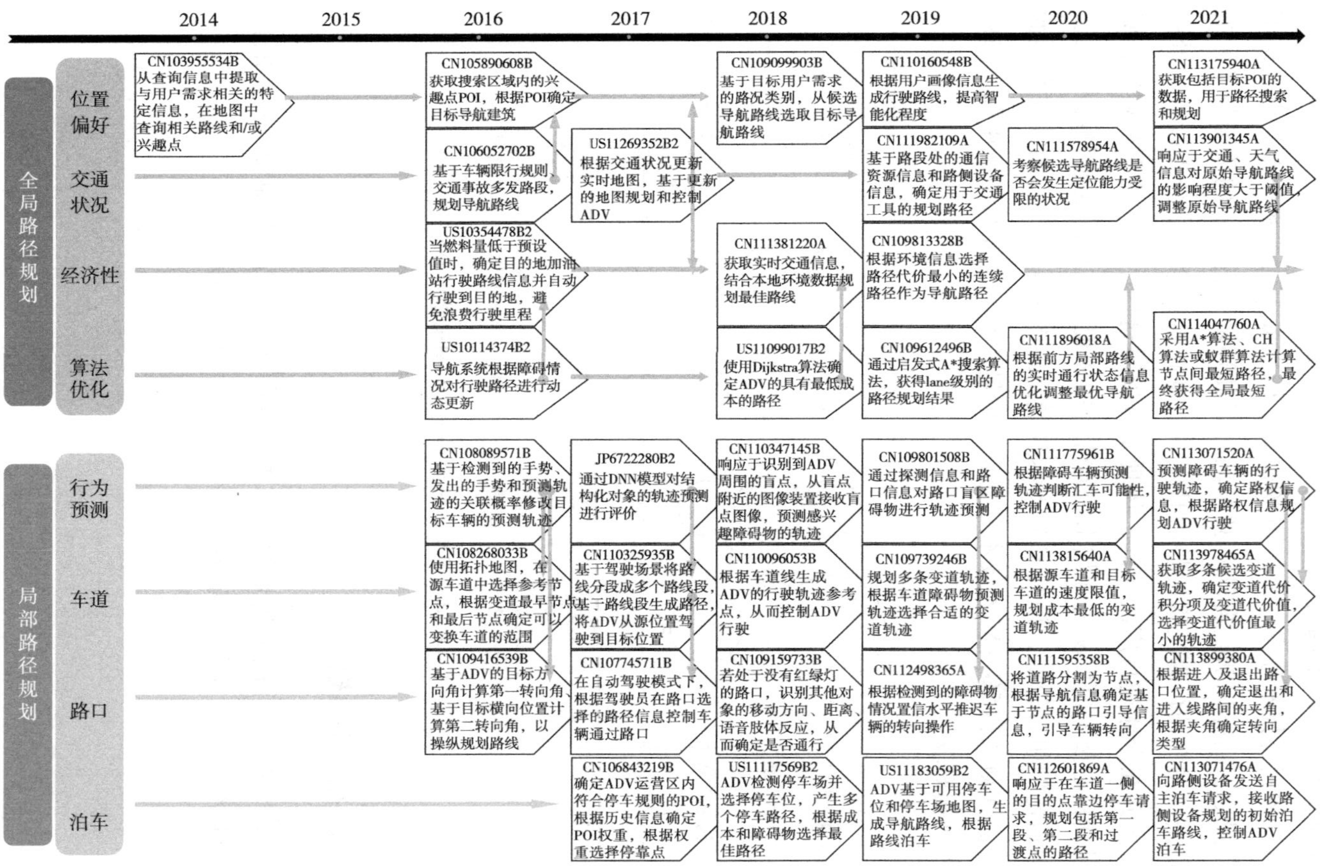

图 5-4-5 百度决策规划技术路线

（一）全局路径规划

全局路径规划是对车辆从起点到终点的行驶路径进行规划，获得一条或多条符合一定性能的可行或最优的路径，确保规划路径的最优性和可达性。全局路径规划对局部路径规划起到导向和约束作用，使车辆沿着导航系统提供的一系列期望局部目标点行驶。通过全局路径规划的不同考虑因素，将其进一步细分为位置与偏好、交通状况、经济性和算法优化四个技术分支。

1. 位置与偏好

位置与偏好技术分支表示全局路径规划中关注地图上的特殊位置（如加油站或充电站）或用户兴趣点（POI），根据特殊位置和兴趣点对全局路径进行选取。2014年5月，百度提交了相关专利申请（授权号CN103955534B，图5-4-6所示为其流程图），通过接收用户输入的查询语句，对接收的查询语句进行切词，从切词结果中提取与该用户需求相关的特定信息，在地图中查询与提取的特定信息相关的兴趣点和事件信息，从查询的兴趣点中筛选出与该事件相关的兴趣点，从查询的兴趣点的评论信息中评价较好的兴趣点，由此不仅能够根据查询语句中包含的用户需求进行地图查询，而且还能够使地图查询的结果更加贴近用户需求，使得地图查询更加智能化，进而增强了用户体验。

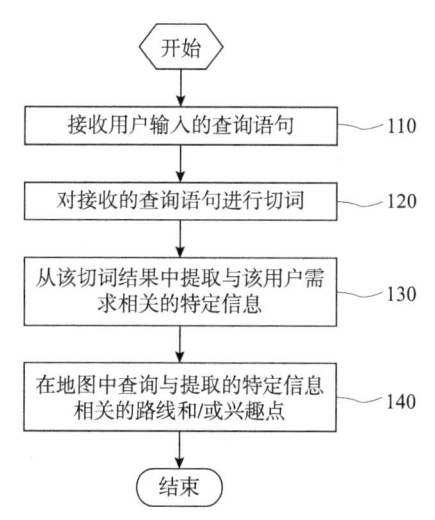

图5-4-6　CN103955534B中地图查询方法流程图

2016年3月提交的专利申请（授权号CN105890608B）根据导航终端发送的起点位置信息，确定与起点位置信息对应的搜索区域，在搜索区域内通过兴趣点的知名度以及热度获取目标建筑物并规划路径，从而优化路径导航技术，满足人们日益增长的便捷化、个性化的导航需求。2018年7月的专利申请（授权号CN109099903B）基于目标用户需求的路况类别，对候选导航路线集合中的候选导航路线进行路况评估，从候选导航路线集合中选取出候选导航路线，作为目标导航路线，能够根据用户对路况类别的个性化需求选取针对性的导航路线，实现了富于针对性的导航路线推送。2019年6月的专利申请（授权号CN110160548B）进一步智能化，基于用户的用户画像信息生成至少一个推送信息，响应于接收到表征用户选择推送信息的指示信息，生成行驶路线，实现了提高无人驾驶汽车的智能化程度、节省用户的搜索时间的效果。2021年4月的专利申请CN113175940A（图5-4-7所示为其示意图）对POI信息进行丰富，获取并提供目标POI的关联推荐POI、引导线数据和人流量数据，提高了搜索结果的丰富性，能够较大限度地满足用户的多样化需求，为用户提供便利。可见，百度在该技术分支不断优化对用户需求的分析，方便快捷地提供提高用户体验的路径导航结果。

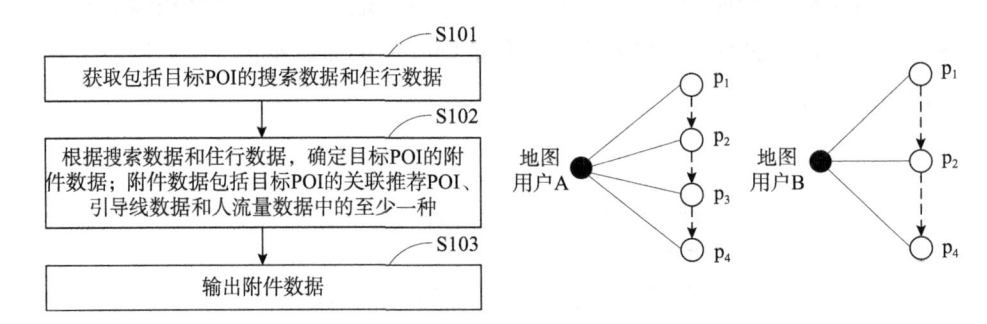

图5-4-7　CN113175940A中数据处理方法流程图和有向POI对构建过程示意图

2. 交通状况

交通状况技术分支主要考虑起点与终点之间的众多路径的交通状况，比如拥堵、交通管制、天气信息等，选取较优的全局路径。百度2016年5月提交的专利申请（授权号CN106052702B，其系统图和流程图如图5-4-8所示）认为现有的导航无法得知车辆是否持有有效的通行证，从而不能准确地对车辆进行导航，因此采取了如下方式：获取车辆的车牌号和发动机编号，在线查询车辆的详细信息比如违章情况信息，接收车辆的导航信息，基于违章情况信息、车牌号、车辆限行规则、预定时间段内的交通事故多发路段和导航信息，规划导航路线，由此有效地利用了车辆限行规则、交通事故多发路段信息和车辆的详细信息，实现了更加准确的车辆导航。

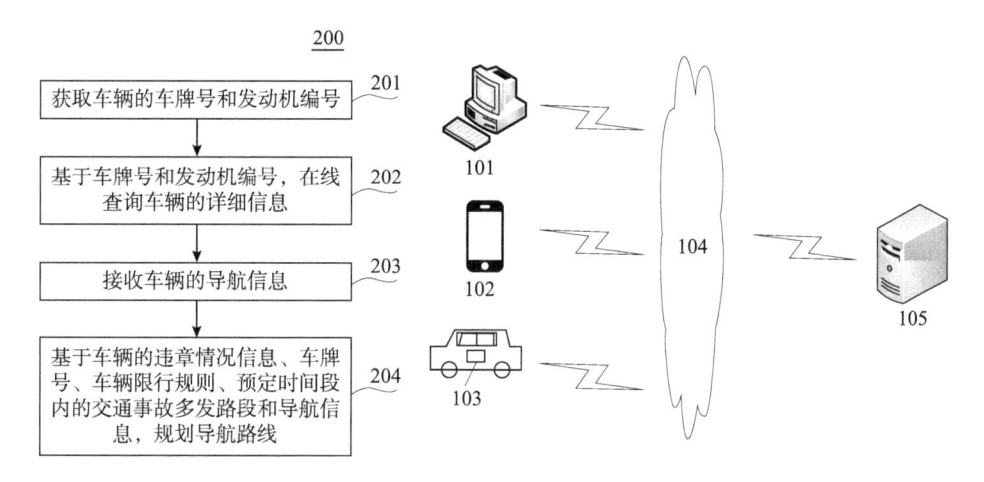

图 5-4-8　CN106052702B 中导航方法流程图和导航系统图

2017 年 12 月的专利申请（授权号 US11269352B2）涉及感知 ADV（即自动驾驶车辆）周围的驾驶环境，其示意图如图 5-4-9 所示。该专利考虑在驾驶环境中分析状态，以确定所在时间点的实时交通状况，系统通过网络向远程服务器发送关于实时交通状况的数据，以允许远程服务器响应于确定实时交通状况未知而生成具有实时交通信息的更新地图，响应于接收到更新的地图，系统基于更新的地图规划和控制 ADV，由此扩展了 ADV 的感知范围。

2019 年 5 月的专利申请 CN111982109A 在路径规划时考虑路段处的通信资源信息和路侧设备信息，从而针对智能网联车辆或自动驾驶车辆更智能地进行路径规划，确保安全和高效通行。2020 年 5 月的专利申请 CN111578954A 在路径规划时考察候选导航路线是否会发生定位能力受限的状况，通过排除定位能力受限的路线确保导航的有效性。2021 年 9 月的专利申请 CN113901345A 响应于交通、天气信息对原始导航路线的影响程度大于阈值，动态调整原始导航路线，从而提供最优的目标导航路径，提高了用户体验。随着自动驾驶技术的发展，百度在全局路径规划中对交通状况的考虑因素逐渐增多，由此确保路径规划的准确性，提高用户体验。

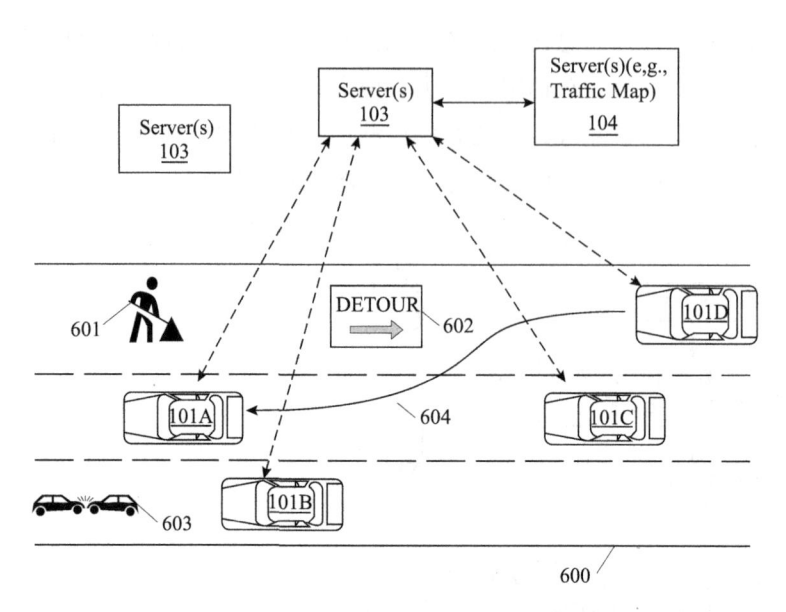

图 5-4-9　US11269352B2 中驾驶环境示意图

3. 经济性

经济性技术分支着重考虑能源经济性，从而降低碳排放。2016年4月，百度提交了一件专利申请（授权号 US10354478B2），当燃料量低于预设值时，自动发送加油请求，确定目的地加油站行驶路线信息，行驶到目的地加油站后自动加油，提高了燃料供给效率，避免了寻找加油站的时间和里程的浪费，图 5-4-10 所示为其系统图和流程图。

2018年12月的专利申请 CN111381220A 基于实时交通信息、POI 信息和位置信息以及由传感器系统检测或感测的实时本地环境数据，规划最佳路线并且经由控制系统来驾驶车辆，以安全且高效到达指定的目的地。2019年2月的专利申请（授权号 CN109813328B）根据环境信息选择路径代价最小的连续路径作为导航路径，由此提高经济性，其流程图如图 5-4-11 所示。经济性是车辆行驶的重要指标，百度在车辆全局路径规划中对经济性指标一直比较重视。

第五章 重点申请人分析

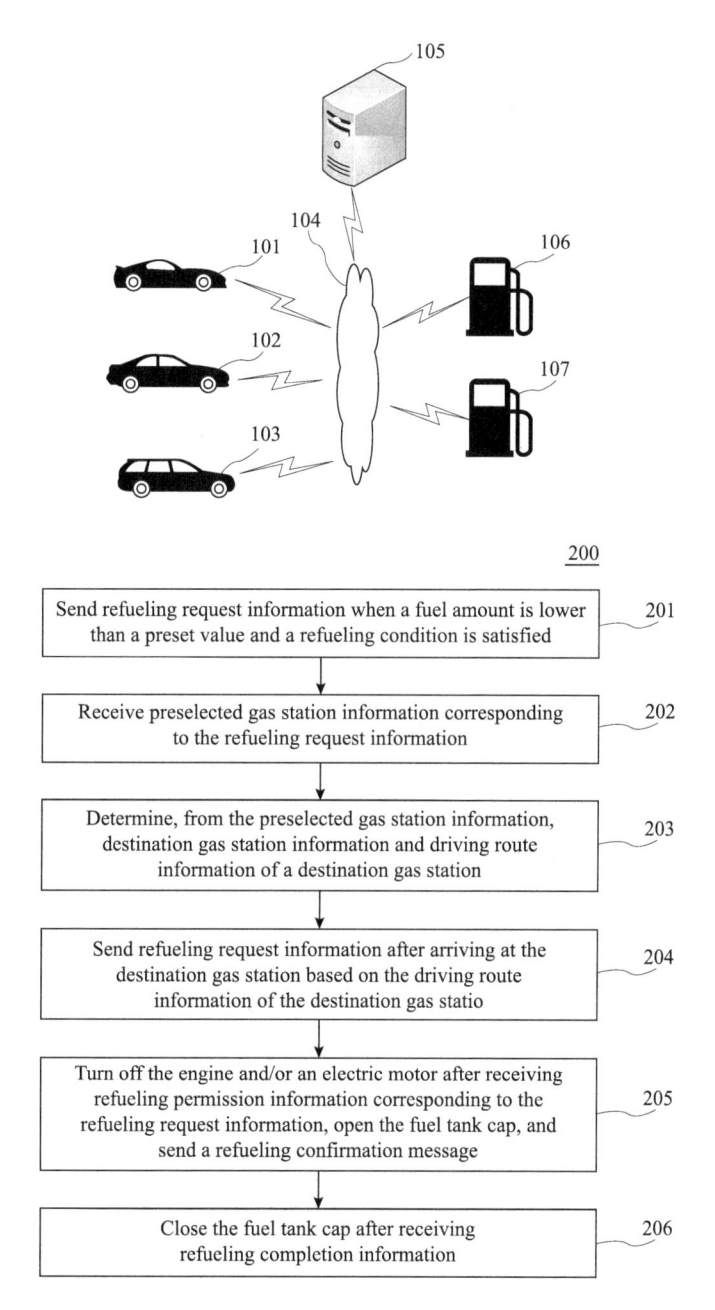

```
                    105
                    [server]

    101        104              106
  [car]  )))   [cloud]   (((  [pump]

    102                         107
  [car]  )))            (((   [pump]

    103
  [car]  )))
```

                                                    200

| Send refueling request information when a fuel amount is lower than a preset value and a refueling condition is satisfied | 201 |

| Receive preselected gas station information corresponding to the refueling request information | 202 |

| Determine, from the preselected gas station information, destination gas station information and driving route information of a destination gas station | 203 |

| Send refueling request information after arriving at the destination gas station based on the driving route information of the destination gas statio | 204 |

| Turn off the engine and/or an electric motor after receiving refueling permission information corresponding to the refueling request information, open the fuel tank cap, and send a refueling confirmation message | 205 |

| Close the fuel tank cap after receiving refueling completion information | 206 |

图 5-4-10　US10354478B2 中自动驾驶汽车加油系统图和路径确认流程图

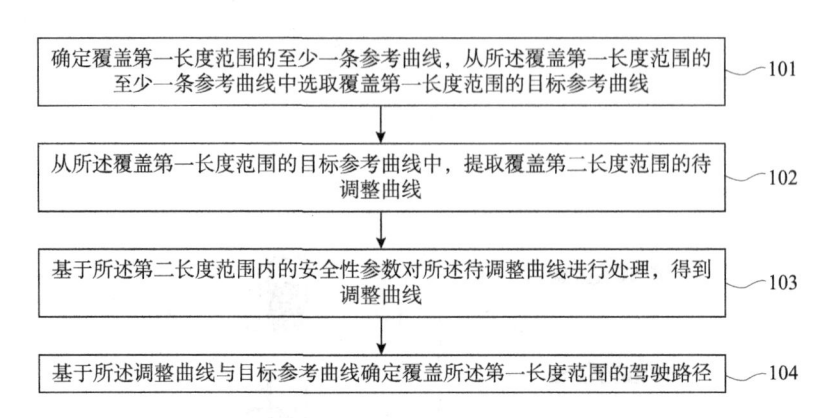

```
┌─────────────────────────────────────────────────────────────┐
│   确定覆盖第一长度范围的至少一条参考曲线,从所述覆盖第一长度范围的 │───101
│   至少一条参考曲线中选取覆盖第一长度范围的目标参考曲线         │
└─────────────────────────────────────────────────────────────┘
                              ↓
┌─────────────────────────────────────────────────────────────┐
│   从所述覆盖第一长度范围的目标参考曲线中,提取覆盖第二长度范围的待│───102
│   调整曲线                                                   │
└─────────────────────────────────────────────────────────────┘
                              ↓
┌─────────────────────────────────────────────────────────────┐
│   基于所述第二长度范围内的安全性参数对所述待调整曲线进行处理,得到│───103
│   调整曲线                                                   │
└─────────────────────────────────────────────────────────────┘
                              ↓
┌─────────────────────────────────────────────────────────────┐
│   基于所述调整曲线与目标参考曲线确定覆盖所述第一长度范围的驾驶路径│───104
└─────────────────────────────────────────────────────────────┘
```

图 5-4-11　CN109813328B 中驾驶路径规划流程图

4. 算法优化

在车辆全局路径规划中,面对众多备选路线的选取,通常采用针对性的路径规划算法进行最优路径的确定,全局路径规划算法包括图搜索类算法、随机采样类算法、智能算法等。算法优化技术分支对路径规划算法进行改进,同时路径的实时优化也包含在该技术分支中。针对路径规划算法及优化,百度于 2016 年申请了专利(授权号 US10114374B2),根据用户通过用户界面系统的输入来设置目的地,导航系统结合来自 GPS 系统的数据和地图,确定自主车辆的行驶路径,当自主车辆运行时,导航系统动态地更新行驶路径,由此确保导航的准确性。2018 年 2 月的专利申请(授权号 US11099017B2)的路径发生器使用 Dijkstra 算法来确定 ADV 的具有最低成本的路径基于片段的成本(权重),如果多条路径具有相同的最低成本,则基于各种因素选择多条路径中的一条,由此确保全局路径的最优。2019 年 2 月的专利申请(授权号 CN109612496B)通过启发式 A*搜索算法,获得车道级别的全局路径规划结果,提升无人驾驶的车辆的变道能力,减少道路的阻滞问题,其流程图如图 5-4-12 所示。

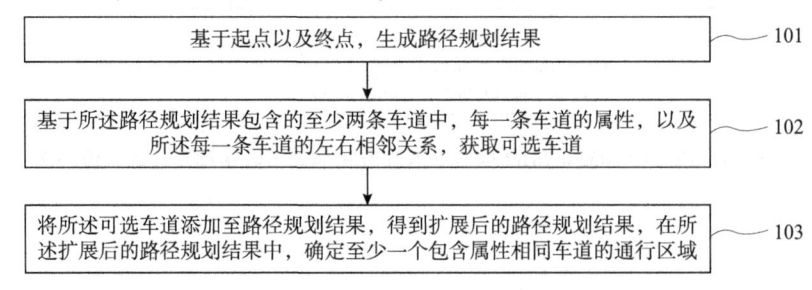

```
┌─────────────────────────────────────────────────────────────┐
│   基于起点以及终点,生成路径规划结果                           │───101
└─────────────────────────────────────────────────────────────┘
                              ↓
┌─────────────────────────────────────────────────────────────┐
│   基于所述路径规划结果包含的至少两条车道中,每一条车道的属性,以及│───102
│   所述每一条车道的左右相邻关系,获取可选车道                    │
└─────────────────────────────────────────────────────────────┘
                              ↓
┌─────────────────────────────────────────────────────────────┐
│   将所述可选车道添加至路径规划结果,得到扩展后的路径规划结果,在所│───103
│   述扩展后的路径规划结果中,确定至少一个包含属性相同车道的通行区域│
└─────────────────────────────────────────────────────────────┘
```

图 5-4-12　CN109612496B 中路径规划流程图

2020年7月的专利申请CN111896018A根据前方局部路线的实时通行状态信息优化调整最优导航路线，确保最优导航路径。2021年11月的专利申请CN114047760A采用A*算法、CH算法或蚁群算法计算节点间最短路径，最终获得起点到终点的全局最短路径，消除路径规划算法的局限性。在该技术分支，百度对路径规划的算法从单一算法、整体路径过渡到多算法、子路径组合，提高了计算效率和路径最优性，同时有利于ADV的局部路径规划。

（二）局部路径规划

局部路径规划是指无人驾驶汽车基于全局路径行驶时，根据地图定位信息、感知数据、通信数据等获取的车辆周围环境信息，能够在未知或部分未知的周围环境中，自主规划出一条无碰撞的局部最优路径，使车辆安全高效地行驶到目的地，也被称作行为决策。通过局部路径规划面临的驾驶场景，将其进一步细分为行为预测、车道、路口和泊车四个技术分支。

1. 行为预测

当车辆进行局部路径规划时，不但需要获得障碍物的相对位置，还需要对可移动障碍物（其他车辆、自行车、行人等）的未来轨迹进行预测，从而规划出一条无碰撞的局部最优路径，避免碰撞。行为预测技术分支即对障碍物的未来行为进行预测。百度于2016年11月申请了一件专利（授权号CN108089571B），在对目标车辆的轨迹预测时，通过检测到的手势信息和预测轨迹的相关联的概率来修改目标车辆的预测轨迹，从而使轨迹预测更加准确。2017年6月的专利申请（授权号JP6722280B2）则通过DNN模型对结构化对象的轨迹预测进行评价，选取最准确的预测轨迹。2018年4月的专利申请（授权号CN110347145B），针对盲区障碍物预测，响应于识别到ADV周围的盲点，从盲点附近的图像拍摄装置接收具有盲点的图像，获得感兴趣的障碍物并预测其轨迹，如图5-4-13所示，提高了安全性。

2019年2月的专利申请CN109801508B通过传感器探测信息和路口信息对路口盲区障碍物进行轨迹预测，提高路口行驶安全性。2020年6月的专利申请（授权号CN111775961B）根据障碍车辆的预测轨迹判断汇车可能性，控制ADV行驶。2021年4月的专利申请CN113071520A预测障碍车辆的行驶轨迹，确定路权信息，根据路权信息规划ADV行驶，如图5-4-14所示。在行为预测技术分支，百度不断拓展轨迹预测的范围，特别针对探测盲区和复杂交通环境，采用从外界获取的信息结合探测信息进行预测，有效提高了轨迹预测的全面性和可靠性。

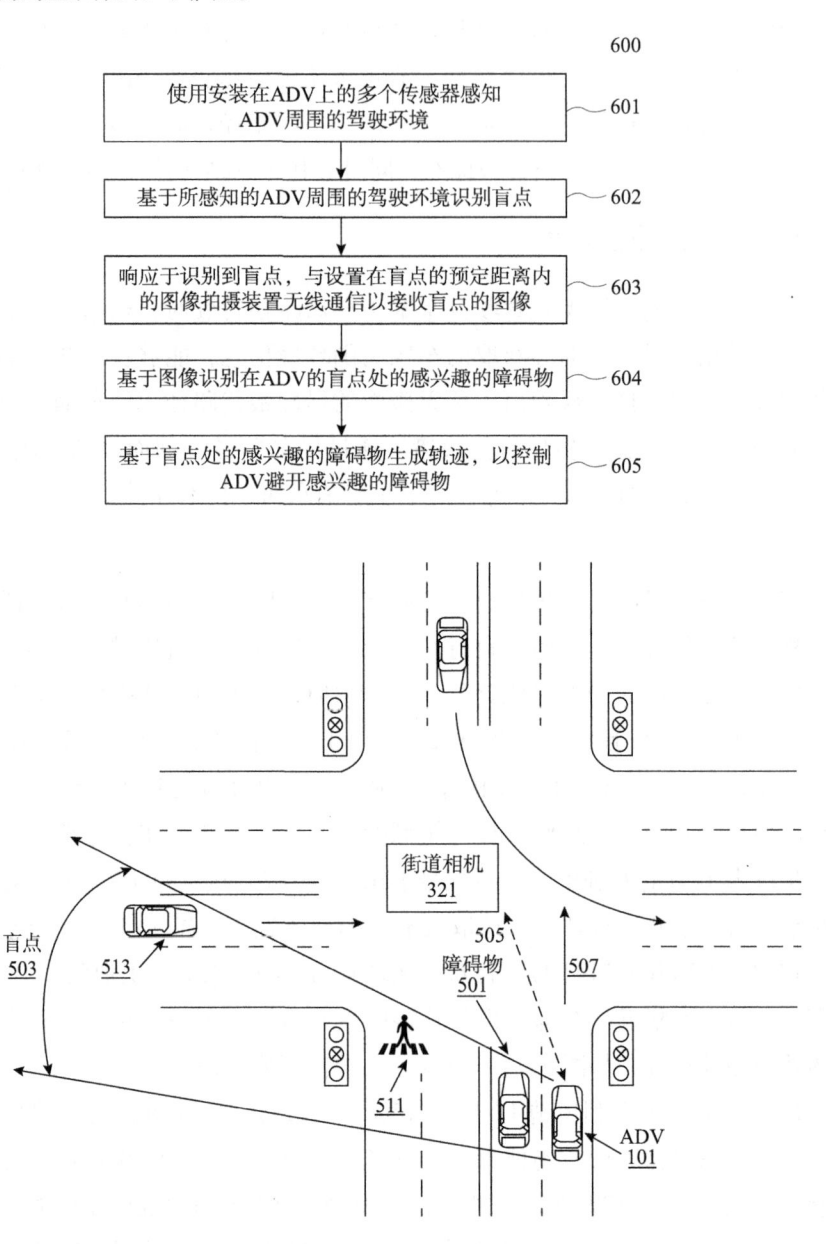

```
600
┌─────────────────────────────────┐
│ 使用安装在ADV上的多个传感器感知 │— 601
│      ADV周围的驾驶环境           │
└─────────────────────────────────┘
                ↓
┌─────────────────────────────────┐
│ 基于所感知的ADV周围的驾驶环境识别盲点 │— 602
└─────────────────────────────────┘
                ↓
┌─────────────────────────────────┐
│ 响应于识别到盲点，与设置在盲点的预定距离内 │— 603
│ 的图像拍摄装置无线通信以接收盲点的图像   │
└─────────────────────────────────┘
                ↓
┌─────────────────────────────────┐
│ 基于图像识别在ADV的盲点处的感兴趣的障碍物 │— 604
└─────────────────────────────────┘
                ↓
┌─────────────────────────────────┐
│ 基于盲点处的感兴趣的障碍物生成轨迹，以控制 │— 605
│      ADV避开感兴趣的障碍物           │
└─────────────────────────────────┘
```

图 5-4-13　CN110347145B 中预测轨迹流程图及路况示意图

第五章　重点申请人分析

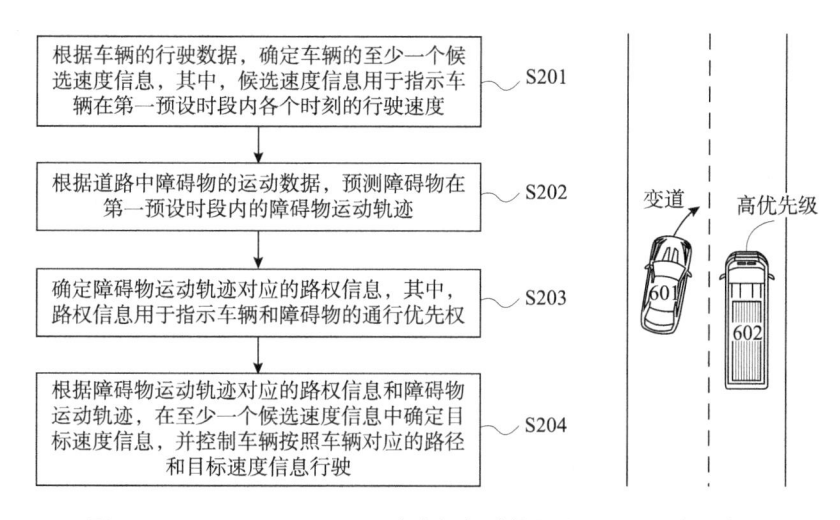

```
根据车辆的行驶数据，确定车辆的至少一个候
选速度信息，其中，候选速度信息用于指示车     S201
辆在第一预设时段内各个时刻的行驶速度
              ↓
根据道路中障碍物的运动数据，预测障碍物在     S202
第一预设时段内的障碍物运动轨迹
              ↓
确定障碍物运动轨迹对应的路权信息，其中，    S203
路权信息用于指示车辆和障碍物的通行优先权
              ↓
根据障碍物运动轨迹对应的路权信息和障碍物
运动轨迹，在至少一个候选速度信息中确定目     S204
标速度信息，并控制车辆按照车辆对应的路径
和目标速度信息行驶
```

图 5-4-14　CN113071520A 中车辆行驶控制流程图及汇车示意图

2. 车道

车道分支包括自动驾驶车辆的车道控制，比如车道保持、车道改变、超车等，是自动驾驶车辆局部路径规划的重要组成部分。百度于 2016 年 12 月提交的专利申请（授权号 CN108268033B），当需要进行车道改变时，使用拓扑地图，在源车道中选择参考节点，根据变道最早节点和最后节点确定可以变换车道的范围，确保自动变道的成功实施。2017 年 9 月的专利申请（授权号 CN110325935B）基于驾驶场景将路线分成多个路线段，基于路线段生成车道保持和变道路径，将 ADV 从源位置驾驶到目标位置。2018 年 1 月的专利申请（授权号 CN110096053B）根据车道线生成 ADV 的行驶轨迹参考点，从而控制 ADV 保持车道行驶。2019 年 2 月的专利申请（授权号 CN109739246B），自动规划多条变道轨迹，根据车道障碍物预测轨迹选择合适的变道轨迹，从而避免碰撞。2020 年 6 月的专利申请 CN113815640A 在车道改变时根据源车道和目标车道的速度限值，规划成本最低的变道轨迹，提高经济性。2021 年 9 月的专利申请 CN113978465A 获取车辆变道的多条候选变道轨迹，确定变道代价积分项及变道代价值，将变道代价值最小的确定为车辆的执行变道轨迹，如图 5-4-15 所示。在车道分支，百度从提高车道控制能力过渡到提高车道控制安全性和经济性，改善了自动驾驶车道控制的智能化。

285

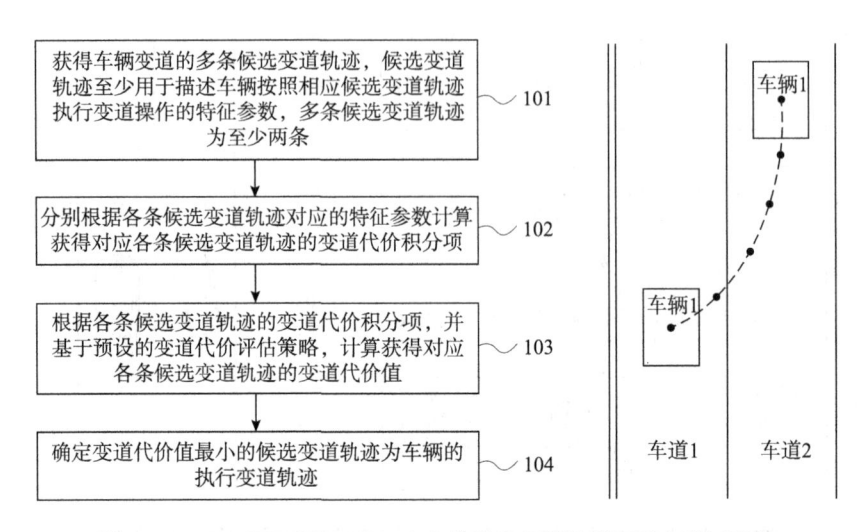

图 5-4-15　CN113978465A 中变道轨迹规划流程图及变道示意图

3. 路口

路口分支处理自动驾驶车辆面临的相对复杂的路口驾驶环境，路口驾驶环境包括信号灯、非机动车、行人、通行优先级等复杂因素，对自动驾驶的安全性提出了考验。该技术分支还包含了转弯行驶、掉头行驶等驾驶情形。百度于 2016 年 11 月申请的专利（授权号 CN109416539B）涉及自主驾驶车辆（ADV）转向控制系统确定应用多少并且何时应用转向控制，以操纵避开规划路线的障碍物。转向控制系统基于 ADV 的目标方向角和实际方向角来计算第一转向角、基于 ADV 的目标横向位置和实际横向位置来计算第二转向角，以操纵规划路线、对象或者障碍物路道。转向控制系统基于第一转向角和第二转向角来确定目标转向角，并且利用目标转向角来控制 ADV 的随后转向角，从而提高转向准确性，图 5-4-16 所示为其流程图和示意图。

2017 年 9 月的专利申请（授权号 CN107745711B）在自动驾驶模式下，根据驾驶员在路口选择的路径信息控制车辆通过路口，提高了用户体验。2018 年 9 月的专利申请（授权号 CN109159733B）涉及当确定无人车处于没有红绿灯交通标识的路口时，识别外界其他人员的移动方向、距离、语音肢体反应，从而确定是否通行，提高了行驶安全性。2019 年 11 月的专利申请（公开号 CN112498365A）根据检测到的障碍物情况置信度水平推迟车辆的转向操作，避免发生碰撞。2020 年 6 月的专利申请（授权号 CN111595358B）

将道路分割为节点，根据导航信息确定基于节点的路口引导信息，引导车辆转向，提高通行成功率。

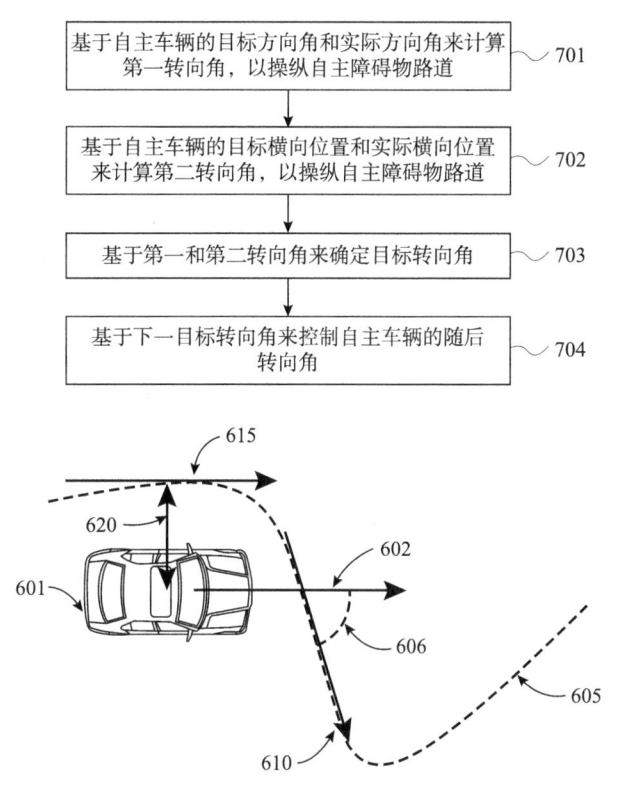

图 5－4－16　CN109416539B 中转向角计算流程图及横向移位转向补偿的应用示意图

2021年9月的专利申请CN113899380A涉及路口转向提醒方法，如图5－4－17所示，通过确定车辆在当前道路交叉口的进入路口线路和退出路口线路，确定车辆的进入路口位置点和退出路口位置点；从进入路口线路上获取进入路口位置点对应的第一位置点，以及从退出路口线路上获取退出路口位置点对应的第二位置点，根据进入路口位置点和第一位置点，以及退出路口位置点和第二位置点，确定退出路口线路和进入路口线路之间的夹角；根据夹角确定车辆对应的目标转向类型，并根据目标转向类型进行转向提醒，提高用户体验。由此可见，百度在路口分支的专利申请主要聚焦于提高通行安全性和改善用户体验，这也是用户最关心的两大问题。

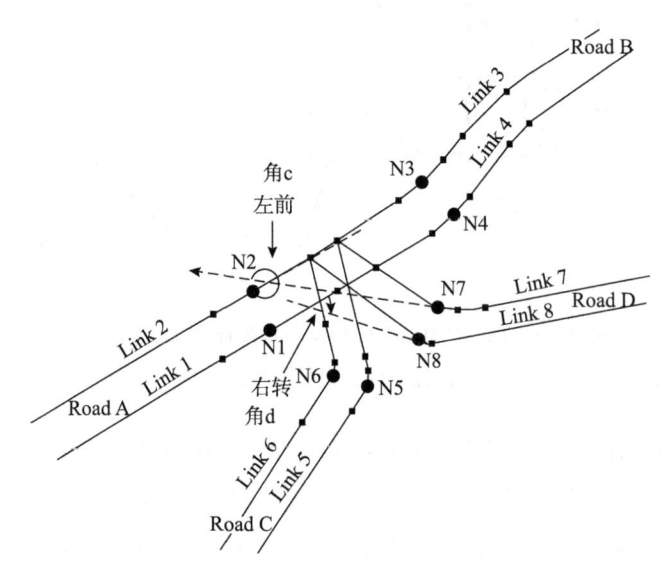

图 5-4-17　CN113899380A 中路口转向流程图及实际道路中夹角的确定方式示意图

4. 泊车

辅助泊车已经经历了较长时间的发展，自动驾驶的自动泊车拓展了辅助范围，使用户不需要手动驾驶到车位附近，大大提高了泊车效率，改善了用户体验。百度于 2017 年 2 月提交了相关专利申请（授权号 CN106843219B，其流程图如图 5-4-18 所示），涉及运营车辆，通过确定无人驾驶车辆运营区域内符合停车规则的 POI，根据历史信息确定出各 POI 的权重，根据权重选取停靠地点，有利于优化车辆布局。

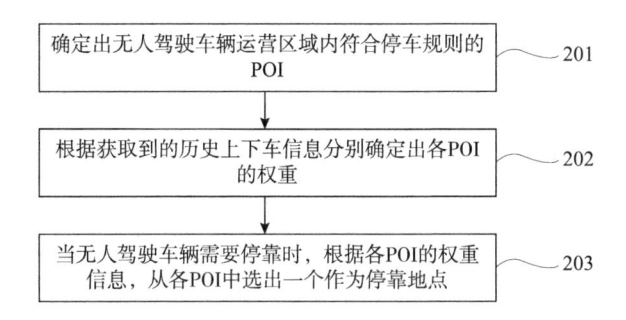

图 5-4-18　CN106843219B 中无人驾驶车辆选择接泊点的流程图

2018 年 6 月的专利申请（授权号 US11117569B2，其示意图如图 5-4-19 所示）中 ADV 检测停车场并选择停车位，产生多个潜在停车路径，根据成本和障碍物选择最佳停车路径，提高了安全性和经济性。

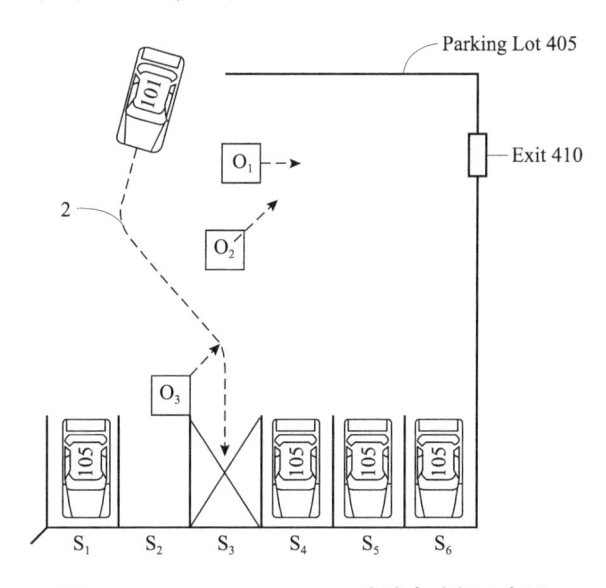

图 5-4-19　US11117569B2 中泊车路径示意图

2019 年 4 月的专利申请（授权号 US11183059B2，其示意图如图 5-4-20 所示）中 ADV 基于可用停车位和停车场地图，生成导航路线，根据路线泊车，提高了智能化水平。

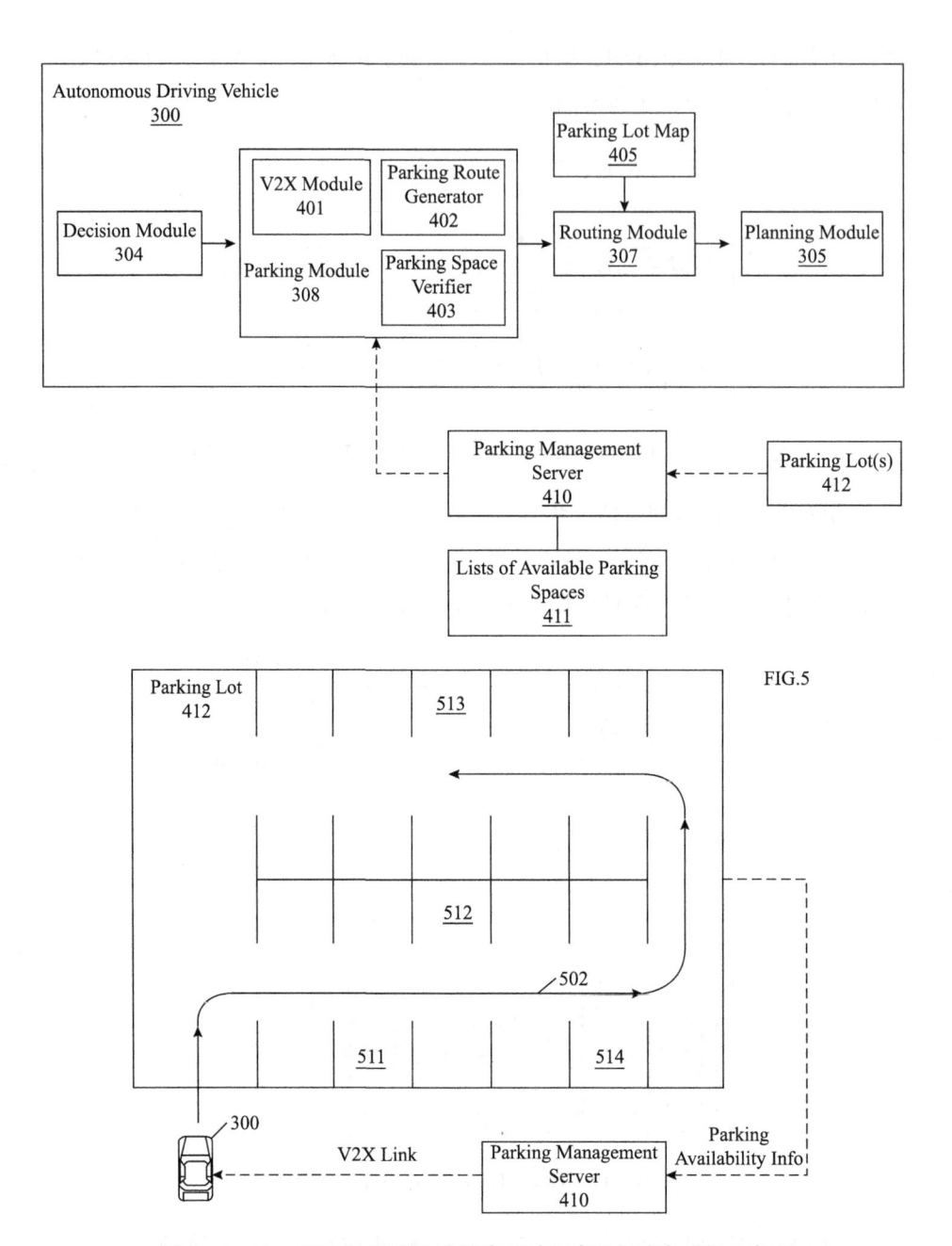

图 5-4-20　US11183059B2 中泊车系统示意图与泊车路径示意图

2020年4月的专利申请CN112601869A响应于在车道一侧的目的地点处靠边停车的请求，规划包括第一段、第二段和过渡点的路径，使车辆安全靠边停车。2021年4月的专利申请CN113071476A向目标路侧设备发送自主泊车请求，接收目标路侧设备基于车辆数据规划的初始泊车路线，控制ADV按照初始泊车路线行驶，从而改善基于云端的延迟。在泊车技术分支，百度主要考虑自动驾驶车辆与外界设备之间的协同作用，提高自动泊车的智能化水平。

四、发明人分析

通过对百度在自动驾驶主要分支布局的专利申请进行统计分析，获取百度发明人研发团队的概略信息。

（一）高精度地图

如图5-4-21所示，在高精度地图分支排名前列的发明人专利申请主要集中在数据采集和地图生成二级分支，这也是高精度地图制作中最关键的核心技术，部分专利申请的技术方案同时包括数据采集和地图申请的技术内容。排名第一的发明人为宋适宇，是百度（美国）的首席架构师，自动驾驶地图定位方向技术负责人，长期负责自动驾驶地图及定位的技术研发工作，领导了诸多项目的研发，2021年6月起在TuSimple担任定位和地图总监（Director of Localization and Mapping）；排名第二的彭亮和排名第三的万国伟作为高级研发工程师深度参与了百度高清地图的制作；前八位发明人的专利申请主要集中于数据采集和地图生成领域，丁文东和黄际洲在主要研发数据采集技术的同时对地图更新进行研究；前十位发明人参与的专利申请共127项，占百度相关申请总量的21%。

（二）目标识别

百度目标识别分支发明人排名如图5-4-22所示。目标识别技术分支中最重要的二级分支为障碍物检测，主要发明人的专利申请分布充分体现了这一点。排名第一的发明人"Fan ZHU"任职百度（美国）智能驾驶事业群组资深研发工程师，是百度智能驾驶的研发专家；紧随其后的"Jiangtao HU"和"Yifei JIANG"同样是百度（美国）智能驾驶事业群组的核心研发人员，

图 5-4-21 高精度地图分支发明人排名

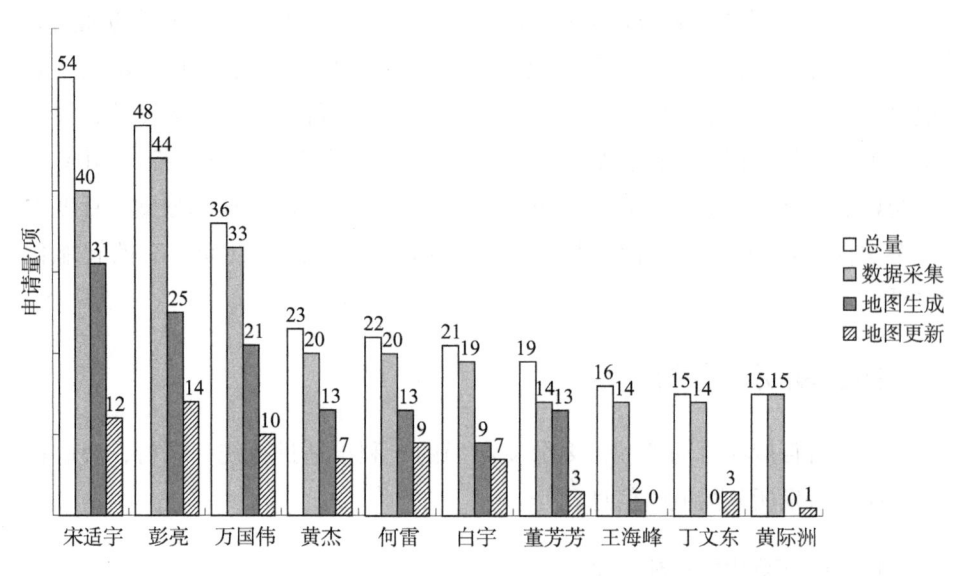

主要攻克障碍物检测技术难点；前九位发明人参与的专利申请都集中于障碍物检测技术分支，发明人刘博主要从事交通标识检测的技术开发；前十位发明人参与的专利申请共131项，占百度相关申请总量的27%。

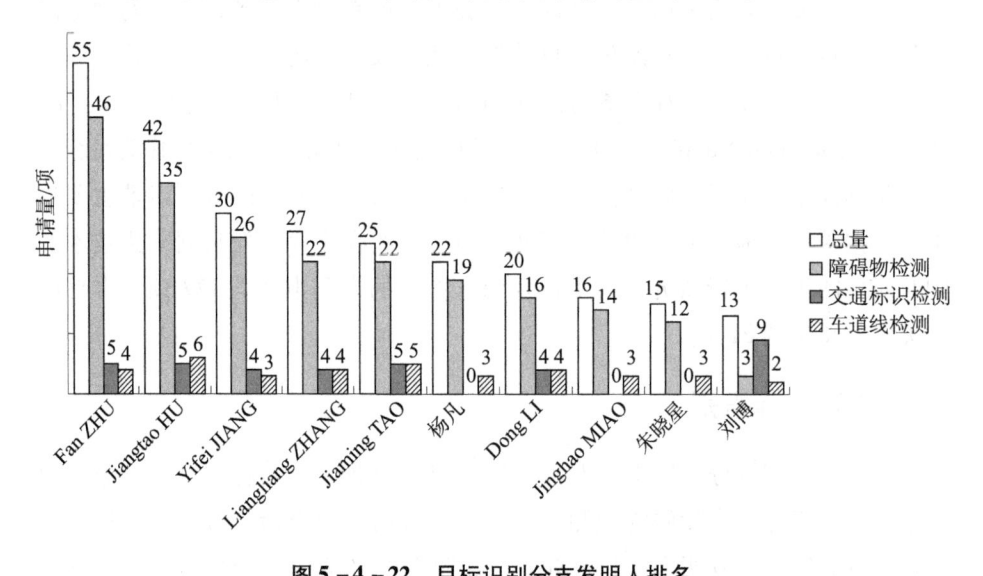

图 5-4-22 目标识别分支发明人排名

(三) 决策规划

如图 5-4-23 所示，百度在决策规划技术分支的专利申请偏重于局部路径规划，这也是决策规划中最重要和最具挑战性的技术。决策规划技术分支的主要发明人同样来自百度（美国）智能驾驶事业群组，比如"Fan ZHU"、"Liangliang ZHANG"和"Jiangtao HU"等，体现了目标识别和决策规划技术分支的紧密联系；除第九位发明人"Jingao WANG"之外的发明人的专利申请分布集中在局部路径规划，发明人"Jingao WANG"在全局路径规划的专利申请相对较多；前十位发明人参与的专利申请共 80 项，占百度相关申请总量的 29%。

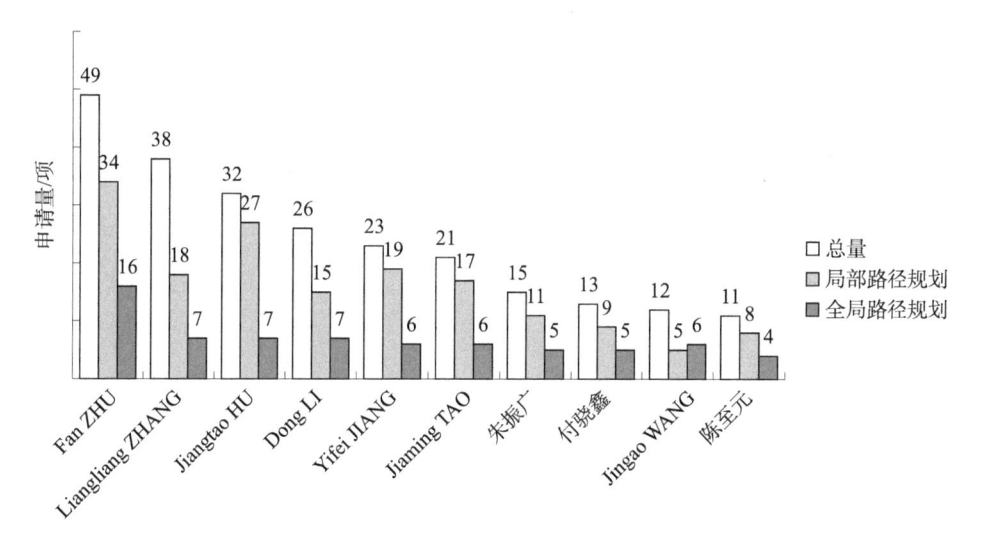

图 5-4-23　决策规划分支发明人排名

五、小　结

本节对申请人百度的公司概况、自动驾驶发展历程、自动驾驶专利申请概况、决策规划技术路线和发明人信息进行了介绍和分析。百度自 2013 年启动自动驾驶项目，经过四年的技术积累，于 2017 年推出 Apollo 计划，从此步入高速发展阶段，大量技术成果转化为专利，尤其在高精度地图、目标识别和决策规划技术分支成果丰厚。同时，百度大量布局海外市场，依据申请量排序依次为美国、欧洲、日本和韩国。从技术分支上看，目标识别和决策规划分支相对布局较多。从决策规划技术分支的技术路线分析可知，百度在各二级分支的技术路线已从初期的单因素、燃油经济性发展到关注用户个性需求、多因素综合考虑、兼顾经济性和安全性、扩展信息渠道、提高智能化程度等。高精度地图、目标识别和决策规划技术分支的发明人中申请量排前三的发明人均就职于百度（美国）公司，其研发领域都有所偏重；各技术分支前十位发明人参与的专利申请占总申请量的比例均低于30%，可见百度在上述领域研发人员众多，团队实力雄厚，这也是百度能成为自动驾驶领域巨头的重要倚仗。

第六章 结论和建议

本书从自动驾驶技术中 5G – V2X、高精度地图、仿真测试、目标识别、决策规划五个关键技术入手，对整体专利申请量趋势、技术来源地和目标地、重要申请人等专利信息进行分析，并选择 5G – V2X、决策规划两个主要技术作为切入点，对专利申请量趋势、技术来源地和目标地、重要申请人、技术分支构成、重点专利等专利信息进行深入分析，分别从技术分析、市场分析、产业分析、技术标准等方面解读国内外产业布局特点，明确产业发展方向。通过对 LG 集团、华为、谷歌、百度等业内重点公司的专利申请、市场布局、研发重点、技术脉络等内容进行深入解读，寻找我国相关企业进行技术研发的突破点，探索适合中国企业的专利布局路线。

第一节 主要结论

一、整体情况

1) 自动驾驶关键技术在全球和中国范围内均处于高速发展期，行业呈现跨界合作、百花齐放的竞争格局。

在产业方面，近几年自动驾驶是汽车领域最热门的研究方向，产业链上游涌现出大量研究自动驾驶关键技术的初创公司，涉及传感器、芯片、云平台、智能驾驶解决方案等细分领域，产业投融资异常火爆。互联网和通信行业巨头也纷纷加入自动驾驶赛道的角逐，积极投资初创公司，产业竞争激烈。在全球主要国家中，中国和美国在政策、技术、市场和资金投入等方面呈现出"双强"格局。尽管高级别自动驾驶商业化遇阻，但业界认为"车路云一体化"中国方案是解决问题的可信途径。

在专利申请方面，近五年全球自动驾驶关键技术领域专利申请量呈现爆发式增长。通信企业在 5G－V2X 领域占据绝对优势，而传统车企在目标识别和决策规划领域仍然保持强势地位，百度、谷歌等地图供应商在高精度地图领域具有先天优势，而仿真测试领域目前专利申请量较少，国内互联网企业和高校表现相对突出。仿真测试起步最晚且专利申请量占比最低，仅为 3%，其余四个关键技术分支专利申请量占比均超过 20%，又以 5G－V2X 申请量占比最高，为 28%。2019—2021 年全球新增企业申请人 5212 个，数量占申请人总数的 38%，并且以中国申请人为主，表明国内细分行业的众多初创公司正在快速成长，值得持续关注。

2）自动驾驶关键技术领域全球重要申请人排名在近年变化较大，由早期传统车企及零部件厂商占优势的局面变化为互联网及通信类企业占据优势。

2012—2016 年，自动驾驶关键技术领域全球重要申请人排名 TOP10 中传统车企及零部件厂商占 7 家，互联网及通信类企业占 3 家。2017—2021 年，自动驾驶关键技术领域全球重要申请人排名 TOP10 中传统车企及零部件厂商仅占 2 家（丰田和本田），互联网及通信类企业占 8 家。其中，中国的百度、华为和腾讯 3 家企业申请量呈 7~10 倍增长，排名分别上升至第三、第四和第十二名，小米和 OPPO 也进入全球 TOP20 申请人行列。而在自动驾驶领域起步较早的谷歌申请量增幅较低，排名从第二跌落至第二十。互联网及通信企业开始在自动驾驶汽车领域进行全方位的布局，期望能够瓜分自动驾驶汽车市场这块巨大的蛋糕。

3）中国、美国和欧洲是当前最大的目标市场，各国申请人都非常重视在中国、美国和欧洲的专利布局。

从全球汽车销量数据来看，排名前 3 的国家和地区分别是中国、美国和欧洲，而自动驾驶汽车关键技术的专利申请布局也与汽车市场份额相吻合，可见各国的申请人在进行全球专利布局时都非常重视在汽车产品主要投放市场的专利布局。在中国的申请中，超过 30% 为国外来华申请，且 PCT 发明占比为 26%，国内企业应注意防范侵权风险。

4）中国作为原创国的专利申请最多，但进行全球布局的占比较少，进行全球布局的中国企业主要是互联网和通信企业。

通过分析全球技术流向可知，美国、欧洲、日本和韩国的自动驾驶关键技术的原创申请中进行全球布局的申请量占比均较高，而中国作为原创国的专利申请在全球进行布局的数量占比较少，大部分的专利申请都只是在国内进行布局。全球重要申请人 TOP20 中的中国申请人只有互联网及通信企业巨头，国内汽车及零部件企业并不掌握自动驾驶关键技术核心专利，产品出海不得不面对专利许可问题。由于自动驾驶关键技术大多与通信领域密不可分，而中国在通信领域的技术在近年来飞速发展，通过在通信类企业的带头下进军全球重要的汽车市场，或许能够改变当前传统车企在全球市场中处于相对劣势的局面。

二、5G-V2X

1）在全球和中国范围内，5G-V2X 相关技术从 2014 年后开始进入高速发展期，专利申请量呈现爆发式增长。

在 2014 年之前，无论是偏向车辆应用方面的 5G-V2X 相关专利申请量，还是关于 5G-V2X 标准必要专利申请量均相对较少，这是由于 5G 技术的发展尚处于起步阶段，5G 相关的标准协议也还未形成。在 2014 年之后，随着 5G 技术的不断成熟并投入应用，为应对自动驾驶场景对低时延和高速率通信的需求，传统车企、通信企业和互联网企业都积极加入 5G-V2X 的应用研究，使得这一时期专利申请量迅速增长。

2）中国、美国、欧洲是当前自动驾驶的主要目标市场，日韩技术实力不容小觑。

中国、美国和欧洲作为 5G-V2X 相关专利的目标国，占据总公开量的 83%，是当前自动驾驶的主目标市场。日韩虽然自动驾驶市场相对较小，技术实力则相对较强。在 5G-V2X 应用方面，丰田作为全球最大的汽车制造商，相关申请量排名第一。丰田作为传统车企，在车联网应用方面存在先天技术优势，而随着 5G 技术发展，丰田也跟紧技术发展趋势，在 5G-V2X 方面保持持续性投入。而在标准必要专利方面，韩国 LG 参与了 5G 相关标准制定，并拥有数量最多的 5G-V2X 标准必要专利。

3）5G-V2X 主要申请人中通信企业占大多数，传统车企比较少。

从全球范围来看，5G-V2X 中标准必要专利的申请量高于功能应用方面的专利申请量，排名靠前的申请人主要有 LG、高通、华为、日本信话等通信企业，传统车企相对较少，仅有丰田、通用两个，并且排名相对靠后。其中，在标准必要专利方面排名第一的 LG 申请量为 1785 项，而在功能应用方面排名第一的丰田申请量仅 157 项。一方面，为了抢占 5G 国际标准主导权，占据优势竞争地位，通信企业牢牢把握标准成型前的窗口期，争相布局标准必要专利。另外，传统车企在该技术分支存在技术短板，无法与通信企业形成有效竞争，仅在 5G – V2X 应用方面布局少量专利。因而在 5G 全面商用落地后，传统车企的经营过程存在较大侵权风险。

4）中国 5G – V2X 技术发展迅速，国内呈现一片欣欣向荣的景象。

无论从全球还是国内来看，排名靠前的中国申请人占比均较高。作为国内知名通信企业的华为，在 5G – V2X 应用与标准必要专利方面排名均相对靠前，分别排名第二和第三，具备较强的竞争力，紧随其后的还有小米、OPPO、中兴、大唐等知名企业，表明我国在该领域具备明显竞争优势。2019—2021 年，全球 5G – V2X 技术分支新增申请人达 2000 多个，而主要申请人几乎都是中国申请人，表明国内有一股庞大的新生力量正在蓬勃发展，将与国内通信巨头共同强化我国在车联网领域的优势地位。其中典型代表为鸿颖创新，该公司全部专利都布局于 5G – V2X 领域，申请数量为 116 件，在新增申请人中排名第一，远远超过排名第二的东风汽车。

5）中国是 5G – V2X 标准必要专利申请量最多的国家，但在应用方面专利输出率偏低。

值得注意的是，尽管我国在 5G – V2X 领域标准必要专利布局最多，但在 5G – V2X 应用方面的专利输出率仅为 3%。一方面，由于通信领域的特点，使得通信领域申请人相对不够重视应用方面的专利布局；另一方面，由于中国是目前全球自动驾驶领域最主要的市场，竞争尤其激烈，众多企业相对注重国内市场布局，向外申请专利的意识相对淡薄。

三、决策规划

1）在全球和中国范围内，决策规划领域专利申请从 2015 年开始快速增长。

随着传感器、高精度地图、人工智能等配套技术快速发展，自动驾驶决策规划领域的专利申请量也随之快速攀升。其中，局部路径规划领域的申请量约为全局路径规划领域申请量的两倍，属于决策规划领域的重点申请方向。

2）全球决策规划领域重要申请人仍以传统车企及零部件厂商为主，但互联网及通信企业发展势头强劲。

决策规划严重依赖整车辅助驾驶的原始数据和经验积累，因此传统车企在该领域的优势相对较大，全球 TOP20 主要申请人中传统车企仍居主导地位，有 11 家整车企业、5 家汽车零部件企业、4 家互联网及通信企业。百度和谷歌分别作为中美两国自动驾驶行业先驱，凭借在道路测试和地图技术方面的优势而成为决策规划领域重要申请人，但从申请量上看来，谷歌已被百度超越，且即将被华为赶上，紧随其后的还有小鹏和嘀嘀。由于中国互联网通信巨头在该领域申请量增速较快，因而谷歌很可能即将跌出 TOP20 申请人行列。

3）中国、日本、美国和欧洲是决策规划的最大竞争市场。

从决策规划技术整体来看，中国、日本、美国和欧洲是最大的技术来源地和目标地，日本申请人在决策规划领域的专利全球布局最广，这得益于很多传统的汽车领域巨头，如丰田、本田、电装、日产等日本企业在全球三大汽车销售市场进行了大量专利布局，以保证其市场竞争优势。美国、欧洲的企业在进行全球布局时也都将中国作为重要市场进行布局。

从各技术分支来看，在全局规划技术分支，美国是全球申请人最重要的专利布局区域，同时美国申请人在全球主要市场的专利布局最广泛，代表企业为福特、通用和 IBM。在局部规划技术分支，美国仍然是全球申请人最重要的专利布局区域，但日本申请人的专利布局最广泛，代表企业为丰田、日产、本田和电装。表明美国申请人的优势侧重于全局规划技术分支，而日本申请人的优势侧重于局部规划技术分支，二者同为该领域强劲的竞争对手。

4）原创于中国的专利申请在全球的布局相对较少，在全球专利竞争中处于劣势。

相较于日本、欧洲、美国和韩国，中国申请人在海外的专利布局是最少的，又以在欧洲的专利申请最少，不利于相关产品打入海外市场。2019—2021 年，决策规划技术领域新增申请人 1255 个，且以中国申请人为主，有众多初创自动驾驶公司的加入，包括互联网巨头和传统车企投资的新公司或全资子公司。华为、百度等互联网及通信企业重视海外布局，这得益于相关企业多年来积累的知识产权运营经验，值得其他国内申请人借鉴学习。而根据中国企业的快速发展势头，也有望能够后来居上，逐步动摇日本车企在决策规划技术领域的地位。

四、重要申请人

1）LG、华为在 5G－V2X 技术的专利申请远多于自动驾驶其他关键性技术的专利申请，并且技术上各有侧重，产业上偏向提供车联网解决方案。

由于 V2X 技术属于 5G 通信技术中的重要应用场景，在 5G－V2X 技术中通信服务企业相对传统车企、互联网企业具有明显的优势。在自动驾驶技术产业上，通信服务企业偏向于向传统车企提供车联网解决方案，包括车载芯片、通信模组、RSU 等。

在 5G－V2X 标准必要专利方面，LG 在 RAN WG1、RAN WG2 两个工作组中的标准必要专利申请最多，并且在 RAN WG1、RAN WG2、RAN WG3、CT WG1、CT WG4 等 5 个工作组中标准必要专利占比较高；华为在 RAN WG1、RAN WG2 两个工作组中的标准必要专利申请数量仅次于 LG 和高通，并且在 RAN WG1、RAN WG2、RAN WG3、RAN WG4、SA WG1、SA WG5、CT WG4 等 7 个工作组中标准必要专利占比较高。

2）谷歌、百度重点关注目标识别、高精度地图、决策规划等涉及算法的关键性技术，产业上偏向提供车载系统。

谷歌、百度均是重要的地图服务、搜索引擎提供商，因此在高精度地图、决策规划等技术分支中具有较强的优势，二者均注重自动驾驶车辆的道路测试，在目标识别技术分支中也积累有较多专利申请，因此在自动驾驶技术产业上，二者偏向于向车企提供车载系统、搭建自动驾驶系统平台。

3）LG、华为相比谷歌、百度更重视全球专利布局。

上述企业除在所属区域内布局有较多专利申请外，也在其他区域布局有较多专利申请，并且美国、中国、欧洲是主要的专利布局区域，但是 LG、华为等通信服务企业在海外布局比例更高，"出海"意图强烈，这与通信企业的专利诉讼较多有关。而谷歌、百度则非常重视本土市场，其向其他区域布局专利的比例相对较低。

4）各类企业合作动向频繁，其中华为、百度均与众多汽车制造商建立合作。

华为自 2014 年开始，陆续与长安、广汽、北汽、赛力斯、大众、雪铁龙等汽车制造商建立合作，并为其提供智能网联服务，推出了全栈智能汽车解决方案。为了推动用于自动驾驶的通信解决方案商业化落地，华为还联合汽车制造商、一级供应商、芯片组/通信系统提供商、移动运营商和基础设施供应商成立 5G 汽车联盟。而百度则是与多家国内外的汽车制造商签署协议，并提供高精度地图、自主泊车、领航辅助驾驶等汽车智能化服务。此外，LG 与高通集团签订协议，合作进行 V2X 技术研发。因此，产业上各类企业不断通过合作实现优势互补。

第二节 建 议

一、政府层面

1）逐步完善自动驾驶相关法律法规，规范自动驾驶汽车应用。

自动驾驶技术的商业化面临着权责认定、保险适配、数据安全等问题，交通运输部组织起草的《自动驾驶汽车运输安全服务指南（试行）》以及北京、广州、深圳等出台的有关智能网联汽车管理条例和混行试点方案等，主要就自动驾驶的准入登记、上路行驶、网络安全、事故处理和法律责任等作了简要概述，但是还需要进一步完善各类法律法规，规范自动驾驶汽车落地应用，扫除自动驾驶商业化障碍，激发市场创新活力。

2）制定和完善 5G-V2X 技术标准，推动相关技术标准的国际化。

在 5G-V2X 领域中，专利申请数量排名靠前的中国申请人较多，说明国内申请人对于 5G-V2X 技术的重视程度较高，也说明中国在 5G-V2X 技术领域具备一定的优势。但我国的标准建设尚处于滞后状态，目前国内已经出台多个针对联网汽车、车联网信息服务、基于 LTE 的车联网无线通信技术（LTE-V2X）的 V2X 技术标准，但尚未出台针对 5G-V2X 的技术标准，鉴于国内的华为、中兴、大唐、小米、OPPO 等企业均布局有较多 5G-V2X 标准专利，制定和完善 5G-V2X 的技术标准，符合我国的创新优势，推动车联网相关技术标准的国际化，有助于把握"标准主权"。

3）在给予产业政策和资金扶持的同时强化市场监管管理。

近五年，国内从事自动驾驶技术研发的企业较多，随着全球经济增速放缓，2022 年自动驾驶相关投融资相比前一年大幅减少，部分企业面临资金紧缺问题。美国、欧洲等国家和地区均出台有鼓励自动驾驶汽车发展以及提供税收减免等优惠政策。我国也应当加大产业扶持力度，同时加强市场监管，对相关政策性补贴、IPO 上市等投融资行为强化监管，避免虚假宣传、套取补贴和资金，营造一个激励技术创新、实施有效监管的良性发展环境，确保自动驾驶行业健康发展。

二、企业层面

1）传统企业稳扎稳打，加强与互联网/通信企业之间的合作，形成技术互补。

根据全球申请人排名可知，入围的中国企业百度、华为、小米、腾讯均为互联网/通信企业，中国申请人排名中排名靠前的本土企业同样为互联网/通信企业，本土传统汽车和零部件企业均未上榜。传统汽车和零部件企业是自动驾驶产业链最重要的一环，是自动驾驶技术的载体，传统企业可在已有技术积累的基础上，从L3级及以下自动驾驶技术出发，稳扎稳打，依靠已有载体验证自动驾驶技术，不断迭代，稳步向高级别自动驾驶迈进，提高国际竞争力。同时，考虑与互联网/通信企业开展技术合作，形成优势互补，构建坚强的技术壁垒，在国际竞争中掌握主动权。

2）新兴企业可采用渐进式路线，先"生存"再"发展"。

自动驾驶技术研发成本高，高级别自动驾驶商业化落地困难，加之全球经济增速放缓，导致资本对自动驾驶的态度变得谨慎，国外众多自动驾驶上市公司市值严重缩水，多家企业因资金枯竭而走向倒闭，自动驾驶企业淘汰赛拉开帷幕。实践证明，跨越式发展路线困难重重，原先致力于完全自动驾驶技术的公司纷纷转入L2级产品量产以维持企业现金流。国内的自动驾驶投融资热度也有所下降，但有实力的企业和具有商业化前景的细分赛道依然受到较多关注。比如2022年，提供全套自动驾驶方案的纵目科技完成超过10亿元的E轮融资，赢彻科技、DeepWay、千挂科技等多家自动驾驶重卡企业也获得融资。因此，对于初创公司，在没有如谷歌、百度般雄厚资金的情况下，宜采用渐进式路线，与传统企业强强联合，从L2级或应用于相对封闭场景的L3级产品出发，借鉴博世、大陆和德尔福的发展模式，将研发产品商业化，先生存再发展，逐步推进L3级以上乘用车的研发，从而在激烈的竞争中占据一席之地，避免如初创公司Argo AI因迟迟不能商业化而成为弃子。

3）国内企业要勇于"走出去"，将知识产权转变为商业价值。

从专利的技术原创国来看，中国是全球自动驾驶关键技术专利申请量最大的技术原创国；从专利的技术目标国来看，中国也是全球申请量最大的技术目标国，结合产业现状来看，中国自动驾驶企业的技术实力已跻身世界头部企业。但从海外专利布局的视角来看，中国企业海外专利布局比例显著低于国外企业，且美国和欧洲企业在中国进行专利布局的积极性远高于中国企业在美国和欧洲进行专利布局的积极性。自动驾驶属于典型的技术密集行业，相较于传统汽车制造行业，具有轻资产、重技术的特点，知识产权价值度较高，因而中国自动驾驶企业应放眼全球，积极布局海外专利。华为、百度等通信/互联网企业相当重视海外布局，这得益于他们多年来积累的知识产权运营经验。其他重点企业在做大做强的基础上，可借鉴国际龙头企业比如高通、丰田等专利布局策略，通过环环相扣、互为补充、持续改进的专利族，对研发成果进行全方位的保护，逐步形成强健的专利体系，同时学习百度和华为的知识产权发展模式，走出国门，将知识产权转化为商业价值。

4）在技术标准方面，建立"统一战线"意识，避免单打独斗，整体受制于人。

5G-V2X 标准必要专利申请中来自中国的专利占比最高，5G-V2X 标准必要专利申请量排名前十的申请人包括华为、小米、OPPO、中兴、大唐，因此我国的企业在 5G-V2X 标准领域本身就有一定的话语权。其中，华为还携手奥迪、宝马、戴姆勒、爱立信、英特尔、诺基亚及高通等企业成立"5G 汽车联盟"以推动建立自动驾驶标准。考虑到国内众多企业均是 3GPP 成员，国内企业之间应当积极依托现有的"5G 汽车联盟"，在 5G-V2X 标准领域加强交流合作，扛起标准大旗，推动国内技术形成标准，避免国内企业丧失"标准"话语权，整体受制于人。

附录1 自动驾驶专利主要申请人名称约定表

约定名称	对应申请人名称
LG	LG ELECTRONICS INC LG 电子株式会社 乐金电子（天津）电器有限公司 LG ELECTRO COMPONENTS CO LTD LG DISPLAY CO LTD LG ELECTRONICS LG INFORMATION COMMUNICATIONS LTD
高通	高通股份有限公司 QUALCOMM INC QUALCOMM INCORPORATED 美商高通公司
丰田	丰田自动车株式会社 丰田地图制作株式会社 丰田汽车欧洲股份有限公司 丰田自动车欧洲公司 丰田自动织机股份有限公司 丰田研究所股份有限公司 丰田自动车北美公司 丰田自动车工程及制造北美公司 TOYOTA ENG MFG NORTH AMERICA TOYOTA INDUSTRIES CORP TOYOTA JIDOSHA KABUSHIKI KAISHA TOYOTA MOTOR CO LTD TOYOTA MOTOR CORP TOYOTA MOTOR ENGINEERING MANUFACTURING NORTH AMERICA INC TOYOTA MOTOR MORTH AMERICA INC TOYOTA RESEARCH INSTITUTE INC TOYOTA CENTRAL RES DEV LAB INC TOYOTA MAPMASTER INC TOYOTA MOTOR EUROPE トヨタ自動車株式会社

附录1 自动驾驶专利主要申请人名称约定表

续表

约定名称	对应申请人名称
百度	百度（美国）有限责任公司 百度时代网络技术（北京）有限公司 北京百度网讯科技有限公司 北京百度網訊科技有限公司 BAIDU COM TIMES TECH BEIJING CO LTD BAIDU USA LLC BAIDU COM TIMES TECHNOLOGY（BEIJING）CO LTD BAIDU INTERNATIONAL TECH SHENZHEN CO LTD BAIDU INTERNATIONAL TECHNOLOGY（SHENZHEN）CO LTD BAIDU ONLINE NETWORK TECHNOLOGIES（BEIJING）CO LTD BAIDU ONLINE NETWORK TECHNOLOGY（BEIJING）CO LTD BEIJING BAIDU NETCOM SCI TEC BEIJING BAIDU NETCOM SCIENCE AND TECHNOLOGY CO LTD 阿波罗智联（北京）科技有限公司 阿波罗智行科技（广州）有限公司 阿波罗智行信息科技（成都）有限公司 阿波罗智行信息科技（南京）有限公司 阿波罗智能技术（北京）有限公司 APOLLO INTELLIGENT CONNECTIVITY（BEIJING）TECHNOLOGY CO LTD APOLLO INTELLIGENT DRIVING TECH BEIJING CO LTD
华为	华为技术有限公司 华为云计算技术有限公司 华为终端有限公司 北京华为数字技术有限公司 成都华为技术有限公司 HUAWEI TECHNOLOGIES CO LTD HUAWEI DEVICE CO LTD HUAWEI TECHNOLOGIES DUESSELDORF GMBH
本田	本田技研工业株式会社 本田技研工業株式会社 HONDA MOTOR CO LTD HONDA PATENT TECHNOLOGIES NORTH AMERICA LLC HONDA RESEARCH INSTITUTE EUROPE GMBH HONDA GIKEN KOGYO KABUSHIKI KAISHA

续表

约定名称	对应申请人名称
现代	现代自动车株式会社 现代摩比斯株式会社 HYUNDAI MOTOR CO LTD HYUNDAI AUTRON CO LTD HYUNDAI AUTOEVER CORP HYUNDAI APTIV AD LLC HYUNDAI MOTOR COMPANY HYUNDAI MOBIS CO LTD HYUNDAI MOTOR CO HYUNDAI MNSOFT INC HYUNDAI ROTEM COMPANY
爱立信	索尼爱立信移动通讯股份有限公司 瑞典爱立信有限公司 ERICSSON INC ERICSSON TELEFON AB L M TELEFONAKTIEBOLAGET L M ERICSSON
博世	罗伯特・博世有限公司 博世汽车部件（苏州）有限公司 BOSCH CORPORATION BOSCH GMBH ROBERT BOSCH AUTOMOTIVE PRODUCTS（SUZHOU）CO LTD ROBERT BOSCH GESELLSCHAFT MIT BESCHRÄNKTER HAFTUNG ROBERT BOSCH GMBH
日产	日产自动车株式会社 日产北美公司 北美日产公司 NISSAN MOTOR CO LTD NISSAN MOTOR NISSAN JIDOSHA KABUSHIKI KAISHA NISSAN NORTH AMERICA INC NISSAN MOTOR COMPANY LIMITED NISSAN TECHNICAL CENTRE EUROPE LTD

续表

约定名称	对应申请人名称
三星	三星电机株式会社 三星电子（中国）研发中心 北京三星通信技术研究有限公司 广州三星通信技术研究有限公司 SAMSUNG ELECTRONICS CO LTD SAMSUNG DISPLAY CO LTD BEIJING SAMSUNG TELECOMMUNICATIONS TECHNOLOGY RESEARCH CO LTD SAMSUNG ELECTRONICS LTD SAMSUNG KWANGJU ELECTRONICS CO SAMSUNG SDI CO LTD SAMSUNG TECHWIN CO LTD
小米	小米科技有限责任公司 北京小米移动软件有限公司 小米通讯技术有限公司 BEIJING XIAOMI MOBILE SOFTWARE CO LTD XIAOMI INC
福特	福特汽车公司 福特环球技术公司 福特全球技术公司 FORD MOTOR COMPANY FORD GLOBAL TECH LLC FORD GLOUBAL TEKNOLODZHIZ ELELSI FORD GLOBAL TECHNOLOGIES LLC
电装	株式会社电装 DENSO CORP DENSO CORPORATION DENSO INTERNATIONAL AMERICA INC DENSO IT LABORATORY INC NIPPON DENSO CO
日本信话	日本電信電話株式会社 NTT DOCOMO INC 株式会社 NTT 都科摩 株式会社 NTT ドコモ

续表

约定名称	对应申请人名称
腾讯	腾讯科技（深圳）有限公司 深圳市腾讯计算机系统有限公司 深圳市腾讯网络信息技术有限公司 深圳市腾讯信息技术有限公司 腾讯科技（上海）有限公司 腾讯音乐娱乐科技（深圳）有限公司 腾讯云计算（北京）有限责任公司 TENCENT AMERICA LLC TENCENT TECH SHENZHEN CO LTD TENCENT TECHNOLOGY（SHENZHEN）COMPANY LIMITED
大众	大众汽车股份公司 大众汽车（中国）投资有限公司 VOLKSWAGEN AG VOLKSWAGEN AKTIENGESELLSCHAFT VOLKSWAGEN（CHINA）INVESTMENT CO LTD
HERE	HERE GLOBAL B V HERE DATA TECHNOLOGY
通用	通用电气公司 通用汽车环球科技运作公司 GM CRUISE HOLDINGS LLC GM GLOBAL TECHNOLOGY OPERATIONS INC GM GLOBAL TECH OPERATIONS INC GENERAL MOTORS LLC GENERAL ELECTRIC COMPANY GENERAL MOTORS LLC
三菱	三菱电机株式会社 三菱電機株式会社 三菱公司 三菱重工機械システム株式会社 MITSUBISHI DENKI KABUSHIKI KAISHA MITSUBISHI ELECTRIC CORP MITSUBISHI ELECTRIC RESEARCH LABORATORIES INC MITSUBISHI HEAVY INDUSTRIES LTD MITSUBISHI MOTORS CORP

续表

约定名称	对应申请人名称
谷歌	谷歌公司 谷歌技术控股有限责任公司 谷歌有限责任公司 GOOGLE INC GOOGLE TECHNOLOGY HOLDINGS LLC WAYMO LLC 伟摩有限责任公司
大陆	大陆汽车系统公司 大陆-特韦斯贸易合伙股份公司及两合公司 大陆汽车有限责任公司 大陆投资（中国）有限公司 大陆泰密克汽车系统（上海）有限公司 CONTINENTAL AUTOMOTIVE GMBH CONTINENTAL AUTOMOTIVE SYSTEMS INC CONTINENTAL TEVES AG CO OHG CONTI TEMIC MICROELECTRONIC GMBH
博泰悦臻	上海博泰悦臻网络技术服务有限公司 上海博泰悦臻电子设备制造有限公司
OPPO	广东欧珀移动通信有限公司 GUANGDONG OPPO MOBILE TELECOMMUNICATIONS CORP LTD BEIJING OPPO TELECOMMUNICATIONS CORP LTD
中兴	中兴通讯股份有限公司 中兴智能汽车有限公司 ZTE CORPORATION
ZOOX	ZOOX INC 亚马逊科技公司 AMAZON TECHNOLOGIES INC

附录 2 5G – V2X 各协议的 SEP 数量

技术规范组	二级工作组	5G协议号	SEP数量	主　题	描　述
CT	CT WG1	TS23.122	17	Non – Access – Stratum（NAS）functions related to Mobile Station（MS）in idle mode	与空闲态下移动台（MS）相关的非接入层（NAS）功能
CT	CT WG1	TS24.008	5	Mobile radio interface Layer 3 specification；Core network protocols；Stage 3	移动无线接口层 3 规范；核心网协议
CT	CT WG1	TS24.173	1	IMS Multimedia telephony communication service and supplementary services；Stage 3	IMS 多媒体电话通信业务及补充业务
CT	CT WG1	TS24.229	1	IP multimedia call control protocol based on Session Initiation Protocol（SIP）and Session Description Protocol（SDP）；Stage 3	基于 SIP 和会话描述协议（SDP）的 IP 多媒体控制协议
CT	CT WG1	TS24.301	20	Non – Access – Stratum（NAS）protocol for Evolved Packet System（EPS）；Stage 3	用于 EPC 的非接入层协议
CT	CT WG1	TS24.302	5	Access to the 3GPP Evolved Packet Core（EPC）via non – 3GPP access networks；Stage 3	通过非 3GPP 接入网接入 3GPP 核心网（EPC）
CT	CT WG1	TS24.486	1	Vehicle – to – Everything（V2X）Application Enabler（VAE）layer；Protocol aspects；Stage 3	V2X 应用使能层；协议方面
CT	CT WG1	TS24.501	145	Non – Access – Stratum（NAS）protocol for 5G System（5GS）；Stage 3	5G 系统的非接入层协议
CT	CT WG1	TS24.502	56	Access to the 3GPP 5G Core Network（5GCN）via non – 3GPP access networks	通过非 3GPP 接入网接入 3GPP 5G 核心网（5GCN）

附录2　5G-V2X 各协议的 SEP 数量

续表

技术规范组	二级工作组	5G协议号	SEP数量	主　题	描　述
CT	CT WG1	TS24.526	3	User Equipment (UE) policies for 5G System (5GS); Stage 3	5G 系统的用户设备(UE)政策
CT	CT WG1	TS24.554	7	Proximity-services (ProSe) in 5G System (5GS) protocol aspects; Stage 3	5G 系统协议中邻近服务 (ProSe)
CT	CT WG1	TS24.587	15	Vehicle-to-Everything (V2X) services in 5G System (5GS); Stage 3	5G 系统中的 V2X 服务
CT	CT WG1	TS24.588	3	Vehicle-to-Everything (V2X) services in 5G System (5GS); User Equipment (UE) policies; Stage 3	5G 系统中的 V2X 服务; 用户设备(UE)政策
CT	CT WG3	TS29.214	4	Policy and charging control over Rx reference point	Rx 参考点的策略与计费控制
CT	CT WG3	TS29.508	1	5G System; Session Management Event Exposure Service; Stage 3	5G 系统; 会话管理事件开放服务
CT	CT WG3	TS29.517	1	5G System; Application Function Event Exposure Service; Stage 3	5G 系统; 应用功能事件开放服务
CT	CT WG3	TS29.519	1	5G System; Usage of the Unified Data Repository Service for Policy Data, Application Data and Structured Data for Exposure; Stage 3	5G 系统; 使用统一数据库服务对策略数据、应用数据和结构数据进行公开
CT	CT WG3	TS29.520	2	5G System; Network Data Analytics Services; Stage 3	5G 系统; 网络数据分析服务
CT	CT WG3	TS29.525	4	5G System; UE Policy Control Service; Stage 3	5G 系统; UE 策略控制服务
CT	CT WG3	TS29.549	1	Service Enabler Architecture Layer for Verticals (SEAL); Application Programming Interface (API) specification; Stage 3	垂直行业的服务使能器体系结构层(SEAL); 应用程序接口(API)规范
CT	CT WG4	TS23.003	2	Numbering, addressing and identification	编号、地址和识别
CT	CT WG4	TS24.080	1	Mobile radio interface layer 3 supplementary services specification; Formats and coding	移动无线接口层3补充服务规范

续表

技术规范组	二级工作组	5G协议号	SEP数量	主题	描述
CT	CT WG4	TS29.244	11	Interface between the Control Plane and the User Plane nodes	控制面和用户面节点之间的接口
CT	CT WG4	TS29.272	2	Evolved Packet System (EPS); Mobility Management Entity (MME) and Serving GPRS Support Node (SGSN) related interfaces based on Diameter protocol	EPS；基于Diameter协议的MME和SGSN相关接口
CT	CT WG4	TS29.274	2	3GPP Evolved Packet System (EPS); Evolved General Packet Radio Service (GPRS) Tunnelling Protocol for Control plane (GTPv2-C); Stage 3	3GPP EPS；用于控制面的GPRS通道协议（GTPv2-C）
CT	CT WG4	TS29.500	1	5G System; Technical Realization of Service Based Architecture; Stage 3	5G系统；基于服务的体系结构技术实现
CT	CT WG4	TS29.502	3	5G System; Session Management Services; Stage 3	5G系统；会话管理服务
CT	CT WG4	TS29.503	3	5G System; Unified Data Management Services; Stage 3	5G系统；统一数据管理服务
CT	CT WG4	TS29.509	3	5G System; Authentication Server Services; Stage 3	5G系统；验证服务器服务
CT	CT WG4	TS29.510	1	5G System; Network function repository services; Stage 3	5G系统；网络功能库服务
CT	CT WG4	TS29.518	5	5G System; Access and Mobility Management Services; Stage 3	5G系统；接入和移动性管理服务
CT	CT WG4	TS29.526	2	5G System; Network Slice - Specific and SNPN Authentication and Authorization services; Stage 3	5G系统；特定网络切片和SNPN验证和授权服务
CT	CT WG4	TS29.532	1	5G System; 5G Multicast - Broadcast Session Management Services; Stage 3	5G系统；5G多播广播会话管理服务
CT	CT WG4	TS29.571	1	5G System; Common Data Types for Service Based Interfaces; Stage 3	5G系统；基于服务的接口的通用数据类型
CT	CT WG6	TS31.102	1	Characteristics of the Universal Subscriber Identity Module (USIM) application	通用用户身份识别模块（USIM）应用特征

312

附录2　5G-V2X 各协议的 SEP 数量

续表

技术规范组	二级工作组	5G协议号	SEP数量	主　题	描　述
RAN	RAN WG1	TS37.213	137	Physical layer procedures for shared spectrum channel access	共享频谱信道接入的物理层流程
RAN	RAN WG1	TS38.201	137	NR; Physical layer; General description	新空口；物理层；总体描述
RAN	RAN WG1	TS38.202	51	NR; Services provided by the physical layer	新空口；物理层提供的服务
RAN	RAN WG1	TS38.211	2706	NR; Physical channels and modulation	新空口；物理信道和调制
RAN	RAN WG1	TS38.212	2519	NR; Multiplexing and channel coding	新空口；多路复用和信道编码
RAN	RAN WG1	TS38.213	3967	NR; Physical layer procedures for control	新空口；用于控制的物理层流程
RAN	RAN WG1	TS38.214	2806	NR; Physical layer procedures for data	新空口；用于数据的物理层流程
RAN	RAN WG1	TS38.215	196	NR; Physical layer measurements	新空口；物理层测量
RAN	RAN WG2	TS37.320	7	Radio measurement collection for Minimization of Drive Tests (MDT); Overall description; Stage 2	最小化路测（MDT）的无线测量收集；总体描述
RAN	RAN WG2	TS37.324	11	Evolved Universal Terrestrial Radio Access (E-UTRA) and NR; Service Data Adaptation Protocol (SDAP) specification	E-UTRA 和 NR；服务数据适配层（SDAP）规范
RAN	RAN WG2	TS37.340	54	NR; Multi-connectivity; Overall description; Stage-2	新空口；多连接；总体描述
RAN	RAN WG2	TS37.355	43	LTE Positioning Protocol (LPP)	LTE 定位协议（LPP）
RAN	RAN WG2	TS38.300	1267	NR; NR and NG-RAN Overall description; Stage-2	新空口；新空口和NG接入网总体描述
RAN	RAN WG2	TS38.304	155	NR; User Equipment (UE) procedures in idle mode and in RRC Inactive state	新空口；用户设备（UE）处于空闲态和RRC非激活态的流程

续表

技术规范组	二级工作组	5G协议号	SEP数量	主题	描述
RAN	RAN WG2	TS38.305	66	NG Radio Access Network (NG-RAN); Stage 2 functional specification of User Equipment (UE) positioning in NG-RAN	NG接入网；NG接入网中用户设备（UE）定位的第二阶段功能规范
RAN	RAN WG2	TS38.306	128	NR; User Equipment (UE) radio access capabilities	新空口；用户设备（UE）的无线接入能力
RAN	RAN WG2	TS38.314	49	NR; Layer 2 measurements	新空口；层2的测量
RAN	RAN WG2	TS38.321	1992	NR; Medium Access Control (MAC) protocol specification	新空口；媒体访问控制（MAC）层协议规范
RAN	RAN WG2	TS38.322	475	NR; Radio Link Control (RLC) protocol specification	新空口；无线链路控制（RLC）层协议规范
RAN	RAN WG2	TS38.323	477	NR; Packet Data Convergence Protocol (PDCP) specification	新空口；分组数据汇聚协议（PDCP）层协议规范
RAN	RAN WG2	TS38.331	4532	NR; Radio Resource Control (RRC); Protocol specification	新空口；无线资源控制（RRC）层协议规范
RAN	RAN WG2	TS38.340	82	NR; Backhaul Adaptation Protocol (BAP) specification	新空口；回传适配协议（BAP）规范
RAN	RAN WG2	TS38.351	5	NR; Sidelink Relay Adaptation Protocol (SRAP) Specification	新空口；侧链路中继适配协议（SRAP）规范
RAN	RAN WG3	TS38.401	41	NG-RAN; Architecture description	NG无线接入网；架构描述
RAN	RAN WG3	TS38.410	1	NG-RAN; NG general aspects and principles	NG无线接入网；一般概念和原则
RAN	RAN WG3	TS38.412	2	NG-RAN; NG signalling transport	NG无线接入网；NG信号传输
RAN	RAN WG3	TS38.413	127	NG-RAN; NG Application Protocol (NGAP)	NG无线接入网；NG应用协议
RAN	RAN WG3	TS38.415	2	NG-RAN; PDU session user plane protocol	NG无线接入网；PDU会话用户面协议
RAN	RAN WG3	TS38.423	101	NG-RAN; Xn signalling transport	NG无线接入网；Xn接口信号传输

附录2　5G-V2X 各协议的 SEP 数量

续表

技术规范组	二级工作组	5G协议号	SEP数量	主　题	描　述
RAN	RAN WG3	TS38.425	4	NG-RAN; NR user plane protocol	NG 无线接入网；新空口用户面协议
RAN	RAN WG3	TS38.455	20	NG-RAN; NR Positioning Protocol A (NRPPa)	NG 无线接入网；新空口定位协议 A（NRPPa）
RAN	RAN WG3	TS38.460	1	NG-RAN; E1 general aspects and principles	NG 无线接入网；E1 接口的一般方面的原理
RAN	RAN WG3	TS38.462	1	NG-RAN; E1 signalling transport	NG 无线接入网；E1 接口信号传输
RAN	RAN WG3	TS38.463	45	NG-RAN; E1 Application Protocol (E1AP)	NG 无线接入网；E1 接口应用协议（E1AP）
RAN	RAN WG3	TS38.470	10	NG-RAN; F1 general aspects and principles	NG 无线接入网；F1 接口一般概念和原则
RAN	RAN WG3	TS38.473	78	NG-RAN; F1 Application Protocol (F1AP)	NG 无线接入网；F1 接口应用协议（F1AP）
RAN	RAN WG4	TS38.101	191	NR; User Equipment (UE) radio transmission and reception	新空口；用户设备（UE）无线发射和接收
RAN	RAN WG4	TS38.104	41	NR; Base Station (BS) radio transmission and reception	新空口；基站（BS）无线发射和接收
RAN	RAN WG4	TS38.124	1	NR; Electromagnetic compatibility (EMC) requirements for mobile terminals and ancillary equipment	新空口；移动终端及辅助设备电磁兼容性（EMC）要求
RAN	RAN WG4	TS38.133	124	NR; Requirements for support of radio resource management	新空口；支持无线电资源管理的需求
RAN	RAN WG4	TS38.174	2	NR; Integrated Access and Backhaul (IAB) radio transmission and reception	新空口；集成接入和回传（IAB）无线发射和接收
RAN	RAN WG4	TS38.307	45	NR; Requirements on User Equipments (UEs) supporting a release-independent frequency band	新空口；用户设备（UE）支持与版本无关的频段的要求
RAN	RAN WG5	TS38.509	1	5GS; Special conformance testing functions for User Equipment (UE)	5G 系统；针对用户设备（UE）的特殊一致性测试功能

续表

技术规范组	二级工作组	5G协议号	SEP数量	主题	描述
RAN	RAN WG5	TS38.521	1	NR; User Equipment (UE) conformance specification; Radio transmission and reception; Range 1 standalone; Range 2 standalone; Range 1 and Range 2 Interworking operation with other radios	新空口;用户设备(UE)一致性规范;无线发射和接收;范围1独立组网;范围2独立组网;范围1和范围2与其他无线的互通操作
RAN	RAN WG5	TS38.523	1	5GS; User Equipment (UE) conformance specification; Protocol; Applicability of protocol test cases; Protocol Test Suites	5G系统;用户设备(UE)一致性规范;协议;协议测试用例的适用性;协议测试套件
SA	SA WG1	TS22.186	4	Service requirements for enhanced V2X scenarios	增强的V2X场景的服务需求
SA	SA WG1	TS22.261	5	Service requirements for the 5G system	5G系统的服务需求
SA	SA WG1	TS22.289	1	Mobile communication system for railways	用于铁路的移动通信系统
SA	SA WC2	TS23.247	17	Architectural enhancements for 5G multicast-broadcast services	用于5G多播广播服务的架构增强
SA	SA WG2	TS23.256	5	Support of Uncrewed Aerial Systems (UAS) connectivity, identification and tracking; Stage 2	支持无人机系统(UAS)的连接、识别和跟踪
SA	SA WG2	TS23.273	4	5G System (5GS) Location Services (LCS); Stage 2	5G系统定位服务(LCS)
SA	SA WG2	TS23.287	116	Architecture enhancements for 5G System (5GS) to support Vehicle-to-Everything (V2X) services	5G系统架构增强以支持V2X服务
SA	SA WG2	TS23.288	21	Architecture enhancements for 5G System (5GS) to support network data analytics services	5G系统架构增强以支持网络数据分析服务
SA	SA WG2	TS23.304	18	Proximity based Services (ProSe) in the 5G System (5GS)	5G系统中的基于临近服务(ProSe)
SA	SA WG2	TS23.316	1	Wireless and wireline convergence access support for the 5G System (5GS)	5G系统的无线和有线方便接入支持

附录2 5G-V2X 各协议的 SEP 数量

续表

技术规范组	二级工作组	5G协议号	SEP数量	主题	描述
SA	SA WG2	TS23.501	321	System architecture for the 5G System (5GS)	用于5G系统的系统架构
SA	SA WG2	TS23.502	225	Procedures for the 5G System (5GS)	用于5G系统的流程
SA	SA WG2	TS23.503	50	Policy and charging control framework for the 5G System (5GS); Stage 2	用于5G系统的策略与计费控制架构
SA	SA WG2	TS23.548	3	5G System Enhancements for Edge Computing; Stage 2	用于边缘计算的5G系统增强
SA	SA WG3	TS33.102	1	3G security; Security architecture	3G安全;安全架构
SA	SA WG3	TS33.185	2	Security aspect for LTE support of Vehicle-to-Everything (V2X) services	用于LTE支持的V2X服务的安全方面
SA	SA WG3	TS33.501	86	Security architecture and procedures for 5G System	5G系统的安全架构和流程
SA	SA WG3	TS33.503	2	Security Aspects of Proximity based Services (ProSe) in the 5G System (5GS)	5G系统中的基于临近服务(ProSe)的安全方面
SA	SA WG3	TS33.535	6	Authentication and Key Management for Applications (AKMA) based on 3GPP credentials in the 5G System (5GS)	5G系统中基于3GPP证书的验证和应用程序的密钥管理
SA	SA WG3	TS33.536	8	Security aspects of 3GPP support for advanced Vehicle-to-Everything (V2X) services	3GPP支持先进V2X服务的安全方面
SA	SA WG4	TS26.114	1	IP Multimedia Subsystem (IMS); Multimedia telephony; Media handling and interaction	IP多媒体子系统(IMS);多媒体电话;媒体控制和交互
SA	SA WG4	TS26.238	1	Uplink streaming	上行流
SA	SA WG4	TS26.501	1	5G Media Streaming (5GMS); General description and architecture	5G媒体流;一般描述和架构
SA	SA WG4	TS26.502	3	5G Multicast-Broadcast User Service Architecture	5G多播广播用户服务架构
SA	SA WG5	TS28.530	6	Management and orchestration; Concepts, use cases and requirements	管理与编制;概念,使用场景和需求

续表

技术规范组	二级工作组	5G协议号	SEP数量	主题	描述
SA	SA WG5	TS28.531	3	Management and orchestration; Provisioning	管理与编制；配置
SA	SA WG5	TS28.532	3	Management and orchestration; Generic management services	管理与编制；通用管理服务
SA	SA WG5	TS28.533	1	Management and orchestration; Architecture framework	管理与编制；架构框架
SA	SA WG5	TS28.535	1	Management and orchestration; Management services for communication service assurance; Requirements	管理与编制；用于通信服务保障的管理服务
SA	SA WG5	TS28.540	1	Management and orchestration; 5G Network Resource Model (NRM); Stage 1	管理与编制；5G网络资源模型
SA	SA WG5	TS28.541	2	Management and orchestration; 5G Network Resource Model (NRM); Stage 2 and stage 3	管理与编制；5G网络资源模型
SA	SA WG5	TS28.543	1	Management and orchestration of networks and network slicing; 5G Core Network (5GC) Network Resource Model (NRM); Stage 2 and stage 3	网络和网络切片的管理与编制；5G核心网网络资源模型
SA	SA WG5	TS28.550	2	Management and orchestration; Performance assurance	管理与编制；性能保障
SA	SA WG5	TS28.554	1	Management and orchestration; 5G end to end Key Performance Indicators (KPI)	管理与编制；5G端到端KPI
SA	SA WG5	TS28.622	1	Telecommunication management; Generic Network Resource Model (NRM) Integration Reference Point (IRP); Information Service (IS)	通信管理；通用网络资源模型集成参考点(IRP)；消息服务(IS)
SA	SA WG5	TS32.290	1	Telecommunication management; Charging management; 5G system; Services, operations and procedures of charging using Service Based Interface (SBI)	通信管理；计费管理；5G系统；基于服务接口的收费服务，操作和流程

续表

技术规范组	二级工作组	5G协议号	SEP数量	主题	描述
SA	SA WG6	TS23.222	5	Common API Framework for 3GPP Northbound APIs	用于3GPP北向API的通用API架构
SA	SA WG6	TS23.434	5	Service Enabler Architecture Layer for Verticals (SEAL); Functional architecture and information flows	车辆的服务启动器体系结构层；功能架构和消息流
SA	SA WG6	TS23.554	1	Application architecture for MSGin5G Service; Stage 2	MSGin5G服务的应用程序架构
SA	SA WG6	TS23.558	10	Architecture for enabling Edge Applications	启用边缘应用程序的架构

附录3　申请量排名前10的申请人在CT工作组的申请分布

（单位：项）

技术规范组	工作组	标准协议号	LG	高通	华为	爱立信	小米	日本信话	三星	OPPO	中兴	大唐电信
CT	CT WG1	TS 23.122	2	2	5	0	0	1	0	2	0	0
CT	CT WG1	TS 24.008	3	1	0	0	0	0	0	0	0	0
CT	CT WG1	TS 24.173	0	0	0	0	0	0	1	0	0	0
CT	CT WG1	TS 24.229	1	0	0	0	0	0	0	0	0	0
CT	CT WG1	TS 24.301	6	2	5	0	0	0	0	2	0	0
CT	CT WG1	TS 24.302	5	0	0	0	0	0	0	0	0	0
CT	CT WG1	TS 24.486	0	0	0	0	0	0	1	0	0	0
CT	CT WG1	TS 24.501	57	10	6	2	3	0	13	6	2	0
CT	CT WG1	TS 24.502	51	1	0	0	0	0	0	1	0	0
CT	CT WG1	TS 24.526	0	2	0	0	0	0	0	0	0	0
CT	CT WG1	TS 24.554	0	0	0	0	0	0	1	0	0	0
CT	CT WG1	TS 24.587	0	2	2	0	0	0	2	3	0	0
CT	CT WG1	TS 24.588	0	0	0	0	0	0	0	3	0	0
CT	CT WG3	TS 29.214	0	0	0	0	0	0	0	0	3	0
CT	CT WG3	TS 29.519	0	0	1	0	0	0	0	0	0	0
CT	CT WG3	TS 29.525	0	0	4	0	0	0	0	0	0	0
CT	CT WG3	TS 29.549	0	0	0	0	0	1	0	0	0	0
CT	CT WG4	TS 23.003	0	1	0	0	0	0	0	0	0	0
CT	CT WG4	TS 24.080	0	1	0	0	0	0	0	0	0	0
CT	CT WG4	TS 29.244	1	0	9	0	0	0	0	0	0	0
CT	CT WG4	TS 29.272	1	0	0	0	0	0	0	0	0	0
CT	CT WG4	TS 29.274	2	0	0	0	0	0	0	0	0	0
CT	CT WG4	TS 29.502	1	0	0	0	0	0	0	0	0	0
CT	CT WG4	TS 29.503	1	0	0	0	0	0	0	0	0	0
CT	CT WG4	TS 29.518	1	0	1	0	0	0	0	0	0	0
CT	CT WG4	TS 29.526	1	0	0	0	0	0	1	0	0	0
CT	CT WG6	TS 31.102	0	1	0	0	0	0	0	0	0	0

附录4 申请量排名前10的申请人在RAN工作组的申请分布

(单位：项)

技术规范组	工作组	5G标准号	LG	高通	华为	爱立信	小米	日本信话	三星	OPPO	中兴	大唐电信
RAN	RAN WG1	TS 37.213	2	44	0	0	20	3	1	8	32	0
RAN	RAN WG1	TS 38.201	0	1	0	0	0	0	0	0	0	0
RAN	RAN WG1	TS 38.202	0	0	2	0	0	0	0	2	0	0
RAN	RAN WG1	TS 38.211	1106	132	524	65	138	37	117	48	120	61
RAN	RAN WG1	TS 38.212	1095	140	329	16	176	63	58	72	67	40
RAN	RAN WG1	TS 38.213	1120	462	293	161	274	205	245	123	146	121
RAN	RAN WG1	TS 38.214	1001	321	250	42	171	142	100	63	80	74
RAN	RAN WG1	TS 38.215	1	5	55	0	36	4	0	0	0	2
RAN	RAN WG2	TS 37.320	0	2	1	0	0	0	2	0	0	0
RAN	RAN WG2	TS 37.324	3	0	0	0	0	0	0	0	1	1
RAN	RAN WG2	TS 37.340	0	10	16	0	0	8	2	0	0	0
RAN	RAN WG2	TS 37.355	1	12	1	0	13	0	0	0	2	0
RAN	RAN WG2	TS 38.300	319	55	256	2	6	4	113	45	50	31
RAN	RAN WG2	TS 38.304	1	14	21	7	13	2	4	2	4	3
RAN	RAN WG2	TS 38.305	1	4	2	0	2	0	0	0	2	0
RAN	RAN WG2	TS 38.306	5	28	6	0	1	15	1	2	8	0
RAN	RAN WG2	TS 38.314	0	0	1	0	0	1	2	0	0	0
RAN	RAN WG2	TS 38.321	410	149	259	70	56	89	153	84	83	71
RAN	RAN WG2	TS 38.322	348	2	49	3	0	0	5	0	3	1
RAN	RAN WG2	TS 38.323	348	7	14	1	1	0	26	3	0	1
RAN	RAN WG2	TS 38.331	1396	248	585	187	276	156	310	134	198	134
RAN	RAN WG2	TS 38.340	1	1	8	0	0	0	0	2	20	0
RAN	RAN WG2	TS 38.351	0	0	0	0	0	0	1	0	0	0
RAN	RAN WG3	TS 38.401	0	0	8	0	0	3	0	2	5	0
RAN	RAN WG3	TS 38.412	0	0	0	0	0	0	0	0	2	0

续表

技术规范组	工作组	5G 标准号	LG	高通	华为	爱立信	小米	日本信话	三星	OPPO	中兴	大唐电信
RAN	RAN WG3	TS 38.413	38	4	39	8	3	0	4	1	12	3
RAN	RAN WG3	TS 38.415	0	0	2	0	0	0	0	0	0	0
RAN	RAN WG3	TS 38.423	37	10	29	3	4	2	0	0	15	3
RAN	RAN WG3	TS 38.425	0	0	0	0	0	0	0	0	1	0
RAN	RAN WG3	TS 38.455	0	0	1	0	11	0	0	0	4	0
RAN	RAN WG3	TS 38.460	0	0	1	0	0	0	0	0	0	0
RAN	RAN WG3	TS 38.462	0	0	0	0	0	0	0	0	1	0
RAN	RAN WG3	TS 38.463	35	0	5	1	0	0	0	0	1	0
RAN	RAN WG3	TS 38.470	0	0	1	0	0	1	0	1	5	0
RAN	RAN WG3	TS 38.473	2	6	24	4	0	8	0	1	22	1
RAN	RAN WG4	TS 38.101	22	13	95	2	2	8	1	5	0	17
RAN	RAN WG4	TS 38.104	0	1	36	1	0	1	0	0	1	0
RAN	RAN WG4	TS 38.124	0	1	0	0	0	0	0	0	0	0
RAN	RAN WG4	TS 38.133	7	14	10	59	5	16	0	0	0	0
RAN	RAN WG4	TS 38.174	0	2	0	0	0	0	0	0	0	0
RAN	RAN WG5	TS 38.521	0	0	0	0	0	1	0	0	0	0
RAN	RAN WG5	TS 38.523	1	0	0	0	0	0	0	0	0	0

附录 5 申请量排名前 10 的申请人在 SA 工作组的申请分布

(单位：项)

技术规范组	工作组	5G 标准号	LG	高通	华为	爱立信	小米	日本信话	三星	OPPO	中兴	大唐电信
SA	SA WG1	TS 22.186	0	0	1	0	0	0	0	0	0	0
SA	SA WG1	TS 22.261	1	0	0	0	0	0	0	0	0	0
SA	SA WG2	TS 23.247	0	1	6	0	0	0	2	0	0	1
SA	SA WG2	TS 23.256	0	0	3	0	0	0	0	0	0	0
SA	SA WG2	TS 23.273	0	1	1	1	0	0	0	0	0	0
SA	SA WG2	TS 23.287	2	25	22	2	0	0	6	4	10	3
SA	SA WG2	TS 23.288	0	0	6	0	0	0	1	0	1	0
SA	SA WG2	TS 23.304	0	6	1	0	0	0	3	0	0	1
SA	SA WG2	TS 23.316	0	0	1	0	0	0	0	0	0	0
SA	SA WG2	TS 23.501	8	23	71	6	6	8	62	10	9	3
SA	SA WG2	TS 23.502	7	11	60	10	2	6	39	1	6	0
SA	SA WG2	TS 23.503	1	3	26	0	0	0	0	3	4	0
SA	SA WG2	TS 23.548	0	0	2	0	0	0	0	0	0	0
SA	SA WG3	TS 33.102	0	0	0	0	0	0	0	0	1	0
SA	SA WG3	TS 33.185	0	0	0	1	0	0	0	0	0	0
SA	SA WG3	TS 33.501	0	10	7	38	0	0	6	0	1	0
SA	SA WG3	TS 33.535	0	0	0	4	0	0	1	0	0	0
SA	SA WG3	TS 33.536	0	0	2	0	0	0	1	0	0	0
SA	SA WG4	TS 26.114	0	0	0	0	0	0	1	0	0	0
SA	SA WG4	TS 26.238	0	1	0	0	0	0	0	0	0	0
SA	SA WG5	TS 28.530	0	0	4	0	0	0	0	0	0	0
SA	SA WG5	TS 28.531	0	0	2	0	0	0	0	0	0	0

续表

技术规范组	工作组	5G标准号	LG	高通	华为	爱立信	小米	日本信话	三星	OPPO	中兴	大唐电信
SA	SA WG5	TS 28.532	0	0	2	0	0	0	1	0	0	0
SA	SA WG5	TS 28.533	0	0	1	0	0	0	0	0	0	0
SA	SA WG5	TS 28.535	0	0	1	0	0	0	0	0	0	0
SA	SA WG5	TS 28.541	0	0	0	0	0	0	2	0	0	0
SA	SA WG5	TS 28.543	0	0	1	0	0	0	0	0	0	0
SA	SA WG5	TS 28.550	0	0	1	0	0	0	0	0	0	0
SA	SA WG5	TS 28.554	0	0	1	0	0	0	0	0	0	0
SA	SA WG5	TS 28.622	0	0	1	0	0	0	0	0	0	0
SA	SA WG5	TS 32.290	0	0	1	0	0	0	0	0	0	0
SA	SA WG6	TS 23.222	0	0	5	0	0	0	0	0	0	0
SA	SA WG6	TS 23.434	0	0	2	0	0	0	2	0	0	0
SA	SA WG6	TS 23.558	0	2	3	0	0	0	4	0	0	0